U0026993

金兆豐著

中國通史

中華書局印行

第四章　刑制之輕重

刑以虐民，亦所以厚民，豈能以用刑爲不仁哉？古時行道而守法，故用刑不失微權，後世侮道而貨法，故用刑流爲苛政，此古今所由不相及也。詳觀吾國歷史，可劃分爲四期，以覘輕重之變矣。

上古及三代爲制律時期

太初之世，無理刑之書，穰往熙來，各具讓畔讓耕之德。後乃強凌弱，衆暴寡，野蠻習慣，往往動用非刑。羲農軒黃，乃因人心之不齊，而思有以齊之之策，於是經世理民而制律焉：抑強大，扶愚寡，畫地爲牢，削木爲吏，刑罰俱以律爲準，訟獄悉以律爲綱。降至堯，流共工，放驩兜，竄苗，殛鯀，實開億萬世斬軍流徒之法。及舜用皋陶，定五刑、五流、三就、三居，律遂著爲成書。自是夏作禹刑，亦謂刑期無刑，實以見犯者之苦於法，非苦於人也，遂成千古之定讞。至桀刑罰任心而律壞。成湯繼起，羅網之施，解其三面，復制官刑，吏治蒸蒸，不至於姦。迨商辛斮脛、剖心、焚忠、刳孕，有律如無律矣。周武起而整齊之，司徒用八刑，司寇用三典，刑典刑象，各有專官，議則按律，赦亦援律，蓋律也而好生之德寓焉。穆王作呂刑，始有墨、劓、剕、宮、大辟之刑，更立出鍰多寡之宥，獄毋使留，刑毋或濫，亦唯著爲法令，教民能改，固治律之本意也。

秦及漢初爲肉刑慘酷時期

五刑者，墨、劓、剕、宮、大辟也。黥面曰墨，截鼻曰劓，斬趾曰剕，男子割腐、婦人幽閉曰宮，而大辟則死刑也。論者謂刑亂國用重典，今讀其書曰贖，曰疑，千載下猶見其哀矜惻怛之意焉。自秦用商鞅，度敗於刑名，制亂於法術，賢者關木索被榜箠，妄用竹刑，律更殘忍。死刑則有梟首、腰斬、鑿顛、抽脅、鑊烹、體解、車裂諸目，秦法之苛，蓋已增酷於前矣。漢興雖有約法三章，然其大辟尚有夷三族之令，當三族者，皆先黥劓，斬左右趾，笞殺之，梟其首，葅其骨肉於市；其誹謗詈詛者，復先斷舌，故謂之具五刑。彭越韓信輩，皆受此誅者也。

漢魏以下爲笞髡偏重時期

漢文帝十三年，齊太倉令淳于意有罪當刑，其少女緹縈上書，願沒入爲官婢，以贖父刑罪，天子憐其意，遂下詔除肉刑。丞相張蒼等謹請定律曰：「諸當完者（完髡刑謂不虧肢體）完爲城旦（旦起行治城）舂，（婦人不預外徭但舂作米）當黥者髡鉗（髡鬄髮鉗以鐵束其頸）爲城旦舂，當劓者笞三百，當斬左趾者笞五百，當斬右趾、及殺人先自告、及吏坐受賕枉法、守縣官財物而即盜之，已論命，（命者名也成其罪也）復有笞罪者，皆棄市。（殺人害重受賕盜物贓汙之身故此三罪已被論名而又犯笞亦皆棄市也）罪人獄已決完爲城旦舂滿三歲爲鬼薪（取薪給宗廟曰鬼薪）白粲，（擇米使正白爲粲）鬼薪白粲一歲爲隸臣妾，（男子爲隸臣女子爲隸妾）隸臣妾一歲免爲庶人，隸臣妾滿二歲爲司寇，司寇一歲及作如司寇二歲，皆免爲庶人。其亡逃及有罪耐（音耏頰傍毛也髡其耏鬢曰耐）以上，不用此令。」（在本罪中又重犯者也）蓋以髡鉗代黥，以笞三百代劓，笞五百代斬趾，而自殊死以下，一切虧損肢體之刑，遂不復存，此有史以來極可紀之事也。

肉刑雖除，笞害更烈，加笞者或至死而笞未畢，景帝憐之，於是改笞五百曰三百，笞三百曰二百，後復減笞三百曰二百，笞二百曰一百，定箠令，丞相劉舍等請笞者箠長五尺，其木大一寸，其竹者末薄半寸，皆平其節，當笞者笞臀毋得更（易也）人，畢一罪乃更人。自是笞者得全。然酷吏猶以爲威，笞者終以不免於死，故終西漢之世偏重在笞。東漢憫笞刑之至於死也，孝章以來屢有寬刑之詔，俱言減死一等者，勿笞徙邊，蓋懼笞則必死，其不當死者，并不復笞之；然鬥狠傷人與姦盜不法之徒，若抵以死則太酷，免死而止於髡鉗纔翦其毛髮，略不罹箠楚之毒，則又太輕；魏晉以來病之。議者遂欲復古肉刑，肉刑卒不可復，亦相沿以髡鉗爲生刑而已。笞刑之廢，減死罪一等，即抵髡鉗，進髡鉗一等，即入於死，故歷東漢魏晉，其偏重在髡。要之死刑既重，生刑又輕，刑罰不中，莫過於此時者也。梁制始有死、耐、贖罰、鞭、杖五等並列，其耐罪當髡鉗者，輒復加笞；而北朝自齊周之世，並以杖、鞭、徒、流、死爲五刑，而條目各殊，然後下開隋制，爲今五刑所取師。夫前後五刑，立制各異，究因驗果，故此實爲遞嬗之時期。

隋唐至今爲五刑規定時期

隋受周禪，因周五刑，參酌損益而定之。凡笞刑五，自十至於五十；杖刑五，自五十至於百。笞杖之級，各以十數爲差者也。徒刑五，有一年、一年半、二年、二年半、三年；流刑三，有千里、千五百里、二千里，應配者千里居作二年，千五百里居作二年半，二千里居作三年；死刑二，有絞有斬，而蠲除前代鞭刑及梟首轘裂之法；其流徒之罪，流役六年改爲五年，徒役五年改爲三年，於是有笞、杖、徒、流、死之五刑。唐高祖加千里之流，（起二千五百里訖三千里）太宗加役之制，（加役流者永流不歸也唐初改絞刑之屬五十爲斷趾刑太宗又改爲加役流）宋則徒流之罪，並決脊杖，配役有差，流罪得免遠徙，徒罪得免役年，視前世爲輕。明清兩朝，更以杖數爲附加刑，徒一年者杖六十，遞增至五級，則徒三年者杖百，每杖十及徒半年爲一級也；流刑自二千里遞增至三級，則三千里皆杖一百，每五百里爲一級也。今日笞、杖、徒、流、死，罪名之次無異隋制，其異者則徒流所定年級，里數杖數互有增減，然而位次聯屬，輕重得均，莫此五刑若矣。

減死罪一等曰流，長流遠方，終身不返，故有里數無年限，又各附以杖百，百杖者箠楚之極則也。降流罪一等曰徒，拘繫役作，不出五百里，故有年限無里數，而杖罪之附加者，又以年期久暫分多寡，蓋徒罪居五刑第三之位，上接乎流，故徒三年者杖百；下接乎杖，故徒一年者杖六十。由此而降曰杖，杖始六十而終於百，罪屬徒流，爲附加之刑，罪非徒流，爲獨立之刑，又降則爲笞矣。杖大杖也，笞小杖也，笞極於五十者，所以待尋常之罪也，故淸之五刑，遠過於古五刑，而此五刑之在隋唐，又不如宋明以來一再規定之完密。馬端臨所以歎爲聖人復起，不可偏廢者矣。

第五章　刑之類別

前章述刑制變遷，與其沿革之原，所以總攬古今，分見得失矣。本章意旨，第就刑之作用而言，故不以時代爲斷，而因類以述其終始；綜其大端，厥類凡三，即死刑肉形、生刑是也。

死刑

死者，刑之極則也，古謂之大辟，然大辟特其概稱，猶律載凌遲、梟斬、絞，雖有輕重之分，而總謂之死刑也。

今據三代秦漢死刑之懲罰，求所以沿襲廢止者，分說於後：

孥戮　書甘誓：「予則孥戮汝。」周世無之；孟子所謂罪人不孥是也。秦初有三族罪，至漢文帝雖除之，未幾即復故；漢世夷族之刑尤爲濫用；自此以下不廢；在北魏曰門房之誅，在唐曰緣坐之律，皆族刑也。

炮烙　商紂之世嘗爲銅柱，以膏塗之，加於熱炭之上，使有罪者緣焉，輒墜炭中；西伯獻洛西之地，請除炮烙之刑，自此遂廢。

醢　國策：「紂醢鬼侯。」左傳：「南宮萬猛獲弑閔公，宋人皆醢之。」漢書刑法志：「秦有鑊亨之刑，」亦醢類也。漢初韓信彭越之誅，皆葅其骨肉於市，以後遂廢。

焚　易曰：「焚如死如棄如。」周官掌戮：「凡殺其親者焚之。」後世無此目。

轘　左傳：「齊人殺子亹而轘高渠彌。」謂車裂也。秦時嫪毒作亂，敗，其徒二十人皆梟首、車裂；後世唯高齊宇文周有之，餘無聞焉。

磔　周官掌戮：「掌斬殺賊諜而搏之；」又曰：「殺王之親者辜之。」鄭注：「搏、謂去衣磔之，辜之言辜也，謂磔之。」漢書景帝紀中：「二年改磔曰棄市，勿復磔。」師古曰：「磔、謂張其尸也。」觀以上諸說，是秦皇之體解荆軻，漢初韓彭之具五刑，宋以來之淩遲，皆磔類也。

腰斬　周官掌戮：「斬殺賊諜，」鄭注：「斬以鈇鉞，若今腰斬，殺以刀刃，若今棄市。」史記：「李斯具五刑，腰斬咸陽市。」而鄭玄以漢制釋周官，是東漢之季，猶存此刑；漢以後則無聞矣。

鑿顛　漢書刑法志：「秦有鑿顛抽脅鑊亨之刑。」

抽脅

斷舌　漢書刑法志：「其誹謗詈詛者，又先斷舌；」此漢初之制，後遂除。

梟首　秦沿嫪毒之罪，其徒皆梟首、車裂，徇滅其宗。漢初令曰當三族者，皆先黥、劓、斬左右趾，笞殺之，梟其首，菹其骨肉於市。在秦漢惟用諸夷族之誅，六朝梁陳齊周諸律始於斬之外，別立梟名；隋刪除其法，自唐訖元，無之；清律載梟罪，仍明制也。

戮尸　即周官掌戮之殺刑。周制：凡殺人者踣諸市，肆之三日，陳尸於市，示與衆棄也，子服景伯所謂吾力猶能肆諸市朝是也。漢魏亦曰棄市，北朝若齊若周，則謂之斬。

絞　雖死而全其身體，在周惟有磬刑，無絞刑；絞刑始於北齊，後遂沿用之。

磬　禮記文王世子篇：「公族其有死罪，則磬於甸人。」註：磬，懸縊殺之也。甸人掌郊野之官，爲之隱，故不於市朝。後惟北周著於律；清制對於皇族及在位大臣獲譴，當賜帛自盡，蓋即磬刑之遺也。

肉刑

古之墨、劓、剕、宮、大辟，皆爲肉刑。墨者使守門，劓者使守關，宮者使守內，刖者使守囿，髡者使守積。考古者公族無宮刑，不翦其類，髡頭而已，故髡非肉刑也，而援議親之文，所以代宮。自漢文帝詔除肉刑，論者謂其立心之仁厚，然證諸以後之史事，劓、剕雖不再見，而宮刑之條，猶時見於漢世；至墨刑，則宋明以來猶沿用之矣。

按文帝除肉刑之詔，雖未明言及宮，然參觀景帝元年詔曰：「孝文皇帝除宮刑，出美人，重絕人之世也，」此爲當日除宮刑之證。乃至武帝之世，若司馬遷，若張賀，若李延年，皆遭此刑，未爲悉斷；蓋由景帝中元年有「赦徒作陽陵者，死罪欲腐者，許之」之文也。至東漢章帝朝，陳寵爲廷尉，訂正律法，除蠶室刑，由是始絕焉。若墨刑則自漢文改從髡鉗以後，遂無聞者；五代石晉高祖時，始創刺面之法，以待流犯，號曰刺配，宋以來猶用之。其初不過竊盜逃亡，其後日加繁密，或刺事由，或刺地名，或刺改發矣。故肉刑盡廢於漢，而墨罪之復起於後者，則又及於清之道咸間也。

生刑

生刑者，不虧肢體，勞苦其身，卽古之流放、扑鞭也。世界人治旣進，恒持人道主義，不忍同類之相殘，故死刑、肉刑漸減，而生刑則愈繁焉。茲爲分說於後：

遠徙　舜典曰：「流宥五刑，」註：宥、寬也，以流放之法寬五刑也。王制：「移郊移遂，屏之遠方；」大學：「唯仁人放流之，不與同中國；」左傳：「投之四裔，以禦魑魅，」皆三代流刑之證。至漢亦有發謫徙邊之文，然皆不爲永制。自六朝齊周時，始制分遠近，配以里數，遂爲死刑之次。隋唐以來，沿爲三流，明復增入五軍。五軍者，分附近、近邊、邊遠、極邊、烟瘴，罪皆重於流也。其數自二千里至四千里，凡流罪遠徙，猶爲民；軍罪遠徙，則入衞當差。至清代又增入發遣，發遣者，如發黑龍江給兵丁爲奴，罪又重於軍也。此三者，雖有重輕，要無非以恤死刑而已。

苦役　今之稱法治國者，動謂拘繫役作爲最文明之法律，不知吾國成周之世，早有此制。周官以嘉石平罷民，故大司寇凡萬民之有罪過而未麗於法，害於州里者，桎梏而坐諸嘉石，（文石也）役諸司空。重罪旬有三日坐，朞役；其次九日坐，九月役；其次七日坐，七月役；其次五日坐，五月役；下罪三日坐，三月役；使州里任之，則宥而舍之。以圜土聚教罷民，故司圜凡害人者，勿使冠飾而加明刑焉，任之以事而收教之，能改者，上罪三年而舍，中罪二年而舍，下罪一年而舍；其不能改而出圜土者殺；雖出，三年不齒。又凡坐盜賊而爲奴者，男子入於罪隸，女子入於舂藁，此皆古代之苦工懲罰，與罪犯習藝所之制也。至漢乃有城旦舂、鬼薪、白粲、罪隸、輸作之屬，然但爲苦役而無任事收教之方，其去圜土遠矣。凡漢世役作之刑，有年級焉：城旦舂四歲，鬼薪、白粲三歲，隸臣妾二歲，輸作（左校右校司寇若盧）一歲。四歲之刑，有髡鉗城旦舂、完城旦舂之別。髡鉗者，髡鬎其頭，以鐵束頸，完則不爲髡鉗者。其二歲以上爲耐罪，耐者，髡鬎耏鬢，漢書惠帝紀曰：「皆耐爲鬼薪白粲。」至一歲刑，則給役官府而已，故亦曰罰作。髡耐至魏晉六朝猶存之，雖苦役而加以毛髮之刑者也。周隋無髡耐而但有徒作；唐宋皆分隸少府、將作，以給官役；明清兩朝，應徒罪者，配發各驛，聽驛吏驅使，要之自漢以下之徒役，非周禮圜土之教，所謂役諸司空者也。

箠楚　唐虞時，官刑用鞭，教刑用扑，此刑之極薄者。笞刑，戰國時有之；至漢文帝代體刑而用之，有三百、五百之等，往往至於殺人。景帝因定箠令，箠長五尺，其半厚一寸，以竹爲之，類於笞刑者。漢有鞭刑，箠笞皆從竹，鞭則以生熟革成之。魏明帝定鞭督之令；六朝梁齊周鞭笞並重；笞改用荆杖；隋除鞭刑，分笞與杖爲二，相沿至後世，有輕重之分焉。古之所謂笞，其實即後之杖也。自唐而宋而明，笞杖沿用楚，（荊也）清改用竹。自笞之初行也，以背受，其後改笞臀；唐制受決杖者，背腿臀分受；宋亦有脊杖、臀杖之別；明始臀、腿分受，無笞背者。笞者，在律第使其受一時痛苦，非有致死之意，故歷代於笞杖之尺寸數目，及其所受之地位，不憚反覆周詳，期於無戕害人之身體為標準，而律文又有折責之條，以寬其受罰之數，亦足見慎重民命之一端也。

第六章　刑書之綱要

古者五禮之作，繼以五刑，蓋刑者所以佐禮為治天下之具者也；故曰，律之大原出於禮，禮有親疏長幼之別，有尊卑大小之差，故其刑亦有加減之條焉。至於主從之異科，情罰之殊勢，則亦隨事以為輕重加減之。總則在法經謂之具體，魏晉以下，則入刑名、法例，自隋至清號名例律，此刑書綱要所在也。今撮其梗概如左：

十惡

王制斷五刑之訟，必原父子之親，君臣之義；又曰，凡制五刑，必即天倫。十惡者，皆無君、無親、反倫而亂德者也。其罪名本沿古制，而分條成款，則自周隋始。凡犯十惡，不在八議論贖之限。

（一）謀反（謂謀危社稷）

（二）謀大逆（謂謀毀宗廟山陵及宮闕）

（三）謀叛（謂謀背本國潛從他國）

（四）惡逆 謂毆及謀殺祖父母父母夫之祖父母父母與殺伯叔父母姑兄姊外祖父母及夫者

（五）不道 謂殺一家非死罪三人及支解人若採生折割造畜蠱毒魘魅

（六）大不敬 謂盜大祀神御之物乘輿服御物盜及偽造御寶合和御藥誤不依本方及封題錯誤造御膳誤犯食禁御幸舟船誤不堅固

（七）不孝 謂告言詛詈祖父母父母夫之祖父母父母及祖父母父母在別籍異財若奉養有缺居父母喪身自嫁娶若作樂釋服從吉聞祖父母父母喪匿不舉哀詐稱祖父母父母死

（八）不睦 謂謀殺及賣緦麻以上親毆告夫及大功以上尊長小功尊屬

（九）不義 謂部民殺本屬府州縣官軍士殺本管官吏卒殺五品以上長官若殺見受業師及聞夫喪匿不舉哀若作樂釋服從吉及改嫁

（十）內亂 謂姦小功以上親父祖妾及與和者

八議

周官小司寇以八辟麗邦法，附刑罰。辟、法也，在後世亦謂之八議；十惡以重之，八議以輕之，此加減之大例也。其詳釋亦見唐律。

（一）議親 皇家袒免以上親及太皇太后皇太后緦麻以上親皇后小功以上親皇太子妃大功以上親之謂

（二）議故 故舊之謂若從龍輔佐之臣也

（三）議功 斬將搴旗開拓疆宇有大勳勞之謂

（四）議賢 有大德行之謂

（五）議能 有大才能之謂

（六）議勤　憔悴事國有大勤勞之謂

（七）議貴　職事官三品以上散官二品以上及爵一品者之謂

（八）議賓　承先代之後爲國賓者之謂

六贓

六贓分條成款，具於明律，贓有六項，罪分四等。起科之罪與計贓加等之數，亦各不同，重則幷重，輕則幷輕，顧其按等科罪，必贓滿數乃坐，例如贓數已過甲等，而猶未至乙等，則其罪仍按甲等科斷。贓罪必嚴者，所以懲貪墨，數滿乃坐者，所以存寬恤，此制刑之微意也。

（一）監守盜贓　監守自盜倉庫錢糧——二十兩以下二兩五錢，以上五兩爲一等

（二）常人盜贓　常人盜倉庫錢糧

（三）枉法贓　受財屈法

以上俱以五兩爲一等

（四）不枉法贓　受財而未遂法

（五）竊盜贓　竊盜人財物

以上俱以十兩爲一等

（六）坐贓　非因枉法不枉法而受財——八十兩以下十兩，百兩以上百兩爲一等

三贖

贖者，宥以罪之實，而不宥以罪之名。虞書：「金作贖刑，」即周官之金罰、貨罰，呂刑之罰鍰，蓋爲疑罪與

逕犯而設也。歷世相仍，與時輕重，自明以來，分為三類，其常赦所不原者，不得以贖論。

(一)收贖 贖刑輕者為收贖若老幼廢疾若樂戶象奴天文生若婦人枷號及決杖餘罪若過失殺傷人自首罪至絞罪者並准收贖

(二)折贖 次輕者為折贖若命婦正妻例難的決者杖罪笞罪俱准贖免

(三)納贖 重者為納贖分有力稍有力二等若軍民有力若舉貢生監冠帶人犯非姦盜詐偽者流徒以下並聽納贖

加減條例之成款，既如上所述矣，此外尚有種種之類別，為略陳其梗概焉。

公私罪

一應職事官因公事過犯得罪者，曰公罪；因己而得罪者，曰私罪。公罪與私罪，雖得同等之罪名，而受罰則自異。

主從犯

凡同犯一事，必有主謀造意與因而附和者，故律分主、從，為首依律斷擬，為從減等；減等者，於法雖有應科之罪，而其情實有可矜者。

恩常赦

關於無心過誤，及因人連累諸雜犯之罪，皆屬常赦，故入於贖刑；恩赦者，特詔減免，不為常制。常赦以贖罪之故，不減而減，恩赦之減，不入於法，又法外意也。

加減等

前說但按事實之輕重，述其加減之意，然律文固有明言減等、加等者，此自有一定之位次，故終述之。五刑爲笞、杖、徒、流、死，而有笞刑五、杖刑五、徒刑五、及三流、二死之別。其稱加者，就本罪上加重；稱減者，就本罪上減輕。然加極於流三千里，以次增重，終不得至死，而減至流者，自死之生，無絞斬之別，此出於唐律，其用意爲獨厚者也，今說明於下：

加位（由輕加重依等而上）

（一）笞（自一十至五十）五等

（二）杖（自六十至一百）五等

（三）徒（自一年至三年）五等

（四）流（自二千里至三千里）三等

減位（由重減輕依等而下）

（一）死（總二死爲一減）一等

（二）流（總三流爲一減）一等

（三）徒（自三年至一年）五等

（四）杖（自一百至六十）五等

（五）笞（自五十至一十）五等

第七章 司法權之分合

今之立憲國，動曰三權鼎立，西國三權之司，惟刑官得與政府抗衡，傳於辟，雖親貴不以末減，不傳於辟，雖與隸不得妄逮，蓋司法所以獨立也。外人乃謂吾國行政司法權限之不分明，而不知此秦漢以後之事，稽之周世，實不盡然；茲略舉周漢唐宋明清司法權，以證其分合之制度。

周之司法權

成周君主之盛，付刑辟於司寇，寄政法於太史，象魏之懸，君主不敢知；周公之言立政也，庶言庶獄庶愼，文王罔敢知。故司寇之掌，太史之守，敵國以之覘重輕，而司寇之責爲尤重。故其時裁判官，自大司寇、小司寇以下，在朝者曰士師，鄉曰鄉士，遂曰遂士，縣曰縣士，都曰方士，其掌四方獄訟者曰訝士。夫司徒教官之屬，固有鄉、遂大夫，與遂人縣師，掌其政教禁令，而司寇所屬司法諸官，乃又分配於鄉遂縣都者，故司寇獨峙焉。理士監之，憲室懸之，天子、公孤、羣臣、百姓，共被其範，而不敢猶撓其分毫。此管子言君臣上下貴賤皆從法也，故其權常一。

附大司寇統系表

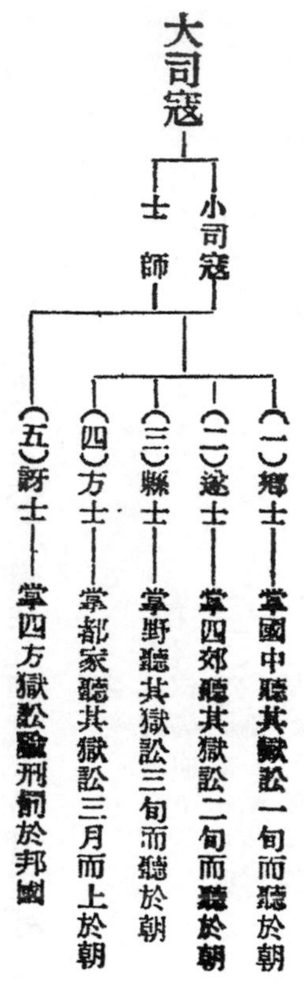

漢之司法權

關於訴訟法，史無紀載，不能詳其事，然考察其大要：秦時商君之法，使民爲什伍相收司連坐，其法以五家爲保，十家相連，一家有罪，九家發之，若不得事實，則連坐之。此本諸周代隣里鄉黨之制者也。漢之時，其裁判最下級，是爲嗇夫嗇夫、職聽訟也，然亦兼收賦稅。佐嗇夫者有游徼，職司法警察事務，此指鄉而言也。鄉之上有縣令長，縣之上有郡國守相，皆治民與決訟並掌。更有州刺史，又嘗以八月循行所部郡國，掌斷治冤獄，與周制絕異；至於最上之級，則以廷尉專掌刑辟，歷代相沿，遂爲定制矣。漢世審判之等級，爲列表如左：

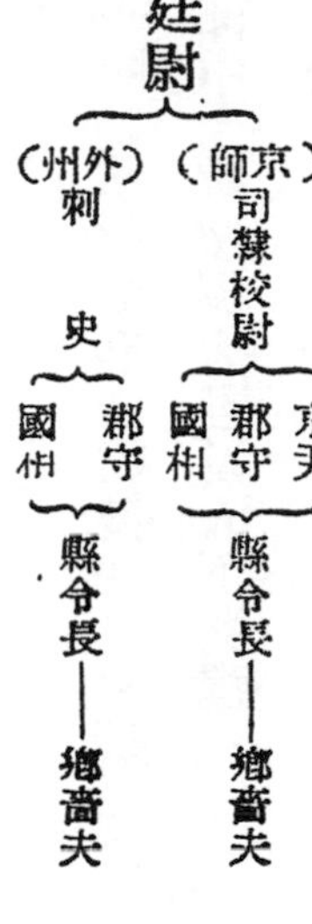

唐之司法權

自北齊改廷尉卿爲大理寺，至隋復重尚書之職，於是刑部省與大理寺爲刑名總匯之區。唐承其制，刑部掌司法事務，大理寺則直接與囚禁者也；而御史臺分掌糾察獄訟之事，猶漢刺史職。其外州府則有法曹及司法參軍事，縣有司法佐，以助州府縣長吏判決獄訟之事。故自縣而達州府，自州府而達大理寺，實分三級，此制較爲分明者。茲先分述官屬之職掌，而再明其統系於後：

縣令

司法佐　掌佐縣察冤滯斷獄訟

刺史 京府牧 散府尹 都督 都護

法曹司法參軍事　掌鞫獄麗法督盜賊知贓賄出入

大理寺

卿　掌折獄詳刑

正　掌議獄罪正科條

丞　掌分判寺事正刑之輕重

司直　掌出使推按

刑部

尚書侍郎　掌律令刑法徒隸按覆讞禁之政

郎中　掌按覆大理及天下奏讞

御史臺

監察御史　掌分察百寮巡按州縣獄訟 軍戎祭祀營作大府出納皆蒞焉

侍御史　掌糾舉百寮推鞫獄訟

宋之司法權

宋初刑部、大理寺，名焉已耳，而訴訟最後之判決者，審刑院也。元豐官制，行省審刑院歸刑部，而折獄詳刑責之大理，始復隋唐舊制。諸京府有法曹參軍，專司讞議，判官推官，分日推鞫；復設左右軍巡使判官，左右廂幹當官，分掌門訟，此初級之審判也。外則自縣而上，諸府州軍監，有司法、司理二參軍，掌佐獄訟之事；又其上則有提點刑獄公事，凡一路刑政屬之。夫宋世司法權限，議法斷刑爲一事，獄訟推鞫爲一事，大理寺卿少卿以下，有寺正、推丞、斷丞、司直、評事，其職並分左右，而分領於少卿二人，卿綜其成而已。凡天下奏劾、命官將校及大辟囚以下以疑請讞者，隸左司直詳斷，以上丞議之，正審之；若在京百司事當推治，或特旨委勘，與夫官物應追究者，隸右治獄，則丞專推鞫。京府之有法曹參軍（兼司理參軍）與推判官，諸府州之有司法與司理參軍，（府州軍監不設判官推官）皆循此例也。至提點刑獄，又察治一路獄訟，而受成於刑部；御史臺則專糾舉百司違法，與唐制巡按獄訟者稍殊。觀其相維相繫，其制較隋唐爲密矣。表示之如左：

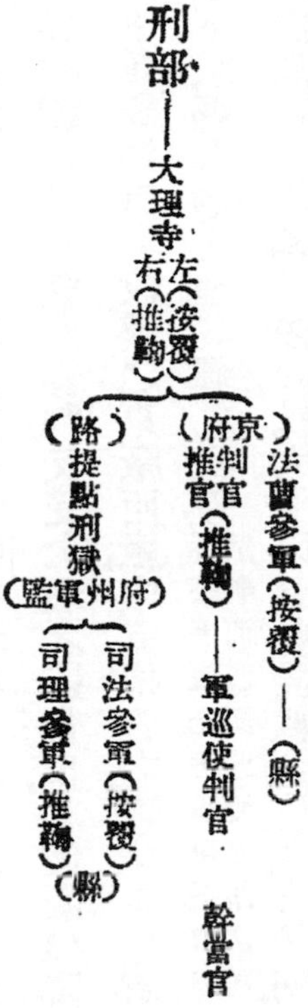

刑部——大理寺
- 左（按覆）
- 右（推鞫）
  - （京府）
    - 法曹參軍（按覆）——（縣）
    - 判官推官（推鞫）——軍巡使判官　幹當官
  - （路）提點刑獄（府州軍監）
    - 司法參軍（按覆）
    - 司理參軍（推鞫）（縣）

明之司法權

內自刑部、都察院、大理寺，號爲三法司。刑部掌受天下刑名，都察院司糾察，大理寺主駁正。刑部有十三淸吏司,治各布政司刑名按察名提刑,此在外之法司也。副使簽事佐之,分治各府縣事,凡詞訟必自下而上,有事重而迫者,許擊登聞鼓;四方有大獄,則刑部受命往鞫之。夫唐宋刑部司奏讞,大理寺司審判,故刑名但爲刑名總匯,從無與於鞫勘之事者;明則不然,京府直隸一部分之刑名,刑部得而訊之,又移案牘引囚徒詣大理寺詳讞,是刑部既與審判,又受大理之監督也。其侵越權限者,有錦衣衞鎭撫司、東西廠。錦衣衞鎭撫司,凡天下重罪逮京者,收繫之東廠西廠,中官提督之,詳見後 自宦官弄權,聲勢遂出衞上。上級裁判之複雜如此,其至下級縣有老人理其鄉之詞訟,訴訟手續先訴里甲,不請里甲裁判而直訴州縣官謂之越訴 若戶婚、田宅、鬥毆者,會里胥決之;事情重大,始白於官。府州縣之權限,杖六十以下者於縣判決執行,於州杖八十以下者,於府杖一百以下者,徒流以上報京,使刑部判斷。然而京師自京府縣外,有五城兵馬司以分縣之權,有刑部以分府之權,大理院既監督刑部,而衞、廠又綜攬部寺之權,此司法權限之紊殽,未有甚於明代者也。

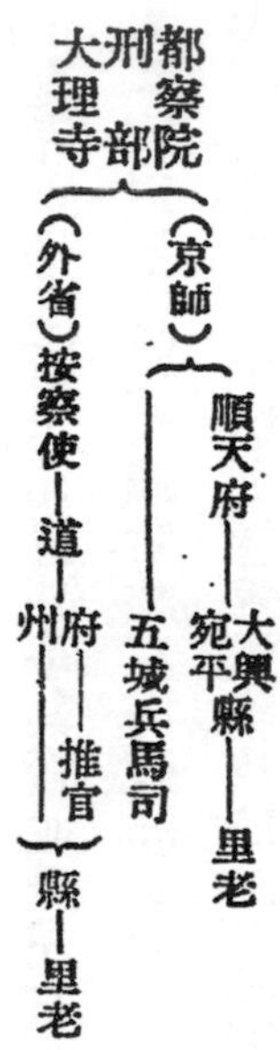

都察院、刑部、大理寺 ┤(京師)├ 順天府——大興縣、宛平縣——里老；五城兵馬司
(外省)按察使——道——府——推官、州 ┤ 縣——里老

淸之司法權

淸之京外司法官,略依明制。稍異者大理寺亦三法司之一,祇有諧刑部暨都御史會聽重辟之責,其權已殺於明代;外則幷無推官康熙六年省 與里老也。京師之司法,自京府縣司坊兵馬司 外,步軍統領亦得與獄訟之

事，事大者逮治刑部，複雜亦稍減於明世。光緒季葉，更定官制，內則改刑部爲法部，外則改按察爲提法。復定大理爲最高之法院，而去其寺名，下設高等、地方、初級諸審判廳，凡罪案件起訴於初級審判廳者，不服則由地方而高等，以高等審判廳爲終審；重罪案件起訴於地方審判廳者，不服則由高等而大理，以大理院爲終審，是爲四級三審。又自大理至各級審判廳，並附設檢察廳，以搜查案證，監督審判，不受裁判所節制。其法部及提法司，但綜理司法行政之事務，而不能侵審判官之權；如是則行政與司法，截然爲兩途，而司法上之行政權與裁判權，又自分其職責，此亦立憲國所應有事也。今舉其制。

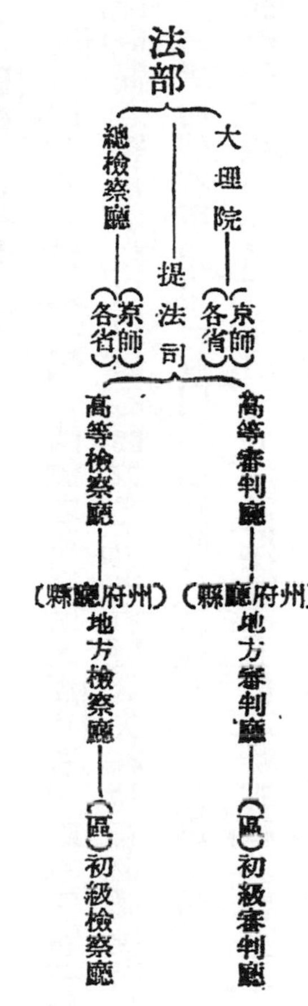

第八章　刑之消滅

今之論刑罰之消滅者，謂如執行畢時，犯者死亡，此不待辯而自明也；此外則赦宥是已。蓋國家當大難方夷，上者文網未頒，下者息肩未及，其相率而罹於法者，往往非其情之所甚欲，而實處於勢之所甚易也；於是有赦而不問之條，與宥必從輕之例。乃後世以赦宥爲常典，不察其過之無心否也，罪之可矜否也，而概曰赦宥；於是罪無可宥之人，既有心以蹈法，復有心以待赦，竊其弊，無非使人骫法以邀幸而已。參觀歷代赦宥之故，亦法制得失之林也，試分說之。

周代之赦宥

虞典曰「眚災肆赦，」爲吾國赦之所繇始。至周官有司刺掌三宥三赦之法，以贊司寇，聽獄訟。一宥曰不識，註：謂若報仇者誤以甲爲乙而殺之也；再宥曰過失，註：謂若舉砟伐而誤中人也；三宥曰遺亡，註：若遺亡法禁之所而偶有所犯也。一赦曰幼弱，註：年幼而微弱者；再赦曰老耄，註：年老耄而昏者；三赦曰惷愚，註：性惷愚而無知者。穆王作呂刑，亦曰「五刑之疑有赦，五罰之疑有赦，其審克之。」王制曰：「疑獄汎與衆共之，衆疑赦之。」蓋其時所謂赦者，或以其情之可矜，或以其事之可疑，或以其在三宥、三赦之列，臨時隨事而爲之斟酌，所謂議事以制也。及至春秋戰國，已有概行赦宥之典，故管仲曰：「夫盜賊不勝，則良人危，法禁不立，則姦邪煩，故赦者奔馬之委轡也。」復舉一事以悉其餘，如陶朱公中子殺人繫獄，乃令其長子齎千金遺楚王所信善莊生，請之；莊生入見楚王，言某星某宿，唯修德可除，王使使者封三錢之庫。故事每王且赦，常封此。楚人告之長男，以爲赦，輒告莊生，還其金，復入言於王，謂道路譁言其家持金錢賂王左右，王怒殺之，明日遂下赦令。自是赦爲偏枯之物，長奸之用矣。

漢代之赦宥

漢興，懲秦苛政，赦宥之詔屢下。高帝時，遣使者赦田横島中士，擊盧綰，赦民之去而來歸者，此誠闊達大度之所爲。其後以立太子而赦，以立代王而赦，以都長安而赦，以豪杰未習法令故犯者而赦，及兵事畢，赦天下殊死以下；又征英布赦天下死罪以下令從軍。後帝崩亦赦，惠帝時，以皇帝冠而赦，呂后臨朝稱制而赦。文帝以後，即位而赦，改元而赦，遂爲常典，其他如郊祀五帝而赦，封禪而赦，郊泰時而赦，日食而赦，地震而赦，甘泉產芝而赦，鳳凰集而赦，嘉瑞屢見而赦，白鶴館災而赦，與天下吏民厲精更始而赦，宥郅支而赦，立皇后而赦，赦太煩則不足以示恩，而適足以滋奸矣。故元帝時，匡衡上疏，切中其弊，然有司猶有理赦前事者；平帝即位，即詔禁陳赦前事。東漢時，吳漢對光武曰：「願陛下愼勿赦。」王符且著述赦篇，以昭亂之本原。後漢昭烈時，大司農孟光責大將軍費禕曰：「赦者偏枯之物，非明世所宜有，必不得已乃可權而行之。」其時有言丞相亮惜赦者，亮答曰：「治世以大德，不以小惠，故匡衡吳漢不願爲赦，若劉景昇季玉父子歲歲赦宥，何益於治？」由是蜀人稱亮之賢，而禕不及焉。

唐代之赦宥

唐制，赦日武庫令設金雞及鼓於宮城門右，勒集囚徒於闕前，撾鼓千聲訖，宣制於赦書頒下四方。高祖受隋禪，大赦改元，從侍御史孫伏伽言，并縱釋王世充竇建德餘黨，後黨仁宏爲廣州都督，坐贓當死，上以其入關時有功欲宥之，召五品以上官，謂曰：「法者人君所受於天，不可以私。今朕私黨仁宏而欲赦之，是自亂其法，上負於天，欲日一進蔬食以謝罪」論者稱其公且愼。太宗貞觀六年，親錄囚徒，放死罪三百九十人，縱之還家，令明年秋來就刑，後果應期畢至，悉赦之；歐陽修著論，謂立異以明高，逆情以干譽，非天下之常法也。高宗不甚赦，赦故嘗謂侍臣曰「今四海安靜，數赦則愚人常冀僥倖，不能改過矣。」武后時，雖法令嚴酷，而赦則屢降，劉知幾上表，略言「赦今不息，近則一年再降，遠則每歲無遺，編戶則寇攘為業，當官則贓賄時求，而元日之朝，指期天澤，重陽之節，佇降皇恩，用使為善者不預恩光，作惡者獨承徼倖，望今後頗節於赦。」德宗在奉天，將赦天下，以中書所撰赦文示陸贄，贄曰：「動人以言，所感已淺，言又不切，人誰肯憐？」上然之，乃更為悔過引咎之詞，詔至，士卒皆為感泣。德宗之末，十年不赦，至順宗即位，始赦天下。嗣後凡即位、改元，及上尊號、祀圜丘，皆須赦如舊制焉。

宋代之赦宥

赦宥之制不一，其非常覃慶則常赦，不原者咸除之；其次釋雜犯死罪以下，皆謂之大赦，或正謂之赦；雜犯死減等而餘罪釋之流以下減等，杖笞釋之，皆謂之德音；亦有釋雜犯罪至死者，其恩霈之及有止於京城、兩京、兩路、一路、數州、一州之地者，則謂之曲赦。太祖乾德中，詔自今犯竊盜者，不得預郊祀之赦，其後平蜀平廣南平江南，皆止赦其地，太宗平河東亦如之。太宗時，嘗因郊祀議赦，有秦再恩者，引諸葛亮佐劉備數十年不赦事，趙普曰：「郊祀肆眚，其仁如天，劉備區區一方，臣所不取。」於是赦宥之文遂定。其後小民知有恩赦，而遂有故為劫盜者。眞宗詔自今不在原免之限。至仁宗時，赦更煩數，知諫院范鎮言「京師歲一赦，而去歲再赦，今歲三赦。夫歲一赦者，細民謂之熟恩，以其必在五六月間也，姦猾為過，指以待免，況再赦三赦乎？請自今罷所請一赦，以擢姦猾，以立善良。」時帝在位久，明於情僞，詔有告人罪及言赦前事者訊之；計仁宗之世大赦二十二，曲赦五，德音十五，錄繫囚五十八。英宗之世，大赦二，德音三，錄繫囚七。其赦常赦所不原罪，唯仁宗英宗即位，及明道中太后不豫行之，然明道所行，人以爲濫；既而詔殺人者，雖會前赦，皆刺隸千里外牢城。世或謂三歲一赦，於古未有。景祐中，言者以爲歲祀親圜丘，未嘗輒赦，請罷之；或謂未可盡廢，詔「自今罪人情重者，毋得一以赦免，」然亦未嘗行。神宗時，司馬光極言數赦之弊，請天子臨軒鞫問，赦無辜而誅有罪，議最正。當按神宗之世，大赦凡十一，曲赦如之，德音凡八，錄繫囚五；哲宗大赦凡八，德音凡九；徽宗大赦二十六，曲赦十四，德音二十七；欽宗大赦二，德音一；高宗大赦一，赦凡十九，常赦四，德音十七；孝宗大赦一，赦十四，德音二；光宗大赦一，赦二；寧宗大赦六，赦十二，曲赦二。赦之頻數，未有甚於宋者也。予婺產也，請言婺事。高宗時，婺州富人盧助教以刻覈起家，因至田僕之居，爲僕父子所執，寘杵臼內，搗爲肉泥，既成獄，遇己酉恩赦獲免，復登盧氏門，笑侮之曰：「助教何不下莊收穀？」即此一事觀之，惠奸長惡，何補於治哉！

元代之赦宥

元太宗初，中原甫定，民多誤觸禁網，而國法無赦令。耶律楚材議請赦宥，衆以爲迂，楚材獨從容爲言，始詔前事勿治。十三年，帝有疾，詔赦天下囚徒。世祖中統元年，以額埒布格反，赦天下；至元元年，復以改元赦天下；十年詔天下罪囚殺人者待報，其餘一切赦放，限八月詣都，如期至者悉赦，嗣至者凡二十二人，並赦之；論者謂與唐太宗縱囚一也。十三年，以平宋議肆赦，監察御史趙天璘疏請信賞決罰，無肆赦宥，言至切直。英宗元年，祀事畢，宣言宜赦，帝曰：「恩可常施，赦不可屢下。」命中書陳便宜行之。至文宗以後，肆赦頻頒，蘇天爵上言云：「自昔國家，務明刑政，苟或赦宥之數行，必致紀綱之多紊，是以世祖皇帝在位三十五年，肆赦者八，近自天歷改元至元統初歲，六年之中，赦宥者九，雖出於朝廷美意，然長奸惠惡，亦所當慎，俾臣民洗心革慮，不敢覬非常之恩，國家幸甚。」然自是以後，大赦者又凡十四次。清高宗曰：「專務姑息，必乖明允之方，此元之失，所以在於縱弛也。」

明代之赦宥

明制，凡有大慶及災荒皆赦，然有常赦，有不赦，有特赦，十惡及故犯者不赦。律文曰：赦出臨時定罪名，特免或降減從輕者，不在此限，十惡中不睦又在會赦原赦之例，此則不赦者亦得原，若傳旨肆赦，不別定罪名者，則仍依常赦不原之律。凡停刑之月，自立春以後，春分以前；停刑之日，初一、初八、十四、十五、十八、二十三、二十四、二十八、二十九、三十，凡十日。太祖造廓清之烈，大赦天下，與民更始，後以雷震謹身殿，始再頒赦。洪武元年，以平元赦天下；五年，定赦款事例；七年，詔分別應赦諸人，并敕自今惟十惡眞犯者，決如律，其餘雜犯死罪，皆減死論，以稱赦過之意；二十八年，詔羣臣禁黥、刺、剕、劓、閹割諸刑，帝之德念如此。成祖登極，頒赦詔，名在姦臣榜者不赦，如漢宋黨人之例，亦非法之平也。逮仁宗嗣統，既頒赦詔，并赦建文奸黨族屬還家，仍以其田產給之；又凡爲言事失當謫統軍者，並令赦還，振忠節之風，培諫諍之氣，誠聖王舉動也。宣宗時，以皇太子生，赦天下，已復頒寬恤令；又每遇法司奏要囚，輒廢御膳，顏色慘然，以手撤其牘，謂左右曰：「說與刑官，少殺之。」

王者存此仁心，天下自無冤民，何必屢赦之為恩哉！世宗以大禮成，命內閣草詔，欲寬恩例，席書奏曰：「此小人之幸，徒壞典禮。」一時給事中田濡請廣遣戍之赦，謂「馬錄等以大獄，楊慎等以大禮，皆編成數年，懲創既久，乞溥浩蕩之仁，遂彼生還之願。」仍不允行。萬曆初，既頒大赦，七年，復令暫免行刑。輔臣張居正奏曰：「祖宗舊制，凡官吏軍民人等既犯死罪，有決不待時者，有監至秋後者，鞫問既明，悉依律處決，未有禁淹累年，不行處斷者；世宗以齋醮奉元，始有暫免不決之令，或間從御筆所勾，量行處決，此實比年姑息之弊，非祖宗垂憲之典也。連日詳閱法司所開重犯招情，皆滅絕天理，傷敗彝倫，天欲誅之，而皇上顧欲釋之，無乃違天之意乎？願皇上念天意之不可違，祖法之不可廢，毋惑於浮屠之說，毋流於姑息之愛。」奏上，詔將各犯照常行刑，以順天道。二十九年，刑部奏言「矜審為國家大典，可與赦宥之恩相變通者，乞迅舉行。」言至當也。三十七年，出手諭言「司牧未盡得人，冤抑不知其幾，爾等宜體朕心，加意矜恤，」卹卹乎有哀痛之意焉。

清代之赦宥

天聰十年，改元崇德，親王岳託豪格有罪，免死，刑部鄭球貪贓鞫實，並赦之；明年，生皇子，頒赦，清之大赦自此始。世祖入關，定鼎燕京，紀元順治，大赦天下。嗣是上皇太后尊號，册封貴妃，太祖太宗配饗圜丘方澤，太后疾愈，並邀赦典；太后祝釐，諭京城除十惡死罪外，餘悉釋放。康熙間，遇有慶典，依例赦免，以後星變地震，親政謁陵，立太子，幸盛京，嘗行之，巡幸山東浙江福建，並減其地死罪以下。四五十年後，嘗以溽暑寬恤獄囚，西人德里格獲譴，貸其死，被禁錮。世宗即位，以德里格與赦款相符，釋之，後復依德里格例，釋放意大利畢天祥計有體二人，外人邀赦者始此。諸王大臣奏阿其那塞思黑妻子正法，科隆多罪惡多端，應斬立決，並貸其死。高宗政主於寬，復示以嚴，思除特赦之寬典。會江西巡撫常安越漕起行，遂逮問。傳諭曰：「朕御極以來，見從前內外臣工，諸凡奉行不善，遂有流於刻覈之處，是以去其煩苛，與民休息，並非寬縱廢弛，聽諸弊之叢生，而置之於不問也。而內外臣民，遂謂法令既寬，可以任意疏縱，將數年前不敢爲之事，漸次干犯，即如鹽業稍寬，乃朕優恤窮民之意，而直隸江浙閩廣私梟鹽棍，肆行無忌，然此猶曰愚昧無知耳；至常安身爲疆吏，豈不知寬典之當遵，而亦爲此跋扈之舉乎？詎天下臣民，竟有不容朕崇尚寬大之意。傳曰：寬則得衆；易曰：元者善之長也。朕以天地好生之心爲心，但於玩法之徒，亦用其寬，則稂莠不除，將害嘉禾，流弊伊於胡底？是以近日處分臣工數案，懲一儆百，非忽變而爲嚴刻者也。」自是弘晳私黨安泰坐絞，提督鄂善受賕賜死，山西學政喀爾欽被劾正法，吏治稍肅。迨光緒間，中英商約有中國法律修改妥善，允撤銷領事裁判權，於是新法纂行，刪除重法，約有三事：(一)除凌遲、梟首、戮屍，(二)減緣坐，(三)免刺字。此外改正者，猶有二端：曰收所習藝，其致罪爲常赦所原者，即在本省收所，依限釋放；爲常赦所不原者，亦照例發配，到配即收所習藝。曰笞杖罰金，罪非常赦所不原者，官員貢監平民本有分別納贖之例，凡應笞杖決者，代以罰鍰，或折爲作工，然此特限於常赦所得原者耳。此皆純屬於法者，一言以爲廢，而即見消滅矣。

第九章　監獄制度

社會之演進，以文明爲期，而犯罪之日增，亦適與文明相副，此徵之東海西海而皆準也。故今日所謂刑，則自由刑耳；今所謂監獄，則執行自由刑之機關耳。剝奪其自由，於是有拘禁之方，戒護之術；欲賦以道德之觀念，於是有教誨；欲予以普通之常識，於是有教育；欲使之盡人生之天職，得謀食之技能，於是有作業；欲使之絕惡習之傳播，於是有分房之獨居；欲使之有善交，於是有監房之訪問；欲使之有相當之體力，足以勝入世之任，於是有衛生。而且獄事之始，則有建築之方針；獄事之終，則有免囚之保護。凡此種種，皆有精深之學理與施行之細則也。今者吾國亦競言改良矣，然通今尤當稽古，吾國古來獄制之變遷，歷史罕有紀載，其略可考者，但名稱之改革，待遇之梗概而已：桀召湯囚之夏臺，殷紂無道，囚西伯於羑里，此夏商之獄也。周官大司寇以圜土聚教罷民，凡害人者，寘之圜土，而施職事焉。註云：圜土，獄城也，聚疲民其中，困苦以教之爲善也。詩小雅「宜岸宜獄」釋文：「韓詩作犴，鄉亭之繫曰犴，朝廷曰獄」。後漢崔駰傳：獄犴塡滿是也。禮月令：「仲春命有司省囹圄」。初學記：「囹令也，圄悟也，令罪人入其中，自悔悟也。」秦亦曰囹圄，蓋周秦之間，名稱如此。自漢以後，始專名獄，然其大別有二焉：一曰常獄，諸州郡縣當囚繫者屬之；一曰詔獄，立於京師，奉詔旨逮繫者屬之。西漢時則有廷尉詔獄，上林詔獄，（主治苑中禽獸宮館事）若盧詔獄，（屬少府主鞫將相大臣）都船詔獄，（王嘉傳）都司空詔獄，（伍被傳）諸目。漢武置中都官獄，諸詔獄外，復有郡邸獄，水司空獄，共工獄，掖庭祕獄；其一時留置而無獄名者，又有居室、保宮、內宮、請室、暴室、導宮、水司空等，凡二十有六所云。世祖並省之，故東漢惟廷尉洛陽有詔獄。唐宋承之，京師有大理獄及臺獄。至明之錦衣衛、刑部監，亦皆詔獄類也。質言之，卽處之官犯之獄，而屬之京邑、之法院耳。

古者有民則必授以職事，無職者謂之惰游，亦謂之罷民，故國語云：「罷士無伍，罷女無家；」管子治齊之法，與古經翕若合符。是拘繫監禁者，奪罪人之自由而置之嚴正紀律之下，矯其惡癖，敎之生計，而以感化爲職志耳。吾國監獄之不良，莫可諱言，故一言監獄，輒以爲至賤之業，不仁之術也。幽於囹圄之中，接於目者，鵠面鶉衣之色；觸於耳者，嘆息愁苦之聲。此實典司者之弊，而於法無與焉。徵諸史志：漢有老幼、孕婦、師侏儒頌（讀容寬容不桎梏）繫之文；唐制令內五品以上官月沐一度，暑與漿飲，但禁紙筆金刃錢物，病則給醫藥，重者釋械，其家一人入侍；職事散官三品以上，婦女子孫二人入侍。每歲正月，遣使巡檢，點檢獄囚枷杻之校，糧餼之違法與否。宋太祖嘗以暑氣方盛，深念縲絏之苦，詔兩京諸州令長吏督獄掾五日一檢視，洒掃獄戶，洗滌杻械；貧者給飲食，病者給醫藥，輕繫小罪，即時決遣，毋淹滯，歲以爲常。太宗又令諸州十日一具囚帳，及所犯罪名，繫禁日數以聞，俾刑部專意糾察。眞宗時，從黃州守王禹偁言，置諸路病囚院，相沿至明。律乃以熱審減刑，垂爲法典。其刑部提牢，月更主事一人，修葺囹圄，嚴固扃鑰，省其酷濫，給其衣糧；囚病，許家人入侍，脫鐐械，醫藥之。英宗時，令贓罰敝衣分給各罪囚。憲宗嘗令有司買藥餌送部，並設惠民藥局，療治囚人。至武宗朝，囚犯煤油藥料，皆設額銀定數。淸世祖入關，定矜恤獄囚例，日給倉米一升，冬給棉衣一襲，夜給燈油，病者令醫生診視，給藥，並酌寬刑具。光宣之際，刑部有遍設習藝所之奏，蓋本周官圜土之敎，參以西國自由刑之意也。京師設模範監獄，並專置獄官，各省亦有倣而行之者，至國亡乃已。

第十章　歷代酷刑之大略

中國爲文化最古之國，三代時，禮樂兵刑，燦然大備，而稽諸秦漢以下之史册，往往制亂於法術，度敗於刑名，浸至以嚴酷武健爲能，以敲扑鞭笞爲職。屠狗之子，貪狠之吏且優爲之，致令外邦譏我爲半開化；覈衡厥始，殆成於暴君汙吏，傷天和賊民命，陰森慘礫，用以釀成紂絕不陽之天地。此數千年刑法之大蔽，無可爲諱者也。今第就法之不衷，與屬於一代秕政者，略舉之以示之概。

春秋以來及秦之酷刑

古者律法詳明，不聞有淫刑以逞者，至商辛斮脛剖心，焚忠刳孕，則有律如無律矣。周代踵興，刑典刑象，各有專官，蓋律也而好生之德寓焉。奈何幽厲起而作法於涼，陵夷以至春秋，豎牛授首，崔杼僇尸，歸生斲棺，子晳加木，屨校滅趾，踊貴屨賤，而律失其眞。至秦商鞅造參夷之誅，益增鑿顚、抽脅、鑊烹諸刑，李斯督責尤甚，迺上誹謗妖言令，謂今諸生不師今而學古，以非當世，惑亂黔首，誇主以爲名，異趣以爲高，率羣下以造謗，如此勿禁，則主勢降乎上，黨與成乎下矣。於是燒詩書百家語，有敢偶語詩書者棄市，是古非今者族，吏見知不舉，與同罪。其後侯生盧生相與譏議始皇，因亡去，始皇以盧生等誹謗，或爲妖言亂黔首，使御史按問，得犯禁者四百六十餘人，皆阬之咸陽。蓋戰國處士橫議，已成習尚，秦重君權，非禁人民言論自由，不足以樹專制之威。其弊則賈生所謂忠諫者謂之誹謗，深計者謂之妖言，而秦亦以速亡者也。

兩漢之酷刑

漢初，文帝除誹謗妖言之令。孝武雄猜，任其私智，一用秦法，任用張湯趙禹之屬，條定法令，作見知故縱、監臨部主之法，（見知人犯法不舉告為故縱，而所監臨部主有罪幷連坐也）緩深故之罪，（吏深害及故入人罪者皆寬緩）急縱出之誅。（吏釋罪人疑以為縱出則急誅之）時大農令顏異，以論白鹿皮幣事拂上意，人有告異他事，下張湯治異。異與客語，客言初令下有不便者，異不應，微反脣。湯奏異當九卿，見令不便，不入言而腹誹，論死。是後有「腹誹法」。腹誹者，無罪證之可言，禍吏烈於誹謗妖言者也。孝武既興師動衆，聚斂煩苛，郡國二千石多酷暴，民益輕犯法，東方盜賊大起，於是「沈命法」又作焉。曰：盜起不發覺，覺而勿捕，捕勿滿品，二千石以下至小吏主者皆死。終武帝世，張湯杜周相繼為廷尉，並以峻文決理天下，歲斷獄以千萬數，而姦猾巧法，因緣為市，所欲活者傳生議，所欲陷者予死比，刑罰之濫，至斯而極矣！

南北朝之酷刑

宋明帝太始四年，鑒魏時法官及州縣多為重枷，復以縋石懸於囚頸，傷肉至骨，勒以誣服，心焉傷之，詔非大逆有明證者，不得用。北齊秉魏政，羣盜蝟起，遂嚴立制。文宣受禪後六年，自矜功德，昏狂酗醟，任情喜怒，為大鑊長鋸剉碓之屬，並陳於庭，意有不快，則手自屠裂，或命左右臠噉，以逞其意。時僕射楊遵彥乃令憲司先定死罪囚，置於仗衛之中，帝欲殺人，則執以應命，謂之供御囚，經三月不殺者，則免其死。帝嘗幸金鳳臺，受佛戒，多召死囚編籧篨為翅，命之飛下，謂放生，墜皆致死，帝視以為讙笑。時有司折獄，又皆酷法，訊囚則用車輻、獨杖、夾指、壓踝，又立之燒犂耳上，或使以臂貫燒車釭，旣不勝其苦，皆致誣服。周宣帝性殘忍，又廣刑書要制，而更峻其法，謂之刑經聖制，又作礔礰車以威婦人，其決人云與杖者，卽百二十，云多打者，卽二百四十名曰天杖，下士楊文祐等皆以此致死。蓋其時世風多偸淫，刑繁而律更殘暴矣。

隋代之酷刑

隋文帝以任智而獲大位，因以文法自矜，明察臨下，小有過失，輒加重罪。時帝意每尙慘急，而姦回不止，乃定盜一錢棄市法，聞見不告者，坐至死；自此四人共盜一榱桷，三人共盜一瓜，事發，卽時行決，其酷烈如此。有數人劫執事而謂之曰：「吾豈求財者耶，但爲枉人來耳！而爲我奏至尊，自古以來，體國立法，未有盜一錢而死者；而不爲我以聞，吾更來，而屬無類矣！」帝聞，爲除其法，然其喜怒任情，果於殺戮之意，未能稍息也。至煬帝，更立嚴刑，敕竊盜以上，罪無輕重，皆斬。百姓轉相羣聚，攻城掠邑，誅罰不能禁。大業九年，又詔爲盜者籍沒其家，自是羣盜大起，縣官又各擅威福，生殺任情，百姓怨嗟，天下大潰。

唐代之酷刑

武后臨朝，自徐敬業之反，疑天下人多圖己，欲大誅殺以威之，漸引酷吏周興、來俊臣等相次受制，推究大獄，別置推事使院麗景門內，時人謂之新開獄。又與侍御史侯思止、王弘義、郭弘霸、李敬仁、評事康暐、衞遂忠，招集告事數百人，共相羅織，以陷良善。復與萬國俊共撰告密羅織經一卷，其意旨皆網羅無辜，織成反狀，構造布置，皆有支節。俊臣每鞫囚，無問輕重，多以醋灌鼻，禁地牢中，或盛之於甕，以火圜遶炙之，兼絕其糧饟，至有抽衣絮以噉之者；其所作大枷，有十號：一曰定百脈，二曰喘不得，三曰突地吼，四曰著即承，五曰失魂膽，六曰實同反，七曰反是實，八曰死豬愁，九曰求即死，十曰求破家。又令寢處糞穢，備諸苦毒，自非身死，終不得出。有制書寬囚徒，必先遣獄卒盡殺重囚，然後宣示，而武后且利用之，寵任有加也。乃卒至弘霸自刺而唱快，國俊被遮而遽亡，霍獻可臨終膝拳於項，李敬仁將死舌至於臍，衆鬼滿庭，羣妖橫道，惟徵集應，若響隨聲，（見御史魏靖疏）餘亦事敗得罪死，后亦厭其煩苛，告密之風稍衰。然唐宗室貴戚大臣以下，爲后所忌者，至此亦略盡矣。

後漢及遼之酷刑

後漢高祖時多盜，朝廷患之，特重其法，分遣使者捕逐。中書侍郎蘇逢吉草詔，凡盜所居本家及鄰保，皆族誅。於是鄆州捕賊使者張令柔盡殺平陰縣十七村民；衞州刺史葉仁魯聞部有盜，自率兵捕之，時村民十數，逐盜入山中，仁魯後至，誤以民爲賊，悉擒之，斷其腳筋，暴之山麓，宛轉呼號，累日而死，逢吉猶以仁魯爲能。逢吉喜殺戮，高祖初鎮河東，嘗以生日遣逢吉疏理獄囚以祈福，謂之靜獄；逢吉入獄，囚無輕重曲直，盡殺以報曰：獄靜矣。其時侍衞都指揮使史宏肇性尤殘刻，河中鳳翔永興三鎮連叛，宏肇務行殺戮，罪無大小皆死。時太白晝見，民仰觀者，輒腰斬於市，市有醉者忤一軍卒，遂棄市；凡民抵罪，吏以白宏肇，但伸三指示之，即腰斬；又爲斷舌、決口、斮筋、折足之刑，備極慘毒。遼穆宗嗜酒及獵，五坊掌獸、近侍奉膳掌酒人等，以獐鹿野豕鶻雉之屬亡失傷斃，及私歸逃亡，在告踰期，召不時至，或以奏對少不如意，或以飲食細故，或因犯者遷怒無辜，輒加炮烙、鐵梳之刑，時或手刃刺人，斷手足，爛肩股，折腰脛，劃口碎齒，鍘灼梟磔，棄屍於野，往往築封以爲京觀焉。即位未久，惑女巫胥古言，取人膽合延年藥，故殺人頗衆，後悟其詐，以鳴鏑叢射騎踐殺之；後雖悔其濫刑，諭大臣切諫，然諫又不聽。乾統以來，益務繩以嚴酷。初，太祖因治諸弟逆黨，權宜立法，設爲投崖、礮擲、釘割、臠解之刑，至是復興焉。故終遼之世，欲以嚴威止亂，不幾於抱薪而救火耶？

明代之酷刑

凡歷代嚴刑峻法，多出於一時之秕政，惟明世廠衞之禍，自始至終，訖未有息者也。初，太祖設錦衣衞，鎭撫司獄，天下重罪逮至京者收繫之，數更大獄，多所斷治，但殺戮過重，論者惜之。厥後刑具悉焚，申明禁令矣。成祖寵紀綱，令治錦衣親兵，復典詔獄，綱遂借以作姦，卒被族誅，而錦衣典詔如故。英宗初，王振用事，戮侍講（劉球）繫法司，（薛瑄）枷祭酒，（李時勉）囚御史，（范霖楊球）且用指揮馬順，毒流天下。天順復辟，指揮門達、鎭撫逯杲，怙寵羅織，達遣旗校四出，杲又立程督，並以獲多爲主；千戶黃麟之廣西，執御史吳禎，至索獄具二百餘副；天下朝覲官陷罪者甚衆。蓋自紀綱誅，其徒稍戢，至正統時復張，天順之末，禍益熾，朝野相顧，惴惴不自保，顧其時衞獄之權特重，廠燄猶未熾也。

東廠之設，肇自成祖，立於東安門北，令嬖倖者提督之，緝訪謀逆、妖言、大姦惡等。憲宗時，尙銘領東廠，又別設西廠，以汪直督之，所領緹騎倍東廠，自京師及天下，旁午偵事，雖王府不免，東西廠權勢始與衞均。正德中，劉瑾用事，寄爪牙於西廠，而衞使石文義亦瑾私人，廠衞之權勢始合。瑾復別設內行廠，自領之，雖東西廠皆在偵察中，加酷烈焉。瑾誅，西廠、內行廠俱省，獨東廠如故，張銳領之，與衞使錢寧並以緝事恣羅織，廠衞之稱，自此益著。及魏忠賢以秉筆領東廠，用衞使田爾耕、鎭撫許顯純輩，專以酷虐鉗中外，廠衞相爲表裏，屢起大獄，又設斷脊、墮指、剝皮、刲舌諸刑，中官掌司禮監印者曰宗主，而督東廠者曰督主，千戶百戶皆衞官，役長曰檔頭，其下番子數人曰幹事。得一陰事，密白檔頭，檔頭視其事大小，先予之金，事曰起數，金曰買起數，既得事，帥番子至所犯家左右坐，曰打樁；番子突入執訊之，無左證符牒，賄如數逕去，少不如意，榜治之，名曰乾醡酒，亦曰撇罾兒，痛苦十倍官刑。凡所緝獲，下鎭撫司獄治之，無不死者。每月旦，廠役數百人，掣籤庭中，分瞰官府，其視中府諸處會審大獄，北鎭撫司考訊重犯者，曰聽記，他官府及各城門緝訪者，曰坐記；某官行某事，某城門得某姦，胥吏疏白坐記者，上之廠，曰打事件。以故事無大小，天子皆得聞之，忠賢恃此以固寵，而黨獄之禍，亦至是而益烈也。崇禎初，忠賢伏誅，諸繼領廠事者，告密之風，未嘗或息，至國亡乃已，亦可謂一代之大蠹矣。

中國通史 卷六

兵政編

敍言

三代之世，寓兵於民，故無民非兵，聚其室廬，勤其手足，齊其心志，作其忠愛。其不用也，舉天下皆爲農爲工爲商之民；及其用也，則執干戈衛社稷，固儼然家人父子之自相捍衛；故不言兵而常得兵之用。周禮一書，規模可謂至善已。自周轍既東，列國相競，攻伐既頻，勢不得不有成軍以供驅使，此蒼頭武卒之所始，卽兵與民之所由分。逮秦發閭左之民，天下騷然不安於役。自漢募民徙塞下，後世遂專用招募之法，以變民兵之制。嗣是以後，民出食以養兵，兵出力以衛民，相沿至今，而兵與民遂不可復合。儒者好言古制，徒見唐宋養兵，蠶國病民，驕惰無用，慨然思復三代之舊。豈知天下所不足者非兵也，然而不可謂之有兵也。今天下尺籍互符，絲紛莫究，而姑存其目之餘，令樹羽而鼓，立程而較，無論雷霆風雨，一出而能以我上駟取彼下駟，卽驅之乘城，猶股戰不立，而可謂之有兵乎？不得已而邊腹不能自救，則募兵；主募者不能審技力，應募者不能辨行陣，懸金國門而白徒入籍，能驅鬼戰乎？能驅鼠搏虎乎？以徵調言，軍書所至，雞犬爲空，邑里蕭條，田園蕪廢，觀於新安折臂之翁，石壕捉人之吏，君子所爲廢書而三嘆也。募兵猶無兵也，鑒於募而汰，汰又損兵，且嘯聚而爲吾難；鑒於汰而又募，募復失實，徒耗國帑而氣益虛。往夫具，天下無戰心；驚夫具，天下無守城；游夫具，天下無聚衆；而天下於是果無兵矣。然則兵果不易有乎？曰：非也，仍視乎軍政之善否耳。先王立法，不能歷久而無弊，而恆留其精意以待後人之維持。管子善學周禮者，故能國富而兵强，而楚以强，而秦晉以和，而周以尊，而齊遂以霸。而後世遵用其制者，至不能保一鄉一邑，即或行之稍有小效，而亦不能無擾民之害，毋亦唯是欲强國而不知强民之故歟！蓋兵之可用不可用，不在乎戰與不戰，兵固可用，而必不輕於用，而後可以神其用也。茲編先言兵制，次言兵學，以見戰事之發明，恆隨世運之所趨，固日進而未有艾也。讀史者毋徒空言民兵之便乎？輯兵政編。

兵制一

第一章　周代軍賦及春秋以後之變革

司馬制軍之法

周禮大司馬制軍，天子王畿六軍，公大國三軍，侯伯次國二軍，子男小國一軍，此制軍六等也。萬二千五百家爲鄉，萬二千五百人爲軍，家起一人爲軍，則六鄉爲六軍矣。六遂亦七萬五千家，合六遂六鄉，則可制十二軍；有十二軍之衆，僅制爲六軍，可見當時之不盡民力也。微獨爾，司徒、司馬皆言上地可任者家三人，中地可任者家五人，下地可任者家二人；一井凡八家，姑以下地言之，則可任者十六人。凡起徒役，毋過家一人，則一井止八人爾。故遂人曰：以下劑致甿民，雖受上田中田而會之，惟以下劑爲率，其寬民力可知也。上地有三人之數，而起役惟一人，則役未嘗盡調也。鄉遂有十二軍之制，而制軍惟六軍，則兵未嘗盡行也。又況有萬二千五百人居則爲比、閭、族、黨、州、鄉，則爲伍、兩、卒、旅、師、軍，他日之五長、兩司馬，卽平日之比長、閭胥也；他日之卒長、旅師，卽平日之旅師、黨正也。他日之師長、將軍，卽平日之州長、鄉大夫也。恩足相恤，義足相救，服容足以相別，聲音足以相識。則以之起軍旅，如子弟之衞父兄，手足之捍頭目，豈有規避而不行者？周禮徒役只發一人，惟田與追胥竭作。註云：追，逐寇也，胥，捕盜也。習田固可竭作，追胥寇盜，雖曰使之盡行，恐未必盡竭鄉遂之民，意必有遞征之法也。且如魯人三郊三遂，亦可作六軍。而大國止三軍而已，且不盡用其民。至晉作州兵，是盡一州二千五百家，皆使爲兵，而不留羨卒也；晉作三行，是盡郊遂七萬五千家，皆使爲軍，而不留半兵也，故君子譏之。

井田軍賦之制

周禮一書，雖不詳言軍賦，而小司徒登其鄉之六畜車輦，鄉師簡其鼓鐸旗物兵器，族師合卒伍簡兵器，以鼓鐸旗物帥而至；遂人登其夫家六畜車輦，遂師登其夫家六畜車輦，鄼長作民，以旗鼓兵革帥而至，則凡軍旅田役之所當需者，鄉遂之官皆素備於平日。微獨爾，鄉師有軍旅田役之戒，則受法於司馬，作其衆庶，及馬牛車輦，會其車人之卒伍，使皆備旗鼓兵器，帥而至；稍人若有師田行役之事，則以縣師之法，作其同徒輂輦，帥而至，以聽於司馬；縣師、稍人以甸稍縣都爲名，凡有軍旅，則屬於司馬，則是丘乘之賦，通內外皆然也。是雖不詳乎軍賦，而兵寓於農，賦藏於民，作而用之，自有成法，故軍旅不言賦之數，以其皆出夫田而有定額也。又況小司馬之職有闕文，軍司馬、輿司馬、行司馬又皆闕職，安知軍賦不見於此而俱不存耶？若夫外府軍旅，共其財用之幣齎；遺人師旅，掌道路之委積；委人軍旅，共其委積薪芻；稟人師役，則治其糧與食；倉人戎事，共道路穀積飲食之具，此皆待官府給軍事者，與六軍無預。六軍家自爲兵，人自爲備，居有積倉，行有裹糧，非公家之所給也。書曰：『魯人三郊三遂，峙乃芻茭，峙乃糗糧。』是侯國三軍，皆鄉遂自共之，推此則六軍可知矣。是以太宰之職，九賦斂財，皆有以待其用，獨不及軍旅；九式均財，皆有以爲之法，而亦不及軍旅；豈非農皆爲兵，兵皆自賦，初無煩於稟給，故亦不煩於均節歟？

周道衰微，王綱解紐，列國於田賦，既以征取無度，遂大隳司馬之法，而軍制亦以浸壞。春秋諸國，齊、晉、楚、秦爲大，合盟爭霸，莫不矯激奮起，北斥南征，赫然鋒矢尋於同仇，牖戶薄於外禦，震矜其功，以張赤縣之幟，而究其所致，恒隨兵力之強弱以爲轉移，故其制可得而述焉。

齊之內政

齊桓公問管仲行伯用師之道，仲曰：『公欲定卒伍，修甲兵，大國亦將修之，而小國設備則難。』迺作內政而寄軍令焉。三分其國爲二十一鄉，工商之鄉六，士鄉十五，參國起案，以爲三官，臣立三宰，工立三族，市立三鄉，澤立三虞，山立三衡。迺本周禮方伯連率之法，易而爲軌里連鄉之法：五家爲軌，軌爲之長；十軌爲里，里有司；四里爲連，連爲之長；十連爲鄉，鄉有良人，以爲軍令。五家爲軌，故五人爲伍，軌長帥之；十軌爲里，故五十人爲小戎，（小戎兵車也）里有司帥之；四里爲連，故二百人爲卒，連長帥之；十連爲鄉，故二千人爲旅，鄉良人帥之；五鄉一師，故萬人爲一軍，五鄉之師帥之。公將其一，國子帥五鄉焉，高子帥五鄉焉；三軍，故有中軍之鼓，有國子之鼓，有高子之鼓。春以蒐振旅，秋以獮治兵。是故卒伍整於里，軍旅整於郊，內教既成，令勿遷徙。夜戰聲相聞，足以不乖；晝戰目相視，足以相識。凡三軍，教士三萬人，車八百乘，蓋如鄉之法。

制五鄙三十家爲邑，邑有司；十邑爲卒，卒有卒帥；十卒爲鄉，鄉有鄉帥；三鄉爲縣，縣有縣帥；十縣爲屬，屬有大夫；五屬，故立五大夫，各使治一屬焉；立五正，（長也）各使聽一屬焉。自邑積至於五屬，爲四十五萬家，率九家二兵，得甲十萬，九十家一車，得車五千乘，可爲三軍者四，蓋如遂之法，以通國之數，而遞征之。率車用六之一，士用十之三，大略依周制變從輕便。正月之朝，鄉長復事，君親問焉，嚴蔽明蔽賢下比之罰。其賢者，則鄉長進之官長書之，公訾相之，謂之三選。國子高子退而修鄉，鄉退而修連，連退而修里，里退而修軌，軌退而修伍，伍退而修家。五屬大夫復事，擇其寡過者而摘之，亦嚴蔽賢蔽明下比之罰。五屬大夫，於是退而修屬，屬退而修縣，縣退而修鄉，鄉退而修卒，卒退而修邑，邑退而修家。政既成，以守則固，以征則强。

晉之新軍

初，周僖王使虢公命曲沃伯武公，以一軍爲晉侯。獻公之十六年，始作二軍，公將上軍，太子申生將下軍，以滅耿、滅霍、滅魏。惠公韓之敗，作州兵。（僖十五年）正義曰：『周禮鄉大夫以歲時登其夫家衆寡之數，謂其可任者，州長則否；今以州長管人既少，督察易精，故使州長治之。』按此不過增一州長爲將耳，於軍制初無所變，其變易侯度，在增三軍而爲六。文公蒐於被廬，（僖二十七年）初有三軍，郤穀將中軍，狐毛將上軍，欒枝將下軍。二軍則上軍爲尊，三軍則中軍爲尊，侯國之制如是也。城濮之戰，賦車七百乘。按楚蔿啓彊曰：晉十九家，縣長轂九百，其餘四十縣，遺守四千。而平公治兵邾南，甲車四千乘，則晉通國率亦五千乘，用七百乘，猶齊之法也。其後作三行以禦狄，荀林父將中行，屠擊將右行，先蔑將左行。成國不過三軍，今復置三行，以避天子六軍之名，而其實則爲六軍。清原之蒐，遂作五軍，蓋文公雖增置三行，而自知其僭，故罷之，更爲上下新軍。襄公蒐於夷，舍二軍，以復三軍之制。景公邲之戰，三軍增置大夫各一人，則猶三行也。至鞌之戰，郤克請益車八百乘，始作六軍。賞鞌之功，韓厥、趙括、鞏朔、韓穿、荀騅、趙旃皆爲卿，僭更王度若此。厲公鄢陵之戰，罷新上軍。悼公初尚四軍，其後新軍無帥，公使其什吏，帥其卒乘官屬，以從於下軍。明年遂舍之；（襄十四年）傳曰：禮也。成國不過半天子之軍，蓋自文公僭王度，至悼公始革焉。

楚之乘廣

楚自若敖蚡冒篳路藍縷，以啓山林，至武王始爲軍政。城濮之役，子玉請戰，王怒，少與之師，惟西廣、東宮，與若敖之六卒從之，大抵皆非正軍，制亦非古。蓋楚於春秋爲新起之國也。莊王之霸也，無日不討國人而訓之於民生之不易，在軍無日不討軍實而申儆之於勝之不可保。逮邲之戰，軍制備矣，蓋兆於武王，備於莊王，傳莫詳焉。其成軍之制，三軍以爲正軍，二廣以爲親軍，游闕以爲游兵。廣有一卒，卒偏之兩。夫一廣者，十五乘也，賈言之，周制十五乘，有兵一千一百二十五人。（一乘之車有甲士三人，步卒七十有二人。）今楚乘廣之法，復有卒百人，兩二十五人，是於周制外，又增百二十五人，爲乘車之副，合二廣凡得二千五百人矣。（春秋大事表卷十四）蓋防正軍有敗，以此易之正軍有闕，以此補之。此則二廣游闕之兵，在楚爲特異者也。於陣則分左右二拒，調卒之法，商農工賈，不敗其業，卒乘輯睦，不奸於事。行軍之典，則右轅左追蓐，前茅慮無，中權後勁，百官象物而動，軍政不戒而備，行軍之翼日，則輜重至。凡此皆軍政之善者也。

秦之更卒正卒戍卒

秦自非子爲周孝王養馬汧渭之間，封爲附庸，至秦仲始大。秦仲之孫襄公，當周平王初，興兵討西戎，助平王東遷，遂有岐豐之地，列爲諸侯。地與戎相錯，襄公修其車馬，訓其兵甲，武事備矣。至穆公霸西戎，始作三軍。殽之役，三帥而車三百乘，又置陷陣。魯定公五年，秦子蒲子虎帥車五百乘救楚，兵力益以强盛。及孝公用商鞅，定變法之令，令民爲什伍之法；又以秦地廣人寡，晉地狹人稠，誘三晉之人耕秦地，優其田宅，而使秦人應敵於外。大率百人則五十人爲農，五十人習戰。凡民年二十三附之疇官，給郡縣一月而更，謂之更卒；復給中都一歲，謂之正卒；復屯邊一歲，謂之戍卒。凡戰獲一首，賜爵一級，皆以戰功相君長。方是時，六國之勢非弱也，帶甲各數十萬，車騎以千數，齊以技擊强，魏以武卒奮，而秦獨以銳士勝，開關東向，執敲朴以鞭笞天下，而天下終不思以隻矢贊函谷之西者，夫豈偶然哉！夫小戎無衣諸詩，雖婦人猶知敵愾；及孝公發憤修政，而商鞅以刑名佐之，田開阡陌，而使富勇戰怯鬥而使强，力甲諸國，虎視殽函，而秦始稱王矣。雖然其尙武精神，誠有足多者。

第二章　漢南北軍與兵役徵調之法

南北軍仍秦屯衛之制

秦始皇既并天下，分爲三十六郡，埋儒生於塵土，銷兵器，鑄鐘鐻，講武之禮，罷爲角觝。是時內有屯衛，外置材官，而始皇虐用其民，北築長城四十餘萬，南戍五嶺五十餘萬，驪山阿房之役各七十餘萬。兵不足用，始以發讁，其後里門之左，一切發之，而勝廣起。漢興，踵秦制，置材官於郡國，京師有南北軍之屯；南軍衛尉掌之，所以衛宮，漢書百官公卿表云「衛尉掌宮門衛屯兵」是也；北軍中尉（後改執金吾）掌之，內衛京師，外備征伐，百官表云「中尉掌徼巡京師」是也。南軍雖主宮衛，考之漢志，宿衛有二：（一）衛兵守殿外門舍，屬衛尉，是南軍；（二）衛郎，守殿內門舍，屬光祿勳。當時以二千石以上子弟及明經孝廉射策甲科博士弟子高第及尙書奏賦軍功良家子充之，其後期門羽林皆屬焉，是皆親近天子之官，別爲一府，非可謂之南軍也。（馬端臨以光祿勳所領爲南軍，而又附於山齋易氏辨光祿勳非南軍，其說甚詳，今從之）

南北軍及衛郎所部編置表

北軍編置

中壘校尉	掌北軍壘門　東漢改中候
越騎校尉	掌越騎領七百人
步兵校尉	掌上林苑門屯兵領七百人

中尉（即執金吾）

- 長水校尉　掌長水宣曲胡騎領七百三十六人
- 射聲校尉　掌待詔射士領七百人
- 屯騎校尉　掌騎士領七百人
- 胡騎校尉　掌弛楊胡騎　東漢并於長水
- 虎賁校尉　掌輕車　東漢并於射聲

南軍編置

衛尉

- 公車司馬　主闕門兵
- 南宮衛士　衛士五百三十七人
- 北宮衛士　衛士四百七十二人
- 左都候　主劍戟衛士四百十六人
- 右都候　主劍戟衛士三百八十三人
- 南宮南屯司馬　主平城門衛士一百二人
- 北宮門蒼龍司馬　主東門衛士四十人
- 玄武司馬　主玄武門衛士三十八人
- 北屯司馬　主北門衛士三十八人
- 北宮朱雀司馬　主南掖門衛士百二十四人
- 東明司馬　主東門衛士百八十人
- 朔平司馬　主北門衛士百十七人

衛郎編置

光祿勳	
五官中郎將	主五官郎
左中郎將	主左署郎
右中郎將	主右署郎
車戶騎三將	主左右車郎戶郎　（東漢省）
虎賁中郎將（期門）	主虎賁郎千五百人（無常員）
羽林中郎將	主羽林郎百十八人
羽林左監	主羽林左騎八百人
羽林右監	主羽林右騎九百人

番上之制及其後之變廢

南北軍兵士，初皆調發郡國材官騎士以爲番上，如蓋寬饒傳云：『衛卒願更留一年。』是郡國番上於南軍者也；黃霸爲京兆尹，發騎士詣北軍，是三輔番上於北軍者也。自武帝八校之置，胡越騎皆屬中尉，而北軍始有召募之兵；復於光祿勳增羽林期門，與衛尉同掌宮門，而南軍始有常從之兵；又發中尉卒擊西羌，而京師之兵始遠調。昭宣以後，禁旅列屯，有警則發，雖金城之遠，羽林胡越騎亦發而詣之；又更募外兵以從軍，如始元二年（昭帝年號）募吏民擊益州，本始（宣帝年號）二年選伉健習騎射者從軍，自此更代之法寖弛矣。

繇役之制

郡國之兵，初時選能引關蹶張材力武猛者，爲輕車騎士材官樓船，常以秋後講肄課法，各有員限。而平地用車騎，山林險阻用材官，川澤用樓船，於是巴蜀三河潁川諸郡國，獨有材官，上郡北地隴西諸郡國有車騎，而廬江潯陽會稽諸郡國有樓船。以至臨淄之弩手，荊楚之劍客，各推其土之所宜而習熟焉。其法：民年二十三以上爲正卒，每一歲當給郡縣官一月之役，其不役者，爲錢二千入於官，以雇庸者。已又戍中都官者一年，爲衞士京師者一年，爲材官騎士樓船郡國者一年，二者隨其所長，於郡縣中發之，然後退爲正卒，就田里以傳番上調發，年五十六乃免。（通考作六十五，茲依漢書改正）故有三品之更：（一）卒更、如淳注：言卒更者，正身供正役也。一月一更，是爲卒更；（二）踐更、如淳注言以錢雇直，所直者內地，其役一月，其錢則不行者自以雇代行者，是爲踐更；（三）過更、如淳注亦以錢雇直，所直者邊疆，其役三日，其錢則不行者，輸之縣官，縣官以給代行者，是爲過更。馬氏謂一歲而更者，恐是併往回行程言之，遠戍且以兩月爲行程，則每歲當役者十月，如是踐更，則是一人替九人之役；如是過更，則是替九十九人之役。夫戍邊重事，而百人之中行者纔一人，則兵之在戍者無幾矣。然鼂錯傳明言遠方之卒，守塞一歲而更，則似明立此法，非是併行程及雇募而言，殊與三日之說未合。竊意一歲而更，是秦以此待謫戍者，本非正法，及其窮兵黷武，則雖無罪者，及元係復除者，皆調發之，而儕之謫戍矣。漢初因其制，後乃著令，有罪者乃邊戍一歲，凡民之當戍者不過三日，不願行者，聽其出錢，縣官以給戍者，爲過更之法耳。又有七謫之科：（一）吏有罪，（二）亡命，（三）贅壻，（四）賈人，（五）故有市籍，（六）父母有市籍，（七）大父母有市籍。自武帝時發之，以出戍朔方者也。其惡少年弛刑徒，亦時用以謫發，要之三更、七謫，皆仍秦法，其所以然者，兵民之制，分離未甚，雖材官騎士，多由選用，而其名義猶如是也。

東漢兵衞隳廢之禍

光武中興，以幽冀幷州兵克定天下，始於黎陽立營，領兵騎常千人，以謁者監之，號黎陽兵，而京師南北軍如故。北軍省中壘、邊騎、虎賁三校，止爲五營，謂之五營校士。北軍則以中候易中壘監之，領於大將軍；南軍則光祿勳省戶騎車三將及羽林令衞尉省旅賁衞士，領於太尉。建武六年，始罷郡國都尉幷職太守，無都試之法，惟京師肄兵如故；明年，罷天下輕車騎士材官樓船及軍候吏，盡還民伍，惟踐更如故。九年，省關都尉。十三年，罷左右將軍。二十二年，罷諸邊郡亭候吏卒。時光武久在兵間，厭武事，且知天下疲耗，繇是內省營衞之士，外罷衞侯之職，然終建武之世，已不能守前法，罷尉省校，復臨時補置，而邊郡亦往往復置都尉，且自置都試，而外兵不練，雖疆埸之間，廣屯增戍，列營置塢，而國有征伐，終隸京師之兵，以出匈奴鮮卑。戰事既頻，或遣將出擊，或移兵留屯，連年暴露，奔命不遑，而禁旅無復鎭衞之職矣。至安帝永初間，募人入錢穀，得爲虎賁、羽林、緹騎營士，而營衞之選亦衰矣。成帝延嘉間，詔減羽林、虎賁不任事者半俸，則京師之兵日就單弱，外之士兵不練，而內之衞兵不精，故盜起一方，則羽檄被於三邊，輿發甲卒，取辦臨時，戰非素習，每出輒北。永建間，始令郡舉五人，教習戰射，又方募爲陷陣，徵爲積卒，召爲義從，大抵創立名號，徒列屯坐食而已。桓靈之世，黃巾作亂，盜賊蝟起，以是置八都尉；五年，大發四方兵，講武於平樂觀，躬擐甲介馬，稱無上將軍，是歲始置八校尉，以小黃門統之，雖大將軍亦屬焉。於是閹宦更領兵權，迭相傾敓，卒之州兵外召，董卓入亂，而漢社亦遂墟漢之盛衰，皆兵之由，而究其墮廢，則光武實爲之也。

第三章　魏晉以降兵制成內輕外重之勢

魏之兵權趨於外重

蜀昭烈初置五軍，其將校略如漢，而兵有突將、無前、賨叟、青羌、散騎、武騎之別，此皆數十年之內，所糾合四方之精銳，非一州之所有也。諸葛亮卒，蜀兵耗矣。吳多舟師，而兵有解煩、敢死兩部，又有車下虎士、丹陽青巾、交州義士及健兒武射諸目，調度亦無法，大率強者爲兵，羸者補戶；其後以五子分將，而吳遂亡。曹氏兵力盛於蜀吳，其京軍略同漢制，而易北軍中候爲中領軍，增置武衛中壘二營，幷有四軍五校。四軍者，中左右前軍各一帥，五校則屯騎、步兵、越騎、長水、射聲，仍循漢制而未改也。至於外兵，自文帝黃初中特置都督諸州軍事，尋加四征、（征東征西征南征北）四鎮（鎮東鎮西鎮南鎮北）將軍之號，內則置大將軍，都督中外諸軍，位太尉上。（見曹爽讓司馬懿表）而當時宗室諸王藩兵大數，不過殘老二百人，復時時徵調之。是時兵權外聚於州牧，內屬於大將軍，而已成外重之勢矣。故司馬昭既秉朝政，猶憚四征，遣長史賈充慰勞之，比至壽春，還啓『諸葛誕有威名，民望所歸，今徵，必不來，禍小事淺；不徵，事遲禍大。』迺以爲司空，以奪其兵柄，誕不受命，兵敗被殺，而魏祚隨以移矣。

兩晉宗王及州兵之禍

晉自文王（司馬昭）置二衛，（中衛後衛）三部司馬，（前驅由基強弩）以中領之軍領之。令州縣典兵，州置都督，尋加四征、四鎮將軍之號，及武帝伐吳，遂分左右各一將軍，又置羽林、虎賁、上騎、異力四部，並領於驍騎，又有七軍五校：七軍者，左衛、右衛、前軍、後軍、左軍、右軍、驍騎也，皆有將軍，而中領軍總統之，其前後左右亦稱四軍，五校者，與漢魏制同，各領千兵為營，（又有翊軍營，為王濬所置，太康十年又立積弩營，亦與宿衛）凡此皆在城中者也，其城外諸軍，則中護軍統之，而領護又各領營兵焉。（錢儀吉補晉兵志）吳平後，悉去州郡兵，大郡置武吏百人，小郡五十人；然懲魏氏孤立，大封同姓，大國三軍，兵五千人；次國二軍，兵三千人；小國一軍，兵千五百人。晚乃並遣諸王，假之節鉞，各統方州軍事，由此諸王擅兵，動以萬數，乘隙而起，自相魚肉。繼以盜賊蠭起，州郡不能制，而天下遂亂。重以五胡雲擾，所在牧守，弱者棄地，强者稱盟，而民間豪傑，亦多聚為塢壁，以寇抄為事。迄乎南渡，以揚州為京畿，荊州五州為重鎮，而三州戶口實居江南之半；於是復刺史典兵，而州鎮特重。然徵調不出三吳，大發毋過三萬，每議出討，多取奴兵，（自用刁協議，後皆以奴為兵，會稽王道子發諸郡奴，號曰樂屬；庾翼發六州奴北伐是也）百姓怨嗟，臨戰輒敗。終東晉世，唯謝玄以精銳八千，大破苻堅八萬於肥水，蓋北府兵而已。

劉宋限制州兵

劉裕乘晉祚之衰，丁桓玄之亂，起自布衣，生擒南燕王慕容超，秦王姚泓而滅之，以得晉鼎。永初元年，鑒於內弱外强，置五校三將，增殿中將軍，員二十人；二年，置東宮三校尉，而特限荊州府兵，不得過二千人。其時京兵素練，故盧循出襲建康，京師震動，衆請分兵守諸津要。劉裕曰：『若此，則人測虛實，不若聚衆石頭，隨宜應赴。』後果以此破敵，尋以荊居上流，甲兵半朝廷，遺詔諸王遞居之，由是崇樹綿褫，迭據方岳，而大州率加都督，勢復積於外重矣。孝武之世，義宣反江州，（宋主淫義宣諸女義宣懷恨而反）竟陵反廣陵，（誕數宋主罪曰陛下宮閫之醜豈可三緘）休茂反襄陽，諸王相繼以反誅；乃以藩州太大，分揚州五郡為東揚州，分荊州八郡別置郢州，并令鎮王從兵，毋過六隊。封內官長皆不臣於封君；刺史守宰，須手詔乃興軍。且自謂弱主弱臣，庶幾略定，而晉人上流中流之意，既已掃地事歸近習，勢輕天下，而子業之禍不出房闈。明帝翦除宗室，不待顧慮，復使世祖二十八子，靡一孑遺，信哉秉彝之忍也！而蕭道成之釁成矣。

齊梁陳前後操縱之失

自晉末以來，兵禍所至，不在強敵而在強臣，其於兵制，無甚改革也。蕭齊以王褚（王儉褚淵）之謀，不勞一卒，不煩一戟，輕禪其君位而居之。自泰始以來，內外多虞，將帥各募部曲，屯聚建康。李安上表，請自非淮北常備外，餘軍悉皆輸遣，若親近宜以隨身者，聽限人數，從之。既廢諸屯邸，而又外斷諸衆募者也。武帝以降凡為上所寵昵者，即付以師干之任。故世祖（即武帝）任外監呂文度，則領軍但守虛位；東昏信直閣徐母標，則都督實不領兵。（崔慧景）至於更閱武場為芳樂苑，致百姓有閱武場種楊柳之歌，極麗窮奇，躬親裨販。於是梁武因寶卷失政，起義襄陽，以宰制天下。奈何至於晚年信中原牧守之夢，納侯景內附之謀，諸王出鎮方面，優假過甚，臺城困偪，佛力何存？簡文嗣之，會侯景自為宇宙大將軍，狠戾難馴，梁主於此，岌岌焉如在網中；諸王是時，使能剖心嘗膽，泣血枕戈，社稷之恥，幸或可洒。無如外難未除，家禍仍搆，武陵稱帝於成都，（紀在蜀即位）湘東（繹）坐視於江陵，未聞遣一兵，馳一騎，以討賊，而兄弟猶且日尋干戈，遂使荊益巖疆，相繼淪棄，而為北周所有。蓋梁雖強兵四樹，而爲家禍所厄，此又一變也。陳主崎嶇得國，地寡形單，果能發憤爲雄，梁境亦或可保，奈何據手掌之地，恣谿壑之險；（見隋伐陳詔）軍人無關市之征也，而倍責之；故將有幾微之過也，而使文之。（孔範用事，嘗於帝前誹薄諸將，自是將帥微有過，即奪其兵以配文吏）迨隋氏寫詔暴惡，命師東下，而猶談王氣，誇天塹，君臣嘻嘻，如燕雀處堂，而縱酒賦詩未歇也。虜軍飛渡，一無所備，計投眢井，亦已後矣；是又無足論者。

第四章　周齊隋唐府兵之制

周齊之際爲府兵所自基

自元魏從李安世之議，遂有均田之法；（詳食貨略）府兵之制，由此而基。蓋田有所授，戶有可稽，因以兵法勒之，固不難也。顧其時軍政，初不關此。孝文帝十九年，選武勇士十五萬人，爲羽林虎賁，以充宿衛，分建六鎭，優復府戶，燦然可觀。至緣邊初置諸鎭，或徵發强宗子弟，或國之肺腑，寄以爪牙，中年號爲府戶，役同厮養而已。若高齊別爲內外領之二曹，雖十八受田，二十充兵，六十免役，頗近古意，然猶未有府兵之名。西魏大統中，宇文泰用蘇綽之言，始仿周典置六軍，籍六等之民，擇魁健材力之士以爲之首，盡蠲租調，而刺史以農隙教之，合爲百府。每府一郎將主之，分屬二十四軍，軍以開府領之；二開府以大將軍統之，大將軍凡十二人，每一將軍統二開府，二大將軍以柱國主之；凡二十四開府，十二大將軍，六柱國，員額不滿五萬人，而以持節都督總焉。自克齊以後，并前各置六府，而東北別爲七總管。自此隸戶有譴，隱丁有誅，府兵有復，丁以十二取役以一月代粮蓄以六家備民力稱裕，蓋稍復兵農合一之舊，而規模粗具矣。

隋及唐初府兵之增改

隋之兵制，大抵承周齊府兵之制，而特加潤色，於是有十二衞之制：曰翊衞，曰驍騎衞，曰武衞，曰屯衞，曰禦衞，曰候衞，各分左右。凡十二將軍統攝諸府，諸府之兵，有郎將，有副郎將，坊主團主，以相統治。其外又有驃騎、車騎之府，二府各有將軍，後改驃騎曰鷹揚郎將，車騎曰副郎將，別置折衝果毅之軍，此府兵之制也。自煬帝不綱，此制不講，高麗之役，四方兵集，凡一百十三萬三千八百人，每軍大將亞將各一人，騎兵四十隊，隊百人，十隊爲團，步卒八十隊，分爲四團，各有偏將一人，其輜重散兵亦分四團，步兵挾之而行，進止立營，皆有儀法；但遠近騷動，士卒死喪，而隋業亦亡。唐興，高祖武德初，始置軍府，析關中爲十二道，皆置府兵。三年，更爲軍：萬年道爲參旗軍，長安道爲鼓旗軍，富平道爲元戈軍，醴泉道爲秉鉞軍，同州道爲羽林軍，華州道爲騎官軍，寧州道爲折威軍，岐州道爲平道軍，幽州道爲招搖軍，西麟州道爲苑游軍，涇州道爲天紀軍，宜州道爲天節軍。軍置將副各一人，督耕戰，統以驃騎車騎二府，尋改驃騎曰統軍，車騎曰別將。方是時，庶事草創，未遑鄭張，亦止及於關中耳。故周隋唐初雖較有可言，而一切規制之完美，則至太宗而始定。

貞觀以來府兵措置之得宜

貞觀十年，更號統軍爲折衝都尉，別將爲果毅都尉，諸府總曰折衝府。凡天下十道，置府六百三十四，皆有名號，而關內二百六十有一，皆以隸諸衞；所謂諸衞者，卽左右衞，左右驍衞，左右武衞，左右威衞，左右領軍衞，左右金吾衞，左右監門衞，左右千牛衞，是也。府兵之制，有居中馭外之規焉。茲先述其編制之法：府有三等，兵千二百人爲上府，千人爲中府，八百人爲下府，其府員折衝都尉一人，左右果毅都尉各一人，長史兵曹別將各一人，校尉六人。其兵隊以三百人爲團，團有校尉；五十人爲隊，隊有正；十人爲火，火有長。次述其簡閱之法：凡民年二十爲兵，六十而免，其能騎而射者爲越騎，餘爲步兵，每歲季冬，折衝都尉率五校之在府者，置左右二校尉，位相距百步，每校爲步隊十，騎隊一，二校之人鼓噪薄戰，互爲攻守之勢，以資練習。次述其番上之法：凡當宿衞者番上，兵部以遠近給番：五百里爲五番，千里七番，千五百里八番，二千里十番，二千里外爲十二番；番皆以月上，諸衞將軍受其名簿，而配之以職。至府兵之調發，府兵雖外散各府，內隸諸衞。其隸衞也，左右衞皆領六十，府諸衞領五十至四十，餘以隸東宮六率。（太子左右率府左右司禦率府左右清道率府）故調發之權，操之省內，有所征行，先下符契，州刺史與折衝勘契乃發。若全府發，則折衝都尉以下皆行，不盡，則果毅行，少則別將行，當給馬者，官以其直市之。

開元以後府兵隳廢之由

自貞觀以迄開元末百三十年間，武臣兵士，初無篡逆之萌者，府兵之制善也。承平既久，此制浸壞，人多憚勞以規避匿。至開元六年，始詔折衝府兵每六歲一簡，而教閱之制壞。十一年，以府兵番役多不時至，宿衞不能給，宰相張說請一切募士宿衞，而番上之法壞。十一年，取京兆蒲同岐華府兵及白丁，益以潞州長從兵，共十二萬人，號長從宿衞；明年，更號彍騎，入隸十二衞，爲六番，每衞萬人。天寶後，又稍變彍騎之法，折衝諸府至無兵可交，李林甫遂請停上下魚書，而調發之制又壞。乃至徒有兵額官吏，而戎器馱馬鍋幕糗糧並廢矣。故時府人目番上宿衛者曰侍官，言侍衛天子，至衛佐悉以假人為童奴，京師人恥之，至相罵辱，必曰侍官。而六軍衛，皆市人，富者販繒綵食粱肉，壯者為角觝拔河翹木扛鐵之戲，及祿山反，皆不能受甲矣。由是藩鎮跋扈，外重之勢成，而其局變矣。李泌有修復府兵之議，而不果行。憲宗中興，所宜討論舊制，而急於近效，不為遠圖，至蕭俛段文昌慕銷偃之美名，而不知張弛之道，既許以逃死，則百人之中，豈但八人而已。姦將貪帥，利其衣粮，則軍鎮之兵，實亡而名在耳。

第五章　唐禁軍方鎮之盛衰

唐有天下三百年，而兵之大勢，凡三更：由府兵而彍騎，由彍騎而方鎮。及其後也，強兵悍將，分布天下，而天子亦置禁軍，是以方鎮強，天子弱，而唐室亡。府兵之制，已如前章所述，其內而禁旅，外而藩兵之制，又可得而言焉。

南衙十六衛之制

南北衙者，皆天子禁軍也。南衙十六衛，曰左右衛，曰左右領軍衛，曰左右驍衛，皆宮禁宿衛也；曰左右金吾衛，曰左右武衛，皆巡警京城也；曰左右監門衛，曰左右威衛，皆諸門禁衛也；曰左右千牛衛，侍衛也。每衛有上將軍、大將軍各一人，將軍二人，以統率之。而左右衛所領，又有三衛、五府，親衛有親府，勳衛有勳一府、勳二府，翊衛有翊一府、翊二府，每府各有一中郎將及左右郎將統之，而總於左右衛。三衛之屬，初皆以品官子若孫補，每月番上宿衛。其後入官路艱，柱國子有白首不得進者，三衛益賤，人罕趨焉。凡十六衛之兵，本由外府番上，開元時改用召募，號爲彍騎，頗習弩射，稱精強；天寶後，彍騎之法，又稍變廢，而六軍宿衛，多取市人，於是不能受甲矣。

北衙十軍之制

北衙之軍，實天子私兵也，自十六衛衰廢，專倚此爲重。凡十軍：

左右羽林軍（飛騎）　左右龍武軍（元從、禁軍、百騎、千騎、萬騎）　左右神武軍（神武天騎）

左右神策軍（神策左右廂）　左右神威軍（射生左右廂、貲應軍）　（左右英武軍、左右射生軍）

禁軍之始末

初高祖以義兵起太原，已定天下，悉罷遣歸，留三萬人充宿衛，號元從禁軍，後老不任事，以其子弟代之，謂之父子軍。貞觀初，太宗擇善射者百人，曰百騎，又置北衙七營，選材力驍壯者，月以一營番上，是爲北衙稱名之始。十二年，始置左右屯營於玄武門，領以諸衛將軍，號飛騎。高宗龍朔二年，始取府兵越騎步射，置左右羽林軍，禁軍自此盛矣。亦越武后，改百騎曰千騎，分左右營；及玄宗以萬騎平韋氏，更號左右龍武軍，皆用功臣子弟，制若宿衛兵，由是遂有四軍。末年，禁兵寖耗。祿山反，車駕西狩，從者裁千人。肅宗赴靈武，士不滿百。及即位，稍復舊制，增置左右神武軍，亦曰神武天騎，制如羽林，總曰北衙六軍。又擇便騎射者，置衙前射生手，分左右廂，號左右英武軍，（代宗以射生軍靖內難，又號寶應軍。）則六軍之外，復有射生二軍也。然自中葉以後，宦官執兵柄，天子廢置出於其手，則其禍又在於神策之軍。神策之得名也，始自哥舒翰破吐蕃臨洮西之磨環川，卽其地置神策軍，以成如璆爲軍使。祿山反，其將軍衛伯玉將千人赴難，屯於陝。時邊土陷蹶，神策故地淪沒，卽詔伯玉所部兵號神策軍，以伯玉爲節度使，鎭陝中，使魚朝恩爲觀軍容使，監其軍。廣德元年，代宗避吐蕃，幸陝，朝恩迎扈，京師，兵遂以軍歸禁中，然猶未與北軍齒也。已而吐蕃再入寇，朝恩又以神策軍屯苑中，自是寖盛，分爲左右廂，勢居北軍右，遂爲天子禁軍，非他軍比。是時邊兵衣糧多不贍，而親衛卒出屯防者，頒給特厚；於是諸邊將自請願遙隸神策軍，既獲請，廩賞遂贏舊三倍。於是諸邊將往往稱神策行營，而邊軍類統於中人矣。順宗卽位，王叔文欲收神策兵柄而不克。元和二年，省神武、神威合爲天威軍；八年，廢天威軍，以其兵分隸神策軍。迨神策尉劉季述等以其兵廢帝，尋就誅，昭宗召朱全忠兵入，悉誅宦官，而神策左右軍廢。其後左右羽林、龍武、神武及神策、神威而總名北衙者，已非太宗之初置也。

方鎭之始末

夫所謂方鎭者，節度使之兵也。原其始，起於邊將之屯防者。唐初，兵之戍邊者，大曰軍，小曰守捉，曰城，曰鎭，而總之者曰道。其軍城鎭守捉皆有使，而道有大將一人，曰大總管；已而更曰大都督。至太宗時，行軍征討，曰大總管，在其本道曰大都督。自高宗永徽以後，都督帶使持節者，始謂之節度使，然猶未以名官也。景雲二年，以賀拔延嗣爲涼州都督、河西節度使。自此以後，接開元，朔方、隴右、河東、河西諸鎭，皆置節度使。及范陽節度使安祿山反，犯京師，天子之兵，弱不能抗，遂陷兩京。肅宗起靈武，而諸鎮之兵，共起誅賊，時稱九節度之師。久之大盜既滅，而武夫戰卒，以功起行陣，列爲侯王者，皆除節度使，由是方鎮相望於內地，大者連州十餘，小者猶兼三四。故兵驕則逐帥，帥強則畔上，或父死子握其兵而不肯代，或取捨由於士卒，往往自擇將吏，號爲留後，以邀命於朝，天子顧力不能制，則忍恥含垢，因而撫之，謂之姑息之政；姑息愈甚，而兵將愈俱驕，由是號令自出，以相侵擊，虜其將帥，并其土地，天子熟視不知所爲，反爲和解之，莫肯聽命，始時爲朝廷患者，號河朔三鎮；及其末，朱全忠以梁兵，李克用以晉兵，更犯京師。至昭宗，憫威權之不振，有恢復前烈之志，而楊復恭又領中軍，是以始用張濬謀而一失於克用，繼違讓能議而再失於茂貞，卒至幸石門，幸華州，幸鳳翔，兵戈騷擾，御膳不充。蓋至全忠劫駕洛陽，而天家夫婦，竟委身以事之。當此之時，天下之兵，無復勤王者，向之所謂三鎮，徒能始禍而已。其他大鎮，南則吳（楊行密）、浙（錢鏐）、荊（高季興）、湖（馬殷）、閩（王潮）、廣（劉隱），西則岐（李茂貞）、蜀（王建），北則燕（劉仁恭）、晉（李克用），而梁（朱全忠）盜據其中，自國門以外，皆分裂於方鎮矣。

第六章　宋之四種兵制

唐末迄於五代，驕兵惰卒，率不用命，而逐將弒君，習爲故常。自周世宗因高平之戰，以大將樊愛能、何徽引騎兵先遁，乃收斬之，并及所部軍使七十餘人，而軍心始知懼。又復大簡諸精銳者升之，羸者斥去之，募壯士詣闕，選爲殿前諸班，其騎步諸軍，各命將選之，而軍氣漸以振。往日頹風，稍稍鏟除矣。宋太祖代周立國，以雄略威武，斬艾蓬蒿，剗削險阻，盡取四方勁兵，列營京畿，以備宿衛，分番屯戍，以捍邊圉，盡反前世姑息之政，而自立一代之法，綜其兵制，大略有四焉。

禁兵之制

禁兵，天子之衛兵也，凡兩司三衛，分天下兵而領之。兩司者：一殿前司，掌入侍殿陛，出扈乘輿者也；一侍衛司，馬軍司掌騎兵，步軍司掌步兵者也。三衛各有都指揮使、副都指揮使、都虞候以領之。初，梁祖起宣武軍，（治汴州）以其鎮兵因仍舊號，置在京馬步軍都指揮使，而自將之；蓋於唐六軍諸衛之外，別爲私兵，後唐明宗更爲侍衛親軍，（以康義誠爲馬步軍都指揮使秦王從榮以河南尹典六軍）其後遂不廢。殿前司肇自周世宗時，宋太祖以殿前都虞候，初詔天下選募壯士送京師，遴其尤者爲殿前諸班，而以宋祖爲都檢點，位都指揮上，後遂由此受禪。故宋之殿前、侍衛兩司，皆沿五代之舊也。其最親近扈從者號諸班直，其次領於御前忠佐軍頭司、皇城司、騏驥院，以守京師，備征伐；其在外者，非屯駐屯泊，即就糧軍也。宋初，京營兵揀選綦嚴，老弱恇怯者，特置剩員以處之，（剩員給官府宮觀園苑寺廟倉廩之役）往往取強壯卒，定爲兵樣，分送諸道，令其遴選，後乃代以木梃，爲高下之等，散給諸州軍，委長吏都監等召募教習，俟其精練，則送闕下，萃精銳於京師，而別立更戍法，分戍州郡，以習勤苦，均勞逸，此宋祖制馭之微意也。禁兵外戍，更番交錯，旁午道路，後之議者，以爲徒使兵不知將，將不知兵，緩急恐不可恃。至神宗朝而變爲將兵之法。將兵者，部分諸路之兵，列將設屯，不爲番戍，使兵知其將，將練其士，有事而後遣焉，而仍總隸於禁旅。自其始省更戍之勞，諸州亦足以爲鎮守，厥後嬉遊偷惰，滋不可用，此非立法之不美，而守法者之敝也。今就宋史兵志所載將兵之數，分列如左：

京畿東西河北路凡三十七將，自河北始。

河北四路第一將至第十七將　京畿第十八將至第二十四將　京東第二十五將至第三十四將

京西第三十五將至第三十七將

鄜延涇原環慶秦鳳熙河凡四十二將。

鄜延九將　涇原十一將　環慶八將　秦鳳五將　熙河九將

東南路諸軍凡十三將，自淮南始。

淮南東路第一將　淮南西路第二將　兩浙西路第三將　兩浙東路第四將

江南東路第五將　江南西路第六將　荊湖北路第七將　荊湖南路潭州第八將全邵永州照撥廣西第九將

福建路第十將　廣南東路第十一將　廣南西路桂州第十二將邕州第十三將

綜天下爲九十二將，將各置副，東南兵三千人以下唯置單將，其一將所有兵數如干，則不可得而詳也。

廂兵之制

廂兵者，諸州之鎭兵也，內總於侍衞司。一軍之額，有分隸數州者；或一州之管，兼屯數州者。在京諸司之額五，隸宣徽院，以分給畜牧繕修之役；而諸州則各以其事屬焉。建隆初，選諸州募兵之壯勇者，悉送京師，備禁衞，餘留本城，雖或更戍，然罕教閱，類多給役而已。天禧元年，詔選天下廂兵遷隸禁軍者凡五千餘人；二年，詔河北禁軍疲老不任力役者，委本路提點刑獄臣僚簡閱，毋得庇匿，以費廩糧。慶曆中，招收廣南巡海水軍，忠敢澄海雖曰廂軍，皆予旗鼓訓練，備戰守之役。皇祐中，河北水災，農民流入京東三十餘萬，安撫使富弼募以爲兵，拔其尤壯者得九指揮，教之武技，雖廩以廂兵，而得禁兵之用，且無驕橫難制之患。詔以其騎兵爲教閱騎射威邊，步兵爲教閱壯武威勇，分置青、萊、淄、徐、沂、密、淮陽七州軍，征役同禁軍。嘉祐四年，復詔西路於鄆、濮、齊、兗、濟、單州置步兵指揮六，如東路法；於是東南州軍多置教閱廂兵，皆以威勇忠果壯武爲號，訓肄如禁軍矣。元豐末綜天下廂兵馬步指揮，凡八百四十，其爲兵凡二十二萬七千六百二十七人，而府界及諸司或因事募兵之額不與焉。建炎而後，兵制靡定。逮乾道中，四川廂軍二萬九百七十二人，禁軍二萬七千九百九十二人。厥後廢置損益，隨時不同矣。

鄉兵之制

鄉兵者，選自戶籍，或土民應募，在所團結訓練，以爲防守之兵也。周廣順中，點秦州稅戶充保毅軍，宋仍之。自建隆四年，分命使臣往關西道，令調撥鄉兵赴慶州。咸平四年，令陝西係稅人戶家出一丁，號曰保毅，官給糧，使分番戍守。五年，陝西緣邊丁壯充保毅者至六萬八千七百七十五人；七月，以募兵離鄉，有傷和氣，詔諸州點充強壯戶者，稅賦止令本州輸納，有司不得支移之。先是，河北忠烈宣勇無人承替者，雖老疾不得停籍，至是詔自今委無家業代替者，放令自便。自此至天禧間，廣銳老病之兵，雖非親屬而願代者聽；河北強壯，恐奪其農時，則以十月至正月旬休日召集而教閱之。忠烈宣勇廣銳之歸農而闕員者，並自京差補戍於河上，而歲月久遠者，則特爲選補，貧獨而無力召替者，則令逐處保明放停。當是時，河北河東有神銳忠勇强壯，河北有忠順强人，陝西有保毅蕃戶强人、强人弓手，河東陝西有弓箭手，河北東陝西有義勇，麟州有義兵，川陝有土丁壯丁，荊湖南北有弩手土丁，廣南東西有槍手土丁及壯丁，邕州有溪洞壯丁土丁，此皆鄉兵之類別也。而諸鄉兵之中，以義勇爲最著。慶曆中籍河北强壯得二十九萬五千，揀十之七爲義勇，且籍民丁以補其不足，河東揀選如河北法。治平元年，韓琦上言：『今之義勇，河北幾十五萬，河東幾八萬，勇悍純實，出於天性，而物力資產父母妻子之所係，若稍加簡練，與唐府兵何異？陝西嘗刺弓手爲保捷，河北河東陝西皆控西北，事當一體，請於陝西諸州涅手背點義勇爲便。』帝納其言，乃籍陝西主戶三丁之一，刺之，得十三萬八千餘人。於是三路鄉兵唯義勇爲最盛，然紀略不可用，司馬光持以爲不可，反復力陳，琦雖語塞，而事不爲止，後竟爲陝西之患。

蕃兵之制

蕃兵者，塞下內屬諸部落，團結以爲藩籬之兵也。西北邊羌戎種落，不相統一，保塞者謂之熟戶，餘皆謂之生戶。陝西則秦、鳳、涇原、環慶、鄜延，河東則石、隰、麟府。其大首領如都軍主，百帳以上爲軍主，其次爲副軍主以功次補者，其官職俸給有差。西事起，緣邊諸將，輒招徠蕃部，涅手背，編軍隊，用以助戰。其後族帳益多，而撫馭團結之制益密云。

綜論宋兵冗雜之弊

禁、廂、鄉、蕃四種，禁、廂皆出於召募，而禁軍獨盛，其調遣出戍要塞之防衛並寄焉。內外禁軍，總於三衙，而兵籍虎符則樞密掌之，雖矯唐末五代外重之弊，集權中央，其弊則天下之大，又不啻天子自爲戰守也。宋初以兵定天下，凡有征伐，則募置，事已則省併，故兵日精而用不廣。其後西北邊事日急，視前募兵寖多，茲據仁宗時代所紀累世兵數增進之率觀之：

時代	總數	禁軍占額
太祖開寶	三十七萬八千	十九萬三千
太宗至道	六十六萬六千	三十五萬八千
眞宗天禧	九十一萬二千	四十三萬二千
仁宗慶曆	百二十五萬九千	八十二萬六千

此皆募兵也，前後八十年間，多寡之不同若此，而鄉、蕃兵猶不與焉。養兵甚盛，顧乃北制於遼，西困於夏，一無武功之足言。翰林學士孫洙謂：『今內外之兵百餘萬，而別爲三四，離爲六七。別爲三四者何？卽禁、廂、鄉、蕃是也。離爲六七者何？謂之兵而不知戰，給漕輓，服工役，繕河防，供寢廟，養國馬者，皆兵也。疲兵而坐食，自前代以來，未有猥多於今日者。總戶口歲入之數，無慮十戶而資一廂兵，十萬而給一散卒，其衛士之給，又浮費數倍，安得而不大蹙也。』然則宋代兵雖多，而積弱不振之故，觀此亦可知其概已。

第七章　遼金元蕃漢軍戶概略

遼金元起自北方，以部族相結合，故兵與民爲一，凡蕃戶之著籍者皆兵也。其後略有中原地，因其編戶，列於兵籍，始有漢兵。三朝兵制，大抵皆蕃漢軍相雜，而於歷代之設施稍異。今爲分述於後。

遼之兵制

其制之大目有四：大帳皮室軍凡三十萬騎，屬珊軍凡二十萬騎，是爲御帳親軍。十二宮一府，自上京至南京總要之地，各置提轄司，（舊史獨太和永昌二宮不見監闕文也）凡諸宮衛丁四十萬八千，出騎軍十萬一千，是爲宮衛騎軍。親王大臣，體國如家，國有戎事，量借三五千騎，常留餘兵爲部族根本，是爲衆部族軍。凡臣服於遼者，如出其軍以供國之驅使，是爲屬國軍。數者各自爲軍，分數秩然；其能雄長二百餘年者賴此。其制，凡民年十五以上，五十以下，隸兵籍。每正軍一名，馬三匹，打草穀守營鋪家丁各一人，人馬不給粮草，日遣打草穀騎四出鈔掠以供之。皇帝自將出征，親點將校，又選勳戚大臣充行營兵馬都統副都統都監各一人，選諸軍兵馬尤精銳者三萬人爲護駕軍，驍勇三千人爲先鋒軍，又選剽悍百人之上爲遠探攔子軍；以上各有將領。又於諸軍，每部量衆寡抽十人或五人合爲一隊，別立將領，以備勾取兵馬，騰遞公事。中原州縣，則起漢人鄉兵萬人隨軍，專伐林木，塡道路，此其臨時編置之大略也。否則車駕不親征，重臣統兵亦不下十五萬衆，牧馬南伐，侵擾宋邊，剽利善戰，時或得志焉。

金之兵制

金興，用兵如神，戰勝攻取，無敵當世，曾未十年，遂定大業。蓋其俗本鷙勁，人多沈雄，兄弟子姪，才皆良將，部落保伍，技皆銳兵；重以地狹產薄，無事苦耕，可給衣食，有事苦戰，可致俘獲，是故將勇而志一，兵精而力齊。而考其初年，諸部之民，無它徭役，壯者皆兵，平居則聽以佃漁射獵，習為勞事；有警則下諸部徵之，凡步騎之仗糗，皆取備焉。其部長曰貝勒，行兵則稱曰明安、穆昆，從其多寡以為號。明安者千夫長也，穆昆者，百夫長也，穆昆之副曰富埒琿，士卒之副從曰伊勒希。部卒之數，初無定制，至太祖時，既以二千五百破耶律色實，始命以三百戶為穆昆，十穆昆為明安，並為世襲。繼而諸部來降，率用明安、穆昆之名，以授其首領，而部伍其人。珠赫之戰，兵始滿萬，而遼莫敵矣。及其後破遼、破宋，亦以此制中原之民焉。凡明安之上置軍帥，軍帥之上置萬戶，萬戶之上置都統，然有時亦稱軍帥為明安，而明安則稱親管明安者。其諸軍配置，在內則侍衛親軍，備宿衛京師，防城軍、(後更武衛軍)巡捕京城，是為禁兵，在外則蕃部兵與鎮防兵。蕃部者，渤海軍，奚軍，是渤海八明安之兵也。奚軍，奚人安尼等九明安之兵也。奚軍初徙山西，後遷山東，鎮防者在西北則有分番屯戍軍、永屯軍、驅軍之別。驅軍者，國初所免遼人之奴婢也。河南陝西居守邊界者，則有邊鋪軍，諸路所募，則有射糧軍，特加涅剌用以兼充雜役。外此曰牢城軍，則嘗為盜竊者，以充防築之役；曰土兵，以司警捕之事。凡漢兵有事則簽取於民，事已亦或放免。其始明安穆昆之戶，人盡為兵；及乎政衰民敝，兵氣頹喪，而又徵調無法，邊釁一開，下令簽軍，民戶強壯，或盡取無遺，號泣動鄰里，怨嗟盈道路。(金史兵志)蒙古之兵起，而金亦困矣。

元之兵制

元初典兵之官，視兵數多寡，為爵秩崇卑。長萬夫者為萬戶，長千夫者為千戶，長百夫者為百戶。世祖時頤修官制內立五衞以象五方始有侍衞親軍之屬，置都指揮以領之。外則萬戶之下置總管，千戶之下置總把，百戶之下置彈壓立樞密院以總之。遇四方有警，則置行樞密院事已則廢。若夫軍士則初有蒙古軍，探馬赤軍，蒙古軍皆國人，探馬赤軍則諸部族也其法家有男子十五以上，七十以下，無衆寡盡僉爲軍，十人爲一牌，設牌頭，上馬則備戰鬭，下馬則屯聚畜牧；孩幼稍長又籍之曰漸丁軍；既平中原發民爲卒是爲漢軍。或以貧富爲甲乙，戶出一人曰獨戶軍，合二三戶而出一人者曰正軍戶，餘爲貼軍戶。或以男丁論嘗以二十丁出一卒；至元七年十丁出一卒或以戶論，二十戶出一卒，而限年二十以上者充士卒之家爲富商大賈則又取一人曰餘丁軍，至十五年免。其繼得宋兵，號新附軍，或取匠爲軍曰匠軍；或取侯將校之子弟充軍曰質子軍，又曰禿魯華軍，是皆多事之際一時之制也至於遼東之乣軍，契丹軍，女直軍，高麗軍，雲南之寸白軍，福建之畬軍，則皆不出戍他方者，蓋鄉兵也。又有以技名者曰礮軍，弩軍，水手軍；應募而集者，曰答剌罕軍。然軍籍係軍機要務，漢人不閱其數，唯樞密近臣，職專軍旅者一二人知之，故有國百年，而內外兵數之多寡，莫有悉之者。其制宿衞諸軍在內，而其用非一端，用於大朝會則謂圍宿軍；用於大祭祀則謂儀仗軍；車駕巡行用之，則曰扈從軍；守護天子之帑藏，則曰看守軍；夜以警非常，則謂巡邏軍；歲漕至京師，用以彈壓則謂鎭壓軍。至於在外，各路立萬戶，各縣立千戶，所以鎭壓各處。其所部之軍，每歲第遷口糧，府縣官支而各道以宣慰司元帥總之則四方鎭戍之兵亦重矣。蓋自世祖混一區宇，凡邊徼衿喉之地皆命宗王鎭守，而河洛山東據天下腹心，則以蒙古探馬赤軍，列大將以屯之。淮江以南地盡南海，則名藩列郡，又各以漢軍及新附軍戍焉。其所經畫，過於遼金遠矣。

第八章　明京營衞所之制

有明軍制，大略可分之爲三：曰京兵，曰腹內衞所兵，曰邊兵。京兵之制有二，錦衣等上十二衞，所以衞宮禁，卽漢之南軍也。留守等四十衞，所以衞京城，卽漢之北軍也。上十二衞爲親軍，番上宿衞，無所隸屬，京城之衞，分屬五軍都督府，左府所屬者留守等衞，右府所屬者虎賁等衞，前府所屬者天策等衞，後府所屬者橫海等衞，中府所屬者神策等衞。遇有征行，則調發之，卽唐府兵遺意也。腹內衞所兵者，列於各省及要害之處，每衞約計軍五千六百人，每千戶所計軍一千一百二十人，每百戶之下，設總旗二名，小旗十名，管領鈐束，以成隊伍，以指揮使等統之，督撫握兵機而不與調發，兵部得調而不治兵事，卽宋代收兵權之意也。邊兵者，捍禦各邊屯戍要地，是卽漢代募民實塞下之制也。

上直衞親軍

初有上十二衞，後增十衞，宣宗立騰驤四衞，別營開操，衣甲器械異他軍，橫於輦下。於是十六衞番上宿衞名親軍，以護宮禁，每衞各有指揮使以統之，下爲千戶百戶，其衞名列左方：

錦衣衞　掌侍衞及緝捕刑獄之事

旗手衞　掌大駕金鼓旗纛帥力士隨駕宿衞

上十二衛洪武中置
- 金吾前衛　後衛　掌守衛巡警
- 羽林左衛　右衛　同上
- 府軍衛
- 府軍左衛　右衛　同上
- 府軍前衛　後衛　同上惟前衛領幼軍帶刀侍衛
- 虎賁左衛　同上

上十衛永樂中置
- 金吾左衛　右衛　掌守衛巡警以下均同
- 羽林前衛
- 燕山左衛　右衛　前衛
- 大興左衛
- 濟陽衛
- 濟州衛
- 通州衛

四衛宣德中置
- 騰驤左右衛　掌帥力士直駕隨駕下同
- 武驤左右衛

京營之三變

初有三大營，後變爲十二團營，又變爲兩官廳，世宗時復三大營之制；終明世京營制度之變更，其大略如此。

京軍三大營，一曰五軍，一曰三千，一曰神機，其制皆備於永樂時。初，太祖於京城內外置大小二場，分敎四十八衞卒，已分爲五軍都督府。成祖遷都，增京衞爲七十二，又分步騎軍爲中軍，左右掖，左右哨，亦謂之五軍，歲調中都山東河南大寧兵番上京師隸之。已得邊外降丁三千，於是有三千營，凡五司，分掌大駕旗鼓傳宣號令載御寶及兵仗之屬，以行隊皆騎；後征交趾得火器法，立營肄習，號神機營，隊皆步；各提督以勳臣武臣充之，居常五軍肄營陣，三千肄巡哨，神機肄火器。大駕征行，則大營居中，五軍分駐，步軍在內，騎軍在外，騎外爲神機，神機外爲長圍，周二十里，樵採其中。三大營之制如此。仁宗朝，始命武臣一人綜理戎政。及宣宗卽位，高煦反於山東，帝自將討平之，又皆以京營取勝焉，此初制也。

景泰時，兵部尚書于謙，以京師軍馬分隸五軍神機三千營者，雖各有總兵等以統馭之，然實不相統馭，一有調發，獨挑選湊撥以行，故兵將不相知；且平日手不習攻殺擊刺之法，足不習坐作進退之方，目不識旌旗，耳不聞金鼓，率以臨敵，如驅羊禦狼耳。今於見操諸營軍精選得勝兵十五萬，分十大團營，各設都督統焉，其管隊把總大小總兵官，各量其才器謀勇以充，使爲將者知士之強弱，爲軍者熟將之號令，則體統相維，兵將相知，士伍熟習，易於關會，號令歸一，易於使令，於是團營之法始焉。英宗復位，罷團營，復三大營，八年，復創，成化初復罷之，尋選京衞勝兵八萬，外衞八萬，其外衞分兩班，班四萬，與京衞番上，共十二萬，定分爲十二團營，曰奮武、練武、耀武、顯武、敢勇、果勇、効勇、鼓勇、立威、神威、揚威、振威，營各有坐營把總等官，專團操，每營萬人，分而爲三，如永樂初制。厥後京營缺伍，至七萬有奇，大數爲權貴所隱占。復用汪直總督團營，內臣專掌禁軍自此始。

武宗改元，鍾愛閹寺，八黨熾興，而劉瑾尤爲剛狠。提督團營，集九邊突騎數萬人，聚京師，號威武營，帝自領，閹人善騎射者爲一營，謂之中軍。後以南征，帝自署威武大將軍，以江彬、許泰副之，其十二營如故。後邊防告急，備選三萬人從征，號曰東西二官廳，各一都督總之。自是二官廳軍爲選鋒，而十二團營且爲老家矣。

衛所屯軍前後之重輕

明初京營勁旅，不減七八十萬，而元戎宿將常不乏人。自三大營變爲十二團營，又變而爲二官廳，雖寖不如初，然原額軍尙足三十萬八千有奇。迄武備廢弛，在營操練，不過五六萬人，戶部支糧則有，兵部調遣則無，此其弊不在逃亡而在占役，訓練之不精，其罪不在軍士而在將領。凡提督、坐營、號頭、把總等官，多世胄紈袴，平時占役營軍，空名支餉，臨操則肆集市人，呼舞博笑而已。嘉靖二十九年，兵部侍郎王邦瑞力言其弊，於是悉罷十二營兩官廳，復三大營舊制，改三千曰神樞，五軍神機如故，總曰戎政府，改總兵官曰總督，使仇鸞爲之，設贊理軍務文臣一人，則命邦瑞爲之。隆慶朝，復遣司禮監一人閱視，四年，大學士趙貞吉上言『內外兵分隸五府，乃高皇帝定計，俾免前代權臣握兵之害。永樂末，因聚府兵北伐，旋師後，遂結營團操，乃以三千神機二營附之，因號三大營，其實皆五府兵也。正統末，營變爲十團營；宏治間，又加爲十二團營；正德間，又增置東西官廳，然五營之號未泯，而五府意猶存也。至嘉靖朝，嚴嵩爲仇鸞地，遂請特設戎政廳，括內外籍，隸督戎政印授之。夫以五府外別立一廳，則盡變太祖分府之意；以十萬衆統於一人，則盡變成祖分營之意。向使鸞誅晚，則時事之危未可測也。合將見操官軍九萬人，分爲左右前後中五營，各擇一將統之，責令開營教習，仍以文臣巡覈之，每歲春秋，較閱官軍能否，軍士勇怯，技藝生熟，皆得奏聞，賞罰行焉；要令所管齊成精銳，有事則領飭將兵於關外，事畢則納印歸於營中。如是則太阿之柄，獨歸於上，而輦轂下有數萬精兵，隨所用而可矣。』下兵部議。尙書霍韜言：『京兵訓練，不在營制更張，而在將佐得人，操練如故，請三大營仍舊，則將領不增，而役占少，號令不煩，而體統明。』至論大將不宜專設，戎政不當有印，韜議與貞吉不合。乃仍舊制，分五軍神樞神機三大營，各以總兵一員統之，各以文職大臣一員綜理之。給事中溫純言：『京營之弊，在不擇將而添將，不增軍而增官，不增訓練而講營制，奈何以一輔臣故而用三大將？以一勳臣故而用三侯伯？又以三侯伯故而用三文臣？不唯文武不相能，即文臣中亦自相矛盾。倏焉而文提督之令至，倏焉而武提督之令至，居常猶忌，以之臨敵，鮮不敗矣。』乃詔復京營舊制，罷六提督，更推總督協理大臣如故。以後雖將有貪廉，政有叢舉，而夙弊日深矣。蓋明自中葉後，天下衞所之兵，幾於徒有虛籍，緩急所恃，唯民兵及諸鄉兵，與四川粵西湖廣三省之土兵而已，厥初兵志之善果安在哉！

第九章　清代旗營綠營制度及新軍之編制

清兵制變革之大端

設兵之制，歷代因革損益，雖互有不同，而其實不甚相遠；其出於特創而無所因襲者，則八旗之制是也。開國之功，唯資禁旅，建州海西海東野人諸衞之良，是曰滿洲。蒙古漢軍，後先疏附，合爲旗營。至綠營爲經常之制，實皆明之舊兵也。戡定三藩，効用爲衆。嘉慶以降，鄉勇稱盛，足以補綠營之未逮；然未別爲制也。洪楊之役，勇營斯重，湘楚淮豫，厥庸顯然。蓋中葉以前，旗重於漢，中興以後，漢重於旗。迨鍊練軍，又挑綠兵，各省效之。甲午不競，改習洋操，更名陸軍。又仿外制，創設海軍。迨於末造，又仍重滿，綠營汰撤，十居其七，此變革之大略也。茲爲分述於後。

八旗略說

八旗在內爲禁旅，在外爲駐防，此入關以後所分制者也。太祖辛丑年，初設四旗，曰黃旗，曰白旗，曰紅旗，曰藍旗，以純色爲辨。甲寅年始定八旗之制，以初設四旗爲正黃、正白、正紅、正藍，增設四旗爲鑲黃、鑲白、鑲紅、鑲藍。黃白藍均鑲以紅，紅鑲以白，合爲八旗，統率滿洲、蒙古、漢軍之衆。每三百人編一佐領，滿語牛彔章京猶言守備五佐領設一參領，滿語甲喇章京猶言參將游擊領千五百人，五參領設一都統，滿語固山章京猶言總兵領七千五百人；每都統設左右副都統，滿語梅勒章京猶言副將八都統是爲八旗。然猶合滿蒙漢爲一也。迨其後戶口日繁，又編蒙古八旗，設官與滿洲等；繼編漢軍八旗，設官與滿洲蒙古等，合爲二十四旗。凡八旗次序，分上三旗，下五旗，行軍蒐狩，分左右翼。其制：以旗統人，即以旗統兵；蓋凡隸於旗者，皆可以爲兵，非如前代有僉派召募補充之煩，而後收兵之用也。

八旗禁旅之種類

其在京者有八，曰領侍衛府，即親軍也，以上三旗子弟爲之。上三旗者，其初天子自將之兵也，所屬有侍衛及親軍校親軍，皆統於領侍衛內大臣。侍衛之等級，分御前侍衛、乾淸門侍衛，一二三等及藍翎侍衛，凡數百人。自三旗外，凡宗室之秀、外藩之侍子、漢人之武科出身者亦與焉。（漢侍衛別爲一二三等及藍翎）親軍校七十五人，親軍九百九十五人，皆隨侍衛班番直宿衛，乾淸門爲內班，太和門爲外班。曰鑾儀衛，（後改鑾輿）總於掌衛事內大臣，所屬軍尉，儀刀弓矢殳戟用親軍，豹尾槍仗馬用護軍，蒙古畫角用蒙古鳴角軍，奉鞶擎執儀仗各校尉，自內府選用者爲旗尉，自五城選用者爲民尉，駕出則執仗以從。曰內府三旗，鑲黃正黃正白之三旗也。隸內府者，有三旗驍騎營、三旗前鋒營、三旗護軍營，其圓明園內府三旗，制亦如之，皆專衛禁苑者。曰驍騎營，滿蒙漢各八旗都統所領之兵也。定制，各旗官員兵丁，其戶口屬籍，皆隸於都統，至簡用充補，惟有驍騎營屬之，餘各分領於各該營大臣焉。驍騎營者，乃於每佐領下，選驍騎校一人，其次若干人爲領催，若干人爲馬甲，若干人爲匠役，而以驍騎參領及佐領層級遞制之，依京城汛地直班巡徼，蓋各旗都統之兵止此而已。曰前鋒營，滿蒙八旗，分左右翼，翼置前鋒統領一人，下爲前軍校與前鋒營，同備警蹕宿衛，而護軍兼宮禁傳籌與內禁門啓閉。曰步軍營，隸步軍統領，有左右翼步軍總尉，八旗步軍尉等，領步卒，掌守衛巡警，其城門領、城門吏、門千總等，掌外禁門啓閉者也。又五城巡捕營兵萬人，別爲綠營，亦附隸於步軍統領，分汛巡緝。曰火器營，總統六人，（王公大臣兼任）率八旗鳥槍護軍參領、護軍校、驍騎校，專習火器。曰健銳營，總統無員限，（上命）置兩翼翼長，率八旗前鋒參領、前鋒校等，演習雲梯、鳥槍、馬步射、馳馬、躍馬、舞刀、舞鞭諸技。曰虎槍營，總統一人，（公侯或領侍衛內大臣兼任）惟選用上三旗，有三旗總領各二人，領虎槍長及虎槍人，備蒐苗行田、蓋火器、健銳、虎槍三營，尤爲禁旅之選鋒，號爲勁卒者也。

八旗駐防之分布

八旗駐防之兵，自畿輔及各省，東則東三省，西則新疆，北包內外蒙古，皆分列將軍都統及諸大臣鎮撫之，列表如左：

省名	將軍都統等駐防	城守尉駐防
直隸	稽察內七處旗務大臣（京駐） 熱河都統 圍場正副總管 密雲副都統 山海關副都統 察哈爾都統（張家口駐）	保定府城守尉 滄州 寶坻縣 東安縣 固安縣 采育里 雄縣 霸州 良鄉縣防守尉 古北口防守尉 昌平州防守尉 永平府 三河縣 喜峯口防守尉 玉田縣 順義縣 冷口防守尉 獨石口防守尉
山東	青州副都統	德州城守尉
山西	綏遠城將軍 歸化城副都統	太原城守尉　歸巡撫節制

省名	將軍副都統駐防
盛京	盛京將軍 副都統 金州副都統 興京副都統 錦州副都統
吉林	吉林烏剌將軍 副都統 寧古塔副都統 琿春副都統

省部	將軍副都統諸大臣駐防
新疆	伊犁將軍 索倫領隊大臣 額魯特領隊大臣 察哈爾領隊大臣 錫伯領隊大臣 以上駐伊犁 伊犁塔爾巴哈台副都統 塔爾巴哈台領隊大臣 以上駐塔爾巴哈台

地區	官職	
河南		開封城守尉 歸巡撫節制
陝西	左翼副都統 西安將軍 右翼副都統	
甘肅	寧夏將軍 副都統 涼州副都統	莊浪城守尉
四川	成都將軍 副都統	
湖北	左翼副都統 荊州將軍 右翼副都統	
江南	江寧將軍 副都統 京口副都統	
浙江	杭州將軍 副都統 乍浦副都統	
福建	福州將軍 副都統	
廣東	滿州副都統 廣州將軍 漢軍副都統	

地區	官職
林	伯都訥副都統 阿勒楚喀副都統 三姓副都統
黑龍江	黑龍江將軍 駐齊齊哈爾 齊齊哈爾副都統 黑龍江副都統 墨爾根副都統 呼蘭副都統 呼倫貝爾副都統 庫特哈副都統 通肯副都統

地區	官職
烏里雅蘇台	定邊左副將軍 定邊等處參贊大臣 烏里雅蘇台參贊大臣 以上駐烏里雅蘇台
科布多	科布多參贊大臣 科布多幫辦大臣 以上駐科布多

凡駐防之兵，無論騎步，皆合滿蒙漢軍爲營，自將軍都統城防守尉以下，亦有以防禦或佐領分駐他所者，此在東三省及察哈爾所屬往往而是。又東三省及新疆之地別有索倫兵、錫伯兵、達瑚爾兵、巴爾虎兵、察哈爾兵額爲特兵，則皆打牲游牧部落之臣服較後者，別編佐領，不列於八旗者也。

綠營略說

綠營之種類有三，曰馬兵，曰守兵，曰戰兵，而戰守皆步兵，其額外外委則馬兵也。總督所屬爲督標，巡撫所屬爲撫標，提督所屬爲提標，總兵所屬爲鎮標，自總兵以下則爲副將、參將、游擊、都司、守備、千總、把總等員，凡撫標、提標、鎮標，率歸總督節制，而提督又節制各鎮標也。各鎮標統轄各協及各營，其隸於河道總督者爲河標，所轄各營專司防河護運，隸於漕運總督者爲漕標，所轄各衛所專司分幫領運，此其槩也。舊制，各省綠營兵都六十六萬一千六百五十有六，歲糜餉幾二千萬。洪楊之役，所在譁潰，中興倚募勇平亂，綠營兵制，猶因循而未革也。甲午以後，始議分成裁汰，而河漕標營又以次併廢，至宣統年間，殆十無一二矣。

京外各省提鎮分布之處，列表如左：

省名	提鎮	駐地
京師	步軍統領九門提督	京師
	左翼總兵	京師
	右翼總兵	京師

省名	提鎮	駐地
湖南	湖南提督	常德府
	鎮筸鎮總兵	鳳凰廳
	綏靖鎮總兵	永綏廳
	永州鎮總兵	永州府

直隸	
直隸提督	古北口
泰寧鎮總兵	易州
馬蘭鎮總兵	馬蘭峪
天津鎮總兵	天津府
通永鎮總兵	天津蘆台
正定鎮總兵	正定府
大名鎮總兵	大名府
宣化鎮總兵	宣化府
山東	
山東巡撫兼提督	濟南府
登州鎮總兵	登州府
兗州鎮總兵	兗州府
曹州鎮總兵	曹州府
山西	
山西巡撫兼提督	太原府

四川	
四川提督	成都府
川北鎮總兵	保寧府
重慶鎮總兵	重慶府
建昌鎮總兵	寧遠府
松潘鎮總兵	松潘廳
浙江	
浙江提督	寧波府
海門鎮總兵	黃巖縣
溫州鎮總兵	溫州府
處州鎮總兵	處州府
衢州鎮總兵	衢州府
定海鎮總兵	定海廳
福建	
福建提督	泉州府

勇營練軍略說

咸同軍興，曾國藩左宗棠輩提一旅之師，戡定大難，連城專閫，戰無不勝，知兵之將以百數，由是湘軍淮軍名滿天下。方咸豐初元，江忠源以鄉兵五百從副都統烏蘭泰破洪軍於廣西，號楚勇；及長沙亂，羅澤南亦率鄉子弟三百人以衞桑梓，號湘勇，湘軍之起自此始。明年，國藩以團練大臣治軍長沙，乃益搜討營制，恢廓兵額，水陸之師，相繼而起。其時綠營軍帥忮忌甚，動相齟齬，顧湘軍戰輒有功，奮勇敢死，官軍無以難也。其後湘軍廝養下卒，往往起行伍至偏裨，甚者乃爲大將，朝議專倚重之，卒以夷難。淮軍者，出李鴻章麾下，本仿湘軍以興者也。鴻章佐曾幕久，諳練兵事。十年，國藩疏薦鴻章，往治淮陽水師，以湘軍若干人資附之。其餉章營制訓練之法，悉依湘軍。同治元年，鴻章拜蘇撫之命，將淮軍八千赴上海。先是美國人華爾，膺中國之聘，募歐美人數十爲軍校，益以中國人應募者數百，號常勝軍，屯防上海，常能以少擊衆。淮軍至，西人見其衣服粗陋，意頗輕之；及嘉定青浦之戰，常勝軍潰走，淮軍力戰大破之，西人大嘆服。旋與西兵習處，亦頗利用火器及事平，國藩嘆湘軍爲暮氣，故凡東西捻之破滅，皆淮軍力也。然湘軍營西出玉門、陽關，宗棠將之，遂定伊犂，郡縣新疆；所謂暮氣者能如是乎？要之兵氣勇餒，隨將爲轉移。鴻章既久督北洋，習外事，淮軍已改舊制，或採用西操，而江南大帥多任以湘中舊將，其所部士卒，盡是湘人，兩軍勢力，隱分南北。蓋綠營既不足恃，自是嚴疆大郡，遂多以勇營列屯寄戍矣。時或備汰綠營，厚其餉糈，別訓肄之以自成軍，號爲練軍，比於勇營之制，其在各省，往往而是；然紛撓錯亂，其成績亦無可言。厥後中日戰事起，湘淮軍同時失敗，釁事遂至大變，其弊亦同綠營也。

水師略說

長江水師，自同治四年立爲經制額兵，各以副將、參將、游擊分級爲營。副將營設督陣大舢板一號，兵二十，長龍二號，每船兵二十五；舢板四十號，每船兵十四，共戰船四十三號；參將營及游擊營督陣大舢板及長龍，並如上制。舢板則參將減副將營四之一，游擊減參將營三之一。上起荆鄂，下盡崇海，列營二十有四，有戰船七百七十四，兵萬二千餘，一提督統之，四總兵分轄之，外狼山鎮總兵兼隸長江，分轄兩營，緣江五千里，擊柝聞於海，歲月綿衍，亦疲苶不任戰守矣。

海軍略說

自同治間，上海機器局、福州船政局，先後成立，而福州局特設學堂，專習造船水師兩事，故獨以船政名，是爲中國海軍之始基。然所成者率木質淺水之船，猶未能盡資軍用也。十三年，日本擾我臺灣，朝議經畫防海，令總稅務司赫德，先後赴英廠，購蚊子船八艘，（龍驤虎威飛霆策電鎮北鎮南鎮東鎮西）藉壯聲勢；已而復購超勇、揚威兩快艦，委提督丁汝昌駕歸，而山東亦有蚊子船兩艘，（鎮中鎮邊）合之南洋諸兵輪，都二十艘，時光緒七年也。顧練船運船居泰半，不足戰大洋。十年，法人擾閩浙口岸，南洋諸船如揚武、濟安、飛雲、振威、福星、永保、琛航、福勝，毀於馬江，澄慶、馭遠毀於石浦港。和議成，於是銳意整軍，立海軍衙門於京師，以綜其成。先是北洋訂購德廠鎮遠、定遠兩鐵甲，濟遠一快艦，久未成。及是賡續至，復增購英德廠致遠、靖遠、經遠、來遠四快艦，以十三年來華，合超勇、揚威，遂有鐵甲二，快艦七，附以蚊子魚雷各船，北洋軍容燦然矣。明年，定經制，分編四軍，以汝昌爲提督，自是嘗周巡南北，以旅順威海爲根據地，三歲則派大臣出洋會校一次；然雖新軍，而將士驕惰甚，甲午一役，全軍蕩殲焉。厥後又購新式軍艦數艘，復設海軍衙門，陸續增購。不久，海軍歸附民軍，而清遂以亡。

新軍略說

自甲午以後，新軍起，而勇營之制又一變，大抵擇勇營精銳之士，模仿外國操，別自成軍；如江南之自强軍，北洋之武衞軍，湖北之護軍營，營分中左右前後五大枝，江南淮宿等處則置武衞先鋒左右軍，此其最著者。同時各省亦或參用常備續備諸目名爲新軍，腐舊如故。庚子之役，直隸提督聶士成統武衞前軍，其左軍爲馬玉崑所統，頗以力戰稱，然拳匪偪於內，八國聯軍偪於外，猶孤豚咋虎耳。後自北洋銳意治兵，以次成立六鎭。光緒三十年，練兵處爲改良全國陸軍之豫備，規定營制餉章，頒布各省，大江南北疆吏頗注意言徵兵，而各省亦皆聞風興起矣。其營制分常備軍、續備軍、後備軍，有棚、（每棚正副目兵十四名以下類推）有排、（每排三棚）有隊、（每隊三排）有營、（每營四隊）有標、（每標三營）有協、（每協二標）有鎭、（步隊兩協馬隊一標礮隊一標工程一營輜重一營共兵九千五百七十二名排長以上之官弁不與焉）合兩鎭而成一軍。此常備軍臨時編制也。至戰時徵調，應按地勢敵情，或以三鎭爲一軍，或合數軍爲一大軍，或祇派一鎭分往一路，不受軍之節制；又步隊每排三棚者，亦可增爲六棚，其增數以續備軍調充，其正副目以常備軍選拔至礮兵、輜重兵，亦得就續後備軍調用之，不以常法拘也。新制，凡諸成立軍隊，不得自立主名，統由第一以至於十百之數名之。（此指新軍合格者而言）凡全國有若干軍，一軍有若干鎭，一鎭有若干協，一協有若干標，皆隨其數以推之，期於脈絡一貫，此又中央集權之意也。

附清季陸軍官職表

軍官名	鎭官名	協官名	標官名	營官名

總統官	總參謀官	一二等參謀官	礮工隊協參領	護軍官	一等書記官	總執法官	總軍械需官	總軍馬醫官	書記長	司事書生	稽查官
統制官	正參謀官	二三等參謀官	中軍官	一等書記官	正執法官	正軍械需官	正軍馬醫官	司號官	書記長	司事書生	
統領官	參軍官	執事官	二等書記官	司書生	司號長				二等書記官		
統帶官	教練官	執事官	掌旗官	副軍需官	副軍械官	副軍醫官			二等書記官	司書生	
管帶官	督隊官	隊官	排長	司務長							

第十章　歷朝兵制異同之比較

三代之制，兵出閭里，軍未有主名。東周以降，列邦始恢張武略：齊桓募士五五，晉文召爲前行四五，而是時秦有陷陣三萬，吳子楚有組甲三百，被練三千，左傳襄三年越有習流二千，教士四萬，君子六千，諸御千人，史記而軍名於是乎起。中更七雄暴秦之亂，益用紛更。至漢，則內之爲南北諸軍，外之爲輕車騎士材官樓船，與三代古制殊異，此古今兵制一大變革之原也。自漢不能守初制，而專用召募以後歷代政策之設施，總不外乎募兵與徵兵之制；上下古今可參觀而互得也。爲條附之於左方：

漢與唐之異同

漢	唐
漢制南北軍分衛宮禁京城	唐制南衛十六衛同之
光祿勳增置之期門羽林軍	北衙十軍同之
二千石以上子弟之充衛郎	品官子孫之補親勳翊三衛
郡國兵分材官騎士樓船	府兵分越騎步兵
材官騎士番上京師爲衛士（太守都尉令長丞尉常以秋後行都試之法）	府兵給番宿衛同之（歲季冬折衝都尉率五校之在府者置左右校尉位以習戰陣）

唐與明之異同

唐	明
唐制十六衛分衛宮禁京城	明制親軍二十六衛同之
諸道折衝府內隸諸衛（兵籍總掌於左右衛而文符調發則聽之兵部）	京外衛所統於五軍都督府（五都督府綜兵籍而不與調發兵部得調發而不治兵）
折衝府兵受有世業田	衛所兵給耕田屯戍

衛兵由外府番上

北衙兵握於內豎而紳衿獨置北軍獄恣意羅織

清與宋金元之異同

清制新軍不自立主名軍鎮協標統山第一推至於十百名之

佐領分統軍戶以參領副都統都統節制之

八旗駐防分布衝要之地

滿蒙漢二十四旗其制以旗統人即以旗統兵兵民爲一旗

京營衛番上同之

內臣干預軍政而錦衣衛亦有詔獄與東西廠表裏爲奸

宋熙寧將兵之法

金之明安穆昆軍帥萬戶都統

金以明安穆昆制中原元以蒙古特穆齊軍分戍內地

金元之軍戶

兵學二

第一章　歷代水陸戰事之演進

吾國民族開化最早，初時之繁殖，起於黃河流域，凡冀豫接壤之境，實三五帝王之所宅也。平原曠野，利用馳驟，所以讀周詩北伐者曰：『出車彭彭，旂旐央央』。南征者曰：『方叔莅止，其車三千。』車固用兵所必需乎？古者馳車一乘，則革車一乘。馳車、戰車也，革車、則以載器械財貨衣裝之用。以至天子之車，見於六月之元戎；諸侯之車，見於秦風之小戎；二車皆藉以戰，是爲兵車。春秋之世，惟吳楚濵長江之險，習用舟師，蓋皆隨其地勢之形便而爲之制；然以戰事劇烈，交通頻繁之故，水陸師徒，日取其利，其遞推而進，有自然之趨勢焉。

今分述之。

古車乘之制

其制：大率車一乘，馬四匹，每車甲士三人，步卒七十二人，以二十四人居前，左右各二十四人，居前者戰，其起原不可得而詳。然觀甘誓所載，一車有左右御三人，是夏時而已然矣。凡三人乘車之法，將帥車、馭者在左，戎右在右，將帥居中；士卒車，左人持弓，右人持矛，中人御；故御無定位，右有常處，右之職，雖將帥士卒之車，常持矛也。行則以車爲衞，止則以車爲營，步卒夾輔以從，其分合變化，有偏參兩專伍之別。偏之名有三：九乘爲小偏，十五乘爲大偏，尤大者又有二十五乘之偏。由是增之，二十九乘爲參，五十乘爲兩，八十一乘爲專，百二十乘爲伍，稽古司馬法，可見者如此。

崇卒之所始

自世下衰，諸侯或以車逐利於原隰草莽之間，於是有還寧而止，經木而止，乃寢車戰而用徒。春秋魯昭公元年，晉中行穆子敗無終及羣翟於太原，崇卒也；此爲陸戰上兵事一大進步。方是時，緣太行山麓，窟穴於其間者，皆羣翟，登山陟嶺，其長技也，以徒戰爲利。將戰，魏舒曰：『彼徒我車，所遇又阨，請皆卒，自我始。』荀吳之嬖人不肯，卽卒斬以徇，爲五陳以相離，（布陳使相遠也）兩於前，（五十乘之卒）伍於後，（百二十乘之卒）專爲右角，（八十一乘之卒）參爲左角，（二十九乘之卒）偏爲前拒，（二十五乘之卒）以誘之，蓋雖用卒，猶襲車乘之名也。（此言布陳之法）翟人笑之，未陳而薄之，遂大敗。自此始知徒兵之用，利便於車，車制幾幾乎廢矣。第去古未遠，遺躅猶存，亦間有用之者。

騎兵之起源

古者車戰，本以車步相濟，故毀車崇卒，亦有自來，而古籍流傳，獨未有記戰騎者。戰騎本出匈奴，蓋北翟逐水草遷徙，無城郭，輕騎馳逐，以射獵爲生業。六國時，西北邊拓地益廣，胡騎淩陵，爲中土患。趙武靈王變服騎射，北破林胡樓煩，此廢車用騎之權輿；此爲陸戰上兵事第二進步。夫胡之用騎，亦其地勢曼衍，土產良馬，隨自然之習慣爲之，與昔翟人蟄居山險，以徒戰爲能者正同。然中國皆師其長技，因以爲用者，其經驗然也。昔唐太宗謂蕃兵惟勁馬奔衝，在六國時，燕趙邊胡始有之。秦遂有騎卒將，曹操始爲戰騎、陷騎、游騎之法，且云：車徒常教以正，騎隊常教以奇。是可知中國騎戰之源流也。

車戰之一斑

自騎兵興，而遲速利鈍之間，車之遜騎遠甚。漢魏以降，雖嘗用車，大率行則以之載糗糧，止則環而爲營，亦間用以殺敵致勝者：如在漢夏侯嬰破李由軍於雍邱，以兵車趣戰。灌嬰以御史大夫將車騎別追項籍至東城。武帝時，衛青出塞，以武剛車自環爲營，而縱五千騎往當其鋒。後光武造戰車，可駕數牛，置塞上以拒敵；在晉則馬隆擊鮮卑樹機能（鮮卑酋名），以數萬衆據險拒之，隆以山陿隘，乃作偏箱車，地廣則爲鹿角車營，路狹則爲木屋施於車上，遂殺傷敵衆；劉裕伐南燕，以車四千乘爲左右翼，方軌徐進，又伐秦，假道於魏，魏遣軍徼之，裕帥伏士七百人，車百乘，爲卻月陣，魏師奔潰；魏太武北伐蠕蠕，亦用車十五萬兩，隋諸將之與突厥戰也，皆戎車步騎，爲鹿角方陣，此皆其證也。至唐以後，益不復尙。房琯將兵復兩京，至便橋，陳濤斜，琯效春秋時戰法，以牛車二千乘，馬步夾之，賊乘風縱火，人畜大亂，死傷者四萬，議者咸以為用車不若用人與騎之愈。沿至宋代，高宗建炎初，宗澤造戰車法，李綱造戰車法，均不及施。紹興初，布衣王大智獻車式，車成而不可用，竟罷。明成化間，都御史李賓請造偏箱車五百輛，鹿角柞五百具，已命工製造，竟以登高涉險不便，遂已。而邱濬亦言古者車制，其制太大，利守不利戰。唯嘉靖間，戚繼光擬立軍營，每營二十八輛，車上安大佛機二架，每車派軍士二十人，分為奇正二隊，而鳥銃長刀籐牌火箭，無不畢具，以之環衛車馬，一則可以為部伍，一則可以為營壘，一則可以代甲冑，誠為有足之城，不秣之馬。但所恃全在火器，火器若廢，車亦何能獨禦哉？

火攻之發明

孫子曰：火攻有五，一曰火人，二曰火積，三曰火輜，四曰火庫，五曰火隊。行火必有因，烟火素具，發火有時，起火有日。時者，天之燥也，日者，月在戊箕、東壁、翼、軫也。凡此四宿者，風起之日。凡火攻必因五火之變而發之，火發於內，則早應之於外，火發而其兵靜者，待而勿攻，極其火力，可從而攻之，不可則止。此言火攻所自始也。漢建安時，曹操得劉琮水軍船步兵數十萬，悉浮以沿江，劉備遣諸葛亮詣孫權，權遂遣周瑜等與備併力逆曹，遇於赤壁。黃蓋曰：觀操軍方連船艦，首尾相接，可燒而走也。乃取蒙衝鬥艦數十艘，實以薪草，膏油灌其中，裹以帷幕，又預備走舸，各繫大船後，因引次俱前。曹軍吏士皆觀望，指言蓋降。蓋放諸船，同時發火，時風盛猛，悉延燒岸上營落。頃之，烟燄漲天，人馬燒溺死者甚衆，軍遂敗退。唐末王重師為潁州刺史，從梁太祖攻濮州，縱兵壞其墉，一人因屯火塞其壞壘，烟焰亘空，人莫敢越。重師方苦金瘡，勉躍起，命將士悉取氊罽投水中，擲於火上，重師率精銳，持短兵突入，諸軍踵之，濮州乃陷。宋冀州將官李政備守有方，一日金人登城，火其門樓，政以重賞募士撲之，俄有數千人皆以溼氈裹身，躍火而進，大呼力戰，金人解去，城賴以全。又王德既破邵青，諜言青復索戰，將用火牛。德笑曰，此古法也，可一不可再。命合軍時萬弩齊發，牛皆反奔，賊衆盡殲，青遂面縛焉。餘如火兵、火獸、火禽、火盜、火杏、火箭，次第發明，亦皆火攻之法之進步者。

水師之發明

水師戰事，肇於吳楚之爭強。楚居長江上游形勢之地，而吳承其下流，故並以舟師相雄長。左傳襄三年，楚子重使鄧廖帥組甲三百、被練三千以侵吳，蓋水師戰紀，至此始見於書傳。自是大江淮漢之間，兩國戰事不絕。至春秋末，乃有涉江入海者，如吳徐承率舟師自海入齊，越王勾踐命范蠡舌庸率師沿海泝淮，以絕吳路，是為海上用師之始；皆以水戰經驗而得進步。其舟制，吳初有戈船下瀨舡，漢遂有樓船，樓船高十餘丈，加旗幟其上。戈船，漢書注曰：『船下安戈戟，以御蛟龍之害也。』三輔黃圖曰：『漢昆明池布百艘樓船，上建樓櫓，戈船各數十，上建戈矛，四角垂幡葆麾蓋。』毗志經曰：『樓船上建樓一，戈船上建戈矛，又作二石人，東西相對，象牽牛織女，露楫在外，人在船中。』此皆漢戰船制度。吳之飛雲蓋海者，吳都賦注曰：『飛雲、船上樓名，甚高。蓋海，言多也。』晉之連舫，則王濬所修，方百二十步，受二千餘人，以木為城，起樓櫓，開四出門，其上皆得馳馬，此尤制度之奇者。隋之五牙大艦，乃楊素所造，上起樓五層，高百餘尺，左右前後置六柏竿，並高十尺，容戰士八百人；次曰黃龍，置五百人，此亦制度之異者。唐則李皋常運心巧思為戰艦，挾二輪蹈之，鼓水前進，駛於陣馬，此亦制度之巧者。宋則咸平中造船務，時有獻轉海船式者，惜其式不傳。宋王應麟曰：「鬥船之制，近世太精，昔人智巧，殆不可及，北人望之，驚若鬼神，限以天際之水，駕以如山之浪，彼雖虎兕豺狼，莫敢前也。」此則專指宋代而言之。若今之兵艦火器，與夫水寨陣法，及一切出奇制勝之具，其擴張殆不可思議。由風帆變火輪，由明輪變暗輪，由是而變爲鐵甲，爲快船，爲帶甲快船，其出沒轟擊者，又變而有蚊子、穹龜、水雷諸名，循是以往，當更有日新而月異者。

軍行航路之推廣

今夫鐵艦縱橫於海上，覩古伏波橫海之時，殆無足言。然自春秋吳越始用海師，一自蘇州下海至山東，一自浙東下海至淮上，其涉險出奇，已通南北洋之郵。迄漢武遣樓船將軍楊僕自齊浮渤海擊朝鮮，則由山東下海，北達遼東；復遣中大夫嚴助發會稽兵浮海救東甌，橫海將軍韓說自勾章浮海擊東越，則由浙江下海，南達福建。而東晉劉裕遣孫處沈田子自海道襲番禺，且達至廣東矣。然此不過以海上爲通道耳，其戰事實現，要仍在陸地。夫宋元厓山之役，元將張宏範破張世傑兵於廣海，其爲海上交戰之始乎？雖然，此猶僅出於內海也。元以舟九百艘，兵十萬衆征日本，至元十一年，大敗之平壺，（島名在日本海中）則遠戢外洋矣，而兵威頓挫，不足言武。至明永樂時，宦者鄭和率舟師之南洋羣島，諸酋咸受命，聽約束唯謹。於是中國水軍之勢力，且越滿剌甲海峽，而威振印度洋矣。是故自江而海，自內海而外洋，覽古昔水師之戰績，固有可言。至今環海交通，艦隊絡繹者，非能驟而幾於是也，蓋由積漸而成也。

第二章　歷代兵器發明之次第

優勝劣敗之萌芽，奮發而不可阻遏者，時也，勢也。人類以競爭而生存，故時勢所至，競爭起焉。競爭愈烈，戰備愈精，所以殺敵之器亦愈猛而不止。其進化之次序，大略可分之爲三時期。

削石爲兵時期

近世史家追溯文化起原，必上推於遠古之石器時代，以爲人類生活，所以能演進成現代之生活，不似其他動物之永安於愚蠢者，全在能以手使用工具也。古用石器，不止一端，而用之於戰爭，確有明證。上古之時，戰爭方熾，不可一日無兵，然兵器或用石。越絕書引風胡子云：『軒轅神農赫胥之世，以石爲兵，黃帝時以玉爲兵，禹時以銅爲兵，當今之世作鐵兵。』於兵器進化之次第，敍述特詳，此古代削石爲兵之證。一爲石旝，左傳桓五年：『命二距曰旝動而鼓，旝發石也，一曰飛石。』范蠡兵法云：『飛石重二十斤，爲機發行二百步。』御覽三百三十七卷引春秋舊說亦云旝發石車也說文云：『旝，建大木置石於其上，發其機以磓敵。』詩曰：『其旝如林。』觀於說文之說，則知旝動而鼓，指發石而言；其旝如林，亦指發石之木而言。故其字亦作檜，蓋建木發機，亦古人磓敵之利器。一爲石鈇，說文斧字下云：從斤父聲，鈇字下云：莝斫刀也。蓋鈇爲莝斫之刃，斧訓爲斫，而斫字從石，是古用石鈇，後世乃以金爲鈇也。故中庸云：『不怒而民威於斧鉞。』斧或作砆，此古有石鈇之證。史記楚世家：『碆新繳，』集解徐廣注以石傅弋曰碆。國語魯語：『楛矢貫之石砮。』韋昭注：『砮鏃也，以石爲之。』漢書鼂錯傳：『具藺石。』服虔注：藺石，可投人石也。如淳注：城上雷石也。以上皆是削石爲兵之石器。又詩言『取厲取鍛』，俗本作鍛係後人所改 鄭箋謂鍛石所以爲鍛質。書經費誓：『段乃戈矛，厲乃鋒刃。』蓋段之欲其堅，厲之欲其利也。古時不獨以石爲兵也，凡欲兵器之堅利者，亦不得不取資於石焉。至於石刀、石磬、任昉述異記 石弩、石斫、說文 之屬，古籍所詳，亦多古有而今無，推之殊方異俗，蓋莫不皆然也。

弓矢利用時期

自石器不足以刃人，乃舍石而用鐵。蓋自神農爲陶冶斧斤，迨黃帝之世，蚩尤好亂，作刀戟大弩，而戈殳戟酋矛夷矛以起，是蓋因鐵冶發明而然也。時黃帝命揮作弓，夷牟作矢，弧矢之利啓。短兵長用，尤戰事利器所繫。於是骨、爾雅骨鏃 角、詩言角弓 羽、爾雅矢鏃以羽爲飾 木、易言「弦木爲弧，剡木爲矢」 竹，禹貢「篠簜既敷」注：篠，箭竹；簜，大竹 皆附金鐵以爲用，而弓矢製造之術乃益繁。周禮考工記分四弩八矢，凡弩，夾庾皆弩名利近射 利攻守；唐大皆弩名適遠近 利車戰、野戰；凡矢，枉矢、絜矢，利火射，用諸守城車戰；殺矢、鍭矢，用諸近射田獵；矰矢、茀矢，用諸弋射；恆矢、庳矢，用諸散射。禮射及習射也 故善戰者必言射。古人萃精金良材，備疆場一日之用者，大要莫先乎矢人。函人之二職，而戈矛殳戟猶後也。弓強則有以致人，甲堅則人無以致我。雖漢唐而下，考工軍器之官，其所典領，亦不外是。然而矢之遠百步耳，至宋乃有床子弩發矢及七百步，千步弩發矢及三里，神臂弓發矢二百四十餘步，入楡木半笴，笴箭幹也 後專以神臂弓爲利器。蓋數千年戰事之經歷，人心之構造，蓋至是已臻於極矣。

火藥發明時期

弓矢之利，至宋時已盡啓無餘，於是戰事上又發明一利器焉，則火礮是也。林山居士礮考曰：『百兵作於黃帝，而礮字始見於文選閒居賦，所謂礮石雷駭者，是漢以前無此字，蓋即范蠡所作飛石。礮字或作拋，見文選注；又作礟，見沈約宋書，其作礮者，宋初平江南時，所造有礮，蓋借礮燔之礮而音匹孝也。古之礮用石，見通典所載衛公兵法守城篇。其用火藥者，大約起於南北宋金元之際，自虞允文采石之戰，用霹靂礮敗衆，而火礮之製以肇，然第用紙包硫磺石灰而成之也。後理宗時有所謂突火槍，亦第用粗竹作筒，內裝子窠而皆未用鐵者。自金人有所謂震天雷者，用鐵器盛藥，以火點之，此火礮用鐵之始。至元世祖時，回回人伊斯瑪音（蔣作亦思馬因）所獻新礮法，而其製加精，自此器出，遠非中國所及，故相傳以為大礮之制，來自西域，實則火藥之發明，則在吾國也。明成祖得交阯神機鎗礮法，而其器始多。厥後嘉靖復造佛郎機礮，發諸邊鎮，而外間始知製造之法。萬歷時，又得大西洋紅夷礮，天啓中，錫以大將軍號，而礮之用乃大著。清初亦製此，改號紅衣，師行必攜，倚以為利器焉。自咸同之際，用兵定亂，時中西互市之局方啓，始購用外國槍礮。最近百年來，西洋火器之製，日新月異，而中國亦委輸不絕。戰事翻新，則往日之制，今皆糟粕。蓋兵無常勢，善用者強，往往一法之更，各國從而效之；一術之精，全球起而學之。佛郎機之器，法所造也，今則視之若窳器矣；克虜伯之礮，德所創也，今則遍行於地球矣。且自前膛槍礮，一變而為後膛，其費已不知凡幾，而法迫不及待，因思火藥之烟可去也，由是列邦之材力聰明，又一變而為無烟火藥矣；尋又一變而為綠氣毒藥矣。挾其殺敵之器，愈出愈奇，以抗衡於宇內，以求逞志於海陸空之間，其為因為果，固有可得而言者。

第三章　歷代戰術學之演進

握奇法爲營陣之始

自昔黃帝時代，即有劍、鎧、矛、戟、弧、矢之具，而戰術學亦於是發明。蓋古人類之生，分無數部落，司牧之長，聰明有大小，推戴有衆寡，彼此勢均，或以力敵，相轢相噬，力強者勝，蓋唯知鬥力而已，遑論戰術。自風后爲黃帝衍握奇圖，設五旗五麾六纛，而制其陣，勇銳之士，則有熊羆貔貅以爲前行，旗纛之繪，則有鵰鶡雁鶚以爲左右；又命岐伯作鐲、鐃、鼓、角、靈鞞、神鉦以揚德而建武。夫師之耳目，在於旗鼓飾奏，而後止則爲營，行則爲陣，出入變化，乃有奇正之可言。是以書言步伐止齊，左傳言偏兩卒伍，其陣法則爲鶴、爲鵝、爲魚麗之陣，爲支離之卒，經驗愈多，而智術乃愈進。尉繚子謂陣皆向敵，有內向，有外向，有立陣，有坐陣，內向顧中，外向備外，立陣所以行，坐陣所以止，立坐之陣，相參進止，類皆本於營陣之法；即其後八陣圖六花陣之類，亦何一非營法。營爲止之陣，陣爲行之營；臨敵時，須以營陣中人，逐隊調發，交戰運用，全在此心，依古圖不可行也，神而明之，則遂成一專門之學矣。

司馬法與孫吳二子之概略

營陣始於黃帝，而兵略則共祖呂尙。然六韜六卷，其文義不類三代，蓋因莊子金版六弢之語而附會之。第陸德明莊子釋文，謂太公六韜，文、武、虎、豹、龍、犬也，因漢志勿錄，疑其僞。在陳隋以前，其兵家書之傳於世者，莫古於司馬法，蓋周之政典也。自齊景公時，田穰苴為將，有聲於時。至戰國，齊威王使大夫追論古者司馬兵法，而附穰苴於其中，因號曰司馬穰苴兵法。太史公謂其書閎廓深遠，雖三代征伐，未能竟其義，如其文也。古者以師克亂而濟百姓，動之以仁義，行之以禮讓，故司馬法說行兵揖讓，猶存三代之風。簡明目錄曰：舊本題齊司馬穰苴撰，證以史記，而附穰苴於中，非穰苴作也；其時去古未遠，三代遺規往往於此書見之，然哉然哉！迨至戰國，出奇設伏，變詐之兵並作，而孫武吳起，遂各以其書彪炳爭塗，然起之書六篇，尋其旨，則猶尚禮義，明教訓，大要不離乎司馬法者近是。至孫子十三篇，則反覆馳騁，一出乎奇，而兵行竅要，至此已搜剔而無遺；論者謂趨利忘義，不復能有假借者，自孫子始。然兵不厭詐，論古今之戰術，不能不謂一大進步者也。

總論兵家四種之書

自周末訖漢，說兵之書，紛然而作，或以自成一家之言，或依傳於古之作者。故漢張良韓信序次兵法，凡百八十二家，删取要用，定著三十五家；蓋承戰國楚漢兵戈相尋之久，而此專門科學之發達，遂有一日千里之勢。故漢書藝文志曰：兵權謀十三家。權謀者，以正守國，以奇用兵，先計而後戰，兼形勢，包陰陽，用技巧者也；形勢十一家，形勢者，雷動風舉，後發而先至，離合背向，變化無常，以輕疾制敵者也；陰陽十六家，陰陽者，順時而發，推形德，隨斗擊，因五勝，假鬼神而為助者也；技巧十三家，技巧者，習手足，便器械，積機關，以立攻守之勝者也。都此四種，別為兵略兵書凡五十三家，圖凡四十三卷。自是以後，代有作者，而方略之所存，綜不能越此範圍。綜觀吾國自黃帝為指南車，墨翟之技削鳶能飛，諸葛武侯之木牛流馬，以及史家方伎之傳，子部藝術事積下種智慧出晳種下？積戰事之類，且不勝列。至火器之精，得於曾魯斯人，爲元將部下卒，彼亦具述源流，安見黃種智慧出晳種下？積戰事之閱歷，殫人心之機智，遂使規模日啓，卒然成一科學者，驗其進化之跡，亦良足味也。近百年來，彼族日益強，學日益盛，且挾其所長以威侮而淩逼。而我不自恥術之失其傳，而他人之能發明吾術者，猶不博採而廣用之。夫家有祕方，再傳而失於鄰人，久而迹所在，或不憚集千金以購還。烏虖，何其陋也！

中國通史　卷七

選舉編

敍言

科舉與學校，二者相爲表裏。故自新唐書立選舉志，即融冶二事於一爐，後代因之而不改。良以選舉得人，而後措施咸宜，所關非細故也。論者多以科舉爲敝政，科舉法之最善者也；古者世卿，春秋譏之，譏世卿所以立科舉也。世卿之敝，世家之子，不必讀書，雖騃愚淫佚，亦循例入政，是故上無才；齊民之裔，雖復知學，而格於品第，末由得官，是故下無才。科舉立，斯二敝革，梁氏所由以世卿爲據亂世之政，科舉爲升平世之政也。古者科舉皆出學校，制度今多失傳。然據何休公羊解詁，則周代之民，八歲者學小學；其有秀者，移於鄉學；鄉學之秀者，移於庠；庠之秀者，移於國學。學於小學，諸侯歲獻貢士於天子，學於大學，其有秀者，名曰造士。足徵其時教有定程，課有定業，與今制大約相符；第爾時官學盛興，私學未立耳。自周室東遷，樂崩禮壞，有志之士，惕焉憂傷，於是以私門教育，輔國家教育之窮。漢得天下於馬上，庠序之事未遑，鄉舉里選，名焉而已。天子不能教士，而唯立一榮塗，爲之標準，以誘厲之，天下之士趨焉，孟堅所謂利祿之路，然矣！取士與教士，旣分其塗，則雖其所立標準，盡善盡美，而於得人，抑已難矣。故兩漢辟舉之法，其流弊乃至變爲九品中正，選舉之敝極矣！

隋唐以後，制科代興，寖至於其所立以爲標準，降而求諸雕蟲之技，兔園之業，蛙鳴之文，其所餘能幾何哉？昔人論科舉之弊不一，而以探籌之喻爲最當。所謂非科舉之能得人才，而奇才異能之人之能得科舉，斯固然矣。故科舉合於學校，則人才盛；科舉離於學校，則人才衰，人才之盛衰，亦古今得失之林也。茲編先述學校，次述科舉，其中與文治進化爲比例，讀史者於此二端，盍少留意焉？輯選舉編。

學校一

第一章　成周學制之明備

周建四代之學

神州制作權輿五帝，故學制之可考者，自五帝始：黃帝學於大塡，顓頊學於綠圖，帝嚳學於赤松子，堯學於尹壽，舜學於務成跗。自古帝皇當無不學，其名曰成均，說者曰：以成性也。有虞氏始卽學以藏粢，而命之曰庠，又曰米廩，蓋自其孝養之心發之也。夏后氏以射造士，如行葦矍相之所言，而命之曰序，則以檢其行也。商人以樂造士，如夔與大司樂所言，而命之曰學，又曰瞽宗，則以成其德也。其立學之大端：上庠爲大學，在西郊；下庠爲小學，在國中；是曰虞制。東序爲大學，在國中；西序爲小學，在西郊；而國學爲學，鄉學爲校；是曰夏制。右學爲大學，在西郊；左學爲小學，在國中；而國學爲學，鄉學爲序；是曰商制。周人修而兼用之，內卽近郊，並建四學，虞庠在其北，夏序在其東，商校在其西，當代之學居中，南面而三學環之，命之曰膠，又曰辟雍，亦曰成均，曰澤宮。於是虞學以養庶老，夏學以養國老，商學以祭樂祖，而澤宮則王擇侯國所貢士與之大射，逮國有大事出征，受脈獻馘，於是乎在，是爲大學。凡鄉皆立虞庠，凡州皆立夏序，凡黨皆立商校，是爲小學。其在侯國，皆立當代之學，而稍損其制，曰泮宮。詩有泮水，頌魯僖公也；子衿，譏鄭國失學也；而左傳有鄭人游於鄉校，以論執政。故學始於五帝，繼於夏商，而大備於成周。

周制合於現時之教育

古之教者，二十五家而有塾，五百家而有庠，萬二千五百家而有序，里胥鄰長分爲之師，中年考校，課其殿最；三年大比，則彙其賢能，貢於國學；此立學之等也。人生八歲，自王公以下至庶人之子弟，皆入小學，教以洒掃應對進退之節，禮、樂、射、御、書、數之文；十有五年，則自天子之元子、衆子以至公卿、大夫、元士之適子與凡民之俊秀，皆入大學，教以窮理、正心、修己、治人之道，大小之節，所以分焉。此受學之序也。比年入學，一年視離經辨志，三年視敬業樂羣，五年視博習親師，七年視論學取友，謂之小成；九年知類通達，强立而不反，謂之大成。此課學之程也。大學一篇，言大學校之事也；弟子職一篇，言小學校之事也；內則一篇，言女學校之事也；學記一篇，言師範學校之事也。管子言農、工、商羣萃而州處，相語以事，相示以功，故其父兄之教，不肅而成，其子弟之學，不勞而能，是農學、工學、商學皆有學校也。其有專務佃業，不能就學者，猶以十月事訖，使父老教於校室；（見公羊傳宣十五年注）有不帥教者，鄉官簡而以告，其視之重而督之嚴也如此。故使一國之內，無一人不受教，無一人不知學，兔罝之野人，可以備干城；小戎之女子，可以敵王愾；販牛之鄭商，可以退敵師；斲輪之齊工，可以語治道；聽與人之誦，可以定霸；采鄉校之議可以聞政；舉國之人，與國爲體，塡城溢野，無非人才。所謂以天下之目視，以天下之耳聽，以天下之慮慮，周代盛强，蓋以此也。

周衰學權在師儒

當其盛時，學權操於史官，自官學變爲私學，於是儒家始爲教育之主。孝弟謹信，汎愛親仁，其所以教弟子者，不外尊崇德育；至智育各科，已該於六藝。論語言游於藝，即禮、樂、射、御、書、數也。子路有若之徒，皆知用武，尤孔子不廢體育之徵。且其所取者，爲教育普及之義，故孔子言誨人不倦，無行不與；又曰，有教無類。蓋類者，非指善惡言，乃指貴賤言也。考之王制，國之俊選，與公卿之子，並升於太學，是殷制教人不以族類也；周禮卿大夫職掌選賢與能，是周制教人亦不以族類也。春秋之世，則世卿在位，貴族在官，故卿士有學，庶民無學。孔子此語，正以破當時等級之分。且教授之法，貴時習而重分科，故承學之士，各得其性之所近，執一術以自鳴，非因材設教之證哉？孟子之論教育也，亦以教育之權歸之國家，對梁王齊王，皆言謹庠序之教，對滕文公，尤殷殷語以立學之制，而不廢私門教育。（如言得天下英才而教育之是也）即荀子著書，亦首崇勸學，非儒家重視教育之證哉？此則學興於下之效也。自商君以爲民智則難馴，於是愚民之術起；秦政焚書，五經出於灰燼，古代教民之良法，湮沒無聞。唯學記一書，列於戴禮，前儒教法，僅略具於茲編已！

第二章　漢以後分科立學之制

漢博士弟子分經而治

三代之時，有學之人，即從政之人，從政之地，即治學之地，故職官外無師儒，都畿外無學術。秦餘以後，儒者抱殘守缺，匿跡遐陬。漢興，猶存周代官師合一之遺制。西漢初年說經之儒，皆官學而非私學。及文帝設立諸經博士，而漢武時，仿秦以吏為師之例，頒五經於學宮，其儒生肄經，大抵游學京師，受經博士，而私學易為官學，為博士官置弟子五十人，復其身。太常擇民年十八以上，儀狀端正者，補博士弟子，郡國縣道邑有好文學，敬長上，肅政教，順鄉里，出入不悖所聞者，令相長丞上二千石，二千石謹察可者，當與計偕，詣太常，受業為弟子。一歲輒試，能通一藝以上，補文學掌故缺；其高第可以為郎中者，太常籍奏；即有秀才異等，輒以民聞。其不事學若下材及不能通一藝，輒罷之。其博士所置弟子，有兼通數經者，始謂之高第。東漢之時，益崇官學，而經學愈昌。一經教授，恆千百人，弟子受經卒業者，咸任博士議郎之職；其有不守師法者，則皆見屏於朝廷。是傳師學者，固未嘗背官學也。故論者謂學術廣被，已遠邁於西京云。

漢東西京皆有太學

兩漢刊誤補遺：藝文志出蒼后倉九篇，晉灼曰：西京無太學。然以西京之盛，生徒至三千人，豈學術定於一尊而無學校以作育人材歟？按儒林傳，詔太常議予博士弟子，太常請因舊官而興焉，為博士官置弟子員是也。先是董仲舒對策，願興太學，以養天下之士；史謂立學校之官，自仲舒發之，故武紀以是列之贊語，宣紀以是載於議尊號詔文。是太學興於武帝時明甚。賈誼曰：學者，所學之官也，韓延壽修治學官，註謂庠序之舍；

文翁修起學官，招學官弟子，註謂學之官舍；然則儒林傳所謂興舊官及博士官，非太學而何？下文郡國，縣官有好文學者，與計偕。故文翁傳云：武帝時，令天下郡國皆立學校官，烏有天下皆立學，而天子之都反無太學之理？紀於元朔五年，書丞相洪請爲博士置弟子員，攷太常議本文爲博士下有官字，紀脫之耳。通鑑知其誤，故武紀書曰博士官，蓋取儒林傳文足之也。且史載何武等習歌詩太學下，博士弟子王咸舉幡太學下；孰謂西京無太學也哉？王尊師事郡文學官，此郡文學之官舍，如博士官也。師古曰：郡有文學官，而尊事之以爲師，豈忘前註邪？易官有渝，蜀本作館，古官館通，官當讀作館也。至光武中興，起太學於東京，明帝臨雍拜老，內而貴戚小侯入學，外而匈奴遣子入學，生徒祁祁，至三萬餘，學校稱極盛焉。乃至桓帝時，而學生多陷黨籍矣；至獻帝時，而學舍鞠爲園蔬矣。觀東漢學校之顛末，君子以是知其學術之途之日狹也。

六朝分科之學

漢儒通經，期於致用，故經以外無學。魏黃初間，亦嘗建太學，置博士，依漢制設五經課試之法。而其時杜瓊治韓詩，許慈治毛詩三禮，胡潛治喪服，孟光通公羊春秋，來敏尹敏通左傳，尙守漢人經訓。及晉永嘉之亂，兵戈俶擾，漢學淪亡。北方唯秦王苻堅親臨太學，考第諸生經義，又作教武堂於渭城，命太學諸生明陰陽兵法者，教授諸將，是爲文武分學之始。江左則宋文帝修孔子廟，雅好藝文，使丹陽尹何尙之立玄學，太子率更令何承天立史學，司徒參軍謝玄立文學，散騎常侍雷次宗立儒學，是稱四學。故元嘉之治，冠江左焉。齊高帝踐阼，伊始崔思祖建議，請開文武二學，使人依方習業，優殊者待以不次。而梁武置五經博士各一人外，又置律學博士，專門習業，各致其精，雖建置不常，亦足取矣。

講經與今制相合

其間有一事最堪注意者，莫如升座說經之例。例雖肇於漢世，石渠、白虎，已開講學之先聲。而梁武召岑敬之登講座論難孝經，簡文亦與張講論，而周弘正復升座說經，推之戚袞說朝聘之儀，沈峻講周官之義，張正見預經筵，請決疑義，崔靈恩為博士，解析經文，伏曼容說經瓦官寺，生徒數百，嚴植之登席，五館生聽者千餘；此皆升座說經之證也。開堂升座，與今教授法相符，且其說經之書，有講疏、（如梁武帝周易講義中庸義疏是也）義疏（此體書多）二體。義疏者，筆之於書者也，講疏者，宣之於口者也。至隋平陳，教尙北學，不復以才辯逞長，而繇是講學之風日尠矣。夫學必賴講而後明，故孔子猶以學之不講為憂。近儒賀然斥南朝講學之習，何哉？隋世益尙儒書，論者謂為中邦學術統一之期，揆厥由來，蓋有二焉：一因隋文建立黌序，欲辟儒生，一時經師，並在朝列，故承其風者莫不崇儒術而排玄學；一因隋代之時，以科舉取士，故士習空疏，而窮理之功，致為詩賦詞章所奪。此儒學而外，所以不別立學派也。況當其時牛弘洽儒術，奏開獻書之路，又修撰五禮百卷，以儒學倡於朝；而文中子少通六經，以聖人自居，挂弟子錄者千餘人，復以儒學倡於野；唐代學派，蓋已於此肇其端矣。

唐代分科之學

自國子學以下，曰太學，曰四門學，曰京都學，皆以經史課士，其外曰律學，曰書學，曰算學；此六學者，並隸國子監。而門下省有宏文館，東宮有崇文館，皆貴冑之學也。凡經分三等：禮記春秋左氏傳為大經，詩周禮儀經爲中經，易尚書春秋公羊傳穀梁爲小經。通二經者，大經小經各一，或中經二；通三經者，大中小經各一；通五經者，大經皆通，餘經各一，（即中經小經）孝經論語皆兼通之。凡治孝經論語共限一歲，尚書公羊穀梁各一歲半，易詩周禮儀禮各二歲，禮記左氏傳各三歲。學書日紙一幅，間習時務策，讀國語說文字林三蒼爾雅。凡史，以史記前後漢書三國志爲三史。凡書學，石經三體限三歲，說文二歲，字林一歲。凡算學，孫子五曹共限一歲，九章海島共三歲，張邱建夏侯陽各一歲，周髀五經算共一歲，綴術四歲，緝古三歲，記遺三等數，皆兼習之。旬給假一日，前假博士考試，讀者千言試一帖，帖三言，講者二千言問大義一條，總三條，（謂帖試講解及大義總爲三條）通二爲第，不及者有罰。歲終通一年之業，口問大義十條，通八爲上，六爲中，五爲下。併三下，（三次俱下）與在學九歲，律生六歲不堪貢者，罷歸。諸學生通二經，俊士通三經，已及第而願留者，四門學生補太學，太學生補國子學。每歲五月有田假，九月有授衣假，二百里外給程；其不帥教及歲中違程滿三十日，事故百日，緣親病二百日，皆罷歸。高宗朝，以書學改隸蘭臺，算學隸祕閣，律學隸詳刑。明皇重道，增置玄學。中葉以後，又令明經習律，以代爾雅。然則經、史、書、律，在唐世爲兼修之科，而唯算學則屬諸專門也。

唐代盛時，學舍至千二百間，藏書之富，其著錄者至五萬三千九百一十五卷，而學者自爲之書，又二萬八千四百六十九卷；雖非三代家塾黨庠之法，然國家所以養士者，不爲不備矣。然至今稱唐之學校者，必曰昌黎揭解，士皆精業成行；（李翱作韓公行狀云公遷祭酒奏儒生爲學官日使會講生徒奔走聽聞皆喜曰國子監不寂寂矣）楊恭作賦，士林傳布稱頌；（楊作華山賦示愈愈曰士林傳布）此祭酒之得人。陽城之進退作則，動言是效；（宗元爲司業時遺愛語也）竇公之嚴以得禮，扶善遏過；（愈爲司業竇公墓志云云）此司業之得人。而廣文先生才過屈宋，鄭虔爲廣文館博士杜甫贈以詩曰先生有才過屈宋國子先生上規姚姒，見進學解房昭遠攬筆卽下逮考定國子生通一經者攬筆卽下初無疑滯王元感看書不寐，感轉四門博士年老猶燭下看書通宵不寐又皆唐時之博士也。然則學校之盛，任法不若任人矣。然猶有說焉：漢時立經學於學宮，而諸子百家之學亡；唐初爲五經撰正義，而兩漢魏晉南北朝之經說盡亡，何者？孔冲遠作疏，卽以所用之法爲是，而所舍之注爲非，其所以貽誤於人者，專主一家之故也。又況正義之書，頒之天下，凡試明經，必衷於是，致使讀經之儒，不復發揮新義，非趣天下士民於狹陋乎？此亦儒林一恨事也。

宋代分科之學

自仁宗朝胡瑗教授湖州，立經義、治事二齋，以敎實學。慶歷四年，興太學，取瑗之法，著爲令式。此外則終宋之世，其分科並舉者又六：一武學，仁宗初嘗置之，已而中輟，神宗熙寧間，復置。其人才弓馬應格者，聽入學習諸家兵法，敎授纂次歷代用兵成敗，前世忠義之節，足以爲訓者，講釋之。願試陳隊者，量給兵伍。一律學，亦熙寧間所置，凡朝廷新頒律令，刑部卽送學，其學科有二：一曰斷案，一曰律義。南渡以後，以法官罕能知書，兼課經義。一算學，其業以九章、周髀及假設疑數爲算問，仍兼海島、孫子、五曹、張邱建、夏侯陽算法，幷歷算三式、天文書爲本科，本科外，人占一小經，願占大經者聽。一書學，習篆、隸、草三體，明說文、字說、爾雅、博雅、方言，兼通論語、孟子義，願占大經者聽。一畫學，分佛道、人物、山水、鳥獸、花竹、屋木，以說文、爾雅、方言、釋名敎授，說文則令書篆字，著音訓，餘書皆設問答，以所解義觀其能通畫意與否。仍分士流雜流，別其齋以居之，士流兼習一大經一小經，雜流則誦小經或讀律。凡算、書、畫三學，皆徽宗崇寧三年所立。一醫學，初隸太常寺，神宗始置提舉判局，設三科以教之：曰方脈科，曰鍼科，曰瘍科，徽宗初改隸國子監，大觀四年，以算學生歸大史局，併書學生入翰林書藝局，畫學生入翰林圖畫局，醫學生入太醫局。其時徽宗方崇道教，又即州縣學別置齋授道徒，未幾即罷。

宋代盛時，設五學以分教法，立六齋以訓宗戚，（六齋者曰貴仁曰大雅曰明賢曰立愛曰懷德曰升俊）建五書院以養山林之秀，（五書院者曰嵩陽曰岳麓曰白鹿曰淮陽後復有茅山）謂之法有未備焉，不可也。然至今稱宋之學校者，必曰呂公著以名德碩輔爲祭酒，陳瑩中以純儒正學爲博士，（元祐中名臣擢爲博士）此國監之得人。孫明復教授泰山，明春秋之旨；（明復居泰山之陽以春秋教授）范仲淹教授南京，立夜課之法；（掌府學督夜課諸生寢食俱有時刻）此郡學之得人。而錢藻之淵篤，孫覺之純明，范純仁之直溫，錢公輔之簡諒，是又湖學之弟子也。然則學校之盛，在於得人耳。然猶有說焉：上以學究處之，（學究官名宋太宗時陳貽中以學究及第）則彼亦以學究自處，月書也，季考也，齋規也，舍選也，上徒恃此以爲養士之法而已乎！熙寧間議建學校，變貢舉，罷詩賦，問大義，此三代下一大舉動也。夫天下任舉一事，必有本末，王安石之議興學，本也，變科，末也，惜荊公以無助而敗。後人廢其學校之閎議，而沿其經義之偏制；本既不行，徒用其末，不成片段，安得不敗？而惜乎以人而廢言也！

金元明分科之學

金制養士之地曰國子監，天德初，定制詞賦經義生與小學生各百人，以外戚功臣及三品以上兄弟子孫年十五以上者入學，不及十五者入小學。厥後士額增多，凡試補太學生，禮部主之，曾得府薦，及終場舉人，俱免試。凡經史用某氏註疏，皆有定式，由監印之，授諸學校。承安四年，詔建太學於京城南，總爲屋七十五區。泰和初，更定贍學養士法，其郡國鄉黨之學，初凡十七處，共千人，後復增州學，經史註疏，會課學規，悉如太學。章宗踐祚，其時太學所養，止百六十人，外京府或止十人，天下僅及千人；自戶部尚書鄧儼等疏請黜陟學官之法，於是詔計州府戶口增養士之數，凡得千八百人，又置司天臺學士。於醫尤注意，京外府州，置醫學生，凡十科，每月試疑難，以所對優劣加懲勸，此金代重經史及醫學之證也。

元世祖至元二十四年，始立國子學，國子生博果密等請講解經傳，教以修齊治平之道，其下分設小學律書算諸科，俾國子學官領其事，加意點勘，勤者升上舍，惰則降下舍。時遷都北城，更立國學於城東，令博士通掌學事，分教三齋，助教專守一齋。凡讀書必先孝經小學論孟學庸，次及詩書禮記周禮春秋易，博士助教，親授句讀，音訓正錄伴讀，以其次傳習之，講說亦然。次日抽籤，令諸生復說，又置回回國子學，依漢人入學之制，日肄習之。仁宗延祐三年，用集賢學士趙孟頫等議，立國學貢試之法，（詳見下）其郡國鄉黨之學，太宗初置，並立孔顏孟三氏學，後又置蒙古字學，至元二十五年，學校之數二萬四千四百餘所，越三年，增至二萬一千三百餘所，可謂盛矣。復置諸路陰陽學，設教授以訓誨之，有藝術精通者，升用司天臺，至醫學，世祖繼設諸路提舉以綱維之，其課選視金特重，故名醫爲多。

明初國學之政甚備，其諸生則取之公卿之子，拔之郡國之秀，廣爲號舍以居之，厚其衣食以養之，在學十餘年，始給出身，往往仕至顯宦；而其所最重者，尤在司成一席，特簡大學士尚書侍郎為之。迨至中葉，名儒輩出，如李時勉陳敬宗章懋羅欽順蔡清崔銑呂柟分教南北，晝則會饌同堂，夜則燈火徹旦，如家塾之教其子弟。故成材之士多出其門，筮仕之後，知禮義，重廉隅，尊主庇民，事業皆有原本。至萬曆以後，雖屢勤振飭，然求之法而不求之人，如博古正誼之倪元璐，講席未煖，斥之而去，則當日之所振飭，亦名焉已耳！至天文生醫士，則以世業子弟充之，有選用，無課授，其時日月交推，屢用訛舛，推步之術，由此而衰。即武學一科，建文永樂之世，既建復罷；英宗朝，始議選驍勇都指揮官五十一人，嫻騎射幼官百人，令兩京並建武學訓誨之。然其敎讀之書，不過小學論孟大學及五經七書百將傳中取一節，講說大義，使之通曉而已。科目之行，雖盛於唐宋元兩代，學校猶聞講誦之聲，明季之衰，則黌舍鍵戶，學官守位，其造士之方，殆無可言者矣！

第三章　宋元明升舍積分之法

後世學校規模，合於成周大小成之制，而復加詳者，於宋則太學三舍之法，於元則升齋積分之法，明初承元制，亦嘗一行之而不久即廢，蓋亦近足與今日分級課功相比附者也。試分述如左：

宋制太學三舍法

自神宗垂意儒學，熙寧四年，推廣太學，增直講為十二員，率二員共講一經，釐生員為三等：始入太學，居外舍，定額七百人；外舍升入內舍，員三百；內舍升上舍，員百；各執一經，從所講官受學。其後增八十齋，齋容三十人，外舍生二千，內舍三百，上舍百人，總二千四百。月一私試，歲一公試，其業優者補內舍；間歲一舍試，入優平二等補上舍，皆參考以行藝。上舍分三等：俱優爲上，一優一平爲中，俱平或一優一否爲下。上等命以官，中等免禮部試，下等免解，蓋與科舉並行也。徽宗罷科舉，取士皆從學校三舍，而別建外學於城南，以處外舍生與郡邑所貢士，凡三千人，其內舍生至六百，上舍生至二百，規模日拓矣。南渡之初，倥偬戎馬，未遑立學。紹興十三年，始建太學，上舍生三十員，內舍百員，外舍五百七十員，三舍舊法，凡四百十條，紹興重修，視前時爲密。孝寧兩朝之際，屢有損益，(寧宗時外舍生增至千四百員)大要舊制以五六分爲優選，其後增至十分或八分，積舍中私試之所得曰年分，又合以公試所得之分數，於此定升黜示用舍。然終宋之世，其專以學校取士者，唯徽宗一代十餘年耳。而自崇寧以前，宣和以後，(宣和三年即徽宗之二十一年復行科舉)固皆科舉學校兩途並進爲取士之程者也。

元制國學升齋積分法

元仁宗時，定國子生貢試積分法，其條例凡三：(一)曰升齋等第，下兩齋，左游藝，右依仁，凡誦書講說小學屬對者隸焉；中兩齋，左據德，右志道，講說四書課肄詩律者隸焉；上兩齋，左時習，右日新，講說易書詩春秋、課習明經義等程文者隸焉。六齋各以學業淺深分三等，每齋員數不等，每季考其所習經書課業及不違規矩者，以次遞升。(二)曰私試規矩，齋分三等，漢人以第一等爲上齋，蒙古色目人以第二等爲上齋，蓋智識程度出漢人下，故從寬且示優待本族也。既升上齋，踰再歲，始與私試，詞理俱優者一分，詞平理優者半分，歲終積至八分者爲高等，以四十名爲額，蒙古色目人各十，漢人則二十。(三)曰黜罰科條，應私試積分生員有不事課業，及違戾規矩者，初犯罰一分，再犯罰二分，三犯除名；應補高等生員，有違戾規矩者，初犯罰殿試一年，再犯除名；應在學生員歲終歷實坐齋不滿半歲者，除名，除月假外，其餘告假，並不準算；應在學生員，除蒙古色目人別議外，漢人生員三年不能通一經，及不肯勤學者，勒令出學。此其課士之較也。其積分高等生員，初卽以國子監學正錄諸職相處，自後則三年一次，依科舉例入會試，故國學所從出之途，要仍以科舉爲歸宿。

明制國學分堂課業法

太祖定鼎金陵，國學規制，分六堂以館諸生，每旦祭酒司業坐堂上，屬官以次序立，諸生揖畢，質問經史，唯朔望給假，餘日升堂會饌會講，所習自四子本經外，兼及劉向說苑及律令書數。每班選一人，充齋長，督諸生功課，衣冠、步履、飲食，必嚴飭中節。監丞置集愆簿，有不遵者，書之；再三犯者，決責；四犯者，至發遣安置。其堂宇宿舍飲饌澡浴，俱有禁例，假歸必立期限，違限者謫遠方典史，有罰充吏者，其嚴如此。六堂學業分三級，其積分升次，一如元制，積八分者爲及格，與出身。時進士之科未盛，內而臺諫，外而藩臬，率以授太學生之成材者；自制科旣重，太學生之成材者，與天下賢士，盡入蒐羅而入監讀書，久且等於虛設矣。夫分科分級，雖立教止於太學，學科亦未見完備，造士之方，不爲不隘，然其淺深之殊業，歲月之考覈，積分之比較，乃至飲食服御作息出入，至纖至悉，殆無不與今日學校規則有相合之處，居今稽古，亦足引以爲佐證也。

第四章　漢宋明三朝學界之政治運動

士君子生非其時，不能閉門掃軌，含華隱曜，以高棲其志；而驀目時艱，手不假尺寸柄，而欲仗一簣之微力，障頹波橫流之衝，一戰不勝，羣議敗績，而神姦巨慝，伺隙而動，海內人譽，轉激而爲黨錮之禍，人之云亡，其如邦國殄瘁何哉！如漢宋明學界氣節之士，其最著者也。試分爲述之：

東漢太學生之主持清議

當桓帝朝，宦官恣横，會冀州民饑，詔朱穆爲刺史，穆到官，懲劾貪汚，政治一清。宦者趙忠喪父歸葬，僭爲玉匣，穆案驗剖棺出之。帝聞大怒，徵穆詣廷尉輸作左校，則有太學生劉陶等數千人詣闕上書訟之，穆以獲免。皇甫規之討羌也，督軍於其鄉里，無私惠而多所舉奏，又惡絕宦官，不與交通，宦官等遂相與誣陷其罪，論輸左校。則有太學生張鳳等三百餘人詣闕訟之，會赦，還家。太學諸生，既得列於言路，議論日以發舒。時甘陵（今山東清平縣）有南北部黨人之議，爭以虛聲標榜，因此流言，轉入太學，諸生三萬餘人，郭泰賈彪爲其冠，並與李膺陳蕃王暢更相褒重。又渤海公族（姓）進階（名）扶風魏齊卿，並危言深論，不隱豪强，自公卿以下，莫不畏其貶議，屣履到門。於是宦官切齒，教人上書誣告：李膺等養太學游士，交結諸郡生徒，共爲部黨，誹訕朝廷，疑亂風俗。天子震怒，鉤黨之獄以起，而漢亦旋亡矣。

兩宋太學生之排斥奸相

北宋之末，金師南下時，天下皆知蔡京之誤國，而用事者多受其薦引，緘口莫敢言，太學生陳東獨率諸生上書論之。欽宗祚當板蕩，南朝無人，胡馬分牧，以大肆需索。唯李綱有爲國之謀，而罷之以謝金人，東復率千餘人上書宣德門，請復用綱，於是軍民不期而集者數萬。欽宗不獲已，以綱爲尙書右丞京城防禦使，蔡京毒亦貶死，然東之禍已萌芽於此矣。建炎之初，高宗跋涉江淮，猶信用僉壬，時黃潛善汪伯彥用事，力排李綱，罷之。陳東復上書乞留綱而罷汪黃，又疏請帝親征，以還二聖車駕，宜還京師，勿幸金陵，皆不報。會撫州布衣歐陽澈徒步詣行在，上書極詆用事大臣，潛善遽以語激怒帝，言不亟誅，將復鼓衆伏闕，於是東與歐陽澈同斬於市。東初未識綱，特以國故顧爲之死，無論識與不識，莫不爲之流涕。

自陳東以節義著聞，一時太學諸生，類皆關懷軍國，抗疏言事，冀有所匡救。其在孝宗朝，湯思退爲相，力主和議，慮帝不從，潛諭金人以重兵相脅，有若張觀等七十二人，論其鉤致敵人之罪，乞斬首以謝天下；時思退已先爲言者糾奏，遠竄永州，聞之，憂悸而死。其在光宗朝，光宗嗣統，受制於將種之婦，（李后爲慶陽節度使女，道士皇甫坦言於高宗，遂聘之）父子之間，浸以疏隔。有若汪安仁等二百十八人之上書，請帝朝重華宮，（孝宗所居）時公卿爭有言者，皆不報，及冬，始一朝焉。其在寧宗朝，韓侂冑怨丞相趙汝愚，欲爲一網打盡之計，而陰嗾李沐罷其職。有若楊宏中等六人訟汝愚之忠勤，論李沐之欺罔，然此六人者，反獲譴，送五百里外編管。其在理宗朝，由前則史嵩之深姦橫恣，會其父彌忠卒，詔復嵩之官，有若太學生黃愷伯等百四十四人，武學生翁日善等六十七人，皆上書切諫，不報，卒以士論譁然，嵩之竟終喪，且以此致仕不獲出。由後則丁大全以奸邪小人得寵於帝，怨丞相董槐，誣劾之，章未下，大全夜率兵圍槐第而逐之，物論殊駴，槐益驕縱用事。有若陳宜中黃鏞林則祖曾唯劉黼陳宗六人上書攻之，大全怒，使御史吳衍劾之，削其籍，編管遠州，時有六君子之稱焉。方是時，三學士權乃與人主抗衡，執政者多畏之。至賈似道當國，有若臨安府學生葉李蕭規，詆其專權誤國，二人得罪，黥配遠州；然似道知終不可以力勝也，遂以術爲籠絡，度宗之世，每重恩數，豐餽給，增學田，啖之以利，遂無復有言，而彼得以踞鬬蟋蟀，笑傲湖山。逮蕪湖兵潰，錯愕徬徨，了無一計，似道以罪免，三學士子始疏請誅之。蓋其末流士氣，亦以衰歇，其贊美似道，稱頌師相，頗爲世所譏焉。

明季東林復社之論議時政

神宗朝，顧憲成會推閣臣，以舉王家屏忤帝意，削籍歸。憲成既廢，名益高，里故有東林書院，爲宋楊時講道處，憲成與弟允成倡修之，偕同志高攀龍錢一本薛敷教史孟麟于孔兼諸人，講學其中。海內聞風景附，往往諷議時政，裁量人物，朝士慕之，亦遙相應和，繇是東林名大著，而忌者亦多。其後孫丕揚鄒元標趙南星等相繼講學，自負氣節，與政府相抗，是爲東林黨議之始。熹宗之世，魏忠賢專政，尤切齒東林，御史盧承欽希風旨上言：東林自顧憲成李三才趙南星外，如王圖高攀龍等，謂之副帥；曹于汴湯兆京史記事魏大中袁化中謂之先鋒；丁元薦沈正宗李朴賀烺，謂之敢死軍人；孫丕揚鄒元標，謂之土木魔神；宜榜示海內，俾奸黨無所容。忠賢大喜，悉刊黨人名示天下，盡毀天下書院，毒痡士類，其禍始烈。而陸萬齡濫廁成均，竟敢以忠賢上配孔子，司業林釬，塗抹挂冠，尚能稍扶名教。乃來之俊靦顏師儒之席，公然奏請施行，斯文道喪，至斯而極。崇禎初年，忠賢以罪誅，講學之風復振，於時婁東張溥張采，更倡爲復社，聲氣通朝右，所品題甲乙，頗能爲榮辱，於是奔走附麗者，輒矜言以爲嗣東林也。諸忌者先後疏論，欲有以中傷之，會溥卒，大臣又爲左右之，亦竟勿問。

凡東林復社，其主盟者，皆一時士大夫，棄官居鄉，以講習論文相結合，而朝廷用人之臧否，輒有所評量，自比於淸議，而視甘陵南北部爲近。顧自學校既廢，天下以書院爲講習之地，是猶以學界干涉政界者也。夫漢宋明三朝，士類之能以氣節自任，不可謂非國家栽培之力。然上之人既不能反身以求過，而以天下公理之顯著，其輿論終不在彼而在此，囂陵浮薄者，或亦從而鼓吹之；言者日進，聽者日倦，兩相激則其爭益烈，卒之握實權者占優勢，而僇辱之禍以成。此亦氣數所必至，有莫之爲而爲者，於東林乎何尤？

第五章　歷代學校盛衰總略

學校至周而大備，漢以後，分科分級，其制既如上所述矣。然取士之方，不專出於一途，學校之盛衰，往往視其國君好尚爲遷移，而求盛衰相乘除之理，當自東周始。自古逮今，綜挈其綱，可分之爲五時期：

(一)自古至西周爲一期。古者學校皆國家所立，敎師皆朝廷所庸，故大戴七屬言學則任師；周官九兩，言以賢得民；而學記一篇，乃專標誨人之術。雖徵之三代，書缺有間，若乃其意則可推而見矣。家有塾，黨有庠，術有序，國有學，州有黨正、遂師、鄉大夫，皆其地之敎師也。見於周禮者皆掌其地之敎令王制所紀，有秀士、選士、俊士、進士諸目。當其爲秀士也，家、黨、術、鄉敎之；國語齊桓公內正之法五屬大夫退而修敎於其屬屬退而修縣縣退而修鄉鄉退而修卒卒退而修邑邑退而修家是故匹夫有善可得而舉也當其爲選士也，司徒敎之；當其爲俊士也，大樂正敎之。故升秀士於司徒者，鄉大夫也；案屬縣鄉卒邑家以周禮管子證之皆使敎於其地者尚書大傳七十致仕老其鄉里大夫爲父師士爲少師歲事已畢餘子皆入學升進士於學者，司徒也；升進士於司馬，而告於王者，大樂正也。居處相通，耳目相習，爲之師者，當平居之時，於羣士之德行道藝，孰高孰下，孰賢孰不肖，固已熟習之而飫知之。中年考校，課其殿最，三年大比，則書其賢者與其能者，彙而貢之國學，蓋教之有素，非漫然決優劣於一二日之間而已。於是朝廷著爲經制，歲一行之，爲或敢廢，故均是人也，役之則爲民，官之則爲吏，教之則爲士，文學盛於上，才智生於下，先王牖民之典，皆由是也。蓋古者士必有學，說文「仕」字下云：學也，從人士聲；「士」字下云：事也。仕學二字，卽爲互訓之詞，故其時有學之人，卽爲入仕之人，官守與師儒未分，學校與科舉合一，三古之隆，天下之士，無一人不能自成其才，而國家不可勝用，此其所以爲盛也。

(二)東周秦漢爲一期。西京庠序之制，尙已。自西轍轉東，王迹掃地，陵夷至於威烈之際，泯泯棼棼，諸侯並大，未聞有西歸以懷好音者。戰國時君，唯魏文侯爲好學，以卜商爲師，設教於西河上，四方賢士多歸之。齊宣王喜文學游說之士，稷下學士集者至數百千人，然且無復立教之意。秦政遂欲流唐漂虞，滌殷蕩周，灰詩書於烈熠，中埋儒生於塵土內，學術既詘，是爲學校閴寂時代。漢興，至於武帝，首策賢良方正於大廷，而得一代大儒爲之首，力請興太學，置明師，養天下士，帝遂立博士，置弟子員，勸以官祿，自是公卿大夫士吏，彬彬多文學之士。初，博士弟子五十人，昭帝時，增滿百人，宣帝復增倍之，成帝末，太學至三千人；歲餘，復如故。而王莽以此與明堂辟雍靈臺爲學者築舍萬區，然特誇耀衆庶，藉以羈縻天下士心，冀圖僭竊而已。長安兵起，宮室圖書，盪爲灰燼。光武中興，未及下車，先求文雅，四方學士，雲集京師，車駕親臨太學，稽式古典，修明禮樂，文物煥然可觀，於是始建三雍。明帝嗣業，躬親行禮，坐明堂而朝羣后，登靈臺而望雲物，以李躬爲三老，以桓榮爲五更，饗射禮畢，帝正坐自講，諸儒執經問業於前，冠帶縉紳之人，圜橋門而聽者億萬；郁郁乎禮縟五帝，儀繁三王。其後復爲功臣子孫、四姓末屬，外戚樊郭陰馬四氏別立校舍，搜選高能，以授其業，自期門羽林之士，悉通孝經章句，匈奴亦遣子入學，東京風教，於斯爲美矣。蓋自東周秦代之衰，西漢始以振舉，而大盛於東漢永平之世，此西周以後，至此乃始鬱而勃發者也。其後章帝大會諸儒於白虎觀；和帝亦數幸東觀，覽書林；安帝親政，薄於藝文，朋徒怠散，學舍穨敝；順帝更修黌舍，開拓房室，自是游學增盛，至三萬餘生，雖章句漸疏，或多以浮華相尚，然氣節之士，比肩相屬。凡門生舉主曹掾守郡，於患難死生之際，不惜糜身隕命，護衛所知，雖鍛鍊慘毒，不改初詞，其所以矜惜名節者，不可謂非祖宗養士之報也。

（三）魏晉南北朝隋唐爲一期。漢末，民訛搆煽，奸宄飆舉，滄溟怒濤，漂及縫掖。魏文帝始興復太學，其後諸生有千數，而諸博士率皆麤疏，無以教子弟，弟子之來，本以避役，亦竟無能習學。正始中，有詔議圜邱，普延學士。時郎官及司徒領吏，其在京師者且萬人，而應書與議者無幾。又朝堂公卿以下四百餘人，其能操筆者不及十數，學業沈隕，至於如此！西晉初，武帝崇儒置學，稍以振起。劉石憑陵，京華覆滅，國故朝章，從而失墜。永嘉喪亂，庠序墮廢，中原唯後趙石勒、前秦苻堅較有可言，江左亦時有建置，而勸課未博。宋文齊高留意植教，建之不及十年，亦已即罷，是爲學校穨廢時代。梁武雅好儒術，置五經博士，開館宇，招後進，四館所養士踰千人，分遣博士祭酒，巡州郡立學。而北方自元魏孝文崇尚文治，立國子太學四門小學，宣武之世，天下承平，學業大盛，燕齊趙魏之間，橫經著錄者，不可勝數。南北始並驅於學，神州鼎沸，文運猶興。隋文統一海內，本以刑名爲治，仁壽初元，詔以學校生徒，多而不精，唯簡留國子學生七十人，太學四門及州縣學並廢。是時散遺生徒，奚慮數千萬，劉炫雖切諫，不聽。煬帝修復諸學，盛於開皇之初，而未幾大亂，盜賊蝟起，方領矩步之徒，轉死溝壑。唐開國之初，建學校，奠先師，植基已厚，太宗貞觀之治，比隆三代，故學校修備，學舍至千二百間，置宏文崇文兩館。其國學、太學、四門學，俱增生員；書算學各置博士；其屯營飛將，亦設博士授經學，雖高麗百濟新羅（今朝鮮境）高昌（今新疆吐魯番）吐蕃（今青海）諸國酋長，並遣子弟來學。國學之內，至八千餘人，近代以來，莫與媲隆矣。魏晉學校之衰，至蕭梁元魏始以振舉，而大盛於唐貞觀之世，此東漢以後至此再鬱而勃發者也。開元中，明皇置麗正書院，聚文學之士，是爲後世書院之始。天寶以降，學校荒廢，生徒流散，論者謂開元之時一玄宗，天寶之時又一玄宗也。詩曰：靡不有初，鮮克有終，此之謂矣。憲宗重定員額，已不及貞觀之半，蓋其末葉，亦以卽衰矣。

（四）五代兩宋爲一期，而遼金附見焉。五季衰亂，祭酒一官，等於贅旒。梁唐之際，入監諸生，皆取光學錢，既徵其錢，復不蠲其役，待士之意，亦已太薄。其時多有未曾授業，輒取解送者，是爲學校鄙賤時代。宋初稍稍增修國子監舍，而居常講筵，無一二十人聽講者。慶歷中，乃令監生在學滿五百日，始許應秋試，其未係監生而求入監者，先在學聽讀，亦立課程，嚴考選，始得試補。於是又詔天下州縣皆立學，本道使者選部屬官爲教員，不足，取鄉里宿學有道業者。內建太學，置內舍生二百人，學始萌芽矣。神宗大啓爾宇，增擴太學，置三舍法，頒學令，增學費，所以教之者如不及焉。五季學校之衰，至宋仁宗始以振舉，而大盛於神宗熙豐之世，此唐以後至此，又再鬱而勃發者也。自三舍法行，凡律算書畫醫五學，無不準是，迄於南渡不廢。兩宋立國雖弱，其學校大端固可覩也。與宋相爲終始者爲遼金，遼雖有國子監太學之置，而規模亦隘；金人奄有中原，世宗之世，太學養士至四百人，又別置女直學以教本族，蓋文物遠勝於遼矣。

（五）元明至清爲一期。元自世祖混一區夏，始建國學，其後又有蒙古國子學、回回國子學，則皆以教其西北之民族也。明興，太祖提倡儒學，修明學制；自是高麗日本琉球暹羅皆有官生入監讀書，以至滇蜀各土官，時遣子弟民生入監者甚衆。永樂北遷，兩京並建，而國學亦分南北。亦越有清，自國子監外，有宗學、旗學，皆滿蒙漢三文並授。康熙朝國子監兼設俄羅斯館，以課俄人之居京者。其天下州縣，自元明迄清，並置黌舍。然取士專重科舉，士之入貢於國學者，雖嘗嚴講肄之條，致殊方之慕，而所造甚淺，且終不能出科舉之範圍，以視漢唐宋之分途並進，又彌不及也。是爲學校虛具時代。海通既久，外患頻乘，同光之間，中興諸老知非習常守故，可以出而應世變也。於是恭親王奕訢等疏請選編檢庶常並五品以下由進士出身之京外各官及舉貢等入同文館，學習西藝，給以廩俸，予以陞途。曾國藩有請選幼童出洋習藝之舉，而沈寶楨立船政學堂於福建，李鴻章設水師學堂於天津，廣方言館實學館亦相繼而起；顧其所注重者，又不過語言文字之淺，水火攻戰之末；不務其大，不究其精，卽令盡其道，而所成已無幾矣。甲午以後，銳意自強，陳侍御其璋、李侍郎端棻先後疏請推廣學校，於是京師首建大學堂，江海各省中小學次第建舉。拳民變起，內憂外訌，相偪而來，迺更急起直追，競以興學智民爲務，以今況昔，灑然非舊矣。自元明以來，學校之衰，至清季而始推原於立學之方，育才之術，蘄以革舊習而奮新機。烏虖！吾中國民族之存亡，其殆係於此乎！

科舉二

第一章 總論

古無所謂貢舉也。自周時內有國子之選舉，外有諸侯之獻貢，於是始有貢舉之名；然皆以德行道藝敎之於平素，而後貢舉之於王廷，初無所謂設科也。自漢設科以來，科目紛紛，不知凡幾，於是始有科舉之名。蓋其時學校虛具，有司初無人才之責，一旦以考校賓興之事責之於渺不相關之刺史守相；是以不考實行，專採虛聲，乃至寒門貴族，劃若鴻溝，亦勢所必至也。隋唐以降，制科代興，慮郡國之不實，乃悉貢京師，以一其權；慮牧守之徇私，乃專出侍臣，以承其乏。夫郡國之疏逖，已遜於庠序，而京師又加甚焉；牧守之閡隔，已異於學官，而內臣又加甚焉。舉一切耳目，而寄之虛空無薄之區，於孔子舉爾所知之義，其悖謬爲何如矣！其疏逖而閡隔既已如是，則匪惟實行無可見，卽虛望亦無所聞。於是其所挾持以求天下士者，不得不重在進士一科；遂令天下學子，雖有絕學高志，亦不能不降心相就，以肆力於詩賦帖括之業。大抵自漢至隋以前，唯行孝廉秀才之科；自隋唐至明淸，唯行進士之科。至博學宏詞之目立，則尙文而不考行矣。故韓昌黎謂古之豪傑，必慙是選；而凡試以經義律以時藝，則所尙者皆無用之文矣。取士於帖括，其所取者果安在哉！但鄉舉里選之法壞，士之抱寸長挾一藝者，非此無由自進於功名，故進士之科，歷唐而宋而元而明而淸，皆行之而不舍。卒之非常之士，亦皆顯出於其途，出於其途，而後可以致通顯，則士藉以伸其才而壯其志，然則科舉果何負於士乎？蓋嘗綜而論之，古者，上蓋有求於下；其後也，上下交相求；又其後也，下始亟於求上。此古今之所由異也，試分爲述之。

第二章　周代之鄉舉里選

賓興大典取重於鄉評

三代教士之法，莫備於成周，故其舉士之典，亦莫切於成周。大司徒以鄉三物（事也）教萬民而賓興之，一曰六德，智、仁、聖、義、忠、和；二曰六行，孝、友、睦、婣、任、卹；三曰六藝，禮、樂、射、御、書、數。蓋亦師氏保氏所以教於其學之學科也。三年，則鄉大夫比考其德行道藝，而興賢者能者，鄉老及鄉大夫率其衆以禮禮賓之；厥明，獻其書於王，王再拜受之，登於天府，內史貳之。此謂使民興賢，出使長之；使民興能，入使治之也。於鄉如此，於遂亦然。然其累歲月而求之者，又加詳焉。夫論成周選舉之法，孰不知鄉舉里選之爲公論？三年大比之法，孰不知德行道藝之爲重？然亦思周之選舉，不屬他官，而必屬之教官者，夫豈無意歟？蓋必有以教之於平時，斯可以興之於異日；既有以書之於每歲，斯可以考之於三年。其自鄉大夫以正月頒法教民之時，而考察者，卽德行道藝也；黨正以正歲屬民讀灋之時，而所書者，亦德行道藝也。族師所書，雖曰孝友睦婣有學；閭胥所書，雖曰敬敏任恤，無非德行道藝也。平日之教者以此，則今日之興者亦以此；平日之書者以此，則今日之考者亦以此。教之之初，已爲賓興之地；興之之日，尚何負於賓禮之隆哉！總之，此三年中無日不加之考察，故內以佐學校之教，而終以成大比之典也。

王官侯國之分選

自其舉於鄉，所謂升諸司徒者是也。司徒其試以事矣，又由此升之學焉，升之司馬焉，以論定而官之，此則屬於天子畿內者。每三歲諸侯貢士於天子，天子試之於射宮，其容體比於禮，其節比於樂，而中多者得與於祭，否者不得與於祭，數與於祭而君有慶，不與於祭而君有讓，數有慶而益地，數有讓則削地。（禮記射義）此則屬於諸侯歲貢者。是故周之取士有三善焉：道德學問，體用賅備，期可見諸施行，一也；積日累功，考覈縝密，杜倖進之端，無曠職之患，二也；信賞必罰，寄其責於使國，使由此歸重教育，三也。蓋使人人以積學敦品為其一生之榮辱，而國家之利祿猶後焉，化民成俗，要非後世所能幾及也。

第三章 漢代之三途取士

學校科舉絕續之關係

三代以學校取士，其法既廢，自茲以還，無教士之方，而亦無取士之程。大要春秋重世家，寒畯恆無出路，天下並驅於戰國，於是民族階級之制大破，甕牖繩樞之子，往往以立談取卿相，故周秦之際，取士於客。漢之興也，其公卿大夫，多以武夫積功起家。高祖草創，未遑立制，至十一年，始詔求賢，其有意稱明德者，丞相御史下諸侯王郡守必身勸為之駕，此為漢選士之始。故當時號為詔謨，若公孫弘者，猶出於鄉人之勸勉，然未嘗明設以科條也。夫自東周訖於漢初，雄強並峙，天下無日不干戈，無人不介冑，嘗得不羇之士而用之，又其時君臣之情易通，賢者亦得以自奮於其間，其取士輒寬爲網羅，不復示以意指所在，亦時勢之所趨也。逮承平日久，不能無所裁擇，而京師大學猶且議數十年不能定，郡國之間，尤無聞焉。天子既不能教士，則不得不懸一鵠以取士，於是遂分三途以誘厲之：策於天子者曰賢良方正，察於州郡者曰孝廉茂才，升於學校者曰博士弟子。自三者之制立，後世言取士者，其態萬變，而終不能越此範圍，亦可謂非常之原矣。雖然，漢亦承前代之流，而稍變其面目者。讀史者至此，應亦知爲學校科舉兩端絕續之交乎？

賢良爲特舉之科

賢良方正者，但舉一端以例其餘，槩括之可名曰特舉。蓋亦孝公下令求奇計以強秦之遺也。文帝兩詔舉賢良方正，上親策之，而賈山、鼂錯先後爲最著。武帝踐祚之始，董仲舒以賢良對策，當上意，三試皆異之，擢江都相。五年，復策賢良，公孫弘至太常上策，時對策者百餘人，太常奏弘第居下，策天子擢弘對第一，拜博士，待詔金馬門。此科歷兩漢之世，相承不絕。其名目亦繁變，要皆以賢良二字爲之冠。其別於此科者，有直言極諫者，明當世之務，習先聖之術者，（元光五年）文學高第者，有行義者，茂才異倫者，（多不具徵）可充博士位者，（陽朔二年）勇猛知兵法者，（元延元年）能直言通政事，延於側陋，可親民者，（建平元年）明兵法有大慮者，（建平四年）治獄平者，（元始二年）通天文曆算鍾律方術本草者。（元始五年）其取之也，或特詔徵，或特科試，或三府辟，或公車召，或公卿郡國舉，或遣持節察上，或上書待詔，或博士弟子射策，或以技藝爲郎，（漢書衛綰傳）或仕郡爲曹掾從事。其科目與出身之多如此，以是搜揚俊乂，咨詢治化。不然，遇日蝕地震，虛衷納言，求所以弭災而消患者，往往臨軒策問，親試其才而登庸焉，漢所以無乏才之患也。

孝秀爲歲舉之科

孝廉茂材者，郡國通常察舉之士，質言之，亦可名曰歲舉。文帝詔舉孝弟力田及廉吏，勞賜帛疋，此其濫觴。漢初，疾吏之貪，以爲衣食足而知榮辱，凡貲算十以上乃得官。景帝復以廉吏寡欲易足，減至四算得官，（貲萬錢算百二十也貲算十十萬也）蓋與廉舉孝，敦美風俗，其所獎勵，專在德行，然未嘗以是爲常制也。歲舉之議，自董仲舒發之，武帝於是始令郡國舉孝廉各一人。又制郡國口二十萬以上，歲察一人，（四十萬者二人，以上準此類推；）不滿二十萬，二歲一人，不滿十萬，三歲一人。限以四科：一曰德行高潔，志節淸白；二曰學通行修，經中博士；三曰明習法令，足以決疑，能按章覆問，文中御史；四曰剛毅多略，遭事不惑，明足決斷，材任三輔縣令。其制實參周代鄉舉里選之意而變通之。自西漢歲舉，祇於孝廉，而茂材之名，綴以異倫，是爲特舉。光武中興，詔三公舉茂材各一人，光祿勳歲舉茂材四行各一人，監察御史司隸州牧歲舉茂材一人，於是東漢之世，茂材一科，始與孝廉之按籍而徵者同入歲舉。陽嘉之初，尚書令左雄改察舉之制，限年四十以上，諸生試家法，文吏課牋奏，如有顏回子奇（子奇年十八，齊君使治阿，阿縣大化）之類，不拘年齒。時有廣陵孝廉徐淑，年未及舉，卽疑而詰之，乃遣還郡；濟陰太守胡廣等三十餘人，得拜郎中。自是牧守畏慄，莫敢輕舉，雄在尚書十餘年間，號稱得人。安帝元年，尚書令黃瓊以雄所上孝廉之選，專用儒學文吏，於取士之義，猶有所遺，復奏增孝悌及能從政者爲四科。則東漢中葉以後，雖以孝廉名科，而已不能責其孝行廉隅之實，而憑文爲試，殆無異於後世科舉之法也。

博士弟子爲明經之科

博士弟子者，受業太學，歲試補官，其初自郡國貢於太學，則曰明經，獨此爲成均教士之規，而取材於學校者也。漢承秦制，立博士，至武帝時，公孫弘爲學官，慮道之鬱滯，始奏請爲博士官置弟子。王莽秉政，歲課太常弟子，學業高者，制分三級：曰甲科，四十人爲郎中；曰乙科，二十人爲太子舍人；曰丙科，四十人補文學掌故。光武以儒生躋帝位，其所御才，卽以詩書禮樂之文，代其悖亂囂陵之習；及太學旣設，誘以利祿之途，萃集儒生，辨難經誼，俾雄才偉略，汨沒於章句訓詁之中。章帝朝，令郡國上明經者，口十萬以上五人，不滿十萬三人；中葉以後，太學游學增盛矣。迄於桓帝，定制學生滿二歲試，通二經者補文學掌故；又滿二歲試，能通三經者擢高第，爲太子舍人；又滿二歲試，能通四經者，擢高第爲郎中；又滿二歲試，能通五經者，擢高第爲吏：此由太學敍用者也。其他郡國所舉孝廉有道及辟署掾史功曹，亦太學之人居多。是以東京之末，游學者三萬餘人。且其時凡年幼才俊能通經者，拜童子郎，唐宋以下，遂有童科之目焉。夫周代賓興之典，合學校於鄉里；漢則有明經，有歲舉，與鄉舉里選稍殊途矣。雖然，漢猶不專倚於科目也。鄉里有推舉之事，州郡有辟舉之召，故士之修於鄉者，雖不由科目以進，而辟書踵門，選拔州縣等而上之，與科目之士，同於擢用，此後世之所未講也。

第四章　魏晉九品中正與六朝門閥

九品中正倡於陳羣

自魏武崇獎跅弛，明言廉士不足用，(見魏志武帝紀) 綱紀廢墜，仕途猥濫極矣。當是時，何夔杜恕已目擊其弊，先後疏請選人之道，宜歸重鄉評。文帝踐祚，伊始，卽定九品官人法，郡邑設小中正，州設大中正，擇州郡之賢有識鑒者爲之，因人之品詣區第高下。或以五升四，以六升五，或自五退六，自六退七，由小中正以上大中正，大中正覈實以上司徒，再覈以付尙書選用，此陳羣之所建白也。原中正之制，本以激揚人物，故下之秀孝之科，(後漢避光武諱故曰茂材魏曰秀才) 以是爲舉選，上之服官之黜，以是爲升黜。魏晉之世，如陳壽居喪，令婢丸藥，積年沈廢，張華申理之，始舉孝廉。溫嶠已爲丹陽尹，平蘇峻有大功，司徒長史以嶠母亡不葬，乃下其品。其懲勸之嚴如此。約而計之，蓋有三善焉：注重鄉里之淸議，一也；銓定方法之詳愼，二也；吏部官人之利便，三也。雖然，天下利之所在，弊卽隨之。劉毅曰『魏立九品權時之制，未見得人，而有八損。』(詳晉書本傳) 在魏晉初年，已可見以意爲輕重矣。

孝秀興舉之失實

且夫九品中正者，其取士之制，固猶仍循漢法，大要賢良文學博士弟子，魏晉至隋，廢舉不常，唯孝秀一科，粗有可紀。今按魏制，郡口十萬以上，歲察孝廉一人，其有秀異，不拘戶口。東晉初元，天下喪亂，務在慰勉遠方，孝秀不復策試。既經略粗定，尙書陳頵以爲宜漸復舊，搜揚隱逸，試以經策。於是帝申明舊制，皆令試經。有不中科者，刺史太守免官。其後孝秀莫敢應命，蓋兵戈之餘，經籍道缺，有由然矣。自是而後，南北取士，率由是道，其科條亦與漢制大同：一曰殊科，高才博學者爲秀才，經明行修者爲孝廉，秀才州舉之，孝廉郡舉之，二者相權，秀才爲重。二曰限年，此承東漢左雄之遺規也，唯曹魏文帝嘗以勿拘老幼爲言；其在蕭齊，則甲族以二十登仕，後門（即寒門）以三十試吏；梁陳稍破門閥之見，而限年必以三十，然後得仕。（其時有增年僞貌以圖進者）三曰課試，凡策秀才，格以五問，並得爲上，四三爲中，二爲下，一則不與第，此南齊制也。凡中書策秀才，集書策貢士，考功郎中策廉良，天子出坐朝堂，秀孝各以班草對字，有脫誤者，呼起立席後，書有濫劣者，飲墨水一升，文理孟浪者，奪席脫容刀，此齊制也。雖然，中正之弊既無以清其源，行義不可得聞矣；而策試之方，其可考見者又止於如此，士又何以得用而風教之所以日敝也！

士庶階級之弊

方九品之法既行，夏侯玄已謂中正干銓衡之權，而晉衞瓘亦言魏因喪亂之後，人士流離，考詳無地，故立此制。其始鄉邑清議，不拘爵位，褒貶所加，足爲勸勵，猶有鄉論餘風；其後遂計資定品，唯以居位爲重，然則是非之殽亂於此亦可見一斑矣。蓋晉氏以來，專以門閥爲重，於是士庶之間，又生一大階級焉。而州郡中正，其所題獎，遂亦趨重於貴族，所謂上品無寒門，下品無世族者，（劉毅語）此亦時尚爲之也。甚者寄雌黃於一人之口，快恩怨於私心之用，雖言者屢欲廢九品，罷中正，而自魏晉以訖南北朝三四百年間，而莫有能改之者。蓋當時執權者即中正高品之人，各自顧其門戶，固不肯變法；且習俗已久，自帝王以及士庶，皆視爲固然，而無可如何者也。

重門閥之弊原於九品中正

周代世卿制度，經戰國已消滅無餘；沿及六朝，重門閥而輕寒賤，其所以養成此風尚者，即此九品中正之流弊居多。觀陳頵與王導書曰：中華所以傾弊，四海所以土崩者，正以取才失所，先白望而後實事，浮競驅馳，互相貢薦，言重者先顯，言輕者後敍，遂相波扇，迺至陵遲也。自是世祿之家，習爲舊準，貴仕素資，皆由門慶，平流進取，坐致公卿。南齊書褚淵王儉傳 而門族寒陋者，訪第必不成，北齊書樊遜傳 此王弘所以謂士庶之際，實自天隔之也。故世族子弟，好以門望自矜，由門望而生族望，由族望而生郡望，甚至郡望而生房望，烏衣諸王所稱不及其他房聲望者，此也。南齊書王僧虔傳：時遷御史中丞，領驍騎將軍，甲族向來多不居憲臺，王氏以分支居烏衣者，位官微減，僧虔爲此官，乃曰：此烏衣諸郎坐處，我亦可試爲耳。 此門次之差等，社會早已成爲定格矣。而其顯著而易見者，尤有二焉：一爲政治上之位置，祕書郎與著作郎，江左以來，多爲貴游起家之選，故時諺曰：上車不落爲著作，體中何如則祕書。見徐堅初學記 至於東宮官屬，與僕射以上顯要之職，亦非甲族不能居，若使出任外藩，即以爲有損家代。見北齊書崔劼傳 至寒士則并求此而不獲，故馮元興爲主簿，論者以爲非倫；魏書馮元興傳 吳逵擢功曹，自以爲門寒不受。宋書吳逵傳 一爲社會上之位置，世族寒門，不通婚姻，以侯景之跋扈，請婚王謝，梁武猶云門大非偶；徐勉權重一時，爲子孫求婚江蒨王泰，俱遭拒絕。並見南史 其區別之嚴，北朝已成爲定制，南朝雖無明令，而觀沈約奏彈王源貴賤通婚，亦爲科令所禁。見文選 夫以社會之習尚，政治之勢力，其階級已牢不可破矣；重以朝廷選舉，亦視婚姻爲升降焉。魏書韓顯宗傳：朝廷每選舉士人，則校其一婚一宦以爲升降。 盛族婚姻，幾可視爲獎品也。南史胡諧之傳：上方欲獎以貴族婚姻云云。 夫文之弊至於尚官，官之弊至於尚姓，姓之弊至於尚詐，隋承其弊，不知其所以弊，乃反古道罷鄉舉離地著，尊執事之吏。於是乎士無鄉里，里無衣冠，人無廉恥，士族亂而庶人僭矣。（新唐書柳冲傳）至文帝時，治書侍御史李諤謂州縣選舉，不遵典則，作輕薄之篇章，結朋黨以傲誕，競一韻之奇，爭一字之巧；連篇累牘，不出月露之形，積案盈箱，唯是風雲之狀。世俗以此相高，朝廷從茲擢士，祿利之路既開，愛尚之情愈篤，由縣令刺史不聞風教，挾私踵弊而然也。請諸司禁勅。而文帝好文詞，始置進士科，專以詩賦取士，不復關行能而貢之，弊至斯極矣。然其選舉制度之改革，雖曰尚文使然，而其所以廢除門閥之意，亦深切矣。

第五章　唐宋元明清科目之繁變

取士之制，一變於漢魏，再變於唐宋；大都漢魏猶尚質行，而唐宋務尚文辭，此其大較也。今欲自唐宋迄清，一究其紛紜嬗變之故，則不得不舉兩例以爲言。兩例者何？一曰科舉之塗徑，一曰文章之程式。此亦研究歷史者所當詳知也。

唐制以進士科爲重

唐制取士，多循隋舊，其大要有三：由學館者，曰生徒；由州縣者，曰鄉貢；其天子自詔者，曰制舉。由鄉貢者，懷牒而自列於州縣；由學館者，亦初無清濁士庶之分；而制舉者，又朝廷所以待非常之材，近之可破前代門閥之弊，遠之猶承漢代三塗取士之遺也。然而生徒鄉貢，其科之目則繁矣：有秀才，有明經，有進士，有明法，有明字，有明算；又有一史，有三史，有開元禮，有道舉，有童子；而明經之別，有五經，有三經，有二經，有學究一經，有三禮，有三傳，有史科，此歲舉之常選也。秀才科等最高，試方略五條，有上上、上中、上下、中上，凡四等。貞觀中，有舉而不第者，坐其州長，繇是廢絕，故唐代舉秀才，止十餘人。見舊唐書杜正倫傳 玄宗御選六典，言凡貢舉人有博識高才，强學待問，無失俊選者，爲秀才；通三經以上者，爲明經；明嫻時務，精熟一經者，爲進士；是進士不如明經，明經不如秀才也。明經分甲乙丙丁四科，進士分甲乙二科。自武德以來，明經唯有丙丁第，進士止有乙科。大抵進士千人，得第者百一二；明經倍之，得第者十一二。初，諸州貢選，每歲仲冬，行鄉飲酒禮，送由戶部集閱，而關於考功課試者，可爲第。開元間，考功員外郎李昂，詆訶選士李權文章，大爲權所陵詆，朝議以郎官望輕，改移禮部，以侍郎掌之，禮部選士自此始。其間又有及第、出身之別焉。既及第，猶須試於吏部，得選，乃解褐入仕；故韓昌黎三試吏部無成，則十年猶布衣。其試出身者，亦吏部主之，然且有二十年不獲祿者；蓋其愼其難如此。外此，則有武舉。武后時，以將帥乏人，故設是科，以振其衰，亦以鄉飲酒禮送兵部。開元增才略堪任將相科；天寶復增深明兵法科，且立武學焉。唐時雖諸科並行，然士人所趨嚮，唯明經進士二科，故其得人亦以二科爲盛。明經得狄仁傑，徐有功，進士得顏眞卿，白居易，班班可數矣。厥後進士尤貴，其所取人亦愈多，浸至文華之士日盛。文宗朝，鄭覃以經術位宰相，深嫉進士浮薄；武宗朝，李德裕惡之尤甚。當時皆知其非，而不能更革者，亦風尙使然也。

宋制以進士科爲重

宋初纘軌，亦有九經、五經、三史、三禮、三傳、通禮、初沿唐制試開元禮至開寶六年開寶通禮成乃改科是歲以新書試問學究、明經、明法、明醫、宋史醫學初隸太常寺元祐間始置提舉判局以數之曰方脈科鍼科瘍科試題有六一墨義二脈義三大義四論方五假令六運氣武舉常選之外，又有制科，有童子舉，而以進士得人為最盛。開國之始，試以詩賦、帖經、墨藝，百餘年間，人才相望，而諸科之設，又可得質樸記誦之士，相濟以為用。神宗時，罷諸科，其所偏重，乃專在進士一科，遂令莘莘學子，莫不肆力於詩賦帖括之業。逮王安石采周官王制之緒，自京師至郡學，歲時月各有程，以程其能，以差次升舍，上舍免解發及吏部試而賜之第，遂欲以此類取士，而寖廢科舉業進士者，以經義易故習，應諸科者，以明法消舊額，意若尊經復古，未始非一大振作也。然新經學說，頒命四方，驅天下學子而宗諸己。同時程頤以道學倡於洛，科舉之文，亦稍用頤說；司馬光乃疏斥王學，陳公輔乃疏禁頤學。至南宋高宗紹興中，以趙鼎主程頤，秦檜主王安石為偏曲，詔自今毋拘一家之言，務求至當之論。而經賦兩科既復設，於是士始有定嚮，而得專所習矣。論者宋代諸科之設，雖皆足以得人，而未若有進士一科也，觀於范仲淹韓琦輩，往往出焉。故觀唐人之諺，謂三十老明經，五十少進士，則猶劣進士而優明經；至讀宋人之詩，則謂焚香禮進士，撤幕待進士，是明以經生為輕而進士為貴矣。今即進士一科考之，其興置之制，乾德五年，李昉知貢舉，下第人徐士廉等打鼓論牓，帝御講武殿，給紙筆別試詩賦，自是殿試遂為永制；且糊名之制，行於淳化，而諸州之糊名，則自明道始；易書之制，立於祥符，其諸州之易書，則自景祐始；傳義有禁，昉於雍熙；匿服有禁，昉於天禧；慶歷則有冒貢之禁，祥符則有挾書之禁；封印卷首，因溫仲舒之言而行；嚴禁秉燭，因戚綸之言而行；舊未有避親移試者也，而祥符張士遜請行之；舊未有隨侍就試者也，而景祐賈昌朝請行之。廷試取士，或取之多，或取之少，而與廷試者不黜，則始自嘉祐之二年。舉士歲數，或一歲一舉，或間歲一舉，或四年一舉，或累歲不舉，而三歲一舉，則始自治平之四年。自梁灝等唱名，於是有唱名及第之典；自王世則等錫宴，於是有錫宴瓊林之禮。禮之如此其重，是以名公鉅卿悉由此選。然及其季世，往往廉恥道喪，請謁風行，此王旦覩科場條貫所由與隔絕賢路之嗟也。蓋非科舉之能得人才，而奇才異能之得科舉耳；故是科歷數百年而不衰。

元明清亦以進士科爲重

遼金居北方，俗尙弓馬，遼景宗道宗亦行貢試；金太宗世宗屢闢科場。且唐宋諸科，歲有舉行，遼始以三歲爲限，歷代承之。舉人者，普通之稱，進士者，舉人中之一科。自金以詞賦經義策論中選者曰進士，律科經童中選者曰舉人，始以舉人爲定名。元則仍遼金之制，而明規之。世祖始得中原，輒用科舉取士；太宗即位十年，猶以論賦試士，後方趨重經學。先是世祖既定天下，王鶚獻計，許衡立法，裕宗在東宮時，省臣即以翰林學士所議程式上聞，詔謂蒙古進士科及漢人進士科參酌時宜，以立新制，事未果行，而制已粗定。延祐初始開科，分進士爲左右榜，蒙古人色目人爲右，漢人南人爲左，仍用趙孟頫等所議貢試法，凡蒙古人由科舉出身亦授從六品，色目人漢人遞降一級，並賜進士恩榮宴於翰林院，進士之重如此。明沿唐宋之舊，而稍變其試士之法，專取四子書五經命題，蓋太祖與劉基所定，其文略仿宋經義，然代古人語氣爲之，體用排偶，謂之八股，通謂之制義。制既定，帝嘗曰：天下英雄，盡入吾彀中矣。三年大比，以諸生試之直省，曰鄉試；中式者爲舉人；次年以舉人試之京師，曰會試；中式者天子親策於廷，曰殿試，亦曰廷試；分一二三甲，以爲名第之次，擢一二甲爲翰林官，進士入翰林自此始。並命進士觀政於諸司，其在翰林院承敕監中書六科者曰庶吉士，在六部都察院諸司者仍稱進士，庶吉士及觀政進士之名，亦俱自此始。然是時猶科薦並行也。其科舉之制，諸明經宏詞等科並革，止存進士一科，與薦舉、歲貢爲三途以並用，其實所重者，亦唯進士耳。清承其制，故清代得人，亦以此科爲盛。康乾以來，通儒魁士，坌起雲興，同治中興，曾胡駱李，武功煊赫，皆其選也。夫國家之取士也，取其足以致用也；進士之科既足以致用，則上之所求者在是，下之所應者亦在是。然則士所當自勉者，正如昌黎所云：業患不能精，無患有司之不明；行患不能成，無患有司之不公矣。雖然，此皆常舉之科目而已。

制舉之概略

有唐制舉，名目猥多，有直言極諫及才堪經邦、武足安邊諸科，不可勝舉，往往數歲一舉行，徒異其名而已；其實與諸科相等。宋初設三科：曰賢良方正直言極諫；經學優深可爲師法；詳閑正理，達於教化。至天聖中，增爲六科，曰博通墳典，明乎教化；賢良方正，直言極諫；才識兼茂，明於體用；詳明吏理，可使從政；識過韜略，運籌決勝；軍謀宏遠，材任邊寄。又增以高蹈邱園，沉淪草澤，茂材異等，書判拔萃四科，通謂之天聖十科。當時得人，如蘇軾中賢良，吳育中材識，富弼中異等，余靖中拔萃，並爲一代名臣。元祐中司馬光建議，又欲立十科目，以薦舉天下奇士：曰行誼純固，如蕭嵩之薦韓休；節操方正，如李嶠之薦李邕；智勇兼人，如謝安之薦謝玄；公正聰明，如匡衡之薦孔光；經術精通，如蕭望之之薦薛廣德；學問賅博，如張說之薦張九齡；文章典麗，如魏元忠之薦吳競；善聽獄訟，如袁盎之薦張釋之；善治財賦，如李祐之薦李巽；練習法令，如丙吉之薦于定國；當時卒不能行焉。竊嘗究宋之得士，多由進士，而以制科應詔者尙少。及後來博學宏詞開科，頗稱得人。按此科在唐已爲優選，昌黎所謂吏部有以博學宏詞舉者，其名甚美，且得美仕，可以知當日之趨向矣。而劉禹錫柳宗元諸人，皆以進士復中此科入仕，爲時所豔稱。迨宋紹興以後，此科得人亦號極盛，每科不過取三四人或一人，選擇之愼如此。如洪遵洪适周必大至因之以取宰相執政，其佗亦多至侍從。元明以來，此科廢罷已久，唯進士一科孤行，議者所以有偏重之說也。迄於有清，立孝廉方正以勵德行，復舉博學宏詞，以求文學，（康熙十八年取十五人，乾隆元年取十五人，次年補取三人）網羅俊良，激厲後進，故有清人才亦以康乾爲最盛。要皆所以補科舉之不及者也。

夫科舉以有常之法，範圍天下之人才；彼魁桀豪俊者，往往莫由以自拔，歷代知其然也。乃舉至美甚高之名詞，懸格以求非常之才，冀以應世變而搜遺佚。凡士之樂於自見者，亦慕其名之高且美，皆可因此以自達；其有未成就者，亦可以益厲於實學，以爲天下用；則其事甚順，而其效亦甚捷。且科舉學校，既已分矣，則上之所立之標準，出於多途者，其才稍盛；拘拘出於一途者，其才益衰，此亦古今得失之林也。至科目盛，而學校取士之途，不敵其半，唯唐玄宗一罷鄉貢，（天寶十二年罷，十四年即復）宋徽宗一廢科舉，（崇寧三年罷，宣和三年復，前後凡十八年）專欲取士於學而未幾即復；至於後世郡縣歲貢之士，名與於學，益以無實，又不足言矣。此統唐宋以下之制，而別爲科舉途徑者一例也。

論議詩賦之廢興

程文始自隋唐，由前雖以文詞章句爲取士之鵠，而其法未備。唐因隋制，始尚程式，凡關於經史者，曰帖文；曰口義，曰墨義。所謂帖文者，以所習經掩其兩端，中開一行，裁紙爲帖，而隱其三數字，使讀之以驗其章句之成熟否也；所謂墨義者，問其書中之事實，與其上下文之連綴；至於口義，則如後世塾師之挑誦，而墨義如其默寫也。關於時務者，曰策，卽漢世策問之遺也。關於文藝者，曰詩賦，曰雜文。雜文者，箴論表贊之屬也。厥後又單立一格，是曰論議。大抵唐制諸科，帖文義策，三者並試，進士一科，初止試策，後乃帖經兼試雜文。開元以後，並增詩賦，士亦恥不以文章達，而多致力於此科矣。其間德宗（建中二年）廢詩賦，而用論議；文宗（太和八年）又罷論議，而復詩賦，尋以詩賦爲第一場，論第二場，策第三場，帖經第四場，而綜其大要，則論議與詩賦並爭之局也。

經義詩賦之廢興

五季至宋，並沿唐制。宋初有帖經、墨義，而無口義，（唐憲宗元和中停口義試墨義此後口義遂廢）有詩賦、雜文，而不及策。仁宗朝試進士者，乃有策論、詩賦、帖經、墨義四場，略如唐制。及神宗廢帖、墨，而考大義，（王安石所著三經新說頒之學宮）棄詩賦，而主策論，其式一變，使數百年來帖、墨、記誦之陋習永除，而經文中又開一新制作焉，則經義是也。專用經義取士，凡十五年。至元祐元年，復詩賦與經義並行。至紹聖元年，復罷詩賦，專用經義，凡三十五年。至建炎二年，又兼用經賦。蓋熙寧紹聖，則專用經而廢賦；元祐建炎，則雖復賦而未嘗不兼經。然則自熙寧以來，士無不習經義之日矣。然元祐初始復賦，欲經賦中分取人，而東坡上疏言自更法以來，士工習詩賦者，十人而七，欲朝廷隨經賦人數多少，各自立額取人，則知當時士雖不習詩賦者十五年，而變法之餘，一習卽工，且多矣。迄建炎紹興之間，則朝廷以經義取士者，且五六十年，其間兼用詩賦纔十餘年耳。然共場而試，則經絀而賦工；分科而試，則經少而賦多；流傳既久，後來所至場屋，率是賦居其三之二。詩賦勝而經學寖微。然在北方，遼則分經義詞賦二科；金更以經賦策論分三科，並爲調停之舉。綜其大要，則又詩賦與經義並爭之局也。

制義策論之廢興

元明兩代兼綜並舉合三事爲一科。元制鄉會試，首場試經疑、經義，二場試古賦、詔誥、章表，三場試策。明制首場試經義、四書義，二場試論判、詔誥、表，三場試策。然明之取士，所重專在經義。成化以後，經義之文漸起排偶，而程文中又開一新制作焉，則制藝是也。自詞賦之勢力既絀，制藝遂風靡一世，論者謂明太祖之設制藝，與秦始皇之燔詩書，遙遙兩心，千載同揆，所以馭一統之天下，弭內亂之道，未有善於此者也。傳曰：子有美錦，不使人學製焉，言不學之人不可以共政事也。今其用之也在彼，而取之也在此，豈不傎哉？入清則又以策論與制藝爭，其間消長之故，一見之於康熙二年，廢八股，用策論；（分爲二場，第一場試策，第二場試四書論、經論及表判）越二年，禮部侍郎黃機疏請仍如舊制，（初制鄉會試文均依明制，乾隆二十二年改第一場爲四書文，第二場經文，刪去論表判，三場用策）行之二百數十年。至光緒二十四年，仍用策論，數月即罷。然八股之文至末流而其敝已極，方是時，沈幾觀變，知墨守之覆轍，辛丑壬寅之間，重又廢絕。（時第一場史論三篇，第二場時務策五道，第三場四書義三篇）蓋至是凡三變矣。夫詞賦之盛也，其始論議與之爭，其繼經義與之爭，及其終也，制藝盛而策論更奪其席焉。此統唐宋以下之制，而別爲試文程式者又一例也。總今以往，絕科舉之途徑，破試文之程式，舉千餘年之敝制，掃除而廓清之，郡郡生徒，逢茲嘉會，於以崇尚實學，砥礪廉隅，豈無自強之一日歟！烏虖，悔迷途其未遠，思繼起之有功，其毋使後人而復哀後人也！

中國通史卷八

外交編

敍言

天生烝民，各從其類，無懷葛天之前，民至老死不相往來，無所謂中外也，無所謂交涉也。有聖人起，作之君，作之師，教以人倫禮樂法制相維，而人道以立，就文物休明者，推爲華夏。三代以還，庸蜀羌髳微盧彭濮淮夷徐戎赤狄白狄，錯處九州之內；厥後吳楚崛起蠻疆，燕趙遠開胡域，左旋右摺，要以冠帶鳥帝之倫，自相統役。迄於强秦，夷封建於郡縣，遮北胡於遠方，嶺海陰山，咸隸版宇。漢武威震百蠻，覩犀甲則建珠崖，思葡萄則通大宛，時聞塢笛遙聽塞笳，以空漠南之王庭，拓地亦云廣矣。繇是磧西漠北，海東箄驛，使來往勿絕，而制册之中，所以防遏獯鬻者，猶三致意焉，是爲中國民族强盛之初期。晉氏失計，延非種以召禍亂，向使守牧無貪，十六國之戎馬精悍，恐非江東之所能敵也。拓跋氏并燕涼秦夏，雄長北方，以與南朝對峙，實奄有中國本部之大半，且爲宗姓娶中州名族，注重種族同化，啻不啻以一族而被化於他族，是爲中國民族强盛之第二期。世稱三代下令主，必曰漢唐，然自學術制度言之，則唐不如漢；而自民族武功言之，則漢不如唐。貞觀之盛，服突厥，制吐谷渾，征高麗，收薛延陀，服天竺，臣龜茲，而邊外六大都護之制以立。蓋其地已跨西伯利亞之西境與希馬拉雅山之南境，兼而有之。至翦五季之亂，掃蕩羣雄，則宋祖之偉略也。然外見侮於契丹，燕雲十六州之地，終宋之世，不見恢復，西夏抗命西陲，八州久淪異族；內用中央集權之法，無強兵重鎮，亭亭然勢絀於所守，而力絀於所爭。南朝無人，胡馬分牧，遼金諸國，遂得遠起東海之表，角逐中區。一折而入於女眞，再折而入於韃靼，然亞洲全境，至此已開拓靡遺矣，是爲中國民族强盛之第三期。蒙古部長奇渥溫鐵木眞席捲全亞，進侮東歐，黃種勢力之擴張，未有盛於此時者。明初武功頗赫，故幅員亦廣，聲教之訖，幾及漢唐，然不久而九邊殘缺，西陲益多事矣。清代乾嘉以來，苗疆既闢，金川授首，此時版圖之廣，東瀕黃海，南盡瓊崖，北走外興安嶺，西循葱嶺下青海藏衞，亞洲險要，盡爲己有，是爲中國民族强盛之第四期。雖然，中國民族之所繇盛，亦中國民族之所繇衰也。攷外交之原始，乾嘉以上，皆亞洲本部之交涉；道咸以下，則無一事不繫於歐西之事故者，此亦闢古今未有之刱局也。原始要終，略著得失，輯外交編。

第一章　周代建國前漢族與外族雜處之形勢

三代夷夏之界說

中國自黃帝戰勝蚩尤於涿鹿，始驅苗人至南方，而據中原建國焉，是實中國本部開闢之始。今就著名之種族言之，約分四區：一曰漢族，卽我等氏族，生息於中國本部者也；二曰苗族，卽中國本部土人，自漢族日强，遂退處於南部萬山間；三曰蒙古族，居沙漠南北及東三省，今多與漢族同化；四曰回族，其先蓋自土耳其移來，多散居陝甘新疆各省。此四族同生本國，而漢族實占優勝，其時雖分中土爲九州，然所經營敷治者，止於黃河流域。夏禹氏既平苗族，而漢族之基益鞏固。三危既宅，三苗丕敘，而左洞庭，右彭蠡之絕大部落，不復能生抵抗力矣。於是奠九州，錫土姓，千五百里外，即爲要荒。故三代之世，中原疆土，夷夏雜處，其對於外族，服則置之，畔則誅之而已。

自夏訖殷，所轄土宇，僅今河南東部暨陝西長安以西一帶。其餘黃河流域，非弱小之部落，即爲未開化之戎狄蠻夷。其環而居之者，自北迤東而南，曰山戎、萊夷、徐戎，南曰荊蠻、羣蠻，迤西曰庸蜀，迤北曰犬戎、小戎、大戎，自西北而橫亘於北境曰狄，所謂狄者，即獯鬻玁狁是也。周人既東下克殷，環顧諸夷，不能不籌所以防禦之者，因是大封功臣子弟於黃河流域，而尤注意於東方。而太公初至齊，萊夷即見偪；伯禽初至魯，淮夷、徐戎並侵；晉居深山，與戎狄爲鄰；燕則久淪於夷狄，至春秋猶未通上國。周勢雖盛，其所以制玁狁者，不敢少懈。穆王嗣統，經營西北，職是之繇。亦越厲王，玁狁漸熾，侵及鎬京，東蹙徐淮，南病荊蠻，民亦勞止矣。宣王崛起，號曰共和，命秦仲而西戎遠颺，命南仲而玁狁于襄，命方叔而荊蠻來威，命召虎而淮夷率服，撥亂反正，四海翕然。君子讀雲漢、江漢諸詩，而知其憂民之勤，讀崧高、常武諸詩，而知其蕃宣之盛，可謂中興令主矣。第其時東南雖定，西境未寧，至幽王時，西都爲犬戎所滅，且入居漢水之北，平王不能不退守洛陽，此周轍之所以東也。

春秋南北之局

終春秋二百四十年，其時黃河流域之中原諸侯，同心協力，而視之爲外寇者，楚也。楚居長江流域，漢陽諸姬，漸爲所滅，勢且駸駸北上，於是齊桓帥諸侯以抗之，而有召陵之師；晉文會各國以拒之，而有城濮之役。其餘若魯若衛若宋，亦莫不兢兢業業，爲之保其土而衛其羣。陳蔡近楚，欲守疆土，不得不唯楚是依，而鄭居其間，尤爲晉楚爭衡之要衝，此春秋爭霸之局也。當齊、晉、魯、衛爲備楚計，豈意兼併附近之戎狄，以開闢其土地，訓練其人民；黃河下流，草昧迺盡闢矣。同時楚爲侵略中原計，亦豈意併吞南方之諸蠻，以吸收其文化，充實其國力；長江中流，文明迺日啓矣。故楚者，雖謂春秋時代外交之主動力可也。以是之故，而爲和平之策，可紀者，又有兩事：(一)向戌之弭兵。當魯襄公二十七年，宋向戌善於晉趙文子，又善於楚令尹子木，思欲弭各國之兵以爲名，而晉、楚、齊、秦，並許之，徧告小國，爲會於宋。會既成，越五年，魯伐莒取鄆，實始敗盟。時各國之大夫會於虢，尋宋盟也；莒愬於會，楚欲戮魯使，賴趙孟固請乃免。然自是中國無大侵伐者垂十年。(二)鄭僑之使命。同時以弭兵好會故，區區鄭國，周旋於兩大國間，子產以外交家瓊琚玉佩，掉三寸之舌以折衝，壞舍館之垣而晉謝不敏，伐衆逆之謀而楚知有備。蓋晉楚雖言弭兵，而其心未嘗一日忘鄭，其使鄭得重於九鼎者，微子產之力不及此。夫南北有事，首先被兵者，唯宋與鄭，向戌子產，逞其雄辯之才，以輟二國之兵革，則所以繫全局之安危者非淺鮮也。厥後吳越代興，楚且未暇北圖，而吳乃會晉於黃池，晉顧不敢先焉。大抵春秋南北勢力之消長，以召陵始，以黃池終也。唯吳越皆驟起而驟滅，而二國版圖，至竟併入楚國。是時中原文化，且已至長江下流矣。

戰國縱橫之策

周室東遷而後，秦命襄公鎭守岐周，以備戎患。而穆公尤能引用中原人才如百里奚等，國勢漸强，遂思東向以爭中原。至孝公發憤修政，商鞅以刑名佐之，益能虎視殽函而甲諸國。其時黃河長江兩流域，唯齊、晉、秦、楚猶存。未幾，晉又裂爲韓趙魏，而所謂中原諸侯者，魯見併於楚，宋見併於齊，鄭見併於韓，於是遂成齊、楚、燕、韓、趙、魏、秦七大國。夫春秋之世，爲中原諸侯之憂者唯楚；戰國之世，爲東方諸侯之憂者唯秦。秦既養成鷙驁之勢，而山之西，山之東，談士猋起，狙詐如犀儀秦輩鼓電光之舌，馳波濤之辯，以爭相雄長，今日說合從，明日說連衡，而外交之情勢又一變。秦之主從約以說六國也，規始於燕趙，燕趙者，阻於韓魏而遠秦，而其勢稍弱，故以趙蔽燕，以韓魏蔽趙之說，頗爲二國所願聞；燕趙既和，進說韓魏，韓魏方日苦於秦師，詎有不樂從之理？山東之國，唯楚偪於秦而其地最廣，齊遠於秦而其勢亦厚，各懷雄心，未易與四國相合。乃先以韓魏之關鍵說齊，齊幸而聽，然後說楚，楚亦不得不屈己以從五國之欲矣。如是而爲洹水（源出河南林縣隆慮山）之約曰：秦攻一國，則五國各出銳師以撓之，或救之，有不如約者，五國共攻之。然未踰年，秦使公孫衍欺齊魏與共伐趙，而從約遂解。蘇氏之計不行，秦又盡銳以削魏而攻楚，魏且附秦。於是儀復以連衡之說進。其說楚曰：秦楚願爲昆弟之國；說韓曰願事秦而攻楚也。魏韓與楚既得，然後假三國之勢以東脅齊，西制趙，終乃挾趙以威燕，而諸國咸惕息奉命。儀未歸報，會秦惠王死，諸侯畔衡復合從。使六國并力以擯秦，與壹志以事秦，利害雖殊，其不相能則一也。故爲從爲衡，皆暫合而復絕。向使六國之君，申盟締好，如率然在山，踓渠在原，而首動尾應，一唱五從，以撥劇整亂，吾恐秦人食之不得下咽也。而卒不悟，致使范睢先以遠交近攻之策，肆其併吞，繼以千金行間之計，使其內潰，而六國始困。此秦最後之政策，而得以破從擅衡，吞嚼八區，而成一統之業也。

晚周漢族與外族之混合

春秋戰國兩期，既以立國平均之大勢，述其梗概矣。然開拓疆土，其促進中國之文化不少，又可得而言焉。東周之初，自秦以西皆西戎，自江之表爲蠻濮，其緣太行山麓，大都爲赤白狄種所棲止。不寧唯是，河南者，文化之中心也，陸渾之戎，則遷伊川，（今河南嵩縣北境）揚拒泉皋伊洛之戎，（今河南舊府境）同伐王城；齊魯，禮義之邦也，鄭瞞（山東濟南北境）偪處乎其北，萊（山東黃縣東南）介（山東膠縣南）根牟（山東沂水縣東南）分峙乎其東。雖中原交通之會，而異族實偪處此。列侯強大者，北斥南征，抗拒外族，意未有所弛，而權不可得而衰。故其後，秦勝西戎，楚開蠻濮，晉滅羣狄，齊併東夷，廣谷大川之民，幾經物競天擇之趨勢，而以滅以興。其興者，必其民族之能力強於他種者也，如秦、楚、吳、越，本以中原苗裔，竄越戎蠻，而卒兼併其族以坐大，理或然歟？然猶未已也。至於戰國，秦自隴以西有綿諸緄戎翟獂之戎，岐梁（岐山梁山）涇漆（涇水漆水）之北，有義渠（甘肅舊慶陽平涼二府地）大荔（陝西大荔縣）烏氏（甘肅涇川縣北）朐衍（今寧夏省靈武縣）之戎；趙北有林胡樓煩（俱山西邊外）燕北有東胡（遼寧北境）山戎，（河北盧龍縣北）靡不散居山谷，自有君長，長其穴壤；然卒莫能相統率，以次爲三國所滅。故凡隴西北地上郡雁門漁陽上谷遼東西諸郡，並開拓胡戎而置之，西南巴蜀黔中，秦楚亦並略地置郡，合黃河長江兩流域之各國部落，而成一擴大之民族，所以開本部之交通者此也。

第二章　秦漢之統一政策

秦皇之攘斥胡越

秦起西陲，剿蕩諸戎，及其混一六合，北方則以燕趙之攘斥，南亦因於強楚之故壤，疆土廣遠。然是時匈奴（周時卽獫狁）始大，始皇使其臣蒙氏將三十萬衆北伐，斥逐之，收河南地（今河套）爲四十四縣，因地形險塞，乃築長城，起臨洮（甘肅岷縣），訖遼東，延袤萬餘里，發諸嘗逋亡人、贅壻、賈人爲兵，略取南越陸梁地，置桂林南海象郡，以謫徙民五十萬人戍五嶺；大庾嶺（江西大庾縣南）騎田嶺（湖南郴縣南）都龐嶺（湖南永明縣北）萌渚嶺（湖南江華縣南）越城嶺（廣西興安縣北）收其地爲郡縣，實行其殖民之政策。是時漢族文化，且將發展於嶺外矣。然未幾秦卽亡，而匈奴復稍南渡河，勢益張；南越亦爲趙佗據之，秦所得地復失。

漢衞霍之遠征

漢興，高帝擊匈奴，被困平城（山西大同縣），始與和親，以家人子（官人名號）名長公主，妻單于；顧匈奴畔服靡恆也。惠帝備夷，每飯念李齊，拊髀思頗牧，按轡行細柳，外雖和親，而內不廢自治之策；匈奴三入而三拒之，未嘗窮兵出塞，與「薄伐玁狁至於太原」曷以異焉？文景之世，寇盜頻仍，漢無以制。武帝好勤遠略，有馬邑豪聶翁壹者，因王恢獻策於帝，欲計誘匈奴深入，伏兵擊之。單于果大至，甫入塞，有泄其計者，大驚引去。帝既未獲逞志，而匈奴復侵擾不已，迺遣將軍衞青等擊之，遂收河南故地，立朔方郡，募民徙者十萬口，築城繕塞，因河爲固，自是數發師深入。青姊子霍去病，素以善戰名，嘗與壯騎先其大軍，頻有功，威名幾與青埒。武帝倚此兩人，十年之間，先後出塞凡六，最後絕大幕，封狼居胥山（爲蒙古杭愛山支脈）而還，凡虜殺匈奴計八九萬，而漢士卒亡者亦數萬。自後匈奴遠遁，漢南無王庭云。

張騫之通西域

匈奴之强盛也，漢固欲有以制之，然第知匈奴之大，而不知其有他國在也。會有降胡言，月氏故居敦煌（甘肅敦煌縣）祁連間，（祁連山一曰南山在甘肅張掖縣綿亙甘涼間）夙稱强國，匈奴攻破之，殺其王，餘衆奔遁，怨匈奴，無與共擊之。武帝於是募能通月氏者，張騫迺以郎應募，出隴西，徑匈奴中，單于得之，留十餘歲，獲間西去，抵大宛，（哈薩克右部）大宛爲發譯，至康居，（新疆北境至蘇聯中亞地）傳致大月氏。（今布哈爾）月氏太子已王大夏（阿母河南地）而臣之，殊無報胡心。騫不得其要領而歸。其時匈奴屢敗，其別部號渾邪王（在今甘肅一帶）者，亦已降伏，空其故地。騫因建議烏孫（今新疆伊甯縣）王昆莫，本臣匈奴，近稍强，不欲朝事之，誠以厚幣賂烏孫，招居故渾邪之地，是斷匈奴右臂也。既連烏孫，自其西大夏之屬，皆可得臣。帝遂拜騫爲中郎將，齎金帛往。騫既至烏孫，分遣副使至大宛、康居、大月氏、大夏、安息、（今波斯國）于闐、（新疆和闐縣）及諸旁國，烏孫發使隨騫報謝，其所遣使大夏之屬者，亦頗與其人偕來，於是西域始通於漢。烏孫既不肯東還，迺於渾邪故地，分置酒泉（甘肅酒泉縣）武威（甘肅武威縣）二郡，稍發徙民以實之，嗣復分置張掖敦煌二郡，絕匈奴與羌往來之道。自此玉關以西發現一新陸地，而引起諸國之交通者，皆騫之功也。

南徼新地之開拓

漢之武力既伸於西北，時蜀郡以南，矯激奮起者，尚有數十國，若邛（今四川西昌縣古邛國）若滇，（今雲南昆明縣）而夜郎爲最大；（貴州西境）然皆隔絕而不通。趙佗撫有南越垂四十餘年，使聘往來，比之外臣。番陽令唐蒙者，因事奉使，風曉南越。南越食蒙以蜀枸醬，蒙問所從來，曰道西北牂牁江，（上流為今貴州盤江經兩廣柳慶梧潯諸府至番禺入海）江廣數里，出番禺城下。既歸，詢之蜀賈人，乃知蜀以枸醬竊出市夜郎，夜郎臨牂牁江，南粵以財物役屬之。蒙因建言通道夜郎，下兵牂牁足以制粵。於是拜蒙中郎將，將千人，從笮關（四川清溪縣境）入，遂通夜郎，夜郎貪漢繒帛，且聽約束。時邛、笮（四川雅安縣）、冉、駹，（西夷二族在今四川茂縣）聞南夷獲賞賜，多請置吏以為郡縣，然反覆如故，兵興耗費，久無功，會漢方有事於匈奴，遂罷之。及張騫自西域還，言在大夏見邛竹杖蜀布，問安得此？曰市之身毒；（今五印度）身毒在大夏東南數千里，度大夏在漢西南，身毒又居大夏東南，有蜀物，其去蜀必不遠矣。今使大夏，從羌中險，少北則為匈奴所得，從蜀宜徑，又無寇。天子以為然，迺令騫因蜀犍為（今貴州遵義縣地漢夜郎所置郡）發使四出，指求身毒國，各行一千里，終莫得通，然因是遂通滇國。此在大金沙江流域，又開闢一新地者也。厥後北患稍紓，銳意南略，迺平南粵，置南海、蒼梧、鬱林、合浦、交趾、九眞、日南、珠崖、儋耳九郡，遂席餘威，還定西南夷，復置夜郎為牂牁郡，邛都為越巂郡，笮為沈黎郡，冉駹為汶山郡，白馬為武都郡，並降滇以為益州郡。凡漢之南北拓地，其發端皆以匈奴南越二國，以南越故，始知夜郎，以匈奴故，始知大夏，又欲因身毒以通大夏，而更得滇焉，其思想魄力洵雄偉已。

東征航路之交通

亞東陸路之交通，既如上所述矣，至其海上進取之蹟，亦有足多者。南越之北，福建之地有閩越；更北，浙江之地有東甌。閩越王無諸及東越王搖，為越句踐後，並受漢封爵。吳楚反時，東甌王從吳，及其敗亡，迺殺吳王濞以謝漢。濞子駒亡入閩越，說其王使擊東甌，漢發會稽兵浮海往救，未至，閩越引兵去。東甌請舉國內徙，迺悉徙其衆於江淮間。案西漢會稽郡，緣今江蘇吳縣，自吳下海，而達浙之溫州，此海行航路，漢以前未聞得通，爲武帝時代所進闢也。閩越已北走東甌，乘勢南伐南越，時佗已死，其孫胡請救於漢，武帝分軍四道擊之，而橫海將軍韓說，自句章（浙江慈谿縣）浮海出師，則益進而南矣。事寧，帝以閩地險阻，數反覆，亦徙其民江淮間，而閩地遂墟。凡東南瀕海之地，始無復有異族立國者。於是漢族文化，遂統一黃河長江粵江三大流域矣。

西域既通，胡戎遠卻，遂更東略海外而窺朝鮮。古朝鮮地，大抵當今遼寧之東南，西自遼河，東達大同江附近，其北部則爲肅愼族蔓延之地，東部則爲諸韓族蕃殖之地也。朝鮮在戰國時故屬燕，秦爲遼東徼外。漢興，爲其遠難守，復修遼東故塞，以浿水（今大同江）爲界。燕人衞滿盜據之，傳至孫右渠，武帝使涉何諭之，終不肯奉詔；復遣樓船將軍楊僕從齊浮渤海，（今登萊北海道）左將軍荀彘出遼東擊平之。迺分其地爲四郡：以今遼寧東南境及吉林寧安縣附近爲眞番郡；以今咸鏡道爲玄菟郡；其南爲樂浪郡，大抵當今平安黃海二道；其東江原道附近爲臨屯郡，在四郡之最南。今朝鮮半島南部，當時皆屬諸韓族所集止，多建小國。朝鮮既亡，三韓分立，馬韓弁韓辰韓是也。箕準失國南奔至海上，遂君其地，是爲馬韓，占今京畿道南部暨忠淸全羅一帶。秦亡時，秦人來居半島東邊，撫土民，併四鄰，遂王辰韓，領慶尙道之東北。弁韓據慶尙道之西南。自武帝滅朝鮮，中國與三韓接壤，交涉漸繁，渤海航路，繇此大啓，日本交通亦始於是時。至東漢光武帝時，其九州酋長入貢於我，受中國印綬云。

漢與匈奴和戰顚末

秦漢之際，中國以外，東亞諸國尤強大者，匈奴最著。漢武帝既平南越，滅朝鮮，迺一意北嚮，謀制匈奴。匈奴當秦始皇時畏威北徙者十餘年，秦亡，匈奴復稍南渡河，日以強大。其君長號曰單于，下有左右賢王，右賢王居西方，直上郡北，（陝西膚施縣）左賢王居東方，直上谷北，（今察哈爾宣化縣東南）而單于庭直代，（今察哈爾蔚縣）雲中。（綏遠省歸綏縣南）當楚漢相距時，中國疲於兵革，冒頓單于得自強，控弦之士三十餘萬，弑其父頭曼自立，東破東胡，西卻月氏，南幷樓煩，（山西寧武府）白羊。（匈奴別種居河套地）平城一敗，高祖不復與匈奴爭，厚歲幣通婚姻以羈之，以後皆持此為政策，然匈奴自是益輕漢。文景之世，屢寇北邊，及老上嗣冒頓為單于，大破月氏，奪其地，於是匈奴屬土，東自朝鮮，西抵西藏之間，天山南北諸國，亦皆為所役屬。其子軍臣嗣立，適值武帝絕和親，幷力百戰，驅之漠北；又通西域，分匈奴西方之援國。顧自衛霍死，其後趙破奴、李廣利，先後發兵，深入浚稽山，（在今蒙古圖拉河及鄂爾昆河間）皆以敗沒，雖以武帝之雄才大略，未易征服也。當時葱嶺之西大國凡四：條支最西，其東為安息，又東為大月氏；大月氏東南為罽賓；北為大宛國；（今俄屬費爾干省）又北為康居國，佔今吉利吉思荒原地；（即今哈薩克之地）康居東南，大宛之東，卽烏孫國，當今伊犂地。烏孫東南，匈奴西邊，小國碁布，凡三十餘，其較大者為疏勒、（今疏勒縣）于闐、（今和闐縣）溫宿、（今阿克蘇縣）龜茲、（庫車縣附近）焉耆、（今焉耆縣）姑師、（吐魯番附近）樓蘭（今羅卜爾南）諸國，皆臣服匈奴，匈奴置僮僕都尉監之。宣帝初元，烏孫昆彌上書，謂連歲為匈奴侵削，請乞師，漢以常惠護烏孫兵大破之，獲牛馬七十餘萬頭。其冬，壺衍鞮單于自將數萬騎，復攻烏孫，會天大雪，人畜多凍死，於是諸族怨匈奴者，羣起而伺其隙：貝加爾湖西南，有匈奴別部曰丁零者，略其北；內蒙古東有東胡一種，曰烏桓者，略其東；烏孫略其西，所殺數萬級，屬國多瓦解，匈奴大虛弱，未幾，國內叛亂相踵，五單于爭立，互相誅殺，遂分爲二部。既而勢俱歸於呼韓邪，而其兄右賢王呼屠吾斯又自立爲郅支單于。呼韓邪與之爭事敗，率衆歸漢，倚漢得還幕南居光祿塞下。（今烏喇忒旗故九原城北）郅支迺西走阿爾泰地，與康居王結，數辱漢使者；又連擊烏孫大宛，擾西陲，勢轉强。時甘延壽爲西域都護，與副校尉陳湯謀，矯詔發西域諸國兵，急襲康居，殺郅支時元帝建昭三年也。於是呼韓邪入朝，自言願壻漢氏以自親。元帝以宮女王嬙妻之，匈奴自是世稱漢甥，不復犯邊。

東漢與西域諸國之關繫

自宣帝時呼韓邪來臣，匈奴不犯者六十餘年。逮王莽篡漢，擾動戎夷，匈奴大怨，東連烏桓鮮卑，西搆西域諸國，侵苦北邊。光武厭武事，不欲啓衅匈奴，匈奴滋益驕，歲劫山陝邊地。會日逐王比與單于蒲奴有隙，建武二十四年，遂自立爲南匈奴單于，稱呼韓邪，內附漢，居西河美稷，（今鄂爾多斯右翼中旗）列置諸部王，助漢捍戍，自朔方（鄂爾多斯西界）東至代郡，（山西代縣）皆領部衆爲郡縣偵邏耳目，自是西北相爭不止。北匈奴反覆無常，至明帝初年，勢日强，數擾邊，帝遂命太僕祭彤等併南匈奴衆破之蒲類海（天山南路巴爾庫勒）附近，取伊吾盧（天山南路哈密）地。帝既破匈奴，欲通西域，以殺北匈奴之勢，迺遣軍司馬班超使西域。超先緣南山至鄯善國，（即西漢之樓蘭）其王廣憚北匈奴使者，不禮漢使，超迺會其吏士三十六人，襲殺北匈奴使者，王怖降漢。超復西往降于闐定疏勒。時竇固耿秉等亦屢破北匈奴，奪車師地，（即西漢之姑師國）於是漢威復振於西域，更置西域都護監諸國，然龜茲、焉耆猶抗命也。明帝崩，北匈奴乘漢兵不至，誘諸國陷都護府，漢廷遂絕意西域，召還班超。超上書請鎮定西域，發疏勒于闐兵，先降龜茲，襲焉耆，尋招致烏孫，復大破月氏兵，於是漢威再振於葱嶺東西，西域五十餘國，先後內屬，復置都護府於龜茲，以班超任之。自西域諸國隸漢，北匈奴勢頓衰，諸國又乘其敝，南匈奴伐其前，丁零寇其後，鮮卑擊其左，西域侵其右，北匈奴益憊。時和帝外戚竇憲有罪懼誅，自求擊匈奴贖死，帥大軍北嚮，追北匈奴至燕然山，（即蒙古三音諾顏之杭愛山）降二十餘萬人，後二年，竇憲復大破之金微山，（當是阿爾泰山）獲單于母閼氏，名王以下五千餘級，餘皆遠遁，北匈奴地遂墟，而南匈奴亦稱臣塞外，悉入版圖。厥後班超死，任尚代之，頗失民和，西域諸國並叛；漢廷議棄西域，罷都護，時安帝永初元年也。嗣是漢威不復行於西域，然卒以先時威震塞外，遂起二大事焉：

（一）海上交通。中國之於世界，實蠶絲產地，所製繒綵，爲他國所嗜，蓋自上古時已開販路於波斯印度，亞歷山大東征以來，更輸入歐洲羅馬。繒兒音近瑟兒，故指其賈曰瑟列司，蓋絹商之義也；指其地曰瑟里加，蓋絹布產地之義也。桓帝之世，大秦王安敦，始自海道遣使經印度洋，由安南東京以通於漢。安敦者，蓋指羅馬帝安敦彪士也。當時日南（即安南南部交趾中國附近地）交趾（東京）爲東西兩洋交通中樞，西賈多集其地，是地爲光武時馬援所征服者，故漢開新路於南嶺以便往來。（二）佛教流傳。西漢之時，佛教流通未盛，自明帝遣蔡愔至大月氏，迺得佛經。其後漢威徧西域，東西道通，僧侶來者漸多，支婁迦讖自月氏，安世高自安息，竺佛朔自印度，康孟祥自康居，先後入中土，從事譯經。故東漢之季，佛教流行頗盛云。

第三章　五胡入侵及南北朝之交涉

漢末以來塞外諸族與漢族之關係

兩漢之際，中國疆域廣大，塞外諸族，漸入居內地。三國初年，內徙益多，匈奴、羯、鮮卑、氐、羌，其尤大者也。其實匈奴與羯爲一族，氐與羌亦似同屬一族，雖稱五胡，不過匈奴、鮮卑、羌三大族而已。

(一)匈奴　漢宣帝時，呼韓邪單于內降，東漢初，南單于亦來歸，故匈奴族入山西塞內，與漢族雜居者，前後部落近萬，年月既久，戶口滋蔓，寖難禁制。及曹操爲漢丞相，憂其強大，更將南匈奴分爲左、右、中、南、北五部，左部居太原，右部居祁，南部居蒲子，北部居新興，中部居大陵，各立其貴人爲帥，選漢人爲司馬，居平陽監之，以殺其勢。西晉初，匈奴餘衆乞歸化者以十萬數，武帝皆居之塞外。於是山西之地，半爲匈奴族所據，其中最著者爲石勒，即五胡中羯人之崛起者。

(二)鮮卑　鮮卑言語風俗，與烏桓同，同屬東胡族，皆以弋獵禽獸爲生。秦漢之際，東胡頗強大，幾與匈奴頡頏，後爲冒頓所破，餘衆退保烏桓鮮卑二山，因以爲種號。武帝擊破匈奴左地，因徙烏桓於上谷、(今察哈爾延慶縣)漁陽、(北平市)右北平、(河北遵化縣)遼東、(遼寧錦縣)塞外，置烏桓校尉監之。至獻帝時有蹋頓者，助袁紹擊公孫瓚，紹敗，復助其二子謀復故地，爲曹操所滅，徙其餘衆於山東，後遂不振。鮮卑則於東漢擊走北匈奴時，盡收其衆而據北匈奴地，逐漸南下，散處中土北方邊境，所以有遼東鮮卑、遼西鮮卑、代郡鮮卑諸目。後漢時，屢入寇，桓帝時，諸部推檀石槐爲大人，立庭內蒙古彈汗山(今察哈爾左翼)歠仇水上，(今奇爾泊)去高柳(山西陽高縣西北)三百餘里，南抄海邊，北拒丁零，(今蒙古北境)東破扶餘，(在東三省)西擊烏孫，(今伊寧縣)其屬地東西萬四千餘里。檀石槐死，各部分裂，益南下分居中土北境，其中最著者爲遼東慕容氏，遼西段氏，代郡拓跋氏，涼州禿髮氏，隴西乞伏氏，東蒙宇文氏。或曰宇文氏爲匈奴族也。

（二）氐羌　氐羌故屬西藏族，羌居青海之地，氐在其東南，散居岷山附近至巴蜀之間。西漢時，趙充國征服之，故久隸於漢。王莽末年，入居塞內金城。（今甘肅皋蘭縣）東漢初，諸種數萬，屯聚寇鈔拒浩亹隘，（當在青海省樂都縣東）馬援再征服之，徙降衆於關中河東。（即今山西陝西）厥後族類蕃息，三國時乘中國內亂，入塞者益多。羌族之在關中者，殆與居民相半云。

西晉之初，外族之情形如此，故郭欽江統輩，屢請攘之，以絕後患，朝廷不用其言。及八王亂起，西北各民族之居內地者，因見晉室已失統治能力，遂紛紛而爲割據之謀。夫雜夷之種，茹血餐腥，本非人品，（任孝恭檄魏文）顧迺處以內地，是何異種荊棘於良田，養虺蛇於室內乎？江淮以北，幾成戰場，使晉室不能不退向江南立國矣，於是江南遂漸成爲文化之中心。

五胡入居之由來

五胡之亂，匈奴左部帥劉淵，首先發難。同時角逐於四方者，鮮卑則遼東慕容，代郡拓跋，羌族則南安姚氏，氐族則略陽蒲氏，天水楊氏，巴郡李氏，而匈奴劉氏爲盛。羯本匈奴之一支，自石勒繼興，降附諸種，勢遂軼前趙。故五胡之第一期，羯最強，而匈奴次之。石趙衰而慕容苻氏分乘其後，終則苻秦統一之。故其第二期，氐最强，而鮮卑次之。苻氏亡而鮮卑慕容南安姚羌，其勢復振，然漸分裂矣。於是氐種有略陽呂氏，鮮卑有隴西乞伏河西，禿髮匈奴有臨松沮渠，朔方赫連，繼慕容姚氏之後，稱雄西方故其第三期爲匈奴鮮卑羌三族疊興之會也。其時拓跋氏久睨其旁其結果遂爲元魏所收拾，鮮卑之族終建一大帝國，而與南朝對峙焉。然經五胡百數十年之亂，西北諸族久處中原漸歸同化，至元魏孝文又慕華風，變前俗，聲明文物，亦與南朝相並。蓋至是而壇坫樽俎之禮頗足言矣。

南北之通使及其得失

當南北朝之分立也，玉帛兵戎相見靡定，聘使之選，於時爲重。魏游明根嘗三使於宋，李彪嘗六使於齊，齊武帝以裴昭明有將命才，特命使魏，並爲隣國所禮重，此皆可紀者也。厥後南北交聘，務以俊乂相矜，梁使每入鄴下，爲之傾動，貴游子弟盛飾聚觀；魏使至梁亦然。蓋從容談辨之際，亦足以覘國勢矣；然此不過極應對之能事耳。其時外交政策有一大關鍵焉，匪唯梁所以亡，即南朝衰弱之因，亦基於此。東魏高歡死，子澄嗣爲東魏大丞相，河南軍事都督侯景舊與澄有隙，至是以河南十三州降梁，時梁與東魏方睦，廷議懼納叛啓釁，武帝不從，以是失和。已而澄數求成於梁，又令蕭淵明奉啓武帝，梁臣朱异等固執以爲可。司農卿傅岐獨曰：此高澄設計，欲令侯景自疑而作亂耳，若許通好，是墮其計也。帝復不從。果也貞陽（淵明也）旦至，侯景夕還，壽陽之舉，固吳老公之薄心腸，有以速之也。其始以納叛而失和，其繼復聯和而召叛，爲梁計殆無一可者，惜乎入高氏之牢籠而不悟也。因侯景之亂，梁之諸王乘時搆釁，西魏又從而收其利。及陳之得國，扶傷救敝，亦滋弱矣。此南北得失之林也。

第四章　隋唐對外政策

隋代與唐初，緣中國邊境，自東訖西，又有數種民族崛起，爲隋唐之邊患。綜計其時，各民族分布，大抵東北自高麗起，由此而北有渤海，北而西有奚契丹突厥，自中國西北境而南有吐谷渾、吐蕃，其中渤海、契丹較微弱，或附高麗，或附突厥，或附中國，吐谷渾次之，吐蕃强盛時，遂併有其地，其爲中國邊患最劇者爲高麗突厥吐蕃，試略述如下。

高麗之戡定

高麗卽高句麗之省稱，亦曰藁離，在遼東之東南，與朝鮮接壤。漢武帝滅朝鮮，曾收其地置爲縣，屬玄菟郡。後有扶餘國朱蒙者，始來此建國，勢漸强，其次子溫祚，南赴馬韓至慰禮城（忠清道稷山縣）附近，建一部落曰百濟，東晉初，始統一馬韓百濟。東南有新羅國，本辰韓一部落，其後高麗與百濟聯盟，新羅勢成孤立，一意倚我中國。時隋文帝方統一南北，高麗與陳通好，懼隋更伐己，開皇十八年，率靺鞨族侵遼西。文帝大怒，發兵三十萬伐之，不克而還。煬帝嗣位，思雪前恥，復大敗。高麗益橫恣，率百濟連侵新羅，且杜其至中國貢道。及唐太宗滅東突厥，引兵而東，因高麗有內難，又杜絕新羅朝貢，遂發海陸軍征之，帝自將陸軍赴遼東，圍安市城（遼寧省蓋平縣東北），不克，會天寒食盡，人馬凍死，帥師而還。高宗之世，新羅屢爲百濟高麗所侵，乞救愈急。顯慶五年，遣蘇定方自成山（山東文登縣南）濟海，與新羅武烈王會師，先擊百濟，大敗之，遂降，嗣百濟乞援於日本，日使阿曇比邏夫等救之，唐劉仁軌大破之白江口，（錦江入海處）百濟亡。唐乘勢圖高麗，命李勣陷平壤，高麗亦亡。於是新羅以外朝鮮地，悉入版圖，唐置安東都護府統治之。

日本之交通

日本獨立東海中，距朝鮮最近，自漢武滅朝鮮，始有驛使通漢。光武時，其九州酋亦遣使奉貢，漢賜以印綬，曰委奴國王。（九州今西海道，其筑前有那珂郡，即古怡土縣地，怡土一名伊都國，王即古伊都縣主也。譯音無定字，故又作委奴）至獻帝時，其仲哀帝后渡海攻新羅，降之。高麗百濟皆歸款，後遂因高麗鄉導，數遣使朝獻於魏。自西晉迄南朝，貢聘不絕。晉武帝時，有王仁，自百濟往，傳論語及千字文，漢文儒學入日本自此始。王仁爲漢高祖裔，留日不歸，子孫世其業，居河內，稱西文氏；同時靈帝遠孫阿知使主，率其子都賀使主往，亦世其業，居大和，稱東文氏。阿知父子，復爲日使吳，（故吳地謂江南諸朝）求縫織工，有兄媛、弟媛、吳織、穴織四人，自高麗往，後至劉宋時，復有漢織、吳織及四縫女往。時秦公子扶蘇後，避地日本者，至萬八千餘人。梁武帝時，漢人赴日者益蕃廡，皆別爲姓氏，日本之文化，皆我國有以啓之也。及至隋代，日本遣小野妹子來通好，煬帝命鴻臚寺掌客裴世清報使。至難波，（今大阪）日本造新館於高麗，設儀仗鳴鼓角迎之，曰清道飾館，以待大使，冀聞大國維新之化。饗世清於朝，迺引就館，復設饗遣歸。時隋大業四年也。隋之國書曰『皇帝問倭王』。日本答書曰『東天皇敬白西皇帝』。其國人至今謂與我通使，實始於隋，而於前之朝貢封拜，概置弗道也。世清之還也，妹子復偕學生元理、清安、僧旻等八人從，日人留學中國自此始。（八人者其祖皆漢人避亂至東，修文學者也）唐太宗貞觀五年，日使至久之，更附新羅使者上書云。亦越高宗，蘇定方既破百濟，日本敗還，迺築筑紫水城，嚴兵以備唐，唐使劉德高往約和，日本亦報聘如故。及李勣滅高麗，高麗、百濟、並請於唐，許其建國存祀，新羅亦常朝貢，於是三韓皆爲唐有，日本亦不敢更窺三韓，與唐修好。自此日本歷朝，皆置遣唐使，出聘之車，冠蓋駱驛，上自天時、地理、官制、兵備，暨乎典章、制度、語言、文字，以至飲食、居處、玩好、游戲之細，無一不效法於唐，禮儀文物，燦然大備。時僧侶學生，留學我國者益多，道昭、最澄、空海等入唐，傳佛法；粟田眞人、吉備眞備、阿部仲麻呂等入唐，修儒學，亦間有爲客卿者。及昭宗時，國內擾亂，日本留學僧中瓘，致書其太政官，言唐國彫敝，聘使渡海者，或不勝任，或沒於賊，能達者無幾，遂罷遣唐使，時乾寧之二年也。爾後唯僧侶商舶來往猶如故，至國際交通，彼此皆絕焉。

突厥之征定

突厥，卽漢代之丁零，丁零亦名狄歷，與突厥鐵勒勅勒爲一音之轉。隋唐之交，亞洲大陸，大半爲突厥勢力所掩，然終不免夷滅，此亦南北民族消長之關也。突厥世居金山（阿爾泰山）之南，夙爲柔然部屬，梁武帝時，有土門者爲其部長，有勇略，南破高車，併其部落五萬餘衆，國勢遂强，求婚柔然，柔然不應，又辱之，土門怨，迺自立爲伊列可汗，擊柔然，滅之；又西破嚈噠（卽月氏），南降吐谷渾，東攘契丹，北併結骨。契丹者，通古斯族，當時自內蒙古東部，蔓延滿洲西境；結骨者，蕃殖於葉尼塞河上流，土耳其族也。於是突厥屬土，東至滿洲，西近阿拉海，北包貝加爾湖，南併青海，建牙外蒙古都斤山（當在杭愛山附近），以統東方諸國；使從弟達頭可汗建牙千泉（蘇聯中亞細亞塔拉斯河上流），以統西方諸國，是爲突厥分東西之始。

東突厥木杆可汗，連寇中國西北邊，北周諸帝，以千金公主妻佗鉢可汗，(伊利少子)且厚歲幣以結之，佗鉢滋益驕，謂其徒屬曰，但使我在南，兩兒(指齊周)孝順，何患貧也。嗣隋歲幣薄，遂寇隴西，文帝發兵擊破之，木杆子阿波可汗，(佗鉢姪)故怨沙鉢略，(名攝圖亦沙鉢略姪)至是西奔，依其從父達頭可汗，率師東還，以乘其敗。自是東西突厥，長爲怨敵，沙鉢略迺稱藩於隋，倚其保護焉。沙鉢略死，其弟葉護可汗立，擊西突厥，擒阿波可汗，沙鉢略子都藍可汗繼立，與從弟染干有隙，隋厚遇之，且妻以公主，爲離間，都藍果與西突厥達頭可汗連兵擊染干，染干遂來奔，隋置之夏(今陝西鄂爾多斯橫山縣左翼後旗)之間，賜號啓民可汗。未幾，都藍爲部衆所殺，國大亂，啓民得隋援，遂北歸，盡并其衆，以故始終不叛。隋煬帝大業四年，啓民死，子始畢嗣，勢復振，中原羣雄如薛舉、李軌、竇建德、王世充、劉武周、梁師都、高開道之徒，雖僭尊號，俱北面臣事之。唐祖起太原，借援兵，亦稱臣，贈遺極厚，而頡利可汗(名咄苾啓民少子自始畢三傳至頡利並弟及)席其餘蔭，兵馬强盛，數相侵伐，以始畢子什鉢苾爲突利可汗，使居東部。武德七年，連兵入寇，太宗時爲秦王，督兵臨陣，縱反間以離之，頻通好於突利，約爲兄弟，頡利於是與突利失和，唐所以制服突厥，實伏於此。太宗踐祚，頡利以新喪可乘，傾國入寇，帝親幸渭上，與可汗隔水而語，兵騎嚴整，頡利望見大驚，既深入，懼不能返，遂請和，帝仍厚賂遺之，以驕其志。太宗爲是欲取姑與之計，以使其自忘者，此馭夷之方略也。厥後頡利突利自相殘殺，突利來乞援，太宗出師以乘其敝，遂擒頡利，東突厥平。

西突厥達頭可汗，先以納阿波可汗，屢與東突厥戰，隋末唐興之際，達頭孫射匱可汗立，玉門關(甘肅燉煌縣西)以西諸國，皆爲所役屬，其弟統葉護可汗繼之，大拓屬土，擊破波斯，名之曰羈縻州，是實西突厥極盛時也。俄而爲其諸父阿史那莫賀咄所弒，國大亂，國人立國利失可汗。已而西部諸族，別迎東突厥始里可汗子乙毗咄陸，與國利失爭。自是西突厥更分東西二部，以伊列河（即伊犂河）爲界，西部勢漸盛，乙毗咄陸遂統一兩部，暴虐，爲下所逐，國人議立莫賀咄子乙毗射匱可汗。太宗季葉，乙毗咄陸之族阿史那賀魯奔唐，唐處之庭州，（天山之麓迪化縣東濟水薩也）頻招集舊部，擊破乙毗射匱，悉併西突厥地，號沙鉢羅可汗，役屬西域諸國，勢以強大。後叛唐，數擾邊，於是唐高宗顯慶二年，蘇定方被高宗命擊沙鉢羅，擒之，西突厥自是臣服於唐。後高宗末年，西突厥餘衆復起，應吐蕃屢擾天山南路地。時波斯已爲大食所滅，國王卑路斯子泥洹師留質於唐，高宗命裴行儉以送其歸國爲名，亟發兵襲叛衆，悉定其地，時高宗調露元年也。

〔附〕薛延陀　方東西突厥之初衰，北方復有一新民族崛起，即薛延陀是也。本鐵勒分部，鐵勒爲統葉護所破，薛延陀保有餘衆，受其役屬，西突厥內亂，改附東突厥，乘其衰，反攻頡利，弱之。太宗遣使拜其酋夷男爲眞珠毗伽可汗，與共謀頡利。夷男建牙鬱督軍山，（即蒙古杭愛山支脈）直京師西北六千里，諸姓多叛頡利歸之，地大人附。頡利之滅，塞隧空荒，夷男率衆徙居，東至室韋，（黑龍江一帶）西及金山，北逾瀚海，南接突厥，蓋古匈奴地也。唐平突厥，以李思摩（突厥本姓阿史那，太宗賜姓李）爲可汗，建牙河套之北，夷男惡之，乘間勒兵二十萬南攻，太宗命李勣等分道擊之，大破其衆。夷男死，諸部內離，國大亂，太宗再興師，遂滅其國。漠北既平，其後突厥餘種，遠走北方者亦款附。高宗初元，爲置瀚海單于二都護，分鎮磧南北，以統其衆焉。

吐蕃印度之形勢及其與隋唐之關繫

鮮卑支族，有吐谷渾，東晉末，始建國於青海附近，隋末唐初，乘中土極亂，其可汗伏允數寇隴西。太宗貞觀九年，遣李靖往討，伏允悉燒野草，輕兵走入磧，靖追及於烏海，（在青海漢熒山西）大破之，吐谷渾自是內附。其南有黨項，屬西藏族，本屬於吐谷渾，唐因乘勢併其地，於是青海附近，悉隸於唐，唐疆域遂直接吐蕃。吐蕃，即西藏地，土地曠遠，山岳重疊，古不與中國通，唐貞觀時，棄宗弄贊君其國，英略有大志，夙奉佛法，踐祚伊始，即遣大臣十六人至印度，求佛典，且本佛教之旨，更定國憲刑法，以治其境內，復外拓疆域，征服南方阿撒母尼泊爾，東侵吐谷渾地。時吐谷渾為唐外藩，故太宗命侯君集等禦之，互有勝負。貞觀十五年，吐蕃請和，帝遂以文成公主妻弄贊。弄贊慕唐衣服儀衛之美，并遣子弟入學。是時唐之南境，已經尼泊爾直通中印度，故中國與印度，自是交通日盛。印度當梁武帝時，北印度烏萇國毗訖羅摩迭多王，併西、北、中三印度，又復獎勵文學，勢益熾。尸羅迭多一世出，為印度霸王。後經二代，當隋煬帝大業六年，訖唐高宗永徽初元間，尸羅迭多二世（戒日王）出，據曲女城，號令全印度。王亦獎文學，尚佛法，詩人學者高僧多集於其朝，凡百五六十年間，實為印度極盛時代，近世文學，推此間為最云。

尸羅迭多二世，與唐太宗同時。太宗既滅東突厥，服吐蕃，餘威震於殊俗。印度聞唐富強，以貞觀五十年，發使者通中國，自是兩國使者往來不絕。先是太宗遣王元策使其國，時尸羅迭多死，權臣阿羅那順自立，發兵拒元策，元策遁入吐蕃，募尼泊爾兵破之，繇是五天竺諸侯，皆懾唐威勢，前後朝貢相踵。尸羅迭多二世後，印度復分裂，諸侯紛紛割據，無所統一。當是時，西印度有喇諦菩特人與蓋塞種月氏、嚈噠等侵入印度後，與土著阿利安人渾爲一族者，年久得勢，討滅阿利安人所建諸國，代領其地。當印度文學再興時，凡婆羅門教徒所至恢復勢力，復酌改婆羅門教，而創一溫都教。唐德宗貞元間，婆羅門教徒商羯羅阿闍黎輩出，盛倡溫都教，力排佛教，喇諦菩特人利之，崇奉溫都，以壓婆羅門教徒。是以唐玄宗開元二十八年，至晉高祖天福五年，二百年間，喇諦菩特人，握印度西半霸權，因而佛教之在印度，其勢浸衰；溫都教代之，而爲印度國教。故論當時印度之情勢，其政治則阿利安與喇諦菩特爭；其宗教，則佛教徒與溫都教爭，以是國力凋敝日甚。而其間阿剌伯之摩訶末教徒，屢侵西印度，遂爲異日握印度政權之基礎。

隋唐間東西互市

隋唐既建立一大帝國，與四方政治交涉頗繁，東西兩亞之交通，因之日盛，諸外教以是流衍傳入東方者亦多，亦可見當時文化之派別也。(一)陸路。東西陸路之互市，至唐極盛。先是隋煬帝時，河西諸郡，爲東西交易中樞，西方賈人來集其地者，溢四十國。唐興，中亞細亞及天山以南之路開，西域諸國商於東方者益衆，華商往中亞波斯印度諸地者亦多。猶太人素精商計者也，乘機而起，西自歐洲阿非利加，東至中國印度，商權悉歸其掌握；或自紅海，巡印度洋，至中國南海，或自地中海東岸安提柯，巡呼羅珊中亞細亞天山南路至中國長安。逮大食國勃興，阿剌伯人於通商範圍，日漸開拓，無論陸路海路，凡世界商權，全歸其操縱云。(二)海路。兩漢晉魏之際，羅馬商船，獨專印度洋航業，及佛教次第東漸，錫蘭暨南洋諸國，皆通道於我中國，海運繇此以興。巡爪哇蘇門答臘而至錫蘭，遂爲中國之航路。自南北朝以至隋唐初葉，中國商務，益驚而西，或自錫蘭，緣西印度海岸，入波斯灣內；或緣阿剌伯海岸，至紅海灣頭亞丁，推廣海程，所至益遠。當時錫蘭一島，爲世界商業中心，中國人、馬來人、波斯人、哀西比亞人，皆集於斯，以從事交易。及大食勃興，非洲與西亞緣岸，及印度河口，所有港灣，先後歸其版圖。以故阿剌伯人與其屬境波斯人、猶太人等，益恢張海運，遂東向巡南洋諸國，而通商於我邦緣岸。我亞洲全境之航海權，遂爲阿剌伯人所代。至周武后天授中，其人商於中土者，廣州、泉州、杭州諸港，至以數萬計。唐並置提舉市舶官，征海關諸稅，爲歲入大宗。二百五十年間，互市極盛。其後大食國衰，唐室內亂，東西互市之局，亦漸以不振矣。

唐中葉以後回紇吐蕃南詔等外患

唐自安祿山亂後，邊塞之警備全廢，以是回紇振於北，吐蕃盛於西，南詔又紛擾西南之徼。外族之情勢一變，而唐之邊患，亦至此爲亟。茲再分述之。

一　回紇

太宗既討平東突厥及薛延陀，回紇據其地，併鐵勒諸部，臣服於唐。至玄宗時，吐迷度八世孫裴羅者，悉征服突厥餘衆，帝冊爲懷仁可汗，建牙烏德犍山（在蒙古三音諾顏境內），卽鬱督軍山也。其屬土東際室韋（黑龍江緣岸），西抵金山，南跨大漠，斥地愈廣，回紇以是時爲最盛。天寶四年，裴羅卒，子葛勒可汗嗣。肅宗時，屢助唐平內亂有功，冊爲英武威遠可汗，以女寧國公主妻之，且厚遺歲幣。回紇自是漸尊大，時略邊地，唐不能制。葛勒卒，子牟羽可汗嗣，自將兵援唐，破史朝義，取東京。代宗初元，僕固懷恩叛唐，誘回紇與吐蕃兵入寇，郭子儀說回紇與襲吐蕃破之，吐蕃自是與回紇爲仇敵。德宗立，牟羽欲乘喪入寇，其相頓莫賀諫不聽，怒弒之，自立，稱天親可汗，求婚於唐。德宗方病吐蕃入寇，故妻以皇女咸安公主，以結其歡心，懷柔之道至矣。回紇屬部有沙陀者，西突厥別種也，居蒲類海（新疆鎮西縣西北巴爾庫勒泊）東，兵馬強壯，冠諸部，遂附吐蕃，吐蕃倂其兵，大破回紇，時德宗貞元六年也。回紇自是勢愈蹙。當回紇之西北緣仙娥河（外蒙古土謝圖之色楞格河）有戛黠斯部，即古之結骨，文宗太和間，有阿熱者長其部，自稱可汗，連破回紇，回紇餘衆走天山南路，或遁河西，其國散亡殆盡，阿熱代領其地，宣宗册爲誠明可汗，然其國遂以不強，至五代時，爲契丹所倂。

二　吐蕃

初，弄贊與唐和，吐蕃久不寇邊，至高宗初年，吐谷渾叛臣逃奔吐蕃，洩其虛實，吐蕃因復侵吐谷渾。高宗發大軍十萬救之，敗績大非川（在青海西今布喀河）其地盡爲吐蕃所倂。吐蕃更連西突厥餘衆，偪安西都護府，臨疏勒于闐焉耆龜茲四鎮，天山南路之地，盡沒於吐蕃。高宗畏其勢，不復爭，吐蕃益強大。武后以來，稍恢復四鎮地。睿宗時，遂以金城公主妻吐蕃王棄隸蹜贊以和，與以河西九曲地，虜益張。棄隸蹜贊，棄宗弄贊玄孫也。越二世至挲悉籠臘贊，乘祿山亂，盡奪唐河西隴西地。代宗廣德初元，遂陷長安，代宗奔陝州，吐蕃縱兵刼略者半月。子儀說回紇合兵反攻之，吐蕃遁去。德宗嗣位，以藩鎮未靖，外與虜角非計，迺歸其俘，使使修好，吐蕃亦遣使與俱來。始唐與吐蕃盟，以舅甥相稱，其界約以赤嶺（今青海西寧縣西）爲限，至是命鴻臚卿崔漢衡與吐蕃使者會盟清水，（甘肅清水縣西）約唐地：涇州右盡彈箏峽，（甘肅平涼縣西百里）隴州右極清水，鳳州西盡同谷，（甘肅成縣）

治劍南盡西山（蜀西之山）大度水（上流即四川大小金川，下流統舊雅州府西南，逕嘉定敘州府入大江）。蓋河隴沒，巂州復陷於南詔，故其西境止於如此。爾後唐每有內難，則率衆入寇抄掠，奪川陝地。後其屬沙陀族及雲南之南詔，俱叛，通於唐，吐蕃漸以不振，遂請和於唐，建和盟碑於國都邏娑（今之拉薩）。時唐穆宗長慶二年也。吐蕃自是不復侵唐。

三　南詔

唐初，雲南蠻族分六部，曰六詔。詔者，蠻語稱王之謂也。蒙舍詔在最南，故又曰南詔。玄宗時，其酋皮邏閣有武略，脅五詔，據太和城（雲南太和縣南）。玄宗冊封為雲南王。南詔自是服唐。雲南太守張虔陀侮辱其侍子閣羅鳳，遂為所殺。邊帥操之亟，臨以兵，反為所敗。閣羅鳳遂北臣吐蕃，吐蕃號曰東帝。會安祿山亂，屢侵四川，自此蜀南生一大敵矣。已而吐蕃與唐及回紇連年搆兵，嘗以雲南為前鋒，賦斂煩重，歲徵兵助防，南詔怨之，遂絕吐蕃，復與唐通，屢破吐蕃，大拓疆土。宣宗大中十三年，皮邏閣六世孫酋龍以中國冊禮不及，僭號稱帝，國號大理，偵唐邊備弛，分兵寇成都，又侵交趾，陷安南都護府。後唐將高駢恢復之。是時南詔屬地跨交趾，以至東印度。酋龍死，國勢漸衰弱，復請和於唐。

〔附〕海南諸國　自秦漢以降，列交趾於州郡，以是中國南境，包有今越南北部之地。唐置安南都護府，安南之名始此。其南林邑眞臘二國較大，即今越南之中南二部而兼有暹羅國境者也。林邑之先，因漢末交趾女子徵側之亂，內縣功曹子區連殺縣令，自立為王。無子，其甥范熊代立，世傳為范氏。六朝間朝貢不絕。隋平陳，宇內寧謐，羣臣言林邑多奇寶，迺遣將軍劉芳伐之。其王范梵志挺走，以其地為三郡（比景、海陰、林邑）

道阻不通，梵志衰，遺衆別建國邑，唐肅宗後，更號環王。其西南眞臘，隋代始通中國，北多山阜，號陸眞臘，南際海，饒陂澤，號水眞臘，並臣服於唐。又赤土扶南西國，爲今暹羅境，驃國（漢通西南夷謂之撣）爲今緬甸地，亦於此時並著。而海外番夷之內通者，亦甚衆云。

第五章　宋遼金之交涉

契丹之興起

契丹者，東胡之裔，鮮卑之別種也。南北朝時，國於潢河（源出熱河省克什克騰旗境亦名西喇木倫河）附近，佔內蒙古東部一帶地，隋唐間，常爲中國所羈縻，安祿山亂後，乘唐室衰微，南侵拓地。其國舊分八部，部各有大人，更推一人爲王，以號令諸部，三年一代，依次爲之。唐末，遙輦氏當國，爲劉仁恭所攻，賂以良馬，求市牧地，請聽盟約甚謹。後梁開平初元，八部謂遙輦不任事，選耶律阿保機代之。其時幽涿（即今河北）人民，多亡入契丹，阿保機間入塞，俘人民，置城以居。漢人遂告之曰：中國之王無代立者，繇是阿保機益以威制諸部，不肯交代，復率種落居古漢城（今熱河西南）別爲一部。漢人不復思歸，於是契丹始有國家之模型。嗣復以兵擊滅鄰近諸部，北侵室韋女眞，西取突厥故地，儼然成一北方强國。又用漢人韓延徽爲相，建城郭，設市里，墾闢荒地，制作文字，國勢日盛，以梁貞明二年，稱帝建元，自號天皇王，改臨潢（西喇木倫河之北熱河巴林旗東北）爲上京，南下闚視中國，操縱於梁晉之間。沙陀人晉王李存勗爲攻取後梁計，至稱阿保機爲叔父，遂啓後晉後漢，及宋代稱父子稱兄弟之外交惡例。存勗既滅後梁，立國號曰後唐，雖爲中國北部之大國，然嘗被契丹侵擾。至其子明宗時，契丹思經營中國，又慮渤海乘其後，因先與後唐通好，出兵滅之。未幾，阿保機死，子德光立，改國號曰遼，公卿庶官，並仿中國，且參用中國人爲之。以中國內亂，助後唐叛將石敬瑭滅後唐。敬瑭自立爲帝，立國號爲後晉，稱臣於遼，幷以燕雲十六州地割予之，中國皇帝受其册封，遼繇是威行中外。敬瑭死，兄子重貴立，不肯向遼稱臣，尋爲所滅。遼遂都汴梁；嗣以中國人難統馭，仍北歸。然自征服渤海，其屬土內包蒙古東三省，西則吐蕃回紇大食，東則新羅諸國，皆先後來貢，國勢寖强。故至宋興雖已統一中原，而與遼南北對峙，未嘗見絀。宋太宗挾全盛之勢，曹彬、潘美、楊業等皆大將才，尚復一挫於高梁河，（今河北宛平縣西）再挫於岐溝關，（今河北涿縣西南）三挫於君子館，（今河北河間縣西北）宋人皆爲之奪氣云。

北宋與遼之議和

太宗崩，子眞宗立，遼聖宗奉太后大舉入寇，攻定州，（今河北定縣）進次澶州，（今河北濮陽縣）中外震駭。王欽若請幸金陵，陳堯叟請幸成都，寇準爲帝定議親征。初，周世宗嘗欲先收瀛、（今河北河間縣）莫、（今河北任邱縣）安定關南；（瓦橋益津高陽三關在河北雄縣霸縣文安縣境）瀛莫者，石氏所獻十六州之二。契丹入寇，宋遣曹利用往議和，契丹以欲得關內地爲言。會澶州守將李繼隆，破契丹兵，殺其統將蕭德蘭，眞宗遂渡河，宋軍踊躍呼萬歲，聲聞數十里，遼人怖駭請盟。帝曰：『所言歸地事極無名，若欲金帛則無傷。』寇準執不可，帝卒遣利用往議歲幣曰：必不得已，雖百萬亦可。準召利用曰：雖有敕旨，汝所許過三十萬，吾斬汝矣。利用竟以銀十萬，絹二十萬匹定和議，南朝爲兄，北朝爲弟，交誓約各解兵歸。時眞宗景德元年也；是爲宋遼和約之始。越四十年，仁宗慶歷中，有增幣之議。宋自元昊寇亂，西邊騷然，遼興宗乘其敝，欲取關南地，且責宋修邊備，聚兵於燕，聲言南下。仁宗不欲予地，欲增歲賂或結婚以和，命富弼爲接伴使，奏建大名爲北京，示將親征。弼至遼，反覆辨難，力拒其割地，且直陳和戰之利害。弼還，復持國書往，且受口傳之辭於政府，途謂副使曰：吾不見國書，脫書辭與口傳異，吾事敗矣。啓視果不同，馳還白之，易書而行，增歲幣銀絹各十萬，互致誓書；自是通好如故。又越三十年，神宗熙寧中有河東割地之議。宋遼接壤，涿易之間，以白溝（即拒馬河）爲界，蔚（山西靈邱縣）應（山西應縣）朔（山西朔縣）三州，以古長城爲界。初神宗欲滅西夏，降交趾，而後專力治遼，以恢復北邊，皆不如願。遼復乘宋有夏難，於河東路緣邊戍壘，侵入三州界內，遣使如宋，乞行毀撤，別立界至。帝遣使即境上議不決，知制誥沈括據故牘折之，遼使不能屈；而王安石勸帝曰：將欲取之，必姑與之。迺遣韓縝往割新疆界之，凡東西失地七百里。於是神宗經略外國之策，迺全失敗。

女眞之興及宋約金滅遼

遼之東邊有女眞族，漢魏謂之挹婁，後魏謂之勿吉，隋唐謂之靺鞨。唐初有粟末黑水二部，後粟末盛強，建渤海國，黑水靺鞨爲其役屬。渤海既滅，黑水族居混同江（今松花江）吉黑之間，居西南者隸遼，號熟女眞；居江東者不隸遼，號生女眞。其民驚悍，善騎射。有完顏部者，世居出虎水，（出虎水土言金也，今名阿勒楚喀河，源出小白山之北，北入松花江）遼道宗時，部長烏古迺禽獻遼叛臣，始爲節度使。四傳至阿骨打，沈毅有大志，會遼天祚帝征求無藝，遂舉兵攻遼，取契丹東北諸州。（今吉林省地）宋徽宗政和五年，自稱帝，居愛新水上，（今瑚爾哈河，在吉林省寧安縣東南，源出吉林烏喇東北，流入混同江，唐時名忽汗河）國號金。是爲太祖，攻克黃龍府。天祚親征，已渡混同江，會有叛者，迺西還，太祖追敗之，進陷遼陽，於是熟女眞皆降，金勢益大。先是蔡京當國，以開邊蠱上，西南夷峒，皆建城邑，童貫領兵擊吐蕃，得志於西羌，遂謂契丹可圖，自請使遼。遼光祿卿馬植，自言有滅燕之策，貫挾之歸，易姓名曰李良嗣，薦諸朝。良嗣建言女眞恨遼切骨，而天祚荒淫失道，若由登萊涉海，結好女眞，與約攻遼，其國可圖也。帝嘉納之，賜姓趙氏，以爲祕書丞。後聞女眞建國，屢破遼師，遣馬政浮海使金通好，金亦遣使報聘。宣和二年，更遣良嗣往議攻遼，宋復遣馬政報金，遂與訂攻遼之約，其條款如下：（一）金兵自平地松林（亦曰千里松林蒙古名阿宅尼喀喇莫多在熱河省克什克騰部西黃河之源）趨古北口，（關名河北密雲縣東北）宋兵自白溝夾攻，彼此兵不得過關；（二）成功之日，金取中京大定府，宋取石晉賂契丹故地；（三）與金歲幣如與遼之數。金既數破遼兵，遼主延禧方獵鴛鴦濼，（湖名蒙古曰昂吉爾圖在察哈爾省阿巴噶右翼西南）敵奄至，西走夾山，（烏喇忒旗西北）宋遣童貫蔡攸等勒兵巡邊以應之，敗績，班師再舉兵，遼將郭藥師以涿易二州來降，自請間道襲燕，敗走，宋軍潰於盧溝，（河名在北平西南）自熙豐以來所儲軍實殆盡。貫不克成功，懼獲罪，潛遣人如金，求如約夾攻。金師分道而進，關兵自潰，遂度而南，遼統軍都監高六降金，金人遂入燕京，責宋出兵失期，且因己力下燕，其地租稅當輸於金。良嗣往議，許於遼人歲幣四十萬外，更加燕京代稅錢百萬緡，並遣使賀金主正旦生辰，置榷場交易。金主大喜，然僅許歸燕京及山前六州，（薊景檀順涿易也元約有山前山後十七州）職官富民，金帛子女，皆掠而東。貫攸入燕交割，止七空城而已，時宋徽宗二十三年也。

宋金交戰及宋之南渡

金既滅遼，與宋接壤，謀南下併河北，宋新與金盟，納其平州（河北盧龍縣府）叛將張瑴。金責宋亟，宋不得已殺瑴，於是故遼降將卒皆解體。金又索趙良嗣所許糧二十萬石，不與，金遂分道南侵：粘沒喝（漢名宗翰）自雲中趨太原，斡離不（漢名宗望，太祖次子）自平州入燕山。時童貫方宣撫兩河，（謂河東路、河北東西路）聞金已南下，自太原遁歸。斡離不至燕，郭藥師降，導金軍深入。徽宗急徵兵四方，傳位太子桓，是爲欽宗，距前此議和止三年耳。金兵渡河，上皇東奔，如鎭江。李邦彥計議和，李綱請行，不許，命李梲往，恐怖喪膽，失其所言。於是斡離不與梲定議，謂當輸金五百萬，銀五千萬，牛馬萬頭，采緞百萬匹，割中山（河北定縣）太原河間三鎭地，尊金爲伯父，以宰相親王爲質。羣臣力勸從之，綱獨不可，不聽。盡括借都城民財，得金二十萬，銀四百萬，而民間已空。更以張邦昌爲計議使，奉康王構以質於金。金人日肆屠掠，既而四方兵漸集，都統制姚平仲，夜襲金營不克。帝罷綱謝金，更以弟肅王樞往質，康王張邦昌還，遂許割三鎭地，始退師。比退，宋既不修備，亦不允割地，復誘遼舊臣，使爲內應。金再南下，欽宗詣金營降。金人更索金千萬，銀二千萬，帛千萬匹。欽宗歸，括民財，不盈數，明年春再往，遂不反。金並虜上皇后妃等三千人北去。自金之南下也，每兵出，卽遣使示和議，以愚宋，宋遂漫信之，而不爲戰備，凡有所求，靡不如約。其所以爲退敵之計者，不過六甲兵、六丁力士、北斗神兵、天闕大將，以效兒戲而已。敵去而君臣酣嬉如故，背約挑衅，一誤再誤，未有甚於北宋之季葉者已！

金與南宋之戰

金人聞李綱罷，帝如揚州，復分道南下：婁室攻陝西，兀朮（漢名宗弼，太祖第四子）攻山東，會粘沒喝取中道，攻河南，聞南陽議備巡幸，亟攻破鄧州，分兵破襄陽、兀朮侵汴；宗澤敗之，益招撫羣盜，聚城下，復募兵儲糧，召諸將約日渡河，請帝還京章二十餘上，皆爲黃潛善汪伯彥所抑憤死。粘沒喝旋入淮泗，長驅而南，帝奔鎮江，遂如杭州，時建炎三年也。知樞密張浚謂中興當自關陝始，慮金人先入東南不保，遂以浚爲川陝京湖宣撫使，與緣江襄漢守臣議儲蓄。未幾，金復遣兀朮來伐，分兩路入：一自蘄黃（屬淮南西路今湖北蘄春黃梅縣）入江西，（又曰江南西路）追隆祐太后，西至潭州，（屬湖南路今湖南省治長沙縣）悉爲屠滅；一自滁和（屬淮南西路今安徽滁縣和縣）入江東，（又曰江南東路今江寧縣及安徽南境）降其帥杜充，遂趨臨安。（即今杭縣）帝奔明州，（屬兩浙路今鄞縣）明年走溫州。兀朮遂焚臨安，掠而北，陷平江常州，至鎮江，韓世忠以舟師屯焦山，（丹徒縣東大江中）邀擊於金山龍王廟，（即鎮江縣治西之銀山在江南岸以廟屬金山寺故繫之金山彼時金山在其西北大江中不與今南岸連今已相接矣）大敗之，兀朮走建康，（今江寧縣）僅迺得濟。建康金人，自靜安（鎮名上元縣西北）渡者，岳飛復敗之。其湖南之軍，自荊門（軍名屬荊湖北路今湖北省當陽縣治）而北，亦爲牛皋所敗，自是金人不復渡江。兀朮既北，自淮上引兵西馳，與婁室合攻陝西，張浚與戰於富平，（縣名屬永興路陝西富平縣）軍敗皆潰，退保興州，（今陝西略陽縣）遣吳玠扼和尚原（陝西寶雞縣西南大散關之東）禦金。其後關陝盡喪，賴玠與弟璘保蜀而已。兀朮之北還也，金議援立漢人爲藩輔，宋降將劉豫重賂言者，得立爲齊帝，居汴。金得陝西，復以畀豫，豫遂全有中原。時江淮湖湘以及閩越嶺表，悉爲盜藪：李成據有襄陽，楊太據有洞庭，皆與豫通。岳飛既復襄鄧，豫遣子麟姪猊邀金兵南下。高宗親征，舟次平江，世忠屯揚州，大敗金兵於大儀，（鎮名在江蘇江都縣西與安徽天長縣接界）追至淮。兀朮不得志，又聞其主疾篤，遂引兵還，時高宗紹興四年也。踰年，岳飛大破楊太於洞庭，上流湖湘亦寧謐。又踰年，飛乘勝北至伊洛，復蔡州（屬京西北路今河南汝南縣治）唐州，（屬京西南路今河南唐縣）請進復中原，帝不許，還鄂州。（屬荊湖北路今武昌縣治）

金太宗殂，從孫亶立，是爲熙宗。粘沒喝入相，失兵柄，太宗子蒲魯虎（漢名宗磐）等欲挫之，多治其黨。劉豫爲粘沒喝所立，會豫寇淮西，敗於藕塘，（鎭名，安徽定遠縣東）乞金援，不許。飛復約豫同誅兀朮，兀朮遂襲汴，執豫廢之，時紹興七年也。

紹興之和議

自宋轍既南，斡離不聞高宗立，議還上皇修好，時粘沒喝專權，不許。高宗數募人使金，名祈請使，稱臣奉表，請還二帝歸故地。粘沒喝等方大舉南下，拘宋使王倫洪皓等。其後有許和議，遣倫歸報，時方議討劉豫，和議遂中格。久之，迺遣使通問，然宋且守且和，未專意與金解仇息兵也。初，御史中丞秦檜爲金人所執，從二帝至燕，金主以賜撻懶。（蒲魯虎從弟）撻懶素持和議，縱檜使還，高宗大喜，檜遂入相專政。會劉豫廢，撻懶請以廢齊舊地與宋，蒲魯虎贊其議，遣使如宋，檜請使王倫如金定議，金以張通古爲江南詔諭使，與倫偕至，言先歸河南陝西地，徐議餘事。高宗聞金以詔諭爲名，不自安，朝論皆咎檜，檜懼生變，力排言者。明年，倫遂至汴，受地於金，時紹興九年也。兀朮北還，言於金主，謂二人主割地，有陰謀。金熙宗遂變約，執王倫，宋方置戍河南，遣將屯陝西，兀朮已率師趨汴，宋劉錡大敗之順昌；（府名，屬京西北路，今安徽阜陽縣）岳飛復敗之郾城，（縣名，屬京西北路，今河南郾城縣）進至朱仙鎭，（開封城南四十五里）兩河豪傑，多揭岳旗應之。檜奏亟諭飛班師，諸將皆還鎭。同時吳璘軍在陝者，亦屢挫金軍，奉詔還。自是金人治兵中原，自燕南至淮隴之北，皆置屯田。紹興十一年，兀朮復入廬州，（屬淮南西路，今安徽合肥縣）錡等復敗之橐皋，（鎭名，今安徽巢縣西北）高宗再召還諸將，遣使乞罷兵。兀朮遺檜書曰：『爾朝夕以和請，而岳飛方爲河北圖，必殺飛，迺可和。』張俊故忌飛，構成其罪，檜逮飛父子下獄，殺之，兀朮遂許和。其誓書大略：（一）畫疆，東以淮水中流爲界，西割唐鄧二州及陝西商（屬永興軍路今商縣也）秦（屬秦鳳路治今甘肅天水縣）之半，以大散關（今陝西寶雞縣西南和尚原之西）爲界。(二)宋歲幣銀絹各二十萬兩匹。(三)奉表稱臣。(四)每年金國皇帝生辰及正旦，遣使稱賀。南宋之奉金如此，其所取償，不過還徽宗梓宮及韋太后而已。先是王倫自金還，檜必欲成和議，胡銓力爭，以爲大辱，請斬倫檜，羈虜使；外而張浚韓世忠岳飛上疏論諫，皆爲檜所排。至是和成，檜自以爲功，復慮人議己，迺起文字之獄，以傾陷善類，而附勢干進之徒，承望風指，有一言一句稍涉忌諱者，無不爭先告訐。其時如趙鼎張浚輩貶竄殆盡，自是無敢言戰者。而金亦內訌相繼，不克圖南，因是南北相安者殆二十年。

孝宗與金之和戰

金熙宗委政於粘沒喝兀朮，復爲后裴滿氏所制，縱酒自遣，屢酗怒殺從臣，從弟廸古迺（漢名亮）弒之自立。性殘虐，荒淫穢亂，無復人理，然慕中國衣冠文物，以上京（金取遼五京仍居金源之地名會寧府熙宗升爲上京）地僻，遷都於燕，更名中都大興府，屢議南侵，而苦於無名。其倖臣張仲軻謂宋人購馬修器械，招納山東叛亡，不得謂無罪。金主遂籍諸路兵，造戰具，大括民馬，遷都於汴，遣使徵宋漢淮之地。宋以兵三千戍襄陽，三萬戍鄂州。時紹興三十一年也。未幾，廸古迺大舉入寇，擁兵六十萬，分五道進，自將克淮西諸郡軍和州，遣舟師渡采石（江名安徽當塗縣城西北）爲虞允文所敗，徙軍揚州，屯瓜洲（江都縣南四十里）龜山寺，將攻京口（今鎮江縣）與諸將期三日必濟，否則盡殺之。諸將弒廸古迺，北還。時廸古迺從弟烏祿（漢名雍）已立於遼陽，是爲世宗。踰年，宋高宗傳位太子眘，是爲孝宗，銳意圖恢復，命張浚知樞密，督江淮。先是廸古迺南侵，宋兵取海（屬金山東東路今江蘇東海縣）泗（屬金山東西路安徽泗縣）唐、鄧、秦、商諸州，至是金責宋歸侵疆，貢歲幣如故。浚遣將李顯忠渡淮，拔宿州，(今安徽宿縣屬宋淮南路)金人來爭，顯忠以別帥邵宏淵相違異，引還，至符離，(安徽宿縣北二十五里有故城)師大潰，時孝宗隆興元年也。自是金屯重兵脅和，聲言刻日決戰，宋既罷浚，遂撤兩淮邊備，決棄地，三遣使議和。乾道元年，(孝宗三年)訂條款如下：(一)地界如金熙宗時。(二)宋金為叔姪之國，得稱皇帝，改詔表為國書。(三)易歲貢為歲幣，減銀絹各五萬。初，金使至宋，宋帝起立，問金帝起居，降坐受詔，館伴之屬，皆拜金使。宋使至金，自同陪臣。至是盟成，雖易稱減幣，而餘禮竟不能改；孝宗屢請改受書儀，且還河南陵寢地，世宗不許。世宗既許宋和，南北各治其國，生民暫得休息。西夏相任得敬，脅其主仁孝中分其國，求金封。高麗將趙位寵以四十餘城叛附金，(淳熙二年)世宗皆不受，得敬、位寵皆被誅，二國以是深德金，事之謹。當是時，金之疆域，東極海，西盡蒙古，南抵淮漢，北至臚朐河，為東亞一大強國云。

南宋中葉與金之和戰

金世宗殂，孫璟卽位，是為章宗，銳意治平。及後嬖臣胥持國用事，國勢漸以不振，宋謀乘之以議恢復，於是兩國戰事復起。宋寧宗之世，韓侂冑專政，聞金勢衰，始蓄意用兵。時金朝嬖妾用事，紀綱不修，北邊為阻轐等所擾，連歲用兵，饋饟空乏。侂冑欲立不世勳以自固，遂於緣邊聚糧，置忠義保捷軍，取先世開寶天禧紀元，號曰開禧，命吳曦練兵西蜀，興師北伐。曦首附金，賴安丙誅之，僅得保蜀。宋師出屢敗，金章宗大發兵，連克荊襄兩淮諸郡，江南大震。侂冑悔前謀，遣使求和，金必欲斬元謀，函首以獻。侂冑怒，復銳意用兵，中外憂懼，皇后楊氏潛令史彌遠圖之，彌遠邀侂冑於塗殺之。明年，以其首畀金，易淮陝侵地，和議復成，時寧宗嘉定元年也。

（宣宗十四年）其條款：(一)兩國境界如故。(二)依靖康故事，世爲伯姪之國。(三)增歲幣銀絹各至三十萬兩匹。(四)宋別以犒軍銀三百萬予金。凡南宋和議，屈於紹興，一正於隆興，再虧於開禧，而金亦繇此衰矣。開禧和議既成，宋置安邊所，凡侂胄與他權倖沒入之田，及圍田湖田之在官者皆隸焉。凡所輸田租，藉以給行人金繒之資。迨後與北方絕好，軍需邊用，每於此取焉。

南宋外交之失策

金既與宋和，章宗旋殂，其叔父衞王永濟立，是爲衞紹王。是時蒙古已興於漠北，以事與金絕，數侵其境，金不暇延宋使。（嘉定四年）宣宗立，自中都避敵，南徙汴，宋乘其難，遂罷歲幣。金謀侵宋，以廣疆土，右丞相高琪主其議，羣臣言不可者，皆勿用。其時宋朝議和戰未定，金將烏古論慶壽等已渡淮，取光州，（屬淮南西路，今河南光山縣）分兵犯棗陽。（屬京西南路，湖北棗陽縣）京湖制置使趙方，抗疏主戰，遣鈐轄孟宗政敗之。其後完顏賽不等屢擁步騎圍城，宗政等力戰，殺其衆三萬，長驅鄧州，金自是不敢窺襄漢棗陽。中原遺民來歸以萬數，籍其勇壯者，號忠順軍，出沒唐鄧間，時嘉定十二年也。後金來圍漢陽，（屬荊湖北路，今漢陽縣）陷黃蘄二州，尋渡淮北去。先是金人入成階諸州，（屬陝西路，階今甘肅武都縣，成今成縣）欲乘勝來議和，使人至淮中流，宋不納，繇是和好遂絕。金渡淮，圍滁，（屬淮南東路，今安徽滁縣）濠，（屬淮南西路，今鳳陽縣）光州，遂自三道分兵而南，西自麻城，（湖北麻城縣）而和州，（安徽和縣）迤東至六合，（江蘇六合縣）諸城悉閉，淮南流民，皆渡江避亂，建康（江甯縣治）大震。初，金主徙汴，賦斂益橫，無賴羣聚爲盜，李全鈔掠山東，聞朝廷慰接羣豪，置忠義軍，遂舉衆歸宋，得京東路，（今山東及河南商丘縣）總管。至是淮東制置賈涉，使全要金歸路，連戰於化湖陂，（安徽懷遠縣南）殺金將數人，解諸州圍而去，全復敗之，自是金人不敢窺淮東，時嘉定十二年也。其後全以驕暴難制，卒作亂，金以宋絕歲幣，國用日困，復自潁壽（安徽阜陽縣與壽縣）渡淮來侵，還値淮漲，士卒皆覆沒，金之兵財，繇是大竭。哀宗旣立，遣尚書令史李唐英至滁州，與宋通好。其時金之河北山東已沒於蒙古，旣與宋和，復至光州，榜諭軍民，更不南侵。宋寧宗崩，史彌遠矯詔立沂王（寧宗從弟）子昀，是爲理宗，以皇子竑出居湖州（屬浙西路今浙江吳興縣）州人謀擁立之，彌遠遣人逼竑自縊。李全作亂於淮安，（屬淮南東路今江蘇淮安縣）彌遠縱之，遂跳梁南北，趙范等大敗之揚州，全迺走死，紛紜者七年。時宋以孟珙爲京西兵馬鈐轄，領忠順軍，屯棗陽，邊儲豐足。蒙古旣圍金汴京，遣王檝來京湖議夾攻金，史嵩之上聞，朝臣以爲可遂復仇之舉，獨趙范不喜曰：『宣和海上之盟，厥初甚堅，迄以取禍，不可不鑑。』帝不從，命嵩之報使許之。嵩之迺遣鄒伸之往報蒙古，俟成功，以河南地來歸。宋自開國以來，常以契丹爲至憂，徽宗幸契丹之衰，助金滅之，而不知金之可憂，更甚於契丹；及已與金接壤，始悔招强敵，自開衅端，以速禍變。其後稱臣稱姪，受屈辱殆百年。宋之君臣，唯念世仇之必報，而不暇慮後事，且若蒙古之實力，則南人所未詳悉。於是理宗助蒙古滅金，取快一時，既而輕舉敗盟，挑怒强鄰，正與徽宗之失計，歸於一轍耳。

宋會蒙古滅金

宋理宗九年，蒙古陷汴京，金主守緒保歸德，又走蔡州。（河南汝南縣）宋兵復唐鄧，與蒙古會於蔡州，共克之，以陳蔡西北地，分屬蒙古。金遷汴二十年，所在之民，皆破田宅，鬻妻子，以養軍士，自和議旣絕，復簽民兵，括汴京粟爲備，尋糧盡援絕，速不臺復圍汴，金哀宗出走歸德，又走蔡州，卒自經死，時宋理宗十年也。金之亡也，宋廷不自量，忽倡收復三京（東京、西京、南京）之議，欲乘時規定中原，朝臣多以爲未可，獨右丞相鄭清之力主其說。時趙范爲兩淮制置使，迺命移司黃州，（屬黃州路，今湖北黃岡縣）剋日進兵。范參議官丘岳曰：『方興之敵，新盟而退，氣盛鋒銳，寧肯捐所得以與人邪？開釁致兵，必自此始。』范不從。史嵩之亦言荊襄方飢，未可興師，理宗不聽，於是有端平（理宗年號）入洛之師。宋兵次汴洛者，戍守未定，而蒙古兵復大至，軍潰，趙葵等亦棄汴南還。蒙古使王檝來責宋敗盟，（理宗十年）自是襄、漢、淮、蜀無寧日矣。宋人於淮上力保安豐，（安徽壽縣）於京湖守襄陽，於蜀守合州，（四川合川縣）蜀西盡失，時理宗三十五年也。蒙古攻鄂亟，城中死傷者至萬三千人，荊湖宣撫大使賈似道，遣宋京詣蒙古軍，請稱臣納幣，再往，迺許宋割江北地，歲奉銀絹各二十萬，呼必賚（舊作忽必烈）亟引還。似道匿議和事，反奏大捷，還朝進官。

宋元構釁

元世祖既立，遣郝經來徵前議，似道恐謀洩，幽之眞州，（屬淮南東路，今江蘇儀徵縣）復以會計邊費治諸將。潼川路（四川舊潼川順慶重慶敘州諸府州地）安撫使劉整，叛降蒙古，（理宗景定二年）說以攻宋，先事襄陽。蒙古遂誘守臣呂文德置榷場於樊城，築堡遏南北之援（景定四年）越四年，史天澤遂築壘白河口，（自河南南陽縣流至湖北襄陽縣入漢）以偪襄陽，呂文煥拒守五年，援軍不至，礮中其譙樓，以城降，時度宗咸淳九年也。明年，度宗崩，子㬎立，元遣巴延（舊作伯顏）大舉南下，破郢，（湖北鍾祥縣）破鄂，緣江而下，宋始以禮遣元行人郝經還，經留宋，蓋至是已十六年矣。巴延長驅入建康，而元主猶遣廉希賢等奉國書而南，抵獨松關，（浙江餘杭縣西北）爲宋守將誤殺。元因以執戮行人爲辭，進偪臨安，而宋亡矣。南宋之亡，肇於端平之啓釁，而烈於似道之諱和羈使；及江上之師既潰，雖無戮元使之事，亦未可以圖存，此可斷言者也。

宋與西夏之交涉

宋太宗眞宗時，頻年與遼搆兵，其時西夏新建國，亦數窺宋西陲。西夏者，黨項之後也，屬西藏族。唐末，部酋拓跋思恭以討黃巢功，封夏國公，賜姓李氏，子孫世據夏州。（故城在陝西懷遠縣西內蒙古鄂爾多斯界內）數傳至繼捧，率衆朝宋，其族弟繼遷襲據銀州，（陝西米脂縣）降於遼，遼封夏王，遂數侵宋邊。太宗賜繼捧姓名趙保忠，使圖繼遷；繼遷降，賜姓名趙保吉，已復叛。保忠亦附遼，李繼隆往討，執之送汴。保吉叛服靡恆，宋擊之不克，傳子德明，漸跋扈境內飢嗛，上表求粟百萬。時王旦請敕有司具粟京師，詔其來取，德明知朝廷有人，迺止。至元昊，雄毅有大略，地方萬里，帝制自爲。仁宗詔削其官爵，絕互市，自是元昊連歲入寇，西邊騷然。其時韓琦、范仲淹皆名將相，專膺邊任，推誠撫綏，諸羌服其恩威，元昊之不獲逞志，二人言力爲多。後雖稱臣請和，然宋歲賜銀絹各二十萬兩匹，茶葉三萬斤，比於契丹，不過名義略殊耳。熙寧以後，銳意經略西陲，既破吐蕃羣羌，取熙（甘肅狄道縣）河（甘肅導河縣）諸州，又收夏之銀（見上）綏（陝西綏德縣）蘭（甘肅皋蘭縣）州及諸堡寨。然一敗於靈州，（寧夏省靈武縣）再敗於永樂，（城名以永樂川得名米脂縣北）軍資耗喪殆盡，最後章楶建議，令緣邊諸路，相繼據形勝，建城堡以偪之，繇是大捷於平夏。（城名甘肅固原縣北）夏人經此刦，遂不復振。夏自元昊稱帝，凡一百九十年，抗衡宋遼金元四國，偭背無常，視四國之强弱以爲異同，至是迺亡，時宋理宗寶慶三年也。然論北宋西夏之患，其勞擾實甚於遼矣。

第六章　元明對外政策

歐亞之始通

自蒙古建國以來，諸小國悉滅，四方無割據，商賈往來日便，且又開官道，設驛站，分置守兵以衛行旅，東西兩洋之交通，實肇於此。當是時，西亞細亞及歐洲商人，陸路自中亞，經天山南路，或自西伯亞利南部，經天山北路，而遠開販路於和林、燕京。又波斯、印度與中國之間，海上之交通，亦日以繁；我福建之泉州、福州諸港，爲當時世界第一商場，外人來居其地者，殆以萬數。彼義大利之馬哥博羅，及非洲之伊本巴支塔等，其遠游我國，皆在是時。且蒙古大汗，重致遠人，一切色目，咸與登進。故阿剌伯及波斯之學者、軍人，義大利、法蘭西之畫家、方伎等，來仕其朝者頗多。是以西洋之天文、算學、礮術，皆得入傳於我國，而我國之羅盤鍼、活字板等，亦於是時傳至西方也。是時歐洲之人爲回敎所轢，法蘭西、德意志諸侯王等，方再興十字軍，與之盛兵相攻，耶穌敎徒，皆謀聯盟蒙古以壓回勢。蒙古於各敎傳布，皆許自便，且以謀併回敎國，用遠交近攻之策，於耶穌敎國，不能不與修好，故蒙古大汗，於西士東覲，皆爲慰接。世祖旣立，且遣使西謁敎皇，請派敎士。至元三十一年，蒙迭哥爾維諾航海來華，世祖許建敎會於燕京，爾後耶穌敎徒，來者益衆。及明代中葉，喜望峯航路發現，葡西諸國，先後東來，以南洋爲根據地，而通商於廣州、廈門、寧波諸港。嘉靖中，葡人請於粵東香山縣之濠鏡，租地建屋，歲納租銀五百兩，疆臣林富代請許之。濠鏡，卽今澳門也。葡人繇是築城立埔，比於領土。同時荷蘭亦據臺澎（臺灣澎湖）而有之。蓋明廷第貪互市之利，而不知正疆界，明主權，此其所以失敗也。然元拔都、旭烈兀之西征，與明鄭和之下南洋，陸海遠征，道里所啓，則亞東民族之勢力，固嘗駕越歐洲矣。

元初中亞形勢

時亞洲西部，自忽章河（錫爾河）以西，包有鹹海裏海間，南盡今阿富汗俾路支及波斯東境者，為花剌子模，（即貨勒自彌朔）號為大國。其直波斯海灣者為報達，（西北據體格力斯河）回教主哈里發（譯義代天治事，為回教主之尊稱）之根據地也。居裏海以南山間者，為木剌奚部。高加索山之南者，為角兒只國。自此及於小亞西亞，分部建國者甚衆。其歐洲東境，當浮爾嘎河流域者，曰欽察部；（一作奇卜察克）其西為阿羅思；又西為波蘭，為馬札兒；（今匈牙利）蓋其大勢如此。始太祖之西征也，率其子朮赤、察合臺、窩闊臺、拖雷西向自也里的石河源，逕阿力麻里，（伊犁曲城之附近）渡忽章河，侵入花剌子模，其王謨罕默德走死。因分兵征欽察，朮赤大將哲別等更緣裏海西岸踰高加索山，大掠而北，襲其部，（此部當時散居西伯利亞西南，在烏拉嶺西，裏海黑海以北，突厥種族之一也）南方阿羅思諸侯王（時俄行封建制）悉援之，蒙古兵逆擊於阿速海（黑海之東北一大海灣）附近之阿里吉河畔，大破之。太祖即以鹹海裏海之北封朮赤，同時封窩闊臺（今改譯格德依，是為太宗）以阿爾泰山附近之乃蠻故土，封察合臺（今作察罕台）以錫爾河東之地，為西北三汗國所自始。蒙兵凱旋，花剌子模子札剌勒丁者，擁衆復興，至太宗遣將討平之。於是欽察亦叛，朮赤次子拔都（今改巴都）破擒其別部酋八赤蠻，乘勝入阿羅思，北向屠烈野贊，（今俄之利森省，在鄂嘎河右岸）陷莫斯科，（俄舊都，在利森西北）更南下取幾富。（一作計掖市）俄境既定，益驅其餘勢，以侵歐洲內地。一軍自馬札兒渡禿納河，（今多惱河，源出德意志，南流而東，逕奧地利、羅馬尼亞入黑海）一軍自孛烈兒（今波蘭土）侵細勒西亞，（今普魯士東部之一部，在巴郎尼約不爾東南）所至輒殺掠。歐洲北部諸王聯軍逆擊之里格尼自，（在細勒西亞部會城，北勒斯勞之西）皆為所挫，歐洲全土震動。捏迷思（今德意志）諸部，民皆荷擔而去；會太宗凶問至，蒙古軍東還。拔都治城於薩萊，（浮爾嘎河東岸）是為欽察汗國，俄之南北部皆屬焉。當太宗再定西域，花剌子模遂亡；厥後旭烈兀（太宗姪世祖弟今改鍇魯）復用兵於裏海黑海之南，平木剌奚；定報達，天方（今沙剌伯）全部肅清，因更略定小亞西亞諸部，遣郭侃西渡海，收富浪，（古時波斯島等國皆稱歐羅巴人爲佛郎即法蘭西也地中海有拙撥耳島（鄰圖作娑下洛斯）當時謀復耶穌基人據島立國富浪即佛郎殆即此島見元史證補西域傳注）始開藩波斯之境，號伊兒汗國，與西北三部，比肩爲四。唯拔都旭烈兀兵威所至尤遠，故其分封之地亦軼於歐境。

明初南洋形勢

元世祖既征占城交趾，又發使者招致南洋諸國，至元十九年以來，馬八兒、（南印度東岸）俱藍（南印度西岸）來來（即羅斛今暹羅南部）蘇木都剌，（今蘇門答臘）先後皆入貢於元，獨爪哇不聽命。成宗大德七年，遣兵三萬擊破之，餘未嘗加一矢焉。故論者謂南境海上之師，則不如明。明成宗既好武功，頗思張威域外，聞西南諸國多殊俗，欲一一通之，比於漢武，且疑建文亡海外，思蹤跡之。初遣中官侯顯往烏斯藏，既而又遣馬彬使爪哇、蘇門答臘諸國，李興使暹羅，尹慶使滿剌加（今麻六甲）柯枝。踰年，又使雲南人鄭和與王景宏等使西洋，多齎金帛，率兵三萬七千餘人，造大船六十有二，自蘇州劉家港出海，至福建，達占城，以次遍歷西洋，實所至者爲三佛齊、錫蘭、蘇門答臘諸國，即今南洋各島是也。諸中官至其國，頒天子詔，宣示威德，不服則以兵力攝之。各國皆遣使隨和入朝。及明併安南，國威加於南海，於是琉球、眞臘、（柬埔寨）暹羅、滿剌加、渤泥、（今婆羅洲島）蘇門答臘、爪哇、榜葛剌（今印度孟加拉）等三十餘國，皆帖然俯伏。時諸番利中國貨物，益互市通商，往來不絕。歷成祖仁宗宣宗三朝，鄭和凡七奉使，三禽番長，爲古來宦官所未有。國人豔稱之曰三保太監下西洋者也。其所經歷南洋一帶：南路則今越南之西貢、暹羅之曼谷，以至馬來半島、蘇門答臘、爪哇；東路則臺灣、呂宋、婆羅洲，凡中國東海、南海、暹羅灣、麻六甲海峽、爪哇海，皆其所行之航路線也。印度洋一帶：北路則印度、波斯、阿拉伯；西路則非洲東部諸國，凡孟加拉海、錫蘭島阿拉伯海、波斯灣、亞丁、紅海、莫三鼻給峽，皆其所行之航路線也。方是時，歐洲葡西諸國，亦皆獎勵航業，哥倫布自此尋獲美洲，而葡人華士哥德嘎馬發見喜望峯航路，遂至印度；麥哲倫亦橫渡太平洋，啓菲律賓羣島；皆在鄭和後百年內事。故明中葉以後，雖國威寖衰，而南海諸國交通如故，然其後終爲葡西荷蘭諸國所據者，蓋以歐人東來，厲行殖民政策之所致也。此中國民族之所繇衰也。

倭寇之騷擾

其時東方則有日本高麗二國，而日本尤强悍。高麗自元初征服，世受約束，至明洪武二十五年，爲其臣李成桂篡奪，王氏國統遂絕，改封朝鮮國王，爲明外藩。而日本自罷遣唐使，五代及宋，唯僧侶商船，私渡來華，國交彼此皆絕。元世祖既臣服高麗，欲介其王以招致日本。時日本將軍開府鎌倉，（東海道相模國之東，橫濱之西南也）北條時宗專權，怒元國書無禮，不答。當至元十一年，以忻都爲將，合高麗兵二萬餘，攻壹岐對馬，（與朝鮮釜山隔一海峽，其東南卽是島也）不克。明年，命杜世宗等往使，時宗斬之，嚴備西海。元欲報前仇，復以范文虎等爲將，合高麗兵，號十四萬，戰艦四千五百艘，自壹岐東迫博多，（福岡縣沿海之地）日本河野通有等力戰，元兵不能進，颶風覆舟，還者止數千人。世祖謀再舉，以經略南方，遂罷其事。日本自被元兵，築石砦於博多，禁通商，海船往來，皆奸利小民，元亦懸禁，久之遂流爲海寇。其後日本內亂，分南北朝，盜賊猋起，南朝敗，遺臣越海侵高麗，九州民附之，大擾，覃及中國，而張士馘方國珍餘黨，復導倭出沒海上，北自遼海山東，南抵閩浙東粵，皆被其害。明太祖時，嘗遣使臣齎詔往，不得達，移牒譙讓，或遣僧上書，詞終不遜。會胡惟庸謀反，潛招倭與期會，繇是深惡日本，命湯和瀕海築城，量地遠近，置衞所，禦之，海疆稍靖。成祖時，遼東總兵劉江大破之望海堝，（今遼寧金縣東南，事在永樂十七年）倭不得逞。時日本將軍足利義滿已統一南北，遣使於明，成祖封為日本國王，賜勘合百道，設市舶司於寧波，俾領貢市。至世宗時，日本諸道爭貢，大掠寧波緣海郡邑。給事中夏言倡議罷市舶，番貨至，奸商貴官挾以為利，負其直不償。倭積憤，始大掠浙東，嬰害尤劇。中國諸奸與通，為之鄉導。倭更推汪直徐海為謀主，往來剽忽，蔓延浙西江北者綿歲。洎胡宗憲綜軍事，計誘二人誅之，江浙患漸紓。餘衆改寇海門，（今江蘇海門縣）緣海東掠至廟灣，（今淮安縣東北）李遂擊破之，焚其舟，江北悉平。（嘉靖三十八年）倭遂竄閩廣，戚繼光俞大猷等又破之平海衞，（福建莆田縣）倭勢始衰，時嘉靖四十二年也。然尚據臺灣，出沒於近海，萬曆時猶犯浙粵，疆吏懲前禍，海防頗飭，敵至輒失利，患始息。

越緬之叛服

初，蒙古下大理國，定雲南地，其西南境接緬國，今之緬甸也，介乎越緬間者，曰暹，曰羅斛，此其概也。緬王時都蒲甘，（今緬甸南部首城緬泮西南約百二十里）併阿羅漢（今緬甸西境阿剌干部西瀕印度孟加拉海灣）及白古，（今緬甸南境之擺古部）略暹國，（暹羅之一部）威振後印度。世祖徵其入貢，不聽，至元二十年，征緬，取江頭太公，（均西臨伊洛瓦底江，皆緬甸北部，江頭在部之最東北境，今北莫也，東界雲南騰越邊，太公在八莫西南）順流而下，陷其都。王南遁白古，遵海至錫蘭，會元軍以糧竭去，緬王復歸國，納貢請降。是時自西藏東南散在阿撒母（今印度阿薩密也，在孟加拉部東，不丹國南，北跨雅魯藏布江）地方，金齒（雲南龍陵縣舊為隴川南甸干崖盞達芒市遮放鎮康灣甸諸土司地，隴川盞達干崖並改為行政委員治所，南甸騰衝縣南改置八撥縣佐於此芒市遮放二地合置芒遮板行政委員治所鎮康已爲縣治灣甸即其屬地也以下諸蠻，南及暹國，皆先後入貢。交趾南有占城國，隋唐林邑也。世祖征占城，遣兵假道，且徵粮餉，安南王陳日烜拒命，元因而攻之，失利，世祖爲罷東征之役，平壺裏師議再舉攻日本專事安南，安南遂奉職維謹。自陳氏有國傳百餘年，至明永樂初，爲大臣黎季犛所篡，盡殺陳氏之族，成祖遣將討平之，爲置交趾布政使司，安南自宋以來，至是又列於郡縣矣。既而交趾蠻族數侵擾，兵興久疲，不能制。宣宗初元，詔罷兵，如故事，復封黎利爲安南國王。凡交趾爲明有者，計二十年，遂復棄之。至嘉靖初，莫登庸又篡黎氏之位，明遣師討之，登庸降，改授安南都統使。嗣黎氏又起兵復故土，莫氏止保高平一郡，在諒山附近明亦兩存之云。

若西南夷，自元初三討緬甸，至明初緬甸入貢，置宣慰使司，授其酋卜剌浪。英宗時，明將王驥討麓川，即龍川江騰衝縣南緬人執其部長思任發獻其首，正統十二年以功欲得其北鄰孟養地，緬甸北部伊洛瓦底江西更的宛江東明不許。孟養宣慰思倫發者，思任發之裔也，故怨緬，遂東糾木邦，伊洛瓦底江東抹能江北合兵破緬，殺宣慰莽紀歲。其子瑞體，南奔洞吾緬甸東南海隅地那悉林部北境東濱西當江毋家，長有其地，募印度葡萄牙人爲兵，南奪古剌，緬甸擺古部北克阿瓦，歷代緬都北瀕伊洛瓦底江東臨抹能江支流入伊洛瓦底江邊復緬舊疆，時嘉靖三十二年也。自是更進并孟密、木邦所分之西境木邦，東侵車里，今雲南寧洱縣西南瀾滄江西岸老撾，盡據孟養地，遂崛強於西南，漸侵及雲南邊內諸土司。及子應裏起兵內侵，萬歷十年，明將劉綎等大破之，進陷阿瓦，勢頓衰。

明與韃靼之關繫

蒙古雖已服明，然其族裔走漠北者，實分二部：東曰韃靼，西曰衛拉特，（舊作瓦剌）日相仇敵。成祖五次親征，北族震懾。已而衛拉特獨強，其酋額森，（舊作也先）兇狡桀驁，西制哈密，（新疆哈密縣）東降兀良哈，（今烏梁海）專俟釁圖寇。明通事輩利其賄，告以中國虛實。會宦者王振減其馬價，遂搆諸部入寇大同，振勸帝親征，次土木，（堡名，今察哈爾懷來縣西）敵騎四圍，英宗爲虜。（正統十四年八月）景泰帝即位，太后遣使齎金寶，詣額森營請還帝，不報。于謙修緣邊關隘，自遼薊至甘肅，中間堡塞皆得人戍守，敵至輒敗去。額森無所利，尋遣使請和，歸英宗，皆謙力也。額森死，衛拉特衰，韃靼部長保喇（舊作孛來）、瑪拉噶（舊作毛里孩）二人雄視部中，已而二人爭權互攻，韃靼部落四分，勢未大振。憲宗成化六年，達延有雄略，復統一諸部，韃靼復熾，南入河套，（今鄂爾多斯旗）駐牧，與賀蘭山（今甯夏省黃河西）外邊，後强酋火篩相倚，率十萬騎，自花馬池（陝西定邊縣西北）入，散掠固原、寧夏，東及延（陝西膚施縣）綏，（綏德縣）往來數千里，戕殺慘酷，骸骨遍野，關中震動。然徙處者不常其部，明雖築邊牆，而終不能收套地，據形勢，故其後終爲敵有。至小王子自稱大元大可汗，徙幕東方，稱土默特，分諸部落在西北邊者甚衆，而濟農（舊作吉囊）、諳達（舊作俺答）二人據套地，尤喜兵。嘉靖間，小王子及諳達東西寇鈔，曾銑建言復河套，條八議以進，夏言力主其說，帝亦壯之。諳達求貢不許，銑遂修邊造器，出塞擊敗之，敵移帳漸北，復督諸軍驅之，遂遠遁不敢近塞。時銑方銳志出師，條上方略，廷臣一如銑言，而帝忽中變，嚴旨詰責，閣臣嚴嵩一意媚上，因極言河套必不可復，結廷臣攻銑，并及言，竟誅死。繇是諸臣不敢言復套事，而大權一歸於嵩。越二年，諳達復入寇，進薄京師，京軍飢且疲，不任戰守。丁汝夔問計於嵩，嵩曰：『塞上敗，可掩也。失利輦下，上無不知，誰執其咎？寇飽，自颺去耳。』汝夔因不敢戰，寇縱橫內地凡八日，整輜重而去。嵩誘罪汝夔，殺之。而其黨仇鸞復潛通諳達義子脫脫，遂開馬市於大同宣府，邊卒盡撤，時嘉靖三十年也。自是諳達益無忌，既侵暴西邊，復破衞拉特，擊吐番，取青海，兵力西漸，然以是佞佛，建寺院，招喇嘛，厭殺戮，不復寇邊。會諳達奪其孫把漢那吉婦，把漢來歸，諳達執叛人趙全等予明，以易把漢，請互市，明封爲順義王。（穆宗隆慶五年）而套部濟農等亦如約請命，均授官。諳達死，其妻三娘子迭配數王，主兵柄，爲中國守邊保塞，獲封忠順夫人，套患盡除。然西藏佛教，繇此傳播漠南北，而獷悍之俗悉化，其勢亦浸衰矣。

明代歐人來華通商傳教之始

自唐貞觀中景教僧阿羅本來中土，至元初威尼西亞巨商尼哥羅博羅父子亦先後至，而馬哥博羅仕元尤久，其著東方旅行記，大動歐人之視聽，然此不過私人旅行，曠代一至，於國際尙無關繫也。元代國威遠被歐洲，時羅馬教皇及法蘭西路易九世嘗遣使與元通聘問，是爲中西國際交通之始。然元亡明興，中亞交通之道猶艱阻，中西國際關繫，因之中梗。明弘治十年，葡萄牙人華士哥德噶馬繞喜望峯達印度，是爲歐亞航路發見之始，亦卽中西國際交通開拓之起源。時葡萄牙王以馬努利一世，於印度航路發見以後，遂起東略之志，占臥亞及馬喇甲，設印度總督，掌東方貿易，置僧正，掌東方教務，蘇門答臘爪哇諸島，亦漸趨於勢力範圍之內。武宗正德十一年，葡人拉斐爾伯斯德羅乘籛船至，是爲近世歐洲船隻至中國之始。拉氏求與中國締約通商，未遂。明年，印度總督遣使臣比勒斯，與臥亞市長匪地難得安剌德至粵東，地方官厚遇之，使碇泊上川島，自此葡商來者日衆。先是，暹羅占城爪哇琉球勃泥等國互市，本俱在廣東，設市舶司領其事，至是移於高州電白縣，葡人亦至焉。至嘉靖十四年都指揮黃慶納葡人賄，請於上官，徙之澳門，開爲葡人通商地，科地租歲二萬金。三十年，葡人藉口商船遭風，水漬貢品，乞地曝之，自是展地益闊，葡商來者益夥。三十六年，葡人以澳門爲殖民地，設官置吏，明廷不之拒。神宗萬歷初元，廷議且於澳門附近築牆爲界，默認界外爲葡人自治地，是又爲歐人占有租借地之濫觴。自此葡人數要求減少地租，越十年，承認葡商年科地租五百兩，至清道光二十八年以前，尚如之。繼葡而思握中國商權者，西班牙也。穆宗神宗時，先後遣使求締商約，皆爲葡人所間。嗣後荷蘭人亦亟開東方商路，謀挫西葡之海上勢力。崇禎十年，繼荷蘭而握海上霸權之英吉利，以艦隊至澳門求通商，葡人亦力格之。時英人威代爾率船四艘，自虎門入，以武力强入廣東，盡售其貨而去。以武力强迫通商者，當以英人爲始云。

西人之侵略人國也，以通商爲入手，繼踵而深入內地，以誘結其人民者，則爲傳教。葡人既得澳門爲通商地，傳教之士亦遂聯翩而至。蓋歐洲正值改革宗教之後，新教盛於北歐，於是南歐西葡等國舊教徒，亦結耶穌會，剔除舊教積弊，盡力布教於海外。其首至中國之利瑪竇，即耶穌會之舊教徒也。利氏籍義大利，以萬歷九年抵澳門，初布教廣東肇慶府，習華語，服華服，自附於漢姓，號曰利西泰，務以其說附會中國之儒教，且以天算、輿地、醫學要結人心；廣東大吏亦信之，許其建天主教堂於韶州。更於萬曆二十九年，夤緣入北京，以聖像時表獻神宗，又與諸大臣相交接，仍以天算等科學爲傳教之具，帝嘉其遠來，假館授餐，給賜優厚，公卿以下，咸重其人，樂與之游。如徐光啓輩，且爲潤飾其文辭，故其教驟興。自是教徒日盛，王豐肅、龍華民、艾如略、寵迪我，其尤著者也。逮明之季葉，中國人奉其教者達數千人；及其亡也，永曆太妃且致書羅馬教皇及耶穌會，祈禱其國中興。而當時反對者亦頗不乏其人，如明禮部侍郎沈㴶與郎中徐如珂等卽嘗合疏斥其邪說惑衆，禮科給事中余懋孳亦言天主教煽惑羣衆，夜聚曉散，一如白蓮無爲諸教，且往來壕鏡（卽澳門）與澳中諸番通謀云云。雖反對者不能謂其無成見，然歐人侵略政策本以通商傳教相輔而行，又烏得謂其無見哉！

第七章　清代與國內各民族之關繫

滿洲，東北女眞族也。自淸代統一中國，西北邊外蒙古族勢漸强，直包圍中國之西北部，於是而有女眞族與蒙古族之爭衡；更由此而涉及藏族與回族，其結果蒙回藏均受治於淸，混一而成中華民族。試分述之如左：

清與準噶爾之關繫

新疆跨有天山，周二萬餘里，天山以北爲行國，準部據之，其南爲城國，回部據之。明時之瓦剌中衰後，徙居喀爾喀以西，舊分四部：曰綽羅斯，牧伊犂；曰杜爾伯特，牧厄爾齊斯河（河名下流入齋桑泊）流域；曰土爾扈特，牧塔爾巴哈台；曰和碩特，牧烏魯木齊（新疆迪化縣）。總稱爲厄魯特蒙古。和碩特固始汗自明季入據青海，而厄魯特之在漠西者，以綽羅斯爲雄。康熙初，其族人噶爾丹篡竊，兼併四部，自立爲準噶爾汗，回部諸國亦屬之，并擴張餘威於衛藏青海諸地，成西北一大汗國。於是益東向而圖喀爾喀部，會喀爾喀已內附，清遣使於達賴喇嘛，使和解三部，噶爾丹亦遣其族人往覘，故與土謝圖汗挑釁，土謝圖汗執殺之，噶爾丹益有辭，遂大舉入其庭，分躪左右翼，（左翼車臣汗，右翼土謝圖汗）乘勢東犯不獲逞。聖祖再親征，噶爾丹敗歸，窮蹙自殺。第噶爾丹雖敗死，而其子策妄阿布坦，孫噶爾丹策零，及和碩特部汗羅卜藏丹津，輝特部酋阿睦撒納仍繼起統一厄魯特，與清抗衡。清亦歷康熙雍正乾隆三朝，前後六十餘年，始平定厄魯特蒙古，迺設一將軍駐伊犂，鎮守其地，更分設滿兵駐防，漢兵屯種，自此蒙古全部，帖然就伏焉。

清與西藏之關繫

西藏即唐時吐蕃也，自唐時以公主嫁其酋長，公主信佛，自中國鑄釋迦像迎奉之。其後印度尼泊爾兩國王，又以女來嬪，女亦佞佛者，酋長被二女感化，翕然從之，馴致全藏化為佛教國。逮元混一亞洲，世祖因其俗獷悍難馴，特封喇嘛八思巴為大寶法王以治之，衣冠盡赤。明初，宗喀巴出，別立一宗，製黃衣冠為徽號，謂之黃教，而以舊教為紅教。宗喀巴大弟子二人，一達賴，一班禪，並居前藏拉薩，握政教全權，傳至達賴二世，始舉政權授第巴，專領宗教。至達賴五世時，第巴桑結藉和碩特兵力，奪紅教徒根據地之後藏，而以達賴班禪分主西藏。清初，桑結以和碩特干涉藏事，復藉準噶爾兵力攻服青海。嗣達賴五世卒，桑結祕不發喪，矯達賴命，為己乞封。會噶爾丹自殺，桑結勢衰，清遂執其所立假達賴，然青海與西藏遂以達賴輒生間隙，大起鬨，而策妄遂乘機入藏境，引兵陷拉薩，殺清所封之拉藏汗，並執拉藏汗奏立之六世達賴幽之。清先後所遣援軍，復敗於哈喇烏蘇河。廷臣多請緩西征，聖祖以準部世爲邊患，不宜使竊藏地，大發兵討之。而藏人亦厭亂，咸悟青海所立新達賴爲眞，乞中國兵護之來藏。於是蒙古諸部，亦各率兵隨西寧軍，扈新達賴西行，準部兵屢戰皆北，西藏大定。因以拉藏汗舊臣，分掌兩藏權。雍正初，復設駐藏大臣監之，於是西藏完全爲中國之領土。

清與回部之關係

回部，卽唐時回紇餘衆，元之畏吾兒也。舊據天山南路，回教徒和卓木子孫繼之。和卓木者，譯言聖裔，謂教祖謨罕默德後裔也。其地小汗國甚衆，而以喀什噶爾爲最大。其教分兩種，一曰黑山宗，一曰白山宗，喀什噶爾汗崇奉黑山宗，排斥白山宗，而白山宗首領亞巴克藉準噶爾之兵力，爲喀什噶爾汗服屬於準酋。乾隆間，中國兵擊定伊犂，回部謀獨立，帝遣兵討之，分擊喀什噶爾及葉爾羌。回酋布羅尼特與霍集占兄弟，號爲大小和卓木者，皆遁踰葱嶺而西，巴達克山國王以其酋來獻，於是回部大定。迺於喀什噶爾置參贊大臣，復於諸城分別置辦事大臣、領隊大臣，以統之。然未幾又有烏什之變。烏什者，回部大都會之一，居民達數萬，其伯克阿布都拉，性暴戾，魚肉土著，辦事大臣蘇成又縱酒不治事，回民無所訴。是時葱嶺西境布哈爾阿富汗諸國，迺起同盟軍，襲殺其國王，屠其城，遂舉兵反。伊犂將軍明瑞及喀什噶爾參贊納世通，會兵擊平之。於是中國威震葱嶺以西，迤北則吉爾吉思部落，迤南則敖罕、阿富汗諸國，皆嘗遣使通貢，倚中國保護焉。

清與苗族之關係

清代歷康雍乾三朝之力征經營，匪特使東胡蒙古突厥西藏諸族，同化於漢族，倂將僻處西南之苗猺黎諸族，亦收其地入版圖而混化之。苗猺黎諸族中，當以苗族最居多數，其所根據之地，大約在四川西南及雲貴廣西等省中，即漢代之西南夷，唐代之南詔是也。宋代劃之大渡江以外，元明以來，復有土府土州縣之設，而以宣慰宣撫招討安撫長官等司分轄之。其民仍世狉榛，未能與漢族同化，故治之良難。清初承明制，分設土官，爲平西、定南諸藩所鈐轄。吳三桂舉兵時，諸土司頗爲所用，及事平，亦以度外置之，未能清其亂本也。雍正時，鄂爾泰倡改土歸流議，世宗令佩雲南貴州廣西三省總督印，經營凡五年，招撫貴州生苗二千餘寨，闢地二三千里，劾罷雲南霑益等地土官，以流官代之，廣西諸土官自泗城岑氏以下，先後繳回敕印與軍器，於是三省悉改土歸流，全疆底定，時乾隆初元也。越十餘年，又有四川大小金川之變。其俗故信喇嘛教，經五年之久，遣將討平之，遂以小金川地爲美諾廳，大金川地爲阿爾古廳，皆直隸四川省，而於勒烏圍設重兵鎮守之。自此苗猺黎等人，與漢人同受治於地方行政官廳，與漢人雜處既久，亦漸同化於漢人矣。

清與臺灣之關繫

臺灣孤懸閩海，明嘉靖間，爲倭寇所據，尋復爲荷蘭所奪。明亡，鄭成功謀恢復，擁衆居金（金門）廈（廈門）二島，受明桂王之封，號延平郡王，明宗室遺老多歸之。康熙三年，王師收金廈，時成功已前死，長子經嗣，猶奉永歷年號。（桂王年號）三藩變起，鄭氏復乘間略有閩邊海之境。耿藩平，經復棄金廈歸臺灣。會經卒，子克塽立，閩督姚啓聖奏請乘時征臺，薦水師提督施琅往，大破之於澎湖，克塽降，臺灣平，開置郡縣，隸福建布政司。自鄭氏後，中經朱一貴林爽文兩大變亂，復有吳球劉却陳光愛陳周全等，無慮八九起，政府例以兵力戡定之，未暇謀善後也。會太平軍亡，同時日本覆幕中興，以同治八年遣使通好，十一年而臺灣之膠葛起。先是，日本人民漂流臺灣，爲生番所殺，日本謂生番非我領土，遂率兵艦五艘至，擊破番人，斬牡丹社酋十八社酋長俱震懾往降。我國迺請其撤兵，弗聽。又風聞日本將襲臺灣西部，始遣沈葆楨往察形狀。日本以保利通爲全權大臣，自上海抵京，與政府議臺灣所屬，數日不決。英使爲威特出爲調停，清政府議定，日本撤其所駐兵，由中國償軍費銀四十萬兩，又撫卹銀十萬兩，利通遂至臺灣撤兵而還。政府唯遣公使駐日本，及西洋通商各國而已，未暇爲臺灣謀長久也。自安南事起，法兵攻陷基隆，和議既成，法兵迺退。政府始知臺灣爲南洋門戶，宜有大員控制之；迺援新疆改建行省例，改福建巡撫爲臺灣巡撫，常川駐紮；以臺北爲省城，增置臺南府，並設布政、按察等官，以專責成，時光緒十年後也。二十一年馬關條約成，（詳見朝鮮部）割臺畀日，臺民請政府收回成命，不報；迺奉巡撫唐景崧爲民主，兵鬨城內，景崧倉卒內渡。時劉永福駐臺南，與部下謀拒日，兵敗亦遁歸。自是臺灣遂爲日本所有矣。（按民國三十四年抗戰勝利臺灣仍爲我國行省之一）

第八章　清代與諸屬國之關繫

自中國統一西藏，漸與印度相接近，鎮定苗疆，復與後印度相接近，於是域外之交涉以起。第上章所言，皆實行屬地主義，有半治權者也。唯朝鮮尼泊爾緬甸暹羅安南琉球諸屬國，僅於名義上有通貢受封之責，而不主干涉。今再述之如左：

清與朝鮮之關繫

朝鮮僻近遼瀋，清之初起也，即先征服。然自明萬歷中，其國嘗被日本兵，明出師救援，故深德中國，當是時，嘗助明以抗清。天命初，征瓦爾喀，（鴨綠江北新賓縣南）朝鮮兵出境拒戰；太祖崩，亦不遣使弔問。會朝鮮叛人韓潤鄭梅亡命入清，請為嚮導，於是太宗決征朝鮮，遣貝子阿敏等出發，渡鴨綠江，長驅入平壤，乘勝進偪國都，其王李倧遣使乞降，訂約而還。然猶約為兄弟之國，令春秋輸歲幣及通互市而已。未幾，漸渝成約，頗增國防以自固。及清軍平察哈爾內蒙古諸部，咸議上尊號，朝鮮不從。太宗改元崇德，國號大清，朝鮮遣使入賀，亦不拜賜書；令送質子，又不報。於是崇德元年，定親征之議，會蒙古軍伐之，入其都城，分敗其援兵，圍之亟，倧再乞降，定議質二子，奉正朔，歲時貢獻，表賀一如明制；自此遂為清東藩矣。各國之與朝鮮通商也，皆以我為主國，政府苦外交棘手，多謝絕之。於是有介日本為先容者，日本迺與之訂平等條約，各國亦遂如其例，而咸認為獨立國，以去吾國之勢力，而吾不之覺也。已而朝鮮東學黨亂起，日本見我國出兵，亦發兵入朝鮮，復以改革朝鮮內政為名，與中國發難，漸陷遼東諸廳縣，復陷旅順及威海，海軍盡燼，而澎湖羣島又猝為所奪。清廷大震，介美使請和，日本不允，乃遣李鴻章赴日，與議定條約如下：（一）公認朝鮮為獨立自主國；（二）割遼南臺灣全島予日；（三）償兵費二萬萬兩；（四）開沙市重慶蘇州杭州四口，並許內河通航。議既定，俄以日占遼南，於己不利，迺約德法兩國，迫日本還遼南，而由清出償銀三千萬兩，是為馬關條約，時光緒二十一年也。自是朝鮮不我屬矣。

清與尼泊爾之關繫

尼泊爾在西藏之南，雪山之陽，居民務農商業，與藏人及英人之在印度者，夙通貿易。雍正時，嘗奉金葉表貢方物。其地向分三部，以加德滿都爲盟主。乾隆三十二年，爲西境廓爾喀所侵入，即尼泊爾王位，漸掠鄰地。會西藏紅教徒舍瑪爾巴與其兄黃教徒巴胡土克圖以分貲不遂，憤入尼泊爾，引廓爾喀人入寇，侵擾後藏，陷札什倫布，時高宗五十六年也。福康安率索倫勁旅征之，自青海趨西藏，悉逐敵屯，偪其都城，廓爾喀以乞降綏我師，陰通款英人以訂通商約，要其援兵，於是印度總督知事亟遣使作調人，而大軍已六戰六捷。廓爾喀待英使不至，再使乞和，比英使至，而和約已定，自是尼泊爾世貢中國。高宗懲前事，注重藏防，增戍兵，並令駐藏大臣行事儀制，與達賴班禪埒。迄光緒三十四年夏，尼泊爾遣使臣噶箕入覲。夫尼泊爾之稱藩，始於雍正，而乾隆之世又大創之，餘威寖替，尋復犯順，蓋咸豐時而已然，顧至今而又來朝者何也？蓋其時所謂公法，於弱小國爲最虐，稍一不愼，而墮於附庸之地位，則夷爲殖民地可也；不然，則夷爲保護國可也；又不然，亦得爲半主權國而止。世寧復有附庸於人，而猶主權完具如尼泊爾之於中國者哉？西望印度，今復何如？東望日本之規韓，亦必先使脫離主國，而後迺一舉而墟之。而後知區區繫屬之空名，在國際間有大力焉，此尼泊爾之所以泥首稱臣而不悔歟。

清與緬甸之關繫

緬甸於明時爲中國藩屬，萬歷後，朝貢寖廢。清乾隆時，有石屏州人吳尚賢者，設銀廠緬東卡瓦部，復游說緬甸，使入貢中國。然未幾緬甸各部不相能，南境之擺古部聯軍陷國都亞瓦，木疏部長起兵滅之，建一新緬甸國。嗣見中國官吏之貪而狠也，遂以邊界土司舊交涉為辭，舉兵寇邊。中國屢失利。帝以傅恆為經略，阿里袞阿桂為副將軍，進擊之。時緬方用兵暹羅，不欲與中國重開釁，上書請罷兵，帝不許。傅恆擬與暹羅訂夾攻之約，卒以交通阻滯不果行。會緬人來議和，而中國諸將亦憚攻亞瓦，遂定議，各還俘虜，返所侵土司地，未實行。帝復遣阿桂赴滇，與滇督勘邊，增兵備。於是緬酋大懼，始以乾隆五十三年入貢，返俘如前約。明年，遣使賀帝壽，帝因冊封為緬甸國王，定十年一貢之制，自是額貢罔缺。已而其西鄙之民與孟加拉英屬部人屢以阿臘千界線互爭所屬，至逐英之守兵，英遣兵進偪都城，始乞和，割阿臘千等地予之，償兵費數百萬，事迺寢，時道光六年也。英緬二方釁未以是聞於中國。迨咸豐二年，緬英釁又起，緬軍固守琵牛城，英苦戰拔之，緬王再乞和，割琵牛及馬爾達般等地，始罷兵。自是海岸地悉歸英領，僅於怒江上流保殘局而已。時中國太平軍事方棘，亦未暇南顧也。至光緒十一年，緬復與英宣戰，改建王城於仰光，旋為英軍所偪，遂出降。英分緬甸為上下二部，並置仰光總督府。事為中國所聞，迺與英議抗，英人許代緬納歲貢，顧納貢亦虛言，厥後未實踐云。

清與暹羅之關繫

暹羅者，以暹降於羅斛得名。在元順帝至正時明初始受封，世貢金葉表，與緬世仇搆兵。清乾隆時，國都猶地亞，當為緬攻破。僑暹有鄭昭者，粵人也，結合同志為暹報仇，復猶地亞。會故王子亡走柬埔寨，因推昭為國王，改都盤谷。俄昭被弒，其弟華方統兵在外，入討賊而即位，嗣以高宗五十五年賀帝壽，受冊封，十年一貢，如緬甸。

嘉慶間曾上表以攻緬獲勝告，仁宗諭解之。厥後歐力東漸，其南境舊柔佛部、新嘉坡島、麻六甲部內埠、西南吉德部、檳榔嶼，先後爲英人所割據，復於北境扼湄公河之上流以通我雲南，法人亦以湄公河東地曾屬越南爲辭，迫暹羅割讓，暹羅不能抗，遂許之。英慮其妨害滇緬交通，因與法協議，指定湄公河上流中立地約百四十餘里，誓兩國不相侵占，而中國實未參預其間。暹羅雖以英法相競而幸存，而中國數百年來所稱爲炎服屏藩及天南樂國者，至是已非我所有矣。

清與安南之關繫

安南自明嘉靖時爲黎氏復國以來，北方則莫氏仍保高平，然黎氏新王朝之內容，隱分兩國。初，黎之起兵恢復也，其臣鄭松阮淦故爲左右輔政，並有力。後鄭氏乘阮死幼孤，獨專國事，而出阮氏於順化，號廣南王。順化，故占城國地，黎氏舊朝嘗併有之者，於是鄭氏輔黎朝居東京，（河內）阮氏居西京，（順化）與高平莫氏，實已鼎足而三，此明季世事也。清初，依舊制封黎維禧爲安南國王，而高平莫元淸亦受都統使職。未幾，黎氏併高平，六傳至維褍，其世臣鄭棟益跋扈，忌廣南強盛，迺誘其土酋阮文岳阮文惠共攻滅之，繇是廣南爲新阮所有。當是時，鄭阮並世稱王，黎氏僅守府，無如何也。乾隆五十一年，鄭棟死，二子內鬨，廣南新阮乘間引兵誅其宗，而自爲安南攝政。會維褍卒，嗣孫維祁立，文惠盡收其財寶歸廣南，復連歲舉兵入河內，毀其王宮。五十三年，維祁率族叩關來歸，高宗以黎氏守藩禮百餘年，宜興師助其復國，命粵督孫士毅等率師一萬出鎮南關，（在廣西龍州）自諒山分道入而安南義勇從者亦數萬，轉戰而前，踰月入其國都，阮惠奔廣南，維祁復位。士毅既定廣南，不卽班師，又驕不設備。文惠詗知虛實，遂潛襲東京。五十四年正月朔，我軍方置酒張樂，阮兵乘夜猝至，師潰，將士爭渡富良江，擠溺而死者大半，輜重盡棄，士毅走回鎮南關，維祁母子亦脫身來歸。文惠復據安南，方與暹羅搆兵，大懼。王師再討，迺更名阮光平，遣使謝罪乞降。高宗以維祁再棄其國，是天厭黎氏，亦遂允阮氏所請，而賞維祁三品銜，編旗安置京師。五十五年，光平來朝祝嘏，班親王下郡王下受封而歸。嘉慶初，有閩廣海寇之警。新阮有國十餘年，其前王黎氏甥阮福映逃至暹羅，藉法之兵力驅光平子孫而代有其國，上書清廷，改號越南。然自光平之起兵篡國，嘗乞援法國，訂法越同盟之約，事在乾隆五十一年見越南亡國史是為法占越南之張本。及光緒八年，中法戰於諒山，和議成，越南與中國之關繫遂絕。

清與琉球之關繫

琉球自明洪武時，卽遣使朝貢。入清後，受封中山王，奉職尤謹。其貢舟三年一至，凡國王嗣立，必請命於中國，中國派遣正副使持節航海册封之。咸豐時，日本乘中國多事，滅琉球而存其王號。然在同治初年，國王尙泰繼立，仍請襲受封如例，中國主權固儼然尙在也。逮同治十三年，臺灣生番有殺琉球難民之事，日人聲言琉球隸日本，致開交涉，政府倉皇與日本訂約，止求臺灣無事，不復與爭琉球，而琉球之主權，已陰讓於日本。至光緒五年，日本遂遣使至琉球，傳日皇旨，令琉球勿入貢中國，並改易正朔。琉球國王以久隸中國藩封，世修貢職，不便擅自更張，婉辭謝之，復遣使告急於中國。時樞府方經營新疆，中西交涉頻繁，未遑兼顧，日本迺發兵艦數艘，執琉球王以歸，尋廢之，而夷其地為冲繩縣。政府始與抗爭，不得直，比安南法約定，日本援以爲例，政府遂不復問琉球事，唯創立海軍，爲防禦計云。

第九章　東西各國之交涉上

自明代亞歐航路大通，至淸而使節駱驛，道光以前，南方以廣州爲貿易場，聽諸國商販之出入，初無與於國際之交涉也。有國際之交涉，而後可言外交。雖然，外交者，兵力之先聲；兵力者，外交之後盾；不有兵力而言外交，則應用之機能已失，而欲責其收效於壇坫樽俎間，又烏乎可？夫國家能立於不敗之地，必其未開談判，先計動員，出語之軟硬，純視兵力之强弱爲轉移。而我國以一千一百餘萬方公里之大陸，迺盡投於列强漩渦之中，亦可以瞰此而知其故矣。綜觀我國近百餘年外交歷史，約可分爲四時期：其以正式會議勘界通商者，首俄羅斯。當康熙二十八年，一訂尼布楚之約，雍正五年，再訂恰克圖之約，是時各國所要求者，通商而已，減輕稅則而已。而我之視通商，亦猶明代之視馬市，藉以爲懷柔之具已耳，此爲第一時期。道光十九年鴉片之役，中英搆衅，二十二年講和於江寧，許五口通商，於是門戶洞開，自無懷柔政策之可言。然以粤民積憤思逞，而當事者又謬於應付，遂有咸豐七年廣州之變，卒至聯軍入京，文宗北狩，和議成，復增開緣海口岸及長江通商之約；同時又與俄結璦琿條約，棄黑龍江以北地，十年，又割烏蘇里江東岸畀之，凡失地二千餘里，此爲第二時期。新疆回亂，俄人乘機進據伊犂者十年，光緒五年，戡定新疆，遣使索還，歷三年，迺始定議，而伊犂霍爾果斯河外之地，竟以不及至東南緣海兵事，日兵闖入臺灣後，復有法越戰役，是時中國併所謂馭夷之道而無之，此爲第三時期。逮光緒二十年，日本以朝鮮發難，我水陸師徒相繼覆沒，一蹶不振，其影響所及，英俄德法至羣起而割我軍港以爲利。國人切膚致痛，因激起排外之謀，而釀成庚子拳民之亂，聯軍深入吾國之底蘊畢宣，此近年失敗之情狀也，此爲第四時期。烏虖！觀此亦知世界大勢與外交慣例矣。茲故總敍大凡而分國以述之如下。

中俄之交涉

與中國陸路交通先歐西各國開國交者，則首爲俄羅斯。俄自建設西伯利亞殖民地以來，遂東進不已，嗣聞黑龍江緣岸饒衍，迺組織黑龍江探險隊，以從事侵略。順治六年，建雅克薩堡於雅克薩河口，十五年，復建尼布楚砦於尼布楚河口，爲經營黑龍江根據地，二城互相呼應，聲勢頗振，樞府知之。康熙九年，遣使尼布楚，責其速離黑龍江。俄人亦遣使赴北京，獻方物，幷聲明無他意；樞府固素目俄爲朝貢國，至是益視爲歸順之左證。詎知俄人益經營雅克薩城，將席捲黑龍江東北數千里地，中俄戰機於是始迫。二十四年，聖祖遂命都統彭春等督兵愛琿，分兩路進，列礮轟雅克薩城而陷之，俄人力不敵，退守尼布楚。明年，俄軍復據舊址，建土壘，我軍圍之兼旬，俄將士死亡相繼，雅克薩城旦夕可下，會中國以荷蘭使者之介紹，遺書俄皇，論曲直。俄大彼得新立，亦以國內不靖，且恐危及西伯利亞南部，極願修好，覆書謂中國前數遺書，本國無能通辭者，今已知邊人搆衅之罪，即遣使詣邊定界，請先釋雅克薩圍。二十八年十二月，我內大臣索額圖等始與俄全權公使費要多羅會議於尼布楚。時我水陸精兵從者萬人，俄人氣奪，遂定議，立約七條，即所謂尼布楚條約也。

摘其要如下：(一)循額爾納河上流不毛之地，由石大興安以至於海，凡嶺南屬中國，嶺北屬俄國；(二)西以額爾古納河爲界，南屬中國領，北屬俄國領；(三)毀雅克薩城，俄之居民及物用，聽自遷往；(四)禁容留逃亡及獵人逾界與商旅往來之無文票者。右約迺以滿漢俄拉丁四種文字，勒界碑於兩國境上，於是東北邊境之紛議漸定。然自康熙三十九年以來，聖祖迭舉大軍，征準噶爾，未幾，喀爾喀內附，外蒙古主權遂歸中國所有，俄素與喀爾喀通貿易，至是北方中俄之互市與境界問題遂起。五十八年，俄遣使至京，請改訂商約，未果。雍正五年，俄使臣薩瓦申前請，且請劃蒙古西伯利亞疆界，我全權大臣策淩等被命往國境布拉河上(即恰克圖)，締結恰克圖條約，議定額爾古納河至恰克圖及由恰克圖至沙畢奈嶺(一作沙賓達巴哈在唐努烏梁海北)之界。同時又許俄國留喇嘛三人、學生四人於京師，且定恰克圖爲市場，俄商每三年得至北京互市一次。彼時國力全盛，凡前後所定界約商約，其條款皆由我指示，故於土地主權，均極鞏固。

俄人尼布楚條約之締結，此固非俄人之所甘心，特怵於清之國威，不敢問鼎耳。迨鴉片戰役後，見清之聲威隳滅不復足畏，又歆於英之滿志而歸，其對於我國，遂復爲東西並進之侵略。道光三十年，樹其國旗於黑龍江岸，假俄美公司之名，照會中國政府，樞府視爲無足重輕，漠焉置之，遂益生心。咸豐八年，西伯利亞總督莫拉維哀夫，移哥薩克兵萬二千屯黑龍江口，要將軍奕山與訂愛琿條約三章，割棄石大興安以南地。明年，英法聯軍犯北京，文宗出走熱河，俄居間媾和，責償於我，并割烏蘇里江以東地，及開放陸路商埠，於是又有北京之約十五款。東北疆域視尼布楚舊約大變，而恰克圖商市亦異於雍正時代之制。茲彙兩次結約之損失如下：(一)因愛琿條約之承認，中國北界由額爾古納河循黑龍江左岸達於海口，其北盡以屬俄，俄人並得於黑龍江松花江烏蘇里江通航；(二)北京續約，自烏蘇里江以上至興凱湖，逾綏芬河，盡圖們江海口，迤東一帶地復爲俄有；(三)同時允俄人於庫倫張家口及西路之伊犂塔爾巴哈台喀什噶爾三城得自由貿易給地建棧，幷分設領事於庫倫喀城。此兩年中，俄則不折一兵不交一礮，坐闢阿穆爾東海濱兩省之大區域，且得一出海口海參崴於遼東，然而其西界未定也。

同治三年，將軍明誼奉勘西北界，訂明自沙畢奈嶺起訖喀城邊外止，以中國現管卡倫爲界，然已將塔城之雅爾(在塔城西二百里)及伊犂以西之特穆爾伯(即伊斯色克庫里湖)劃入界外。會新疆回亂起，南北兩路盡失，俄遂於同治初元入據伊犂，藉詞代我收復，謀久佔。光緒四年，戡定新疆，索還伊犂，遣崇厚往議。崇厚至俄，俄人狡賴百端，直至五年，始於克里米離宮締結返還伊犂條約，規定中國償還俄占領費五百萬盧布，伊犂南部特克斯河流域之廣大平原，割讓俄國，又修改同治三年塔爾巴哈台界約所規定齋桑淖爾方面之國境，及通商事務。約成而歸，廷議大譁，責其辱命，詔逮治，改命曾紀澤使俄再議。俄拒之，分遣黑海軍艦赴中國，圖封遼海，而軍帥左宗棠亦主廢約力戰，兩國國交幾決裂。時英人戈登以助平太平軍功爲清廷所信任，力勸和平修約，樞府納之，俄亦許可，於是紀澤避重就輕，經六閱月折衝，改訂新約二十條，時七年十一月也。其與崇厚所訂條約相異之處，摘述於下：(一)賠償俄國占領伊犂軍政費改五百萬盧布爲九百萬；(二)割讓地爭回伊犂南部特克斯河流域廣大沃土，改以伊犂西部霍爾果斯河以西一小區讓予俄國。此外則准俄國添設肅州即嘉峪關及土魯番兩領事。唯俄民在蒙古各盟伊犂、塔爾巴哈台、喀什噶爾、烏魯木齊及關外天山南北兩路各城貿易，暫不納稅，唯緣海通商各口，仍照各國通商總例辦理。此次所訂條約，雖仍不免於割地，然已挽回崇厚所訂約之大失敗，此次中國外交史上可以稱之爲外交者，止此一事而已。然而向非左宗棠之力修戰備，耀兵新疆，恐非徒恃口舌所能奏效也。

俄之欲由新疆趨嘉峪、通道陝鄂以入長江也，志既不獲逞，迺復銳意經營鐵路，東規東三省。中日之戰，合德法二國仗義執言，逼日還我遼東，又以中國償巨款於日之故，二十二年借集國債盧布金一萬萬於我，示親暱而約定西伯利亞鐵道綫得穿黑吉之境，接於海參崴，以華俄道勝銀行名義承攬之，即所謂東清鐵路是也。是時德亦急欲得一軍港於中國緣海，以與各國競爭。至是窺知俄意，遂私與俄約，由德藉故強據膠州灣，屆時俄迺可資爲口實而佔旅順，俄大喜許之。會德宣教師在曹州被殺，德既占膠州灣，俄遂乘機派西伯利亞艦隊駛入旅順口，迫中國爲訂旅順大連租借條約，謬託二十五年租借之期，日夜修戰備不輟。同時又接展南滿鐵路支綫，迳達旅順，而黃海霸權至此已完全在俄人掌握中矣。拳民亂起，俄遂占我東三省，和議成，各國約定交地撤師，俄迫於公議，亦聲言將撤東三省之師，而增修兵備如故。時日本以還遼之怨，忌俄尤甚，迺結日英協約以抗之。俄不獲已，以二十八年三月與我訂撤兵之約四條，俄兵以六箇月爲一期，分三期撤盡。次年，第二次撤兵期至，俄忽變計，要求東三省用人行政，須俄協議而定，於是日本出而抗戰，俄軍大敗，卒以朴資茅斯之議，舉俄所得於中國南滿之權利，盡以畀日。計自咸豐八年至此，俄嘗乘中國有事，節次進取，今雖爲日所敗，而所割棄者本非俄之物，而中國之物也。未幾，英俄協約又成矣，俄認長江流域爲英之鐵道築造權範圍，英認長城北爲俄國鐵道築造權範圍，俄所自認爲己之勢力範圍益擴大，兩國舉未以是歸中國，然中國亦竟無如之何。嗚虖！此猶得謂之有外交乎？況俄對於中國之欲望，猶未有已也。

中英之交涉

中國今日之國勢，大半爲與各國所訂之不平等條約有以造成之；而首先開此惡例者，英吉利也。英人經營東方，殆與荷蘭人同時；唯荷人注重馬來羣島，而英人注重於印度。明萬曆二十七年，倫敦商人組織東印度會社，竭力經營印度大陸，與葡人戰爭無已，葡遂許英艦有出入澳門之權利。至崇禎八年，英人威代爾之以強力要求通商，頗引起中國官民之反感，及其既通商也，則重征稅課以困之。清康熙三年，英艦來澳，既索其租金二千兩，復派兵警備之，艦泊留五閱月，卒不得要領而去。越十年，英艦再至，復僅以賤值售去織物而歸。蓋其時英之所通商者，僅明遺臣鄭經所據之臺灣廈門二處而已；迨鄭氏爲清所滅，即二處亦復停止。四十年，東印度會社遣喀齊佡爾齋貢物至北京，其結果，得於河口通商外，更得在舟山貿易。自後中國以彼貿易日盛，遂於五十九年課輸入稅四分，輸出稅一分六釐。雍正六年，輸出稅加課一分，英商迺轉而至廈門寧波；顧其地官吏之課稅尤重於廣東，於是東印度會社在兩處之經營，仍歸失敗，屢哀請減免，皆不得請。乾隆五十七年，英遣馬甘尼爲大使，欲與中國結修好通商約，攜英王國書，贈獻品，是爲英政府正式派使至中國之第一次。馬甘尼至大沽，時高宗狩熱河，令其巡往熱河覲見，且視爲貢獻使，強使行拜跪禮，馬甘尼峻拒之，然亦不敢有異言。先是，康雍朝歐西使者入覲，皆行叩頭禮，至是雖以議禮不合而歸，而締約之事終未達。當時國力全盛，其足以屈服遠人如此。嘉慶二十一年，英復遣亞墨爾斯爲大使至北京，樞府仍目爲例貢使，亦以不行拜跪禮命之出境。蓋中國唯知各國之遣使，皆爲朝貢而來，實未知通商之利害關繫，第視之爲古代緣邊之互市，所以嘉惠遠人而已。故如葡萄牙荷蘭等國商人之來也，遵命行拜跪禮，則許其通商；英人之不肯屈也，則絕之。即其已許通商者，亦時厭惡其煩擾，而責其本國派人管轄之。英政府遂於道光十三年下令廢止東印度會社專業，設對華通商總監督，予以管轄商人之全權。其年冬，英復任那蔀爲主務監督，然中國猶目爲領袖商人之大班也。故粵督盧坤因其來書用平行式，即拒不與見，并不許其至廣州。當是時，英商雖遭華官齮齕，而東印度會社之鴉片輸入固日盛，至十七年，每年私鬻者至四五萬箱，（每箱百二十斤）而中國之銀輸出者，漏巵亦可知已，繇是鴉片之戰爭起。

唐貞元時，中國有自亞剌伯商人輸入罌粟者，至明中世，其貿易概歸葡萄牙人手。至萬曆十七年，關稅表中有「鴉片十斤，銀條十二兩」之規定。明季，英人代葡人執東洋貿易權，於印度廣植鴉片，以中國銷路廣，英遂以鴉片爲年獲巨額財源。清乾嘉間，屢嚴律禁止，而其風不少遏。至道光十六年，鴉片輸入額爲二萬八千箱，價值一千八百萬兩，漏巵之鉅，煙毒之深，舉國驚駭。鴻臚寺卿黃爵滋等痛論鴉片之害，奏請嚴禁。清廷下其議於地方疆吏，湖廣總督林則徐勵行禁令，卓著成效，其覆奏尤凱切，略云：『煙不禁，國日貧，民日弱，數十年後，豈唯無可籌之餉，抑且無可用之兵！』宣宗極賞之，命爲欽差大臣，查辦廣東海港事宜。道光十九年正月，則徐至廣東，迫英商繳出鴉片二萬二百八十三箱而燬之；且布告各國商吏，令具結：不得夾帶鴉片入口，違者正法，船貨沒官。美葡商人，皆具結互市如故，獨英拒絕。則徐迺令緣海州縣，絕英人供給。英商務監督甲必丹伊利我以兵艦挑釁，擊沈廣東礮船多艘，水師提督楊靖江負傷而逃。英迺以陸軍萬五千人、軍艦二十六艘攻廣東，則徐嚴守備，英軍不獲逞，則移師攻擾閩浙，遂陷定海，封鎖寧波；又分遣兵艦至天津，多所要索。當事者大懼，多中傷則徐。詔以琦善代則徐，赴粵與議。至則盡反則徐所爲，裁水師，撤戰備，務以媚悅英人，允償煙價七百萬圓，而英人必欲索香港或廈門，議久不決，乘粵無備，攻陷虎門礮臺，琦善惶恐無策，再申和議。清廷赫怒，復棄和而備戰，命奕山爲靖逆將軍，而珠江要害，盡爲英兵所占。奕山等急許以償金及割讓香港乞和，而以英人止求如舊通商上聞。逮英責償前約，則又以清帝不允答之。於是英兵復至，緣海北上，自吳淞溯江而進，直攻南京。清廷迺命耆英、伊里布爲媾和全權大臣，與英使濮鼎查議和於南京，訂定媾和條約：中國賠償銀二千一百萬圓；割讓香港與英；開廣州、福州、廈門、寧波、上海五口，許英人通商，任其派領事駐五口約束商民；允予秉公議定稅則；是即所謂道光二十二年江寧條約是也。是爲中國與外國締結不平等條約之始。蓋割地償金，雖爲戰敗國常有之事，然迫開商埠，協定關稅，實非對等國家所宜有也。是約既成，北美合衆國、法蘭西、義大利、瑞典、比利時、荷蘭、普魯士、西班牙、葡萄牙諸國，相率派公使或領事來廣東。美、法、瑞、義四國，且援英例，要求締結修好通商條約焉。因戰敗而訂立不平等條約，四國迺不費一兵，唾手而得之。五口開放，福州、廈門、寧波、上海，尚稱相安。唯廣州人民目擊英人暴慢無禮，誓拒其入城，大集民團以阻之。兩廣總督徐廣縉，巡撫葉名琛，迺潛召團練十萬餘，廣縉自乘扁舟赴英艦言，衆怒不可犯；英亦知難而退，遂廢入城事時道光二十九年也。已而洪楊軍起，粵事方棘，廣縉他調，名琛擢督兩廣，治之急，諸附洪楊者或遁棲海島，英故憾粵民，思得當以報，遂招降若輩，使揭英國旗乘舟出入粵港，中有一船曰亞羅者，官兵執而捕之，毀其旗。咸豐六年九月，英領事巴夏禮遂以背約折辱爲辭，稱兵入犯廣州，約總督面議曲直，名琛不之應，而粵民復縱火焚外國市場，連及英美人居室，洋商耗喪貲財無算，於是法美二國亦怨。英政府聞之，遣使發兵，既至粵，先致書葉督，請賠款改約，否則以兵戎相見，法美領事亦以毀屋失財要求償卹，名琛置不答，英遂煽合法美，共搆衅，美人不欲戰。七年十一月，英法聯軍遂破廣州，名琛爲虜。踰歲，聯軍北上，拔白河礮臺，進次天津，清廷遣使請和，於是有天津之約，其時俄西葡三國，亦乘間圖改訂商約。而清廷一方則約英法聯軍去天津，清廷使臣桂良花沙納會上海，議通商善後事宜；一方則命科爾沁親王僧格林沁以重兵扼大沽，嚴戰備。議既定，翌年，各國來天津換約，我以大沽設防，令改道自北塘（大沽北十餘里）入，英人不聽，兵艦逕入大沽，我軍擊沈其二艘，英兵死者數百，戰衅復啓。十年夏，英法聯軍北犯，再破大沽，陷天津，重開和議，命怡親王載垣赴通州議之。英公使額羅金，遣其參贊巴夏禮來，載垣以其言不遜，執之，於是聯軍敗僧軍於通州，進偪京師，文宗狩熱河。恭親王奕訢留守，釋巴夏禮以解，其秋，聯軍且入京城，俄公使爲居間調停，始媾和焉，是爲北京續約。凡九款，而續約所得權利，視前增倍，茲據天津北京兩約，擇要述之：（一）天津原約以牛莊、登州、臺灣、潮州、瓊州緣海五港，及長江緣岸之鎭江、九江、漢口三港，並許通商；續約增開天津一港，又割香港對岸之九龍畀英。（二）

天津原約，中國償英法兵費銀二百萬兩，商虧銀二百萬兩，續約則改兵費爲六百萬，共八百萬兩，由各關稅分啓提運。(三)許英國設使館於京師，中國亦可遣使往駐英京。(四)耶教徒往來傳教，中國應任保護之責。(五)英國人民犯事者，英官自行懲治；中英人交涉案件，由兩國會同審斷之。(以上三條皆天津原約所定者) 其結果，則使歐西諸國，於中國握有領事裁判權，及內地自由傳教；而起無數之波瀾者，皆此約爲之也。

其後英於西南諸方漸次進闢印度陸路交通之道。光緒初元，印度政府派探險隊，請由滇邊入勘緬甸北境，使者馬加利，渡長江，歷湘黔，至滇屬西界之孟連土司境，(屬普洱府) 爲土民所害，英遂藉詞保護不力，要求賠卹。滇南大吏委罪山賊，捕十餘人付英查辦委員治罪，英以爲未足，踰年不決。英使威妥瑪駐華久，知易以威脅也，遂去北京，分遣艦隊入渤海，示決裂；政府不得已請和，命李鴻章赴煙臺與議，以光緒二年，先後訂約二十六款，亦曰芝罘條約：中國賠撫卹銀二十萬兩，增開重慶、宜昌、蕪湖、溫州、北海、(廣東合浦海口) 諸港，并允以後英人持護照游歷內地，不幸而遇戕害，唯各省疆吏是問。此約定後，迄十二年，英滅全緬，中國允英在緬一切政權，英亦允循緬十年一貢之例，而有中英緬約五款。十六年，英復收復哲孟雄，與我議西藏交涉事，卒開亞東(即靖西關在西藏南) 爲商埠，而有藏印商約十二款，(光緒十九年定) 此爲後來滇緬藏印界務商務各約之張本。滇緬界約者，當光緒十一二年間，我駐英欽使曾紀澤，謀自普洱順寧邊外之南掌、(即老撾) 人諸土司，盡爲我屬，議未決而歸；薛福成繼之，申前議，迄二十年，始立界務商務二十款，滇之西南界頗有展拓。中日戰役，俄法德居間調停後，予法以湄江上游東岸之江洪江場地，英遂藉口改薛約。越三年，復訂附款，其前收回各地，割棄大半。茲參照兩次成約，述其大端：（一）薛約，中國自騰越邊外，收回穆雷江之昔馬地，及舊淪於緬之漢龍天馬、鐵壁三關，其南自南碗沙迤南抵潞江，東有北丹尼、（即木邦）科干（南丁河與潞江中間）二地，悉屬中國，并普洱邊外中緬毗屬之孟連江洪二土司，亦以全權歸我；至附款，則昔馬、北丹尼、科干諸地，棄爲英有。（二）薛約於中國之蠻允（騰越之南）、緬甸之仰光，彼此各派領事駐紮；附款則改蠻允爲騰越或順寧府，增開思茅商埠，及廣西之梧州，廣東之三水、江根墟。（三）薛約，英國允中國商船，得任便出入伊勒瓦底江；附款則增入中國亦允英國修建雲南鐵路與緬路相接。兩約之得失如此，而覈其原因，則以薛約第五條有孟連與江洪之全地或片土，不得讓別國，而我卒以江洪予法，故英得有辭。二十四年，以俄占旅大爲言，既展拓九龍界址，又奪我威海衛地，同時享有內港行輪之利。及拳亂後，中英續議通商行船條約，增開長沙、萬縣、安慶、惠州及江門（廣東新會縣）諸商港。俄而日俄戰起，即乘機略我西藏，藏番拒之，遂兆衅端。三十年，結藏條約，藏地自亞東外，江孜（後藏）、噶大克（阿里境）皆開商埠，償軍費二百五十萬盧布，並定西藏政治權利爲中國獨有，他國不得干預；然英駐春丕（亞東北境）關之師如故。溯五口互市以來，外自緣海，內及長江、珠江流域，商埠日闢，無不以英爲導源，近數十年西南陸路商場，益漸次增拓，大抵乘危圖利，蓋俄以狡猾勝，而英以敏捷勝，其所得於中國之權利，皆最夥也。

中法之交涉

溯自中英鴉片之戰，江寧約成，五口通商之利，法與美並享之。逮亞羅船案起，以英事，并燬二國市屋；同時廣西西林縣有戕害法教士之舉。粵督葉名琛益置之不理，於是英法聯軍之勢成，而京津戰禍起。咸豐八年十年，中法始先後結天津北京條約。天津約中，有許耶教自由傳布之文。法於羅馬，固以護教自任者，故教案之起十九而屬於法。當是時，民衆相仇如冰炭，同治九年天津教案起，戕害法領事豐大業，本地教民死者數十輩，及英美俄教士財產，會有普法之戰，未暇及也。中國爲貶地方官，誅凶犯十餘人以謝之，事乃寢。自法國聯軍入京後，亘二十餘年，至光緒甲申，十年兵端再見。先是，咸豐九年中法和議初成，値安南亦有殺害教士事，法艦以歸程之便，臨其國大敗之，越力竭乞和，割西貢以予之。於是法人銳意經營安南，旋制其下交趾六省，蓋至此已儼然爲法之保護國矣。其時越人積憤，羣思有以報之。廣西人劉永福者，據保勝，所部黑旗軍，甚驍勇。越利用之以抗法兵，戰輒有功。光緒九年，法兵大舉入河內，越之東京安南遣使來乞援，政府移牒法廷詰責，不報，且進犯順化。越之西京十一年，我軍大集鎭南關外，以援越而抗法，並增修緣海國防以自固。時李鴻章督直隸，力主和議；四月，訂約天津：中國承認法越所結條約，且允開放滇粵商埠，法國亦允中國有安南之宗主權。然法於安南握有實權，而僅奉我以虛名，又迫我諒山屯駐之師，我軍擊卻之，法反索償款千萬佛郎，清政執不可，於是戰衅再起。法將孤拔遽攻臺灣之基隆礮臺，其秋，大戰於馬江，福建閩侯縣海口閩水師熸焉。次年，法先請和，會馮子材之軍戰勝於諒山，朝旨遂宣和班師，於是締結中法新約，於前約尚無甚出入焉。(一)法人於安南舉動，中國無所掣肘，其以前法越所結之約，及將來所結之約，中國悉承認之；(二)廣西之龍州，雲南之蒙自及河口，闢爲商場，中國亦得於安南之北圻各大城鎭派駐領事；(三)法將鼓勵建築北圻一帶鐵路，自後中國欲自擬築時，可與法國業此之人商辦，時光緒十一年四月事也。同時英亦滅緬甸，而西南之藩屬盡失。

二十一年，中東戰役既罷，法俄德干涉還遼東，遂索我滇南邊外江洪、江場（淄河東岸）之地以爲報，法猶未饜望也。越三年，步德俄英後塵，據廣州灣（廣東吳川縣海口）而其所耽耽者，唯此中越鐵路相接之利。其自廣西之邊，甲午以後，攬有龍州至鎭南關一段；雲南之境，庚午以後，攬有老開（自蒙邊外）至雲南省城一段。此其禍胎已伏於中法新約中，今則分支歧出，漸次而竄入腹地矣。

中德之交涉

俄國既獲北滿鐵路建築權及各種權利矣，而德國尙未藉口三國干涉而向中國索報酬也。當時俄與奧大利潛相結託，維持巴爾幹半島之現狀，於是德有孤立之勢，欲乘親俄之機會，拓展勢力於極東。德皇維廉一世偕其后赴俄京，與俄皇舉杯演說，互表誠意；適山東鉅野縣有殺害教士之事。先是，咸豐時北京和約成，英法俄美皆與焉，翌年，德始來立約，其後雖勝奧破法，然於中國交通極疏，商務亦不足言，至是與俄相親，其經營進取之心，無時或已。故殺斃教士二人事起，甫十餘日，而德皇即命巡洋艦四艘入我山東東岸之膠州灣，又任其弟顯理親王爲極東巡洋艦隊司令長官，續向膠州進發，迫靑島礮臺守將章高元退讓，遂占領之。一方則駐京德使即向總理衙門要求永據膠州灣及山東路礦權。淸廷驚愕無措，以德軍已抵膠州，非徒恃口舌所能爭駁，迺商之俄法，請調停。二國置之不理，英亦作壁上觀，蓋德俄之蓄謀已久矣。我不得已，先與商結教案，償銀二十萬兩，更決定山東權利之關繫，以二十四年二月議定條款：（一）中國以膠州灣及附近島嶼，借與德國，以九十九年爲期；（二）膠濟（自膠澳達濟南 即今歷城縣）、膠沂（自膠澳達沂州 即今臨沂縣）兩路，及由濟南往山東界之一道，其鐵道敷設權，緣鐵道綫內（三十里內）之礦產開礬權，中國與德國共之；（三）山東開辦各事，如有需外人助理之處，德國有儘先承辦權。此條約之性質租借地域，於租借期限內，德國除不能租與他國外，有完全主權。租借地外之中立地，雖承認中國主權，然中國不得駐兵，而德國則有軍隊自由通過之權，不稍受制限。並許於鐵道礦山權，與全省開辦事務之優先權，則山東全省，悉劃入德國勢力範圍（行使政治權之地域），與利益範圍（獲商工業優先權之地域）之內。及英德協約（二十四年八月津鎮鐵道協約）成，自天津至山東南境之鐵路，又歸德所有，於是德之勢力所及，且超過山東範圍之外。要之以殺二宣教師之故，生此重大之結果，實國際上所罕見也。

第十章　東西各國之交涉下

中歐交涉，前章已略言之。此外若美若日，皆近世交涉之最有關繫者。庚子變起，合九國以謀我，其結果則有辛丑和約、通商行船條約，此實中國存亡絕續之所關繫也。今為分述如下。

中美之交涉

自英法聯軍破廣州，寇天津，美固未與戰役也。此次和議成，美使列衛廉始與中國使臣桂良花沙納訂約凡三十款。咸豐九年，列強赴天津換約，我軍設防大沽，令改由北塘入，英法不從，衅端復起。獨美使華若翰遵議入自北塘，呈遞國書，廷議以為恭順云。翌年，英法俄重訂北京之約，其時美約已結，未嘗別有要求也。光緒二十年以後，列强對中國之情勢，幾同對阿非利加之狀況；勢力範圍、利益範圍之名詞各異，或直接迫中國政府認可，或間接列强協商，利害衝突，在在伏有危機，一觸即發。故是時中國之問題，已成世界問題漩渦之一。美總統麥荆萊，以超然第三者之地位，謀世界永久之和平，於光緒二十五年，先後命國務卿海約翰向英德法俄日宣言開放中國門戶。自是中國之形勢一變，各國以相互之利益爲相互之約束，實救出中國於瓜分場中，而開爲世界之公共市場，中國之得苟延殘喘，固賴美之宣言也。庚子（二十六年）以後，中美交涉，頗爲世人所注意，其一爲粵漢路案。先是二十四年，鐵路大臣盛宣懷與美國合興公司訂借美金四千萬圓，由其承造，以五十年爲期，其後合興轉以小票售歸比國，比國小而貧，其資本金出自俄法，京漢鐵路其前車也。繇是鄂湘粵三省官民，羣起而主廢約贖路，起三十年二月，訖次年八月，定議贖路，全價爲美金六百七十五萬圓，借匯豐款一百十萬鎊應之，由三省分成攤還。鄂督張之洞，與駐美公使梁誠內外夾持之力，有以致之。今純爲商辦之路矣。其二即爲華工問題。當粵漢贖路將定未定之時，適美國特設苛例，限制華工，內地人民，倡議禁購美貨，以相抵制。原華工禁約之起也，事在光緒六年，美使以限制爲請，我使臣寶鋆、李鴻藻與結約四款，略言續往之華工，應規定人數與年限。二十年，駐美欽使楊儒復與訂約六款，始聲明禁止華工往美，期以十年，雖約載在美華工及他項華人赴美者，並受優待保護之利，美故苛虐，靡所不至。三十年，禁約十年期滿，美國加設苛例，名曰限制華工，實則禁絕華人前往。我使臣爭之不得，於是國民羣起抵抗，禁購美貨相持幾一年，卒允修改華民進口條例，然而禁止華工如故也。不過於在美華工及他項華人赴美者，稍寬其例而已。

中日之交涉

日本與中國交通最早，至淸初尙無正式交涉。道光咸豐以來，中國大開海禁，亦未與之結約，第視同西洋無約諸小國而已。同治六年，日本王政復古，國勢大變，大啓維新之志，與西洋各國結開國通商條約，中國人亦援例得雜居開市場，日又鑒於我國海禁已弛，亦思享通商利益。九年，日派柳原前光爲正使，花房義質鄭永寧爲副使，來華修好，總理衙門應之。翌年，復任伊達宗城爲全權大使，與直督李鴻章會於天津，訂修好規條十八條，通商章程三十三款，日本得置領事於中國各通商港場，是爲中日兩國締約之始。後條約尙未批准，而臺灣生番戕害琉球難民事件以起；次年，日本小田縣四人亦漂至遇害。日謂生番非我領土，遂直接興問罪之師，以陸軍中將西鄕從道任番地事務總督，率軍艦五艘入臺灣，擊破番人，遂營龜山，務勦撫，未以商之中國也。唯生番之在中國，與蝦夷之在日本，事同一體，不得以非領土强誣之。於是我國迺請其撤兵，日本不聽。朝命船政大臣沈葆楨統福建舟師，往察形狀。日本以參謀大久保利通任全權大臣，自上海抵北京，與淸廷議臺灣所屬，數日不決，利通忿然去，英使威特出爲調停，中國卒償軍費四十萬兩，撫卹費十萬兩。然彼自此益輕我，遂以兵劫朝鮮，立約尊之爲自主，明非我藩屬之分，未幾，日更發軍艦數艘，執琉球王以歸，遂滅之。日既南縣琉球，復於朝鮮謀擴其權利，迺潛搆朝鮮內部，黨爭迭起，自相鷸蚌，而朝鮮人不知也。光緒八年，朝鮮軍亂，燬日本使署，日興師問罪，我遣馬建忠等至仁川，執大院君歸，遂議和，朝鮮償金五十萬圓。大院君雖廢，悍妃閔氏顓制，朴永孝等議變法，與外戚黨意不合，國中分新舊二黨。日本陰助新黨，十年，新黨首領金玉均等舉兵覆閔氏，日兵助之，日使竹添進一郎夜襲王宮，王族請兵於我，新黨敗，日遣使來議善後。伊藤博文與李鴻章議約，訂後派兵朝鮮，互相照會。此約既定，中國在朝鮮之宗主權，遂與日本共之矣。後此甲午之戰役，已伏於此。

是時日本之心，固猶未以為足也，而吞併朝鮮之陰謀，始終不懈。會朝鮮東學黨事起，遂不惜背棄天津條約，而壹意向中國挑戰。東學黨者，憤其國之政教淩夷，於光緒二十年以匡政府秕政為名而舉兵者也。朝政府不能制，來乞師。直隸提督葉志超遂率兵三營，進駐牙山，（在忠清南道洪州北）並告日本援朝師期。日本報書，不認朝鮮為我藩屬，且亦告我出兵。東學黨知中日並出兵，恐潰散。袁世凱迺以同時撤兵照會日使，日使無端以助朝改革內政為名，不允退，且轉迫朝鮮趣中國撤兵。是歲六月二十一日，日兵直偪朝鮮王宮，據要害；越二日，即轟擊中國運兵之艦，沈之，於是戰釁遂啓。初，志超屯牙山，見日本海陸軍大進，即電請援軍，李鴻章主謀立遣大兵往援，為反對者所阻，至是雖一無準備，亦不得不倉猝宣戰，坐使日本得先發制人，而中國海軍因窳敗，又無備，尤易為日本所乘，故兩軍一接觸，而陸軍有平壤之潰，水師有大東溝之敗，旅順、威海衛諸要隘，皆為日軍所占領，海軍提督丁汝昌自盡。中政府大震，以承認朝鮮獨立、賠償軍費兩事，介美使與日言和。日本拒之，謂必令中國遣使求和，且必須中日兩使會見，然後迺提出條件，蓋恐各國干涉，不能任彼需索也。中國不得已，改以張蔭桓、邵友濂為議和專使，會日使伊藤博文、陸奧宗光於廣島。日本又謂兩使全權不足，不允開議，而私以鴻章為請。踰歲正月，張、邵兩使歸，言其事，於是再派鴻章為全權大臣，日本猶以是否確有全權爲問，而後指定馬關爲議和地，鴻章迺以二月初行，會吳大澂牛莊陸路之兵，適又大潰，割地償款，唯所欲爲。鴻章抵馬關，次日即會見交換全權文憑，鴻章即要求先行休戰。第二次會見，日使提出休戰條件甚苛；鴻章力爭不得，迺欲舍休戰問題，直入媾和談判，日復不允。迨第三次會見畢，鴻章出會議所，爲日暴徒所傷，日使懼，亟以無條件休戰許鴻章，蓋恐鴻章以負傷中止談判，而動各國之公憤也。鴻章遂就病床協定休戰條約，然後由日本提出媾和條件。鴻章苦口交涉，日本亦略讓步，始結媾和條約二十一款，所謂馬關媾和條約是也，茲摘要述之：（一）認朝鮮爲獨立自主國；（二）割讓遼南、臺灣全島於日本；（三）中國賠償兵費二万万兩；（四）增開沙市、重慶、蘇州、杭州爲通商口岸；（五）日本臣民得在中國通商口岸自由製造各項工藝。議成，中外大譁，謀翻前約，忽有俄法德三國出而干涉割讓遼南之舉，其主動本出於俄國。初，俄之經營黑龍江也，本思在遼東半島求得一出海口，雖已得有海參崴，然每年長期結冰，不得謂爲良港，故遼南之旅順口大連灣，爲俄久已垂涎之兩港，今爲日本所有，匪但兩港不能得，幷海參崴亦受其威脅，於是一方對日修戰備，命太平洋艦隊出而示威，一方聯合法德，警告日本，勸其放棄遼南。同時中國亦以三國干涉爲口實，要求展限馬關條約批准交換之期。日本恐滋糾紛，不得已允還遼南，索中國庫平銀三千萬兩以爲賠償，於是中日之爭迺止。

俄既以陰忌日人，仗義責言，脅日還遼南於我，故日深銜之。已而德法諸國，俱以有德於我，索償之意頗奢，相繼攫取膠州灣、廣州灣而去。英在中國，固無一事不爲戎首者，今見諸國肆其宰割，又豈能袖手作壁上觀者？亦遂以保持均勢爲言，既得威海衞於北，復擴張九龍租借區域於南。日本自戰勝中國後，固亦大有野心於中國者，至是亦遂結不割讓福建之約。於是中國緣海各要隘，未嘗與各國交一兵，開一礮，迺如風捲殘雲，頃刻而盡。是時美挾紆徐遠大之手段，亦於斐律賓樹之幟，以觀變也。然而日據臺灣，志未饜也，而卒有攻俄之役。庚子變起，俄據東三省，久而不肯撤兵，又以朝鮮保護問題，齟齬不下。俄東三省總督阿力克塞夫堅持其交涉之議，日遂以軍艦襲擊旅順，又擊在仁川之俄艦，始行宣戰，時光緒二十九年十二月二十四日也。自朝鮮進奪旅順，陸軍復攻取遼東半島，俄調波羅的海艦至東，大敗，日生擒其兩提督。於是美統領出而勸二國議和，大略如左之約：（一）樺太島讓予日本；（二）俄撤退滿洲兵，保全中國領土，開放門戶；（三）南淸鐵道及緣海州漁業權，讓予日本。當日俄之戰於遼東半島也，我國守局外中立，界限概不與聞戰事，日遂與各公使約定，劃出戰地，警告政府，不得有偏袒舉動。俄屢徵軍需於蒙古，且留軍艦於上海港內，幾致破壞中立。既而日俄媾和，我國亦以遼東租借及東淸鐵道歸之交涉，與日本協商，奕劻、瞿鴻禨、袁世凱等，與日本外部小村壽太郎、公使內田康哉，議定十二款，約中要旨：（一）俄國獲有中國南滿之權利，讓歸日本；（二）奉天省內之鳳皇城、遼陽、新民屯、鐵嶺、通江子、法庫門，吉林省內之長春、吉林省城、哈爾濱、寧古塔、琿春、三姓，黑龍江省內之齊齊哈爾、海拉爾、愛琿、滿洲里，各地方自行開埠通商；（三）日俄兩國駐紮東三省軍隊，一律撤退；（四）南滿鐵路材料，均許免稅，其自安東縣至奉天省城之行軍鐵路，日本接續經營，改爲商業通用鐵路，以十五年爲限；（五）設中日木植公司，開採鴨綠江右岸木植。此約既成，自表面觀之，中國於東三省不可謂無完全自主之權者。於是我國始改東三省官制，設總督巡撫，布置一切新政焉。要之朝鮮既滅，南滿亦彼之外府耳，雖暫歸還，彼之欲望，詎有饜哉！

辛丑和約

庚子拳亂起，八國聯軍自天津進犯北京，兩宮西狩，聯軍即占宮禁，毀掠重器，俄且乘機進占東三省，直隸各要城，亦先後爲聯軍所占據。唯東南各省督撫，獨先與西人結約，聯合保衛，遂得無事。是時俄日兩國，頗有叵測之心，英德兩國，恐俄日有妨其權利，遂根據保全中國領土之原則，訂立英德協約於倫敦，並通告法、義、日、奧、俄、美諸國。美以是約與其開放門戶政策相合，首贊成之，各國亦不反抗，唯俄則主張滿洲除外，日本則以滿洲密邇三島，堅決反對俄謀。先是各國對於處分中國之意見，極不一致，自法外相提出議和案六條，大旨與英德協議相近，於是遂以法國提案爲根據，斟酌損益，向中國提出十二條之要求。李鴻章與開談判，經半年之往返折衝，迺締和約於北京，即所謂辛丑和約是也。是約之規定，除懲罰元兇及遣使謝罪外，其喪權辱國之條件如下：(一)諸國人民被害之城鎮，停止文武考試五年；(二)中國允付償款銀海關銀四百五十兆兩，分三十九年還清，加入年息四釐，其中國新關進口稅各國允加至切實值百抽五；(三)展拓京城各使館界，變通各使入覲禮節；(四)禁止軍火進口二年，撤毀津沽綠海礮臺，其由京至津，及山海關一帶要地，各國均留兵駐守；(五)白河黃埔江兩水路改良，中國分擔經費。右約合俄、美、英、法、德、奧、義、比、荷、西、日本，凡十一國會訂而成者。其後金價日漲，各國以賠款原議用金，索增鎊虧，聚訟綿歲，卒以光緒三十一年議定，補還前三年鎊虧，其數又增至八百萬兩。此種流弊鉅大之條文，當時外交當局未聞稍與之辨，而斤斤以保全僨事載漪輩爲事，是果何心也。唯吾國首都爲外人所占者年餘，迺和議之成，而無割讓領土之事，固由各國之互相猜忌，要不可謂非食門戶開放政策保全中國領土主義之賜也。質言之，則當時中國實僥倖生息於各國均勢之下也。

各國之借款

考各國承攬借款之競爭，始於光緒二十一年（西曆一八九五年）俄法借款，其時中日甲午戰敗後，中國須償日本二萬三千萬兩之賠款，自非大借外債不足以支應，迺先詢之總稅務司英人赫德。俄適有大欲於滿洲，雅不願對華投資事業爲英人所壟斷，遂潛與法國聯合，於是歲六月與駐法中國公使簽訂向俄法借款四萬萬佛郎之合同，由俄政府爲擔保。英政府聞之，亟提出抗議，德本與俄法聯名干涉遼南事件者，至是不得與聞俄法借款，亦大恚，力與英親。踰歲，即趣中國訂借款英金一千六百萬鎊之約，是爲各國對華借款競爭之始。嗣是因中俄密約之締結，及德國之強租膠澳，各國更由借款競爭，進而爲租借地競爭，與鐵道築造權之競爭；後復因美國門戶開放之倡議，及華民收回路權之熱忱，則又舍棄鐵道築造權之競爭，轉而爲鐵道投資之競爭；自是以訖於清末，英美法德四國銀行團成立，又一變而爲協調之投資。初，俄以中俄密約攫有東清鐵路利權，極思與法在粵桂滇之勢力聯成一氣，以控制我中國。會中國有築造京漢鐵路之議，美人正在承攬借款，俄聞之，亟與法聯合，並嗾比利時出，以鐵道擔保之輕條件，與盛宣懷訂借款築路之約。比固非各國所疑忌者，而此路爲貫通南北之幹路，亦俄法控制中國意計中之幹綫也。翌年，比忽藉口條件過輕，迺更訂契約而規定「自保定至漢口鐵道建築費由華俄道勝銀行出資，該銀行卽得承認辦該鐵道之權。」自此大江以北之幹綫，遂爲俄所攫取矣。而華俄道勝銀行並承借山西商務局修築正太鐵路之借款，而伸勢力於煤礦豐富之山西。先是英之福公司本與山西商務局訂有借款採礦附設鐵路之約，至是英旣忌俄承攬京漢路借款，伸其勢力於長江，復以俄之伸足山西爲有妨害於其已得之利益，遂向中國要求築造天津鎭江間、山西河南襄陽間、九龍廣東間、上海南京間、浦口信陽間、蘇州杭州寧波間各鐵道之全權。同年，更由匯豐銀行與鐵道督辦胡燏棻締結關外鐵道借款契約，建築山海關外鐵道，一以伸其勢力於滿洲，一以斷俄之東清鐵道與京漢鐵道之聯絡，於是英俄勢力之衝突日迫。明年，在俄京訂立英俄劃定勢力範圍之條約，規定「長城以北爲俄國建造鐵道範圍，揚子江流域爲英國建造鐵道範圍。」當英之要求天津鎭江間鐵道全權也，德以妨害其山東之勢力與利益，起而爭之，遂由英德兩公使自行協定：「自天津至山東南境，由德築造；自山東南境至鎭江之路，由英築造。」我國人心大懼，各省士紳旣熱心醵資，主張商辦路政，當局亦盡力折衝，主用外資，而保留管理之權。時各國亦慮以此等勢力之衝突引起糾紛，而爲投資競爭之障礙，於是除在各國勢力範圍內之鐵道外，各路管理權，皆得陸續收回，唯以較輕或較重之條件，任各國之投資而已。嗣中國擬造粵漢鐵道，迺與中美合興公司締結借款契約。公司本此契約招股，時股票多落於比人之手。我國人大譁，力主廢約，迺與合興公司協定，償以六百七十五萬美金，收回自辦。後湖廣總督張之洞貸款一百十萬鎊於香港政府，先償還其一部，此路遂由湘鄂粵三省醵資自築。卒以償還香港政府之借款，資金缺乏，不能進行。越二年，張之洞復向日本正金銀行交涉借款築湘鄂兩段，格於英之抗議，迺止。次年，張之洞被命爲督辦粵漢鐵路大臣，兼湖北省內川漢鐵路督辦大臣，轉向英國資本團借款，以條件過苛，歸於停頓。時德國欲由山東伸其足於長江，乘機提出較輕之條件。次年，之洞轉與德締結借款草約，英法又提出抗議，英法德三國資本團知非聯合不足以解決爭執，迺會議於巴黎，決定歸三國分擔借款。六月，與之洞訂共同借款之約。美見三國協同投資，亦力爭加入，遂於翌年在巴黎調印，成立四國銀行團，與之洞訂湖廣借款草約。未幾，之洞死，湘鄂人民又欲收回自辦，四國銀行團堅執草約有效，屢向清廷要求訂結正約。會盛宣懷長郵傳部，主用外資辦實業，因擬實行粵漢川漢兩路借款，先於宣統三年三月公布鐵路國有之詔；四月，即與四國銀行團訂結借款正約，以建築自武昌至廣州之粵漢路綫，與自漢口至都成之川漢路綫。於是輿論大譁，羣起反對鐵路國有政策，民黨乘機起事於武昌，各省應之，清室遂以覆亡，借款契約亦遂停罷。自此各國不爲競爭之投資，一轉而爲協調主義之投資，此亦受均勢主義之影響也。

附重要條約訂立年表

國名	事件	清曆	西曆
俄	尼布楚條約	康熙二十八年	一六八九
俄	恰克圖條約	雍正五年	一七二七

英	廣東互市章程	嘉慶五年	一八〇〇
英	南京條約	道光二十二年	一八四二
俄	愛琿條約	咸豐八年	一八六九
英	天津條約	咸豐十年	一八七一
法	同上	同上	同上
英法	煙台條約	光緒二年	一八七六
俄	伊犂條約	光緒六年	一八八〇
法	越南條約	光緒十一年	一八八五
日本	馬關條約	光緒二十二年	一八九六
德	膠州條約	光緒二十三年	一八九七
俄	中俄密約	光緒二十四年	一八九八
英	緬甸條約	同上	同上
法	廣州灣條約	同上	同上
英俄法德意美奧日	辛丑條約	光緒二十七年	一九〇一
英	商約	光緒二十八年	一九〇二

附商埠簡表（租借地附）

埠名	所在省	開闢年代	開闢由來	西曆
廣州	廣東	道光二十二年	南京條約	一八四二
廈門	福建	同上	同上	同上
福州	同上	同上	同上	同上
寧波	浙江	同上	同上	同上
香港租借地	廣東	同上	同上	同上
上海	江蘇	同上	同上	同上
舟山保護地	浙江	同上	同上	同上
登州（煙台）	山東	咸豐十年	天津條約	一八六〇
台灣	福建	同上	同上	同上
潮州（汕頭）	廣東	同上	同上	同上
瓊州	同上	同上	同上	同上
九江	江西	同上	同上	同上
漢口	湖北	同上	同上	同上
天津	直隸（今河北）	同上	同上	同上
牛莊（營口）	奉天（今遼寧）	同上	同上	同上

鎮江	江蘇	同上	同上	同上
蕪湖	安徽	光緒二年	煙台條約	一八七六
重慶	四川	同上	同上	同上
宜昌	湖北	同上	同上	同上
溫州	浙江	同上	同上	同上
北海	廣東	同上	同上	同上
龍州	廣西	光緒十一年	法越戰後	一八八五
南京	江蘇	同上	同上	同上
澳門	廣東	光緒十三年是年正式割讓	中葡條約	一八八七
蘇州	江蘇	光緒二十二年	馬關條約	一八九六
杭州	浙江	同上	同上	同上
岳州	湖南	同上	同上	同上
沙市	湖北	同上	同上	同上
膠州	山東	光緒二十三年	膠州條約	一八九七
大連灣	奉天(今遼寧)	光緒二十四年	中俄密約	一八九八
旅順租借地	同上	同上	同上	同上
廣州灣	廣東	同上	廣州灣之約	同上

九龍租借地	同上	同上	緬甸條約	同上
威海衛租借地	山東	同上	同上	同上
三水	廣東	同上	同上	同上
秦皇島	直隸(今河北)	同上	自行開放	同上
三都澳	福建	光緒二十五年	同上	一八九九
安慶	安徽	光緒二十八年	中英商約	一九〇二
長沙	湖南	同上	同上	同上
敘州(萬縣)	四川	同上	同上	同上
江門	廣東	同上	同上	同上
甘竹	同上	同上	同上	同上
惠州	同上	同上	同上	同上
梧州	廣西	同上	同上	同上
騰越	雲南	同上	同上	同上
思茅	同上	同上	同上	同上
蒙自	同上	同上	中法商約	同上
河口	同上	同上	同上	同上
安東	奉天(遼寧)	同上	美日立約	同上

張家口	直隸(河北)	同上	俄約	同上
周村 濰縣	山東	光緒三十一年	自行開放	一九〇五
鳳凰城	奉天(今遼寧)	同上	中日立約	同上
遼陽	同上	同上	同上	同上
新民屯	同上	同上	同上	同上
鐵嶺	同上	同上	同上	同上
通江子	同上	同上	同上	同上
法庫門	同上	同上	同上	同上
海州	江蘇	光緒三十二年	自行開放	一九〇六
湘潭	湖南	同上	同上	同上
常德	同上	同上	同上	同上
吉林	吉林	同上	中日立約	同上
長春	同上	同上	同上	同上
哈爾濱	同上	同上	同上	同上
寧古塔	同上	同上	同上	同上
三姓	同上	同上	同上	同上
琿春	同上	同上	同上	同上

南苑	北京	同上	自行開放	同上
南寧	廣西	同上	同上	同上
雲南（昆明）	雲南	同上	同上	同上

中國通史 卷九

文字編

敍言

環球諸國，製字之最早者，曰巴比倫，曰埃及，曰中國，三國製字之源，雖各不相襲，而實可相通。吾國六書之綱，不外指事、象形、形聲；而埃及之古文，一爲圖解，猶象形也；二爲符號，猶指事也；三爲音聲，模擬，猶形聲也。（威氏歷史哲學謂埃及國語全藉圖解由圖解變爲記號由記號變爲音聲遂生今日三種特別文字，）而中國古代稱文字爲書契，亦猶巴比倫之稱文字爲鍥文，鍥契古通，如鍥刀亦作契刀是也。然巴埃古篆，雖有象形、諧聲、會意之分，而經腓尼基希伯來之改造，取埃及二十二字母，定爲二十二聲，以拼合天下字數，繇是歐洲專尚諧聲之字。若中國篆文，三者並重，義例既立，而子母相生，音義相通，至今五千餘年，雖經籀篆隸楷草之變遷，而六書大體，不致盡行改易，於此見我國文字流傳甚久，推行甚遠，其用至廣而至便也。至於積文成字，積字成句，積句成篇，其中盛衰沿革之端，亦隱似有文化以綱維之者。太古以前毋論已，周秦之際，學術多端，理想獨闢，其文一變而爲閎肆；東京西京，易語爲文，已漸趨重於排偶；三國兩晉，清綺成風，迄六朝而詞華淫麗；唐則有以振文士之萎衰；逮五代而藻思式微；宋則有以返古風之醇樸；遼金及元，文采可觀，體格漸弱；洎自明至清，則更樹宗派之幟，哆然相與角勝，而思據其巓精此以譁世而取寵，於是文士遂爲世所詆諆。夫文章者，經國之大業，不朽之盛事，至斤斤焉而守一家言以自是，殆亦文勝之失也。夫輯文字編。

字篇一

第一章　製字之起源

書契之創造

乾坤肇奠，萬彙渾噩，故有屯盈之象。伏羲氏出，仰觀俯察，近取諸身，遠取諸物，於是始作八卦，以通神明之德，以類萬物之情。今觀八卦，有衡畫而無縱畫，制作簡質。易緯乾鑿度解八卦，亦以乾☰、坤☷、艮☶、兌☱、坎☵、離☲、巽☴、震☳爲天、地、山、澤、水、火、風、雷等字。文字之起原，先有文而後有字，故八卦文也，象數之理，後人愈推而愈密，而當其初民程度，必不如後日之緐，斯其所以代語言者，亦極單簡。易之爲道，變化無方，非一成而不可易也。孫星衍周易集疏引鄭康成曰：『結繩者，事大、大結其繩；事小、小結其繩。』（據近人劉師培說「結繩之字不復可考，觀於「一」「二」「三」諸字古文則作「弌」「弍」「弎」，蓋由狩獵時代以獲禽記數，取古文之「一」「二」「三」字咸附列「弋」字於其旁，所以表田獵所得之物數也，是爲結繩時代之字。」）又曰：『以書書木邊，言其事，刻其木，謂之書契。』蓋結繩記事，猶不足昭符信，書契則刻於木邊，各持其一，可分可合，而後世券約執照之類，皆有騎縫號印，卽基於此。

書契之作用

據許氏說文之序觀之，如畫卦始於伏羲，結繩始於神農，造字始於黃帝，吳草廬曰：十三卦之制作，自畫卦而始，至書契而終，蓋萬世文字之祖，肇於畫卦，而備於書契也。即此觀之，則知物生有象，表象始於畫卦，知畫卦即知象形，象而有滋，滋而有數，記數始於結繩，知結繩即知指事，（所謂察而見意也）故倉頡造書，以依類（即指事也）象形者爲文，是則六書起源，不外指事象形二體。書契既成，吾國專門科學，遂發明於黃帝之世：如羲和占日，常儀占月，臾區占星氣，伶倫造律呂，大撓作甲子，隸首作算數，容成綜斯六術而著調曆，風后制握奇陳法，胲作牛車，高元作室，寧封爲陶正，赤將爲木正，揮作弓，夷牟作矢，共鼓化狐爲舟楫，岐伯作內經，俞跗雷公察明堂、究息脈，巫彭桐君處方餌，其元妃西陵氏女嫘祖敎民蠶。凡今時實驗之學，無不備於是，陶姚以上，當以此爲極盛之會矣

古文之變遷

許叔重云：倉頡之初作書，蓋依類象形，故謂之文，其後形聲相益，即謂之字。文者，物象之本，字者，言孳乳而寖多也。草昧之初，民羣闇昧，事物雖殊，名詞未別，故三皇之世無文，（孝經緯援神契）行封禪者七十君，銘功勒石，亦泰半苗族之言文。（錢塘夏氏以封禪七十二家苗族必居大半，其名字乃吾族方言所固有）及倉氏造書，後世稱爲古文，（說文所引古文，皆倉頡所造之字）然著於竹帛謂之書。書者、如也，以迄五帝三皇之世，改易殊體，封於泰山者七十有二代，靡有同焉。（許氏說文序）是古文不盡由倉頡作也。第晉衛恆四體書勢云：自黃帝至三代，其文不改，與許說異。韋續字源言：包犧氏獲景龍之瑞，作龍書；少昊金天氏以鳥紀官，作鸞鳳書；神農因上黨生嘉禾，生八穗，作穗書；黃帝因卿雲見，作雲書；堯因靈

龜負圖，作龜書；高陽氏製科斗書；夏后作鐘鼎書；皆隨所見而製者也。墨池編言務光辭湯禪，作倒薤書。古今篆隸云：周文王因赤雁御書，武王因丹鳥入室，作鳥書；又因白魚之慶，作魚書。日本人中國文學史，卽據此以爲中國文字之發源。今攷商鼎二類，多與周鼎之文異，則謂五帝三皇之世，其文不變，亦不足信矣；特其變遷之跡，年代久遠，古籍已佚，無可徵耳。叔重言：字者、孳也，孳生愈多也。今字多於古字，今事賾於古事，則其上下古今數千年間，亦必由漸而增矣。等而下之，百世可知也。

許書有功於古文

荀子曰：『好書者衆矣，而蒼頡獨傳者一也。』古三墳曰：『天皇始畫八卦，命臣飛龍造六書。』書斷曰，『古文者黃帝史蒼頡所造也。頡有四目，通於神明，仰觀奎星圜曲之勢，俯察龜文鳥跡之象，博采衆美，合而爲字，是曰古文。』說文言：『古文者，謂蒼頡所作古文也。先小篆而後古籀者，尊漢制也。以小篆爲質，兼錄古文籀文，所謂今敍篆文合以古籀也。小篆之於古籀，或仍之，或省改之，仍者十之八九，省改者十之一二而已。仍則小篆皆古籀也，故不更出；古籀省改，則古籀非小篆也，故更出；一二三之本古文明矣，何以更出弌式弎也？蓋所謂古文而異者，當謂之古文奇字，此金壇段氏之說。又攷奇氏說文曰，卽古文而異者也。故張懷瓘書斷云『籀文者，周太史籀之所作也，與古文大篆小異。』按張氏以許氏卽古文而異之言；合於與古文或異之說，而謂籀文卽奇字，其說旨通。竊以爲古文而異者，當爲倉頡造字以後之變遷也。古代之民，方言各殊，及文字既興，各本方言造文字，而言文以淆。逮宣王之時，史籀易古文爲大篆，而字體以更。故儒家者流，想像同文之盛。秦採其說，罷黜異文，而小篆隸書之體以興。自是以降，小學日淪，唯許書據形系聯，條牽理貫，使倉頡古文之精義，賴以僅存，此近代說經諸儒所繇以說文爲小學津筏也。

六書之義例及次第

成周初興，保氏以六書爲教。許叔重曰：『一曰象形，象形者，謂日月之類，象形體而爲之也；二曰指事，指事者，謂上下之類，人在一上爲上，人在一下爲下，各指其事而爲之也；三曰會意，會意者，謂武信之類，止戈爲武，人言爲信，會合人意也；四曰轉注，轉注者，謂考老之類，左右相轉以爲言也；五曰諧聲，諧聲者，謂江河之類，皆以水爲形，以工、可爲聲也；六曰叚借，叚借者，謂令長之類，一字而兩用也。』段氏謂『六書者，文字聲音義理之總匯也。有指事、象形、形聲、會意，而字形盡於此矣。字各有音，而聲音盡乎此矣。有轉注叚借，而字義盡於此矣。兩形並立者爲會意，兩字同意者爲轉注，一音兩用者爲叚借。故指事、象形、形聲者，文字之本原也；會意、轉注、叚借者，文字之作用也。六書之義例，已備於是矣。』漢書藝文志：『小學家謂象形、象事、象意、象聲、轉注、叚借，爲造字之本也。』其次第與許書小異，象事即指事也，象意即會意也，象聲即形聲也。鄭樵通志曰：『六書也，象形爲本，形不可象，則屬諸事；事不可指，則屬諸意；意不可會，則屬諸聲；聲則無不諧矣。五不足而後叚借生焉。』其言次第，頗爲明晰。疑周禮保氏鄭注，或係後人所倒亂；（見王筠說文釋例）蓋象形窮而後有會意，指事窮而後有轉注，形聲窮而後有叚借。故通志曰：『獨體爲文，合體爲字。』象形、指事，皆獨體也；會意、形聲，皆合體也；四者爲經，造字之本也。轉注、叚借二者爲緯，用字之法也。漢志以六書爲造字之本，則未合。唯敘次第，較許氏爲便耳。

說文之傳受

自說文奏上以後，鄭康成注三禮，各引一事；建初中，曹喜邯鄲淳韋誕，咸以篆法相授受；吳嚴畯好說文；晉弦令呂忱上字林六卷，附託許慎說文；見法書要錄後魏江式之論書表，梁黃門侍郎顧野王撰玉篇，陳書稱蟲篆奇字，無所不通，皆有得於許氏也。唐李陽冰善小篆，與李斯齊名，謂之筆虎。蓋唐以說文立博士，習之者多耳。林罕謂文中之古籀，爲呂忱所增，其說未是；字則有郭忠恕之汗簡佩觿，夏竦之古文四聲韻，張有之復古編，鄭樵之六書略，戴侗之六書，故其大旨皆不違於許氏者近是。而其傳述之功，則以南唐二徐爲最。楚金鍇之繫傳，鼎臣鉉之校理，世所謂大徐小徐也。元明以降，訓詁之學漸微，語錄性理有以問之。元之楊桓，劉泰，戴侗，周伯琦，舒天民，明之趙古則，楊植沐深，朱謀瑋，張位，所說轉注，言人人殊。近人臧氏禮堂著說文引經攷，嚴氏可均說文天算攷，說文聲類，皆有專門之功。孫氏星衍，攷三體石經，校倉頡篇，並以許書爲依據；段氏玉裁，注說文解字，竭數十年之心力爲之，精實通博，非前之傳說文者可及。雖鈕氏樹玉，訂其誼例，鄒氏伯奇，作札記，糾其牴牾，而段書終爲治說文者之所重。桂氏馥說文義證，徵引羣言，不加斷制，致後人有類書之譏。王氏筠說文釋例，條分許氏原書所稱引而部分之，便於學者。及朱氏駿聲說文通訓定聲出，幾欲竭智殫精，使後人不能加矣。夫古人小學之一，今人皓首或未能窮焉，則亦他種關繫限之也。

籀篆之變遷

周宣王太史籀著大篆十五篇與古文或異。漢書藝文志史籀十五篇，自注：宣王太史公作大篆十五篇。又云：史籀篇者，周時史官教學童之書，然其姓不詳，紀傳中蓋史官不言姓，亦猶孔子之稱史魚，後人之稱史遷也。史籀大篆，與古文異者，詳於許氏十四篇中，其已改者別之曰籀文，其未改者則仍曰古文。其古籀之無異於古文者，雖不言古文籀文，實則古文籀文也。王莽傳徵天下史篇文字，孟康云史籀所作，蓋史篇以官名，猶籀文以人名耳。許書引史篇者三；奭下云此燕召公名史篇名醜，匋下云史篇讀與缶同，姚下云史篇以為姚易知，則大篆之下乘有解說，自漢以後，亡佚幾盡，許氏所謂籀文九千字者，其遺文止此數語耳。至籀文之變，亦可得而言者。中庸孔子曰：『書同文，』其時列國皆以大篆為通行之字。自秦孝公趙武靈王皆變亂先王之法制，許氏所謂言語異聲、文字異形。今攷六國異聲異形之字，不傳於後世者，國滅而文字隨之也。（古之渤海西夏皆有字不傳，今波蘭字亦滅）且後世六經諸子中，往往有字形音讀與說文異，而說文亦收之者，大抵皆六國遺文。揚雄因攷輶軒之方言，多識奇字，蓋六國之書，就大篆而損益之，非離六書而自造一體也。秦幷六國，大一統，李斯作倉頡篇，趙高作爰歷篇，胡毋敬作博學篇，皆取古文大篆或頗省改，所謂小篆是也。以大篆小篆比而觀之，籀文繁而小篆簡，人情孰不憚繁而趨簡乎？史籀較古文已簡，小篆則更簡矣。洎六經者，皆究大小篆而已，未有上溯科斗鐘鼎者；蓋好古者學之，非必人人盡學之也。

篆隸之變遷

秦用小篆，既如上所述矣，而用於奏事，及刻石告功，復作隸書以施之。徒隸者非好變也，亦時勢之所趨也。古者天子邦畿千里，環四方所至皆五百里，文告易通，文雖繁重，猶爲可用。秦一四海，賦役獄訟，文牘繁興，勢不得不以隸人佐書，而隸人但求記事，勢不得不日趨簡易。下邽人程邈爲縣吏得罪，始皇幽繫雲陽，增減大篆體，去其繁複，爲三千字。始皇善之，用爲御史，以奪事繁多，篆字難成，乃用隸字，名曰隸書，爲秦書八體之一焉。漢靈帝懲隸書篡亂，命蔡邕刊定六經。邕乃修正隸法，勒石鴻都門，是爲石經程式，所用之字，即謂之漢隸。婁機撰漢隸字源，王念孫撰漢隸拾遺，所以別於秦隸也。逮鍾王變體，又謂之今隸，遂合秦漢而稱古隸焉。今隸即今日楷書之元胎也。庾元成撥散隸，謂以散筆作隸書也。後世徒隸益務簡易，公牘文字，俗體日滋，如準作准驗作驗之類吾不知其變遷何所底止也。

篆隸與八分之區別

班志史籀十五篇下，即次之以八體、六技，而不注釋其篇目。韋昭以許慎說注八體：一曰大篆，二曰小篆，三曰刻符，四曰蟲書，五曰摹印，六曰署書，七曰殳書，八曰隸書；六技者，即說文所謂刻符以至隸書六者也。而獨未言八分。李陽冰論秦王次仲制八分書，鍾繇謂之章程書；張懷瓘亦云秦時上谷人王次仲作八分，且謂八分從大篆出，鋒而加疾。書斷上卷，遂列八分於籀篆之後，隸書之前，則八分殆爲篆隸變遷之樞紐歟？晉書衛恆四體書勢，謂王次仲始作楷法，又言梁鵠謂邯鄲淳得次仲法，鵠弟子毛宏教於祕書令，八分皆宏法也。是以八分爲楷書也。是八分之法，更在漢隸之後也。且以次仲爲漢人，於時代亦未合，而歐陽修集古錄，乃又以八分爲隸書，蓋誤於衛恆言次仲以善隸爲楷法也。考八分名義，周越書苑引蔡琰云：割程隸字八分取二字，割李篆字二分取八分，是爲八分。是八分明明起於篆隸之後耳。顧亭林謂蔡邕石經之作，隸者蓋隨俗爲之，欲人易曉而已，固不必若許叔重之一點一畫，皆有根柢也。石經之文，大抵其變而從省者也，省者謂之隸，其稍繁而猶雜篆法者，謂之八分。然則八分者，省於篆而繁於隸也，與文姬之說頗合。是以仍從說文序目爲次，退八分附隸書之後，庶幾篆隸變遷之迹，或尚可攷焉。

隸草之變遷

許書言秦初有隸書，又言漢興有草書，蓋草之始，亦出於隸，隸省於篆，而草又省於隸也。漢趙壹曰：『秦末刑峻網密，官書煩冗，戰攻並作，軍書交馳，羽檄紛飛，故爲隸草，趨急速耳。』漢元帝時，黃門令史史游作急就章，是謂章草，故書斷曰：『章草、漢黃門令史史游所作也。章草者，各字不連綿者也；晉以下，相連綿者曰今草，猶隸之有漢隸今隸也。』蕭子良曰：章草者，漢齊相杜操始變稾法；庾肩吾亦謂：建初中，京兆杜操始以善書知名，今之草書也。然杜氏之後，草又一變，衛恆四體書勢曰：『自杜度之後，有崔瑗崔寔，亦皆稱工，杜氏結字甚安，而書體微瘦，崔氏甚得筆勢，而結字小疎。弘農張伯英者，因而轉精甚巧，韋仲將謂之草聖；伯英弟文舒者，次伯英；又有姜孟穎梁孟達田彥和及韋仲將之徒，皆伯英弟子，有名於世，然殊不及文舒也。羅叔景趙元嗣者，與伯英並時，見稱於西州，而矜巧自與，衆頗惑之，故伯英自稱上比崔杜不足，下方羅趙有餘。按張懷瓘稱草變於張伯英，蓋今草之始也。』（書斷謂伯英章草急就章字皆一筆而成蓋其草入神而晉以下則各字相連綿矣）後漢之季，緐書體者又有潁川劉德升，德升字君嗣，桓靈之世，以造行書擅名，鍾繇胡昭並從學焉，而鍾氏小異，世謂鍾繇善行狎書是也。

蓋胡書肥而鍾書瘦，亦各有君嗣之美，大行於世。而鍾爲行書法，非草非眞，視章草又加正也。吾聞諸梁武帝曰：自倉頡科斗一變爲史籀大篆，再變爲李斯小篆，三變爲程邈隸書，四變爲楷書，至草書爲五變，然則至行草又爲六變矣。

正書之變遷

魏鍾繇晉衞瓘乘古篆衰歇，漢隸式微，由草書行書而近於正書，當典午統壹吳蜀時，文教尙定於一也。自永嘉擾亂，南北隔閡，南朝王羲之、獻之、僧虔等以及智永、虞世南，衍爲南派；北朝則索靖、崔悅、盧諶、高遵、沈馥、姚元標、趙文深、丁道護等衍爲北派。唐初歐陽詢、褚遂良其源亦自北派，而南派幾不顯。逮太宗善王羲之書法，南派顯而北又微矣。趙宋閣帖盛行，北派益晦。唯集古錄論南北書，謂南朝士氣卑弱，書法以清媚爲佳，北朝碑誌，文詞淺鄙，復多言浮屠，其字畫往往工妙，唯後魏北齊差劣耳。蓋篆隸遺法，東晉已多更變，何論宋齊也。牋牘繁而減筆多，復古愈難，北朝拘謹拙陋，而古趣盎然。近人書法崇尙北魏，蓋亦風氣使然歟。蘇氏東坡謂唐六家書：永禪師骨氣深穩，體兼衆妙，精能之至，反造疏淡；歐陽率更詢妍緊拔羣，尤工小楷；褚河南遂良書，清遠蕭灑，微雜隸體；張長史旭草書頹然天放，略有點畫處而意態自足，號爲神逸；顏魯公眞卿書雄秀獨出，一變古法；柳少師公權本出於顏，而能自出新意。東坡於唐代書法變遷之迹，論之最精。至北宋書家，東坡及黃山谷庭堅、米襄陽芾，大抵高視闊步，氣韻軒昂，或詆其稜角怒張，則失之過。蔡襄、李時雍，亦有聲於世。高宗南渡，乃作評書之文，玩物而已，大旨所宗，唯在羲獻。其後裔趙孟頫，遂靦顏仕元，所書御服諸碑，頌揚大元盛德，不自知其數典而忘祖矣！攷書體之變遷，其亦興亡之大鑑戒乎？

書學之傳授

書自蔡邕於嵩山石室中得八角垂芒之祕，遂爲書家授受之祖；後傳崔子玉、韋仲將及其女文姬；文姬傳鍾繇；繇傳庾征西翼、衞夫人李氏；衞夫人傳王逸少；（羲之）逸少傳子若孫及郄超、謝朏等，而大令（羲之子獻之）獨擅厥美。大令傳甥羊欣；欣傳王僧虔；僧虔傳蕭子雲、阮研、孔琳之；子雲傳隋智永；智永傳虞世南；虞傳歐陽詢與褚遂良；褚傳薛稷，而孫過庭獨以草書名；薛傳李邕、賀知章；李更傳陸柬之；柬之傳猶子彥遠；彥遠傳張旭；旭傳顏眞卿、李白、徐浩；眞卿傳柳公權、僧懷素、藏眞、鄔彤、韋玩、崔邈、張從申以至楊凝式；楊傳南唐韓熙載、徐鉉兄弟。宋興，李西臺、周續皆知名家，蘇舜欽、薛紹彭繼之，以迄南渡，小米傳其家法，王廷筠以南宮之甥，擅名於金，傳子澹游，至張天錫、元初鮮于樞伯機得之。獨趙孟頫始事張，卽之得南宮之傳，超入魏晉。康里平章子山得其奇偉，浦城楊仲弘得其雄健，淸江范文白公得其灑落，仲穆造其純和，及門之徒，唯桐江俞和子中以書鳴。子山在南臺時，臨川危太樸、饒介之得其傳授，而太樸以教宋璲，璲字仲珩，金華人，太史潛溪公仲子，仕止中書舍人，（洪武辛酉年卒）杜環、詹希元亦受其傳。介之以教宋克，至正初，揭文安公亦以楷法名，傳其子汯，其孫樞，洪武中爲中書舍人，與仲珩等名相埒云。（節錄春雨雜述）

第二章　古今音韻之源流

羣經音韻

皇古未有文字，先有語言，情動於中，則言情感於物，形於聲，聲能成文，斯謂之音。白虎通云：音、飲也，言剛柔清濁，和而相飲也。近人謂蒼沮以前，直有史詩，蓋史詩者，但求其音之叶，不求其文之工也。古人之文，既以音爲主，故尙書和聲依永，八音於焉克諧，六律五聲，五言於焉出納，聲音之道，與政通矣。商周風、雅、頌，踵起，藉歌德政，作詩者雖未必如今人檢韻以求叶，然今人之攷古音者，唯據古詩及有韻之文，足以互證。易彖辭如初筮告，再三瀆，屋沃古通也；爻辭如需于血，出自穴，並在屑韻；長子帥師，弟子輿尸，並在支韻。且文言同聲相應四句，求燥同韻，與箕子麥秀歌，同繫辭上下篇，用韻者一百一十。（見阮福文筆對）曲禮首章：『毋不敬，儼若思，安定辭，安民哉！』思辭哉同韻，「無體之禮，上下相同，無服之喪，以畜萬邦。」邦卜工切，韻同；其餘散見禮經中者，不可枚舉。儀禮士冠禮、士婚禮之醮詞，攷工記之梓人祭侯辭，桌氏量銘，皆有韻文也。春秋左傳中之筮辭、童謠、與誦、諺語，亦皆韻文，故近世攷古韻者，取羣經有韻之文，折衷於毛詩，而後諦煌以上之元音，乃復顯於世。蓋經爲專門之業，不以古音讀古書，於古義究多扞格處也。

周秦諸子音韻

三代之文，多雜韻語，不唯六經爲然也。即楚辭、老子、荀子、莊子、管子諸書，亦莫不奇耦相生，音韻相叶。故楊氏升菴古音略例，取易、詩、禮、楚辭、老、莊、荀、管諸子有韻之文，標爲略例，頗得古韻要領。如老子：『朝甚除，田甚蕪，倉甚虛，服文彩，帶利劍，厭飲食，資財有餘，是謂盜夸。』愼據韓非解老篇改夸爲竽，謂竽字方與餘字叶；

柳子厚詩仍押盜夸均誤，今改。說文夸字從子大聲，則夸之本音不作枯瓜切明甚。近人劉氏且撰老子韻表。莊子「竊鉤者誅竊國者爲諸侯」愼讀誅爲之由切，不知侯之古音胡，正與誅爲韻。荀子第二十六篇曰賦，有禮賦、知賦、雲賦、蠶賦、箴賦，鼎立於風騷之閫，爲有韻文之大宗。管子「四維不張，國乃滅亡」之語，最傳誦於人口者，亦以文之有韻，便唫詠而易記臆也。夫以升菴遠謫滇南，藉搜剔古書以自娛，自後世韻學日精，楊氏之書式微矣；然其刱始之功，要亦不可沒也。

附老子韻表序略古音之說始於宋吳才老作毛詩補音又作韻補就二百六部注古通某古轉聲通某古通某或轉入某前儒多譏其分合疏舛鄭庠作古音辨分陽支先虞尤覃六部近世顧亭林作音學五書更析東陽耕眞爲二更析魚歌爲二爲十部江愼修又據三百篇爲本作古韻標準分古音爲十三部段若膺又作音韻表析支脂之爲三析眞諄元爲三析尤侯爲二計十有七部言音學者多宗之又戴東原作聲類表分爲九類孔巽軒作詩聲類分爲十八類又掇爲陰陽對轉之說嚴鐵橋作說文聲類以聲爲經以形爲緯分爲十六類其陰陽對轉略與孔氏相同此諸家韻學之大略也

漢魏音韻

高皇大風之歌，武帝秋風之辭，與夫魏武橫槊賦詩，所用之韻，皆與今韻爲近，非若三代上奇字硬語、詰屈聱牙也。漢文選古文苑詩賦以及箴銘頌讚之屬，韻文較羣經諸子爲多，而焦氏易林，幾於全書用韻，故攷證漢韻，較攷經韻尤易。然音有小大之區，語有翕張之異，觀漭、沆、龐、鴻，一音相轉，而平子長卿用之各別，平子西京賦「滄池漭沆」長卿封禪文「滋恩龐鴻」案漭沆龐鴻四字音近義同而一用漭沆一用龐鴻者則以雙聲有高下之殊也崴嵬、泓澋，二字相通，而太沖景純用之各殊，太沖吳都賦「隱賑崴嵬」景純江賦「涾淪泓澋」案此四字亦音近義同而用之各殊亦以其聲音有輕重之分耳施之於文，言各有當。若夫上林之作，易逍遙爲消搖；長楊之篇，以桔隔代戛擊。千眼文賦盱瞑，南都賦音義相同；瀇衍甘泉賦曼延，西京賦言詞靡別。則以上古字簡，一字兼數字之音，後代義明，數字歸一字之用也。惜唐人自撰唐韻，漢人未嘗自撰漢韻耳。漢魏之文，音韻頗古，非六朝八家之所能及，凡將急就漢人小學書皆韻文，蓋於古意猶未盡失也。

六朝音韻

魏晉間李登作聲類，雖以聲分韻，凡萬一千五百二十字，未嘗謂之韻也。（今已散佚，唯漢學堂叢書有輯本）陸機文賦云：采千載之遺韻。蓋韻由晉人采集而成。東晉呂忱之弟靜因聲類而撰集，是爲有韻書之稱。至宋周彥倫始著四聲切韻，行於時。齊梁之際，吳興沈約、陳郡謝朓、琅琊王融，以氣類相推，爲文善用宮商，以平上去入爲四聲，以此製韻，不可增減，世呼爲永明體；遂以爲四聲肇自周沈。然清土多利，重土多遲，清水音小，濁水音大，早見於淮南，此即一字有兩聲三聲之說，亦即一字有平上去入之旨也。劉彥和亦云：吐納律呂，脣吻爲先，故高誘注淮南呂覽，有橫口、踧口、閉口、籠口、在舌諸讀；且橫口合脣，踧口開脣，並見於劉熙釋名，此雖未言四聲，而四聲已肇，特自沈約始明言耳。第自沈約以後，四聲之學，歷唐宋元明清及至今不能變，且燕粵齊秦四方睽隔，方言俗諺，絕然不相同者，音韻無不同焉，未必非周沈諸家之力也。

經典釋文音韻

陸德明生於江左，其彙輯前人之音以釋經典之文，則不盡吳音也。乃毛居正著六經正誤一書，譏陸氏偏於土音，因取他字以易之，後人信其說，遂據以竄改本書矣。大凡切音有音和，亦有類隔，陸氏在當時或用類隔，未始不可以得聲，而後人疑其不諧，亦私爲改易，疏本多有之，幸本書無恙耳。陸氏所見經典之本與賈孔諸人不同，強此就彼，實有未安。夫古無舌頭舌上之分，知、徹、澄三字母以今音讀之，與照、穿、牀無異，求之古音，則與端、透、定無異。說文沖讀若動，書惟予沖人釋文直忠切，古讀直如特，沖子之音，猶童子也。字母之學，明者明，闇者闇，明者引千言而解一音，闇者憚其煩苦而弗習焉。此音韻之學所繇終不大顯於世歟！

廣韻

韻書之存於今者，以廣韻為最古。然廣韻之原本，今亦不存，唯後世屢有修改，皆以廣韻為鼻祖，故見重於世耳。初，隋陸法言以呂靜、夏侯該、楊休之、周思言、李李節、杜臺卿等六家韻書，各有乖互，因與劉臻、顏之推、魏淵、盧思道、李若膺、辛德源、薛道衡八人撰為切韻五卷，書成於仁壽元年。迄唐儀鳳二年，長孫訥言為之注，後郭知元、關亮、薛峋、王仁煦、祝尚邱遞有增加。天寶十載，陳州司徒孫愐，重為刊定，更名唐韻，後嚴寶文、裴務齊、陳道固又各有添字。宋景德四年，以舊本偏旁差訛，傳寫遺漏，益以注解未備，乃命陳彭年、邱雍等重修，大中祥符四年，書成，賜名大宋重修廣韻，今日與疏沙刻本並存於世。則廣韻一書，自隋迄宋，修改不一，未知其孰為原本也。

唐韻

唐人以陸法言切韻試進士，孫愐又重定為唐韻，及宋人重修廣韻，而於是唐韻亡矣。然徐鼎臣校許氏說文，在重修廣韻以前，所用翻切，一從唐韻。河間紀遲叟作唐韻考，以為翻切之法，其上字必同母，下字必同部，謂之音和。間有用類隔之法者，亦僅叚借其上字，而不叚借其下字。因其翻切下一字，參互鉤稽，輾轉相證，猶可得其部分，乃取說文所載唐韻，翻切排比，析歸各類。乃知唐韻部分與廣韻同，但所收之字，多寡不等耳。故有此書，而隋唐音韻變遷之跡猶可尋也。

集韻

宋景祐四年，太常博士直史館宋祁、太常丞直史館鄭戩等建言：陳彭年、邱雍所定廣韻，多用舊文，繁略失當。因詔祁、戩與國子監直講賈昌朝、王洙同加修定，刑部郎中知制誥丁度、禮部員外郎知制誥李淑爲之典領。此集韻之例言也。司馬光切韻指掌圖序，則稱「仁宗詔翰林學士丁公度、李公淑增崇韻學，自許叔重而降，凡數十家，總爲集韻，而以賈公昌朝、王公洙爲之屬。治平四年，余得旨繼纂其職，書成，上之，有詔頒焉」是集韻成於溫公之手也。其書平聲四卷，上、去、入各二卷，共五萬三千五百二十五字，視廣韻增多二萬七千三百三十二字。蓋字如孳乳寖多，音韻亦猶是也。後世韻府之屬，蔚爲類書，韻編之例，用於讀史，一則廣博而人不厭其繁，一則精實而人皆樂其易，要皆便於檢察，有裨於攷證也。

宋禮部韻

宋禮部韻有二本，附釋文互註禮部韻略五卷，附貢舉條式一卷，增修互註禮部韻略五卷，則毛晃父子所增也。宋初程式用韻，漫無限制，景祐以後，始撰此書，著爲令式，以迄南宋不改。然收字頗狹，俞文豹吹劍錄曾譏之。孫諤、黃積厚、黃啓宗、張貴謨、吳杜皆屢請增收，而伯嵒亦作九經補韻以拾其遺，然每有陳奏，必下國子監看詳，再三審定，而後附刊韻末。或有未允者，如黃啓宗所增躋一作齊、鰥一作矜之類，趙彥衞雲麓漫鈔尙駁詰之，蓋旣經廷評復經公論，故較他韻書爲謹嚴。毛晃蒐采典籍，依韻增附韻略之例，凡字有別體別音者，皆以墨闌閣其四圍，亦往往舛漏，并釐訂音義字畫之誤。凡增二千六百五十五字，增圈一千六百九十一字，訂正四百八十五字。其子居正復續所遺，增一千四百二字。父子相繼，用力頗勤，但不知古今文字音韻之殊，往往以古音入律詩，借聲爲本讀，殆所謂引漢律斷唐獄者非邪？

平水韻

今日通行之韻，上下平各十五，上聲二十九，去聲三十，入聲十七，大抵因平水韻之舊耳。古韻分二百六部，唐宋相承，雖先後次第不同，而部分未改。平水韻倂四聲爲一百七韻，陰時夫又倂上聲拯韻入迥韻，遂成今日通行之韻焉。後人往往以平水爲劉淵，攷元槧本平水韻略，卷首有河間許古序，乃知平水書籍王文郁所撰，後題正大六年己丑，則文郁書成於金哀宗時，非宋人也。劉淵刊王平水韻略而去其序，故黃公紹以爲劉淵所撰也。元明以來，承用已久，雖洪武正韻，以帝王之力尚不能奪焉。淸康乾時，以佩文詩韻爲官韻，沿習不改，而音韻名家，專以討論官韻爲功，不復以今韻爲學，唯詞章家頗資以爲用也。大成集成，鋟銅板於前，合璧全璧，縮石印於後，層疊堆積，專供應試者之獺祭焉。科舉旣罷，不復用此，將舍聲偶之微，究音韻之賾，中西科學，咸基於此矣。

翻切

左傳之丁甯爲鉦，國語之勃鞮爲披，國策之勃蘇爲胥，實爲翻切之始。漢之許鄭釋音，究形聲之原，從偏旁之正音或轉音，不過讀如讀若從某聲，某為聲況之詞而已。及曹魏之初，孫炎注經，始為翻切，顏氏家訓曰孫叔言創爾雅音義是漢末人獨知反語陸德明經典釋文曰孫炎始為反語魏朝以降漸繁張守節史記正義同王弼注易，亦有翻切二處，蓋古人但以一音釋一音，孫王乃合兩音以釋一音也。譬之鐘為鐘聲，鼓為鼓聲，鐘鼓並作而自成一音節；又譬之黃色藍色，並著於素質，則即成綠色，同一顯而易見之理也。但孫氏剏翻切，僅見於爾雅正義，而未明其原，故魏之末年，翻切盛行，而高貴鄉公猶不能解，反以為怪也。孫炎韻學未甚精，故西域字母之學，遂乘其敝而入矣。

字母

孫叔言言翻切而不言字母。至六朝僧神珙，始作三十字母，珙有反紐圖，出於唐元和以後；或云唐初僧舍利作三十字母，後有僧守溫者，益以六字，今所謂見、溪、羣、疑是牙音，端、透、定、泥舌頭音，知、徹、澄、娘舌上音，幫、滂、並、明重唇音，非、敷、奉、微輕唇音，精、清、從、心、邪齒頭音，照、牀、穿、審、禪正齒音，影、曉、喻、匣喉音，來日半唇半齒音是也。中國字母仿西法，亦猶日本字母借中文也。悉曇梵偈，儒者不言，然字母之學，於彼教無與也。神珙五音聲論及四聲五音九弄反紐圖，附於玉篇，傳之後世。然隋書經籍志已稱婆羅門書十四音，貫一切字。漢明帝時，與佛書同入中國，釋藏譯經字母，自晉僧伽婆羅以下，可攷者尚十二家，則字母亦不始於神珙矣。

雙聲

中國以雙聲取翻切，與西域以字母統雙聲，其理一也。翻切之音同母者謂之雙聲，同部者謂之疊韻。疊韻之字易知，如關雎之詩窈窕、輾轉之類是也。雙聲之字，古人多用為形容詞，如關雎之詩參差、優游之類是也。詞章善用疊韻雙聲，取其音節之諧也。古人不但疊韻之字可爲韻，即雙聲之字亦可爲韻，經韻之難合者，皆雙聲也；試取三百篇之不合於疊韻者而以雙聲通之，則自無不合，而初不必增立轉音合韻之種種名目也。終南之詩裘與梅哉爲韻；羔裘之詩侯與濡渝爲韻，皆雙聲也。七月之陰與冲韻，雲漢之臨與躬韻，蕩之諶與終韻，小戎之驂與中韻，皆雙聲也。養新錄以爲轉音不若謂之雙聲較合，疊韻諧和必同韻，雙聲之諧和則自此韻歧入彼韻，學者所當詳察焉。

六朝反語

等韻盛於齊梁，陸法言之切韻，即反語也。兩字文互相切謂之反，取反覆之義，亦謂之翻，如同秦之反爲大通，桑落之反爲索郎是也。兩字切一字，磨切而出聲謂之切，德紅之切東，徒紅之切同是也，亦謂之紐，有正紐，有倒紐，有旁紐，而不越一反，名異而實同耳。以三十六字母貫穿天下無窮之字，切韻以同母出切，以同韻定聲，而本音生焉。千載後音讀差訛，可藉反切而攷其元音，即向無同音之字，亦可以反切取其音。然後世用反切者，或所用上下兩字不合，則所切之音亦不合，此其未盡善者矣。蓋兩音拼一音，猶西人兩字母拼一語，故其用猶狹而不廣也。

三合音

鄭夾漈六書略謂：華有二合之音，無三合之音字；梵有二合三合四合之音，亦有其字，因舉箄縛之二合，囉馱曩之三合，悉底哩野之四合爲證。沈括夢溪筆談亦謂梵語薩嚩訶三字合言之，即楚詞之些字。清乾隆時，御定清文鑑，左爲國書，右爲漢語。國書之左，譯以漢音，用漢字三合切韻；漢書之右，譯以國書，爲取對音。國書之聲，多漢字所無，故以三合取之，又推及蒙古西域，而同文韻統，以梵書合國書切韻，復以國書切韻叶華音字母。凡華言之未備者，悉合音切字，曲取其音，則有至於三合四合五合者，是又切韻之例所爲推廣也。且吉黑邊務，知俄語不知滿蒙語，不能任也；新疆邊務，知英俄語不知準回語，不能任也；西藏邊務，知英語不知衞藏語，不能任也。中國文字，應習者凡五種，茲因論三合音而類及之；且合音者，即西文之拼法，亦無他巧焉。

宋元明諸家音韻之學

宋吳棫字才老，作韻補五卷，爲學者發明古韻之始。別有詩補音、楚辭釋音，據其本文以推古讀，故朱子有取焉。韻補則引書五十種，下逮歐蘇諸作，與張商英之僞三略，旁及黃庭經道藏諸歌，故參錯冗雜，漫無體例。唯棫言雖牴牾百端，後之言古音者，皆由此推闡加密，故仍居功首焉。元人熊忠撰古今韻會舉要，拾李涪餘論，排江左吳音，今韻古韻，茫然無據；東韻收窗字，先韻收西字，雖舊典有徵，而未免有心駭俗，不便施行。明洪武正韻，樂宋諸臣，私臆竄改，非復古也。楊慎撰古音叢目、古音獵要、古音餘各五卷，古音附錄一卷，古音略例一卷，轉注古音略五卷。慎在明人中博洽多聞，故蒐輯秦漢古書，頗爲賅備，惜才大而心未細，往往爲後人所訾議。陳第毛詩古音攷四卷，屈宋古音義三卷，言必有徵，典必探本，焦竑以外，無人能通其說者，雖卷帙無多，其精實殆過於楊慎也。

附錄陳第讀詩拙言論古韻語（此條論古韻最精，故特錄之）

說者謂自五季之衰外夷入寇驅中原之人入於江左而河淮南北間雜夷言聲音之變或自此始然一郡之內聲有不同繫乎地者也百年之中語有遷轉繫乎時者也況有文字而後有音讀由大小篆而八分由八分而隸凡幾變矣音能不變乎所貴誦詩讀書尚論其當世之音而已矣三百篇詩之祖亦韻之祖也作韻書者宜權輿於此遡源沿流部提其字曰古音某今音某則今音行而古音庶幾不泯矣自周至後漢音已轉移其未變者實多恐考說文訟以公得聲福以偏得聲[illegible]以[illegible]斯以其脫以免節以即溱臻皆秦閩塡皆眞者讀旅渙讀矣滔讀田玫讀芑又我讀俄也故義有俄音而儀議因之得聲矣且以我娥蛾鵝峨硪哦誐之類例之我可讀平也矣疑乎可讀阿也故奇有阿音而猗錡因之得聲矣且以何河柯軻珂婀苛訶之類例之可可讀平也亦矣疑乎凡此皆毛詩音也徐鉉修說文槩依孫愐之切韻是以唐音而反律古矣厥後諸韻書引古詩如晨星而於唐宋名家之辭每數數焉無亦譜子孫而忘祖宗乎噫夫說文之音多與時違幾爲滿中之斷矣愚獨取之以讀詩豈偶也哉豈偶也哉

清代顧江戴段王諸家音韻之學

顧寧人音學五書，爲當代治古音者之圭臬，音論三卷，詩本音十卷，易音三卷，皆精覈；唐韻正二十卷，則不免是古非今；古音表二十卷，頗變亂舊部；韻補正一卷，絕無叫囂之氣，正其失，不攻其短也。亭林謂欲復三代之制，必自復古音始，此則可言不可行也。顧氏第分古韻爲十部，江永古韻標準，凡平上去各十三部，入聲八部，以詩三百篇爲詩韻，周秦以下，音之近古者爲補韻，視諸家界限較明。其弟子戴震受音韻算數之學於江氏，而復古之志益銳。所著聲韻攷，力辨反切始於孫炎，不始於神珙，亦猶所著勾股割圜記謂弧角不始於西人也。段玉裁著六書音韻表，分古韻爲十七部，大端畢備。王引之更分之爲二十一部，則分析之條理愈密也。顧江戴段王五家，音韻專科，統系所在也。毛西河古今通韻易韻之類，雖博涉羣書，有裨攷證，而穿鑿附會，蓋亦不免焉，攷古者師其長而救其失焉可也。

附錄陸紹明言音紋言於古今變遷之跡言之頗精

毛詩三百五篇古音賴存魏晉而下詞賦日繁沈約作四聲之譜於是今音行而古音亡為音學之一變迨至東京古音愈乖休文作譜按班張以下諸人之賦曹劉以下諸人之詩所用之音譔為定例於是今音變而古音愈亡為音學之再變下及唐代僧守溫撰三十六字母以紊古音於是梵音盛而古音難復為音學之三變宋理宗末年平水劉淵併二百六韻為一百七韻元初黃公紹因之作古今韻會於是宋韻行而唐韻亡而古音更無論矣為音學之四變嗟乎顧寧人音學五書韻補正殆有復古之功乎

文篇二

第一章　上古至夏商之文學

上古唐虞之文學

夫神農以前，均為結繩之時代，莊周言之甚詳；至於黃帝史臣倉頡，始造文字，於是文籍興焉。史遷作史，託始黃帝，而以神農以前為不可知，記事且然，況言文學。雖然，三皇之書，掌於外史，孫詒讓主尚書大傳說遂人為遂皇伏羲為戲皇神農為農皇其說可採見周禮正義河圖之寶，陳於東序，漢書五行志劉歆以為虙羲氏受河圖則畫之八卦是也尚書顧命天球河圖在東序經典可徵，遺文莫得而覩焉。伏羲氏興，作瑟而造駕辯之曲，楚辭大招篇王逸注教漁而作網罟之歌，見隋書樂志及夏侯玄辨樂論其文亦佚。唯十言之教，左定四年正義引易片語流轉，遂稱為文章始祖焉。降及葛天，三人操牛尾，投足以歌八闋：一曰載民，二曰玄鳥，三曰遂草木，四曰奮五穀，五曰敬天帝，六曰建帝功，七曰依地德，八曰總禽獸之極。夫樂不空絃，必有其歌；歌不空名，必有其目；目之所存，亦必傳自故老之口，決非呂覽鑿壁而虛造也。至若神農，流傳尤衆，夏侯辨樂，稱豐年之詠；夏侯玄謂神農教民食穀有豐年之詠，莊子天運，著有焱之頌；莊子釋文焱亦作炎有焱氏即炎帝神農也然此猶可言曰說近傅會。若六韜傳其禁令，

（羣書治要六韜虎韜僞引神農之禁）管子述其數詞，（見揆度篇）文子載其法言，（見上義篇淮南齊俗訓略同）漢書志其教語，（食貨志鼂錯所引）遺文佚句，粲然可觀矣。且漢志列神農之書數十篇，（藝文志農家有神農二十篇兵陰陽家有神農兵法一篇五行家有神農大幽五行二十七卷雜占家有神農教田相土耕種十四卷經方家有神農黃帝食禁七卷神僊家有神農雜子技道二十三卷）占經引神農之占數百言，（開元占經一百十一引神農占神農書各數百言）本草一經，尤辦植物教科文體，雖藝文不志，而漢書平帝紀樓護傳未嘗不稱道焉。夫未有文字，理無文章，然古人口授其詞，後人追錄其語，理至顯也。唯明乎追錄之條，斯無所容其疑信，劉勰所謂三皇辭質，心絕於道華，尚未知作述之有殊，論讀之相須也。

黃帝之世，鳥跡代繩，而文字始炳，流觀古籍，單篇韻語，流傳獨多。至紀事之史，成家之言，首尾相銜，勒成部帙者，則寥若晨星焉。當斯之時，文字雖興，而文學之士，牙角不見，故僞託之書，猶衆，追記之作實繁。漢書藝文志有黃帝銘六篇，今所見者，唯巾几金人二銘。（路史疏仡紀黃帝作巾几之銘後漢書朱穆傳注黃帝作巾几之法即此金人銘見說苑敬慎篇嚴可均曰此銘舊無撰人名據太公陰謀太公金匱知即黃帝六銘之一金匱僅載銘首廿餘字玆取說苑以足之）至於明臺之議，（文心雕龍議對篇引管子）祝邪之文，（文心雕龍祝盟篇）渡江之歌，（水經注）袞龍之頌，（王嘉拾遺記）第傳其目，未見其文。世言短簫鐃歌，黃帝使岐伯所作，所以建揚武德，風勸戰士，（古今注）而歸藏因載棡鼓曲十章之名，（見古詩紀所引首數句亦見初學記卷九）舊文泯沒，眞僞亦莫能辨焉。文心雕龍言黃歌斷竹，其辭見於吳越春秋，亦名彈歌，其斷爲黃帝時歌，亦無繇察其昭證。少昊顓頊，聲采靡追，白帝皇娥，子年所造，可無論已。帝嚳之世，咸黑爲頌，以歌九招，其文隱沒，靡得而詳。陶唐氏興，文思光被，野老吐何力之談，（帝王世紀堯世有老人擊壤而歌）郊童傳不識之謠，（列子堯五十年康衢有童謠）封人上三多之祝，（莊子華封人請祝）心樂聲泰，此之謂矣。觀其躓垤致戒，語極其敬（淮南子人間訓引堯戒）始蜡，爲祝辭探其本。（禮郊特牲伊耆氏始爲蜡。鄭注伊耆氏古天子號也。陸德明釋文云即帝堯。孔穎達正義則謂神農。案陸說是也。下文蜡之祭也主先嗇而祭司嗇也。鄭注先嗇若神農者司嗇后稷也。然則始爲蜡者必非神農矣）文德所體，（見文選）夫豈偶然？凡若此者，豈與夫刻璧沈雒同其誣，（御覽八十引尚書中候有劉璧東沈於雒辭）郊天作暢同其誕邪？（謝希逸琴論曰神人暢帝堯所作其辭載古今樂錄謂堯郊天時作）有虞繼作，辭采光昌：明良喜起之歌，卿雲南風之詠，（卿雲歌見尚書大傳南風歌見尹子古今樂錄又造南風操）開唱和之風，極賡颺之盛。又何必修言祠田之辭、（文心雕龍祝盟篇）普天之詩、（呂氏春秋）大唐之歌、（尚書大傳）思親之操哉！（古今樂錄）況乎定四時，齊七政，測天之文也；嵎夷南交，昧谷幽都，並察其民情物候，志地之文也；命官唯百，四岳羣牧，各有攸司，知人之文也；其斯爲文明之祖乎！

夏商之文學

夏禹承之，其憂勤惕厲之心，見於二箴餘句，（周書大傳篇載禹箴二孔注禹之箴戒書）復作開望以備災，（周書太傳篇引開望孔晁注開望古書名）銘簨簴以待士，（鬻子又見淮南子）祀六沴以警民，（尚書大傳洪範五行傳）歌九德以敍功，（左文七年傳引夏書）敻哉禹乎！明德遠矣。當時塗山孔甲之歌，（呂氏春秋音初篇禹行功見塗山之女女作歌曰候人兮猗實始爲南音周公及召公取風焉以爲周南召南又孔甲破斧歌實始爲東音）開國風周南召南之什，破斧缺斨之篇；而帝啓之樂，（楚辭注九辯九歌啓所作樂也亦見山海經）亦爲楚辭九歌九辯之宗，流風尤遠也。若夫五子源水之歌，（孫星衍以爲五子之歌即楚語之五觀墨子之武觀爲尚書之篇名非五子之歌詩其說是也又繹史引古琴疏帝相作源水之歌）或爲僞造，或爲依託，不若桀時夏人之歌較爲可信也。迨及商湯，盤銘厲日新之規，網祝表深仁之度，（賈誼新書七）帝乙歸妹，（困學紀聞京房引湯嫁妹之詞）桑林禱天，（見墨子兼愛下）開國之辭，迴異叔世；及其衰也，乃有商銘。（國語）然箕子麥秀，伯夷采薇，君子賢人，德音不已。蓋有殷一代，樂章足以繼夏，詩頌足以開周，故有娀爲北音之祖，殷整爲西音之宗；（呂氏春秋音初篇有娀氏有二佚女作歌一終曰燕燕往飛實始作爲北音殷整甲徙宅西河）

猶思故處，實始作爲西音；長公繼是音，以處西山，秦繆公取風焉，實始作爲秦音。上攀塗山孔甲之歌，下啓邶鄘衞秦之風，（邶風燕燕于飛，有娀之遺音也。）而商之名頌十二，（毛詩那序云：微子至於戴公，其間禮樂廢壞，有正考父者，得商頌十二篇於周之太師，以那爲首。國語魯語引閔馬父云：昔正考父校商之名頌十二篇於周太師，以那爲首。太師樂孔子採詩，僅得五篇：那祀成湯，烈祖祀中宗，玄鳥祀高宗，長發大禘，殷武祀高宗，皆商之樂章，故藏於周太師。而司馬遷揚雄均主魯詩說，以商頌爲正考父所作，非也。）又爲周魯二頌之原。故樂記云：商者，五帝之遺聲也，商人志之，故謂之商。又云：明乎商之詩者，臨事而屢斷也。惜乎受辛失德，作朝歌北鄙之音，靡靡之樂，爲溺於詞章之始；論者所由謂其餘風所扇，致流爲鄭衞之淫聲也。

典墳邱索不若尚書之可信

如上所述，則聲詩韻語，雖發自蒼沮造文，而史官記事，仰錄三皇之書，遞述五帝之史，至於周代，外史猶掌其籍，左史能讀其文。乃王子朝奉周之典籍奔楚，於時周室微而禮樂廢，詩書缺。孔子删訂六經，三皇五帝之書，止存堯舜二典，遭秦一燼，舜典云亡，而堯典一篇，遂爲上古史書之碩果。當春秋之季，中原文獻，多萃於楚，故三墳五典八索九邱，柱下不聞有其書，魯史僅得記其目。夫墳典，卽三皇五帝之書，邱索，卽八卦九州之志，往代經詁，或有所承，然管子言封泰山者七十二家，夷吾所記十有二焉，故或謂無懷伏羲神農謂之三墳，炎帝黃帝顓頊帝嚳堯舜禹湯周成王謂之九邱；蓋神農以前，六書未興，刻石紀功，別具符號，（案神農本稱炎帝，十二家中之炎帝乃炎帝神農之子孫，與黃帝同時，時文字已興，故炎帝不列三墳。）故三九分列，而墳邱異名。不知同爲刻石之辭，故能爲倚相所讀，託體泰岳，所以名墳邱也。五典爲五帝之典，堯舜五典，卽在其中；八索爲三皇五帝之書，典書之異，詳略不同，或因占事而異書，或如紀傳之互見，而既同爲簡編，所以名典索也。夫古書散佚，自孔子時已不具見，故無從質其是非，各存其說，以備多聞而已。唯唐虞夏商之書，經先聖所手定，爲周秦之先河，渾渾灝灝，前哲已有定評，今雖不能覩其全，猶十得其二三，（尚書百篇，虞夏商書有六十篇，今所存者止堯典、臯陶謨、禹貢、甘誓、湯誓、盤庚上中下、高宗肜日、西伯戡黎、微子十有一篇耳。）咨故實，獵文華，斯足與夏時並珍，商頌儷美已。

山海經夏小正之可據

太史公曰：禹本紀言河出崑崙，崑崙其高二千五百餘里，日月所相避隱爲光明也，其上有醴泉瑤池。又曰：山海經所有怪物，余不敢言之。今禹本紀已亡，而山海經獨存世之覽山海經者，皆以其閎誕迂誇，多奇怪俶儻之言，莫不疑焉。然自劉子駿之奏，王仲任之論衡，趙長君之吳越春秋，皆以爲禹益所據，畢沅考定篇目，以爲三十四篇禹益所作，（原注：劉秀表曰凡三十二篇，今合五藏山經海外海內經共三十四篇，二當爲四字之誤。）及十三篇漢時所合，（原注：藝文志形法家有山海經十三篇，劉向校經合南山經三篇以爲南山經一篇，西山經四篇以爲西山經一篇，北山經三篇以爲北山經一篇，東山經四篇以爲東山經一篇，中山經十二篇以爲中山經一篇，幷海外經四篇，海內經四篇，凡十三篇，班固作藝文志取之於七略，而無大荒經以下五篇也。）十八篇劉秀所增。（原注：藏本目錄云此海內經及大荒經本皆進在外，又篇內有成湯有王亥僕牛，則知後人所述。又按大荒經四篇似釋海外經，海內經一篇似釋海內經四篇，當是秀所增也。）禹與伯益主名山川，定其秩祀，量其道里，類別草木鳥獸，今其事見夏書禹貢、爾雅釋地，及此經三十四篇之中。列子引夏革之言，呂覽引伊尹之書，多出此經，二書皆先秦人著，夏革伊尹，並爲商人，故知此書禹益所作，無疑義也。（以上畢說。）然古書不免錯簡，後人或有攙竄，故自酈善長之注水經，顏之推之撰家訓，已懷此慮。（水經注云：山海經薶縕歲久，編韋稀絕，書策落次，難以輯綴，後人假合，多差遠意。顏氏家訓書證篇云：山海經禹益所記，而有長沙零陵桂陽諸暨山，後人所羼，非本文也。）今觀海外南經有文王葬所，海內西經有夏后啓事，南次二經有郡縣之語，中次三經十二經稱禹父述禹言，非簡策之錯編，即注記之羼入，不足以疑本經也。至於紀載神怪，尤不足疑，古文每好譬辭，古史類多神話，（列子黃帝篇云：庖犧氏女媧氏神農氏夏后氏蛇身人面牛首虎鼻，張湛注云：人形貌自有偶與禽獸相似者，古諸聖人多有奇表，所謂蛇身人面，非被鱗臆行，無有四肢；牛首虎鼻，非戴角垂胡，曼額解頤，亦如相書龜背鵠步鳶肩鷹喙耳。案古文譬況之辭亦多類此：）明乎上古文史之例，則知此爲古代最詳之地志，足爲禹貢之外傳矣。

孔子曰：吾欲觀夏道，是故之杞，而不足徵也，吾得夏時焉；吾欲觀殷道，是故之宋，而不足徵也，吾得坤乾焉。太史公曰：孔子正夏時，學者多傳夏小正云。鄭康成亦云：夏時，夏四時之書，其書存者有小正。夫小正原書，今已亡佚，僅賴戴德傳記，猶存夏代遺文。（隋書經籍志夏小正一卷，或謂此乃小正經文，大戴禮記所載夏小正乃戴德之傳，高誘注呂覽、郭璞注爾雅、蔡邕明堂月令論皆引夏小正傳可證，蓋漢晉之時經傳別行，然隋志之小正是經與否無從質證，戴記是傳，其說甚是。）其書上紀星文之昏旦，雨澤之寒暑，下陳草木稊秀之候，蟲羽飛伏之時，旁及冠昏祭薦、耕稼蠶桑之節，文句簡要，寓義婉深，羲和敬授民時之則，開周秦明堂月令之規，斯足卲也。

連山歸藏之解釋

孔子所謂吾得坤乾者，鄭康成以爲殷陰陽書，其書存者有歸藏。申其說者，以爲殷易以坤爲首，故先坤而後乾，（熊安生說）然其說之是非，亦無從質證焉。唯周禮太卜掌三易之法：一曰連山，二曰歸藏，三曰周易，其經卦皆八，其別皆六十有四。杜子春以爲連山宓戲、歸藏黃帝，鄭康成謂夏曰連山，殷曰歸藏。王充則謂古者烈山氏之王得河圖，夏后因之，曰連山；歸藏氏之王得河圖，殷人因之，曰歸藏；（歸藏氏今本論衡誤作烈山氏，案朱震漢上易傳引姚信易注三易之說與論衡同，其說即本王氏，而云歸藏氏之王得河圖，殷人因之曰歸藏，今據以改正。）伏羲氏之王得河圖，周人因之，（今本論衡脫因之二字，據姚信說補。）曰周易。（論衡正說篇）杜鄭二說，各得其偏，王氏雖爲折中，而所說未諦，尋重卦之說，略有四家。見周易疏王弼以爲伏羲重卦，其說最塙。伏羲既造卦名，又周著卜理，必有繇，繇爲韻語，與歌謠相類，其時雖無文字，亦可口耳相傳。迨至黃帝，始以繇辭著之文字，而轉輾口授，或有異同，且卦爻分列，法亦變異，故伏羲黃帝，不妨異名。杜氏所謂連山宓戲、歸藏黃帝，其說是也。至於夏殷承宓戲連山黃帝歸藏之繇，轉輾占驗，各附其辭，故至漢代，連山八萬言，歸藏四千三百言，御覽學部引桓譚新語夏易繁而殷易簡者，以所附有多寡耳。鄭氏所謂夏曰連山，殷曰歸藏，其說亦未爲非也。連山歸藏之書，雖不見於藝文，然桓譚有言：連山藏於蘭臺，歸藏藏於太卜。北堂書鈔藝文部引桓譚新論唯連山作厲山案厲烈連一聲之轉耳桓鄭二君，爲兩漢大儒，並言其書尚存，其言必可深信。今其書雖亡，然干寶皇甫謐之引連山，郭璞張華之引歸藏，干寶周禮注皇甫謐帝王世紀郭璞爾雅山海經注張華博物志徵引頗多必爲君山所見之故書，非爲劉炫所造之新籍，可決也。北史劉炫傳時牛宏奏購天下遺逸之書炫遂僞造書百餘卷題爲連山易魯史記等錄上送官唐書藝文志有連山十卷司馬膺注即炫僞造之書也歸藏隋書經籍志有十三卷晉太尉參軍薛貞注唐書藝文志卷同宋中興書目載有初經齊母本蓍三篇馬端臨以爲歸藏一書亦與劉炫連山同類亦屬肊論觀其造辭用韻，而語多奇古，與左傳所載繇辭相類，不特易林靈棋，其源皆出於此，即奔月李淳風乙巳占引連山云有馮羿者得不死之藥於西王母姮娥竊之以奔月將往枚筮於有黃占之曰吉翩翩歸妹獨將西行逢天晦芒无恐无驚後且大昌姮娥遂託身於月案此枚筮有黃與張衡靈憲同決爲古之佚文畢日郭璞山海經注引歸藏云昔者羿善射畢十日果畢之尚書大傳正義並引羿彃之言，亦與龍戰載鬼之語同其荒怪。蓋三易取象，均託鬼神卜筮之事，固應如斯。然則三易之繇，各有所因，孔子殷因夏禮，周因殷禮，各有損益，唯易亦然。黃帝因伏羲，夏因伏羲，殷因黃帝，周監二代，各有損益，故三易繁簡，各不相同。王充言三代之易，皆有所因，其言亦是；唯不明連山歸藏，乃卦爻之總名，非帝皇之名氏，故與杜說有牴牾耳。

夏周政刑之書

二代距周未甚久遠，其所措行之政刑，當時史官必有紀載，至周必未淪亡。故孔子曰：夏殷之禮，吾能言之。晉叔向亦云：夏有亂政而作禹刑，商有亂政而作湯刑。今其書雖亡，然經曲二禮，監於二代，或因或革，有損有益，其所益者，固爲周代新禮，其所因者，必爲夏商舊文，故鄭注禮經時，推見夏殷二禮也。呂命穆王訓夏贖刑，而作呂刑。（尚書序）夫金作贖刑，唐虞之法，夏禹承之，普及於衆，周代贖刑，殊於夏制，唯士有贖，入於司兵。（周禮職金）穆王法夏，更從輕制，罪實則刑，罪疑則贖，周官五刑二千五百，（周禮司刑）呂刑法夏，乃有三千；然則夏代刑書，其條文必有三千矣。夫夏刑列舉，故其書繁，至於商代，或反簡易，蓋有比例之法，有總括之條，故昧者爲之，乃有罪合於一多猾罔詔之弊；然刑書正宗，實在於此。故荀子云：刑名從商，或以此也。及至商亡，傳者不絕，商君之法，即產殷墟；然則夏殷二代，政典刑書，其流遠矣。夫史官所掌，範圍甚廣，禮樂刑政，在所不遺，雖作始似簡，而後代羣經衆史，皆爲其支流與苗裔矣。

伊尹一書開諸子之源

夫入道見志之書，專門名家之言，連接篇章，較爲可信者，唯伊尹一書，（漢書藝文志道家伊尹五十一篇原注湯相）爲道家之冠，七略藝文，亦無依託之疑，今其書雖佚，然觀呂覽史記說苑所引，或言取天下之法，（呂氏春秋先己篇伊尹對湯問）或言知臣下之道，（說苑君道臣術二篇伊尹對湯問）或言素王及九主之事，（史記殷本紀）頗有秉要執本之談，具君人南面之術，不得以孟子稱爲任聖，而疑其非道家也。至於割烹要湯，既爲孟子所不信，呂覽本味所述，或在伊尹說中。（漢書藝文志小說家伊尹）

說二十七篇原注其言淺薄似依託也唯區田之法，齊民要術引氾勝之述伊尹區田法獻令之文，周書王會篇有伊尹四方獻令其於二書，不知何屬，斷壁零珪，亦足珍貴。而黃帝之經，漢書藝文志道家黃帝四經四篇黃帝君臣十篇雜黃帝五十八篇力牧之書，藝文志道家力牧二十二篇同列道家，反置伊尹之後，明爲後人所依託。陰陽家之黃帝泰素，二十篇容成子，十四篇小說家之務成子，十一篇天乙，三篇黃帝說，四十篇其例亦視此矣。雜家之孔甲，盤盂二十六篇農家之神農，二十篇小說家之伊尹說，二十七篇雖各冠於其首，明著依託之言。綜觀藝文之例，則伊尹五十七篇，自不得與風后力牧同類並觀，而劉彥和勰均謂爲上古遺語，戰代所記，斯亦未嘗深究者也。唯兵書、術數、方技諸略，有神農黃帝顓頊堯舜湯盤庚之書，至容成務成封胡風后力牧等籍，此皆專門名家之學，轉輾相授，後乃記於簡冊，斯則合於彥和之說，無疑義也。蓋夏商以前，典籍文章，留遺甚寡，依託之作，追記之書，至於後代，彌覺其多。太史公司馬遷云：擇言尤雅，折中孔子，斯足治上古文學之法已。

第二章　周代至三國之文學

周代之文學

周監二代，郁郁乎文，訖乎秦漢，踵事增華，中國文體，於焉大備。迨至三國，已開晉宋風調，然猶未失秦漢矩矱也。竟委窮源，可以知已。自文王演易卦爻繫辭，陳夏殷之制，寓憂患之思。而或言文王作卦辭，周公作爻辭，馬融說不悟岐山爲冀州之望，箕子乃荄茲之義。詳惠棟周易述周易一書，人更三聖，世歷三古，不數周公，不必因岐山箕子而疑爲周公之言也。或又謂卦爻二辭，皆孔子作，皮錫瑞說不悟左傳所引筮辭，多在孔子之前，而「不恆其德，或承之羞」孔子亦謂不占而已矣。若爲孔子所作，豈能卽期盡人占之？是故繇辭爲文王所作，無疑義也。上繼連山歸藏之軌，下啓太玄潛虛之規，開周代之文治，爲羣經之冠冕，不特符采複隱，精義堅深而已也。遠公旦（卽周公旦）多材，振其徽烈，陳詩書之作，輯經曲之禮，其後作詩者，有召康公、召穆公、凡伯、仍叔、蘇公、尹吉甫、衞武公、公子素、秦康公，史克作書者，有召公、芮伯、帶伯、呂侯、魯侯伯禽、秦穆公，此皆其最著者。若夫周政周法周書之屬，（漢書藝文志儒家周政六篇，周法九篇，尙書類有周書七十一篇）類皆史官所記，今所存者，唯有周書，蓋與尙書同類，而爲晉史所藏，故間有出於晉史所記者。（朱右曾云：考之春秋傳曰：辛有之二子，董之晉，於是有董史；辛有當周平王時，周史辛甲之裔，世職載籍，或其適晉，以周之典籍往，未可知也。觀太子晉篇末云：師曠歸未及三年，告死者至，亦似晉史之辭）當周之時，天子諸侯，各有史官，五史之制，尤以太史內史爲重。太史爲左史，內史爲右史，動則左史書之，言則右史書之，是故武王時有太史辛甲、太史伯陽，（史記周本紀）太史儋，（史記老子傳）又有內史過，（左莊三十二年傳）內史叔興父，（左僖二十八年傳）內史叔服。（左文元年傳）而列國史臣，魯有史克，晉有董狐，鄭有太史伯，楚有左史倚相，其最著也。天子之史，則有周書，（尙書中周書四十篇，又周書七十一篇，亦尙書之餘）亦稱周志；（左文二年傳，晉狼瞫曰：周志有之，杜注，周書也）至諸侯列國，魯有春秋，鄭有鄭書，晉有乘，楚有檮杌，而墨子又言有百國春秋。然則自周初以訖春秋，易詩書禮樂春秋，亦已備矣。

經學莫盛於孔門

自孔子以一車兩馬一豎子適周，師於老聃，時聃爲柱下守藏史，因列史之遺部以爲六經，（詩書各三千餘篇，經禮三百，曲禮三千，樂篇數失亡不可考，易經卦八，別卦六十四，春秋始終百二十國）孔子至，遂全爲發之，俾縱觀焉。故曰：述而不作，竊比老彭，蓋表其六經之功也。孔子晚年，知道終不行，於是退而刪訂六經，以游夏分任編輯，閱三載而其書告成，是爲五經。此五經、視六經所存，不及十一。(易專以乾坤爲經凡二篇尚書凡二十八篇詩凡三百五篇官禮五篇士禮十七篇春秋始終魯十二公凡十一篇)而古史反隱沒而不彰矣。自時厥後，其徒傳述不絕，左邱明作春秋傳，卜子夏作喪服傳，七十子後學者，復述孝經，輯論語，綴禮記。(漢書藝文志禮記百三十篇原注七十子後學者所記也經典釋文序錄引劉向別錄云古文記二百四篇)後古文記散佚，而二戴後學，雜采夏小正周書世本曾子子思子公孫尼子孔子三朝記家語明堂陰陽荀子呂氏春秋賈誼新書漢之王制、河間之樂記、石蒼之臺記及古文記以成大小戴禮，(鄭康成六藝論云戴德傳記八十五篇戴聖傳記四十九篇錢大昕以爲小戴四十九篇曲禮檀弓雜記分上下篇實止四十六篇合大戴八十五篇正合藝文志記百三十一篇之數案錢說非是藝文志記百三十一篇爲古文記大小戴記今古文雜糅且篇目重複決非一書)既非七十子後學者所記，又非二戴所輯；雜周漢之著述，淆古今之家法，七略藝文，不載其書，若果出於二戴，劉歆班固亦當明爲標注，何至隱晦其名。太史公云：書傳禮記自孔氏。今書傳已亡，二戴禮記亦豈盡出於孔氏之門邪？然古書之不盡亡，實賴於此；且其文之深美淵奧，非後世所能及，宜其見重儒林也。自孔子作春秋，左邱明爲之傳，春秋所貶損當世君臣，其事實皆形於傳，故隱其書而不宣；及末世口說流行，故有公羊穀梁鄒氏夾氏之傳。蓋傳記之作，體同訓釋，古人傳記，與經別行，故其文繁簡適當。若爾雅者，所以總釋五經，辨章同異，釋詁一篇，或言周公所作，釋言以下，或言仲尼所增，子夏所足，叔孫通所益，梁文所補。(經典釋文序錄)其後孔鮒之小爾雅，張揖之廣雅，皆規撫此書，專釋經典傳記，與所謂小學書者有別，此皆經學之附庸，儒家之先導也。

說經釋經諸家之概略

若夫周之史籀，秦之蒼頡，爰歷，博學，漢之凡將，急就，以及八體、六技、說文解字，斯則小學之管鑰，文章之始基，凡百學術，皆莫能外。及夫方國殊言，古今異字，經生文士，各著專書，（漢書藝文志有古今字一卷，別字十三篇，或曰即揚雄方言）而說經者遂有古文今文之別。嗜今文者好雜緯書，治古文者多重徵驗。當漢之初，燕齊多迂怪之士，故齊學之徒，喜言神怪，齊詩公羊傳此其徵矣。至其甚者，沛獻集緯以通經，曹褒撰讖以定禮，乖道謬典，見譏通人；蓋讖緯之書，事豐奇偉，辭富膏腴，無益經典，而有助文章，故浮華之士，趨之若騖。樸學之徒，即與異撰。夫注釋爲文，與論議同科，析理必求其精，徵事必驗諸實，華僞之辭，易爲敵破，石渠論藝，白虎通講，說者以爲論家之正體，然𥳑言曲說，亦所不免。徵實之徒，雖少斯弊，繁瑣紛紜，人亦厭棄。是以劉彥和云：注釋爲詞，解散論體，雜文雖異，總會是同。若秦延君之注堯典，十餘萬言，朱普之解尚書三十萬言，所以通人惡煩，羞學章句。若毛公之訓詩，安國之傳書，鄭君之釋禮，王弼之解易，要約明暢，可以爲式。（文心雕龍論說篇）斯則漢魏儒林，通其利病矣。

尚書春秋與諸史之文體

漢時六家之史，其體已全，然經史二部，尚未分流，七略藝文，總歸六藝，覈衡厥誼，尚書春秋，爲史大宗，左國史漢，皆其苗裔，後世述其家數，乃駢列爲六，實則尚書春秋，當時尚無效之者。至孔衍王劭始祖述尚書，王通朱熹乃憲章春秋。若周書者，本爲尚書之餘，合爲一家，固其所宜。晏子虞卿呂氏陸賈，雖有春秋之名，而誼各不同。是故二家之體，漢魏之際，無聞焉耳。自左邱明作春秋傳，始開後世編年之體。當漢獻帝之世，史書皆以遷固爲宗，而紀傳互出，表志相重，於文爲煩，頗難周覽。於是命荀悅撰漢紀，以倣左氏，自是每代國史皆有斯作。其後斯體復有斷代、通史之別，蔚爲大宗矣。左邱明既爲春秋內傳，又稽其逸文，纂其別說，分周魯齊晉鄭楚吳越八國之事，別爲春秋外傳國語；（劉向有新國語五十四篇已亡見藝文志）國別之體，自此權輿。戰國時，又有采東西二周秦齊燕楚三晉宋衛中山十二國之事，成戰國策，斯則陳壽（三國志）崔鴻（十六國春秋）路振（九國志）所繇昉也。

漢代六家之史各有祖述

孔子作春秋，本魯史之名，秉周禮之法，因仍前紀，述而不作，太史公書亦然。世謂本紀、世家、列傳、書表之體，爲子長所剏，實則皆原於世本。（漢書藝文志世本十五篇原注古史官記黃帝以來迄春秋時諸侯大夫劉向亦云世本古史官明於古事者所記錄黃帝以來帝王諸侯及卿大夫系諡名號凡十五篇見王應麟漢書藝文志補注案本紀出於世本者左襄二十一年傳正義引世本記文史記索隱路史注引世本記文記紀晉同即史記本紀之所本也世家出於世本者左桓二年傳正義引世本世家文襄十一年二十一年定元年傳正義皆引此稱言諸侯世代諡號即史記世家所本也列傳本於世本者史記魏世家索隱引世本傳文述卿大夫世代諡號此史記列傳之所本也書出於世本者世本有作篇記占驗飲食禮樂兵農車服圖書器用藝術之原即史記八書所本亦爲後世諸志之祖又有居篇記帝王都邑亦爲後世地理志所昉唯稱名稍異耳表出於世本者桓譚新論云太史公三代世表旁行邪上並效周譜案隋書經籍志世本王侯大夫譜二卷是世本即周譜也故史記集解引世本氏姓篇云言姓則在上言氏則在下此即周譜旁行邪上之法史記索隱曰三代世表依帝繫詩生民篇正義引大戴禮帝繫篇謂世文亦然則書序正義云大戴禮本於世本即指此況表譜爲一聲之轉譜即表也此史記表之所本也）仍前代之例，剏通史之體，上起黃帝，下窮漢武，貫穿經傳，馳騁古今，勒成一家，事核文直，惜其十篇補者不倫。（漢書藝文志太史公百三十篇原注十篇有錄無書十篇之目見張晏注）其後劉向子歆，及諸好事者若馮商衛衡揚雄史岑梁審肆仁晉馮段肅金丹馮衍韋融蕭奮劉恂之徒，相次撰續，迄於哀平。（見王應麟漢書藝文志補注）斯皆步談遷之後塵，爲彪固之先導，雖各勒撰述，亦未能成家。唯梁之通史，魏之科錄，唐之南北史，宋之五代史，庶幾具體而微焉。昔尚書記周事，終秦穆；春秋述魯文，止哀公；紀年不逮於魏亡，史記唯論於漢始，獨有漢書，究西都之首末，窮劉氏之廢興，包舉一代，撰成一書，(本劉知幾史通漢書家語) 斯則班孟堅之所首倡，而斷代史之所權輿也。自是之後，著述之才，羣聚於蘭臺，讎羅於東觀。班氏既為蘭臺令史，作漢書，又撰光武本紀及諸列傳載記，而楊終為郡上計吏，獻所作哀牢傳，亦徵詣蘭臺。至永初中，劉珍劉騊駼等著作東觀，撰集東觀漢記；(附書經籍志東觀漢記一百四十三卷) 其後盧植蔡邕馬日磾等皆嘗補續；至吳謝承又撰後漢書。(附代經籍志後漢書一百三十卷吳謝承撰) 其後晉薛瑩、司馬彪、華嶠、謝沈、張瑩、袁山松、宋劉義慶、范曄、梁蕭子顯，皆有是作，而范之紀傳，司馬之志，獨傳，斯亦班氏為其先導也。凡斯六家，後代作者各有祖述，唯左傳史記，其流尤長，子玄論其利病，其言諦矣。

漢魏間雜史並興

三國之際，魏魚豢撰魏略，吳韋昭著吳書，獨蜀僻遠西陲，史書湮沒，是以陳壽云：國不置史，記注無官，是以行事多遺，災異靡書；諸葛亮雖達於為政，凡此之類，猶有未周焉。(蜀志後主傳) 然史通言蜀志稱王崇補東觀，許蓋掌禮儀，又郤正為祕書郎，廣求益部書籍，斯則典校無闕，屬辭有所矣。陳壽所云，得非厚誣諸葛乎？(史通正史篇) 夫蜀立史官，誠如劉說，記注之籍，當時弗傳，故陳壽立志，唯蜀獨略。觀夫季漢輔臣楊戲述贊，附載蜀志，且為注疏，諸葛氏集，獨標目錄，上書之奏，亦附於篇，此雖史中之𠌶例，亦因事實之太寡也。尋魏略吳書之屬，雖體同漢書，而實等國語，(魏略吳書均為紀志列傳之體，詳章宗源隋書經籍志考證) 是以三國書行而偏方史廢。當漢魏之際，雜史並作，袁康越絕書，趙曄吳越春秋，伏侯古今注，譙周古史攷，均志在述古，託體傳記。劉向列女傳，梁鴻逸民傳，王粲英雄記，嵇康高士傳，則又偏記人物，別具史裁。若禁中起居注，(西京雜記序曰葛洪家有漢武禁中起居注一卷。隋書經籍志有後漢明德馬后撰明帝起居注。又有漢

（獻帝起居注五卷無撰名）海內先賢傳，（隋書經籍志海內先賢傳四卷魏明帝時撰案太平御覽職官部引此書稱魏明帝先賢傳省海內二字）漢武故事，（隋書經籍志漢武故事二卷又有魏武故事及漢魏吳蜀事江東舊事等書隸於吏部舊事類）東方朔傳，（隋書經籍志東方朔傳八卷案漢書東方朔傳曰凡劉向所錄朔書俱是矣世所傳他事皆非也注曰謂如朔別傳皆非實事然則此八卷即別傳也）斯則內廷之記注，地方之傳志，史家之舊事別傳，皆起於此矣。至於揚雄家牒，（藝文類聚禮部太平御覽禮儀部均引揚雄家牒隋書經籍志有桓氏家傳王朗王肅家傳斯亦家牒之流也）為家史之始；陳留耆舊，（隋書經籍志陳留耆舊傳二卷）為郡書之宗。宮殿有疏，（文選李注史記索隱均引漢宮闕疏唐書藝文志有漢宮闕簿三卷）職官有儀，（隋書經籍志漢官儀十卷應劭撰魏官儀一卷荀攸撰官儀職訓一卷韋昭撰）此則史家之支流，記注之瑣小者也。夫雜史之作，雖同識小，然政俗所繫，史材所儲，雖不能並駕六家，要亦賢者所不廢。是以太史公曰：漢興，蕭何次法令，韓信申軍法，張蒼為章程，叔孫通定朝儀，則文學彬彬稍進。蓋法令、章程、儀注之屬，在後世同附庸於史書，在前代實並列於經典；能乎此者，實文學之上材，固非空疏浮華之士所能為也。自周以來，律令莫美於九刑，（左昭六年傳周有亂政而作九刑）軍法莫善於司馬，（漢書藝文志軍禮司馬法百五十五篇）章程莫精於周髀九章，（周髀算經二卷漢趙君卿注九章算術九卷魏劉徽注）朝儀莫備於周官儀禮，斯皆聖賢之制作，後世之楷模。蕭何韓信張蒼叔孫通之徒，亦皆專門名家，是故依倣古典，而文質彬彬。後世文人纂修史籍，能為紀傳而不能為書志者，文有餘而實不足耳。

周代學術盡出於史官

蓋史之為官，洞明人事，練達文章，各成專家，著書垂世。是故諸子十家，莫不原本人事，共出史官。（漢書藝文志儒家者流游文於六經之中章學誠言六經皆史尚書春秋為史固無待論禮樂二經為後世書志所出是為政典之史詩為樂章後世史志亦載樂詩況詩中固多有韻之史乎易為卜筮之書為史官所兼掌左傳所載卜筮皆史官占之周官太史乃馮相保章之長並主占候漢太史亦兼掌天官後漢直以太史令為天文歷紀占候之官是易占亦為史家之書無疑矣是儒家出於史占也藝文志云道家者流出於史官歷紀成敗存亡禍福古今之道然後知秉要執本清虛以自守卑弱以自持周代道家以辛甲爲最始辛甲爲紂臣後爲周太史著書二十九篇後世道家均以老子爲宗而老子亦爲周守藏室之史是道家出於史也藝文志云陰陽家者流蓋出於羲和之官羲和爲天官亦即史官志陰陽家首載宋司星子韋三篇子韋爲景公之史張蒼十六篇蒼爲秦柱下史是陰陽家出於史也藝文志墨家首載尹佚二篇左傳稱史佚有言史佚之志晉語文王訪於辛尹注云辛甲尹佚皆周太史墨子七十一篇呂氏春秋言墨子學於史角後是墨家出於史也藝文志云名家者流蓋出於禮官周禮禮官所掌五禮太史皆掌其貳又有外史掌達書名於四方周禮書名之名論語正名之名鄭注皆曰古曰名今曰字此名家所致用者也荀子正名篇刑名從商爵名從周文名從禮散名之加於萬物者則從諸夏之成俗曲期則外史所掌盡之矣又老聃爲禮學之宗其書開宗明義先言道可道非常道名可名非常名荀子隆禮亦著正名篇墨家爲清廟之守本爲禮官而墨子亦著經說以言名理則名本根本於此審矣是名家出於史也法家出於名家即出於道家藝文志名家首鄧析法家首李悝鄧析傳刑名李悝以之著法經商君受之以相秦各著書傳後世愼到申不害亦皆有黃老意而韓非解老喩老二篇文美義深老韓同傳蓋緣于此道家名家出於史故法家亦出於史也藝文志云縱橫家者流出於行人之官孔子曰誦詩三百使於四方不能專對雖多亦奚以爲縱橫家出乎詩故春秋時往來使臣多賦詩言志善於詞令詩爲史之一端是縱橫家亦出於史也農家出於法家李悝作盡地力之教商君首開阡陌藝文志農家首載神農二十篇劉向別錄疑李悝商君所說是也管子言倉廩實而知禮節衣食足而知榮辱故著地員篇以言農是農家出於法家之證追其本源蓋亦出乎史矣雜家兼儒墨合名法儒墨名法出於史是雜家亦出於史也小說家者流出於稗官周禮誦訓掌道方志而訓方氏又誦四方之傳道及閭師縣師各有其書藝文志周考七十六篇靑史子五十七篇原注古史官記事也臣壽周紀七篇虞初周說九百四十二篇是小說皆爲史類後世稱小說爲稗史是也是小說出於史也凡此十家班固謂皆六經之支與流裔其言信矣考學術之淵源，詳文章之派別，雖分流爲十，而大別有三：一曰小說，雖名爲子，而與史最近者也；一曰名，由名家出者，爲諸子正宗，此雖由史出，而可與史抗衡者也；一曰縱橫，由縱橫出者，其流爲辭人文士，雖亦爲史家之流裔，而實爲集部之遠宗者也。

小說家之概略

漢志小說之書，若黃帝說、務成子、天乙、伊尹說、鬻子說、師曠說，爲外史別傳之宗；封禪方說、心術、未央術，又爲雜記筆談之祖，出入乎子史，兼賞乎雅俗，而揚雄之蜀王本紀、管辰之管輅別傳、魏文帝之列異傳、郭憲之洞冥記，即其流也。周考靑史周紀周說之屬，道於誦訓之職，采於黃車之使，方志郡書，即由此出；趙岐之三輔決錄，韋昭之三吳郡國志，顧啓期之婁地記，譙周之益州志，亦其流也。唯宋子十八篇，原注以爲孫卿道宋子，其言黃老意，然不列乎道家，而廁於小說，蓋亦以文體別之耳。考孫卿所云之宋子，荀子云宋子有見於少無見於多又云宋子蔽於欲而不知得又引子宋子曰明見侮之不辱使人不鬥又云子宋子曰人之情欲寡而皆以己之情欲爲多是過也所謂其言黃老意如此 即孟子所遇之宋牼，宋牼將之楚孟子遇於石邱 莊子所稱之宋鈃，莊子不累於俗不飾於物一節宋鈃尹文聞其風而說之云云案莊荀之言互相發明亦與孟子事合 上說下教，強聒不舍，其著書立說，亦必使雅俗咸宜，取譬近而指意遠，樹義深而措辭淺，此小說之正宗，茲其所以成家也。後世別傳地志之屬，既不覩爲小說，小說之書，唯怪力亂神是務，其於小說稱家之意，偏其反矣。唯以俗語演史，筆札識小，猶未失古人之意，而宋子之風，則銷聲匿跡，曠千載而絕聞覩矣！

名家之概略

出於名家者，有道家、儒家、墨家、法家、雜家，各本名理，人無異說。陰陽家、農家，似與形名之學不相涉，然如騶衍著書，亦必先驗小物，推而大之，至於無垠，則亦有合於名家之律令者也。農家本重徵驗，稱物理以施人力，至如許行陳相之徒，倡並耕之說，鉏厲民之政，人我之養，畢足而止，所持道術，與名家之尹文相似，且足以濟其窮，是亦本於名家，而加之以實力者也。道家始伊呂，而仲尼不稱，蓋道家初任權數，尙詐術；至老聃莊周，始本形名之學，深黜聖知，發其情僞，倡自然之說，立無爲之敎，致文景之小康，啓魏晉之玄學，其文深美，爲諸子之冠。儒家祖周公而宗仲尼，七十子之徒，通論禮制，時有美言，而孫卿隆禮，始著正名之篇，定散名之例，其文頗爲密致；孟子深詩書，文益豪峻，蓋名家出於禮官，孫卿隆禮而殺詩書，其道自相近也。墨家始尹佚，佚書二篇雖亡，然引於周書左傳者，頗與儒道相出入；至墨子始著經說，魯勝所謂取辨乎一物而原極天下之汙隆，名之至也。凡此四家，蓋先名家而出者也。名家首鄧析，鄧析傳刑名，又爲法家之祖，魯定公九年，鄭駟歂殺鄧析，而用其竹刑。故淮南子云：鄧析巧辯而亂法，蓋亂國法，故見殺，能巧辯，故其書行。其初出也，蓋猶考伐閱、程爵位、守禮官舊法，故法家若李悝商君申子處子愼子韓子之徒，一秉其術，審名分，輔禮制，辨上下，定民志；至尹文（藝文志尹文子一篇原注說齊宣王先公孫龍）惠施，（藝文志惠子一篇原注名施與莊子同時）而名家又一變。尹文作華山冠表上下平，（莊子天下篇及注）而惠施之學去尊（呂氏春秋愛類篇匡章謂惠子曰公之學去尊），於是農家之許行陳相，小說家之宋鈃，亦因之而出。蓋循名責實之學，物物而辨，事事而較，必反之自然，歸之至善，蓋至是不獨學貴去尊，而文章亦謀溥及之術矣。此名家之極軌也。

降及秦漢，名家之道已削小，雜家乃起而承之，兼儒墨合名法，於斯爲盛。至於呂不韋淮南王，各輯智略之士，兼采衆家之學，貫綜其說，鎔爲一家。其後王充繼之，問孔非韓，談天說日，論死辨祟，記妖訂鬼，命祿氣壽之言，自然齊世之語，雜然並作，然其論世間事，亦能辨昭然否，虛妄之言，僞飾之辭，莫不證定。是故春秋戰國而後，諸子之書，在秦莫過於呂氏春秋，在兩漢莫過於淮南論衡。蓋名家析理之言熄，求是獨到之學衰，采衆長則美，抒己見則絀，雜論衆事，辨析是非則善，彌綸羣言，始終條理則蹇。故雖仲長昌言、蔣濟萬機、杜恕篤論、鍾會芻蕘、張儼嘿記、裴玄新言，在當時雜家，或相形見絀，而較兩漢諸子，亦未皇多讓也。且自秦統一區宇，墨家兼愛、名家去尊、農家並耕之說，亦不容於世；雜家雖云兼儒墨合名法，唯呂氏春秋則然，蓋其成書尚在六國之時；若漢代雜家，已鈔名墨之言矣。農家唯存樹藝之書，已無名理之論；道家法家在景武之世，雖稍有論著，藝文志法家有鼂錯三十一篇，道家有捷子二篇，原注齊人武帝時說；曹羽二篇，原注楚人武帝時說於齊王；郎中嬰齊十二篇，原注武帝時。然微弱已甚；唯陰陽與儒行於王路，故其言獨盛。秦任法家，而史記封禪書言始皇採鄒衍終始五德之運，以水德之瑞，更命河曰德水，以冬十二月爲年首，色尚黑；漢祖初興，以應赤帝之名，旗幟尚赤；文景好黃老，景帝又好法家；而張蒼賈誼之徒，仍述陰陽家言，以胥政治；自武帝崇儒，而西漢儒者，多雜陰陽。自張蒼賈誼董仲舒劉向揚雄之徒，皆以儒兼陰陽，蒼誼仲舒，皆傳春秋，而蒼著書言陰陽律歷，誼與仲舒並言五德三統，紛糾不已；劉向洪範五行傳、揚雄太玄經，皆以陰陰說經術於時。說詩言五際六情，說禮言明堂陰陽，其後緯候繁興，窮極詭秘，是故西漢儒書，大抵雜於陰陽，逢世所好，遠於形名而近於縱橫，其不能追蹤戰國，蓋以此也。自劉歆以後，古文家崛起，說經純朴，頗近形名。於時儒家，若桓譚新論，質定世事，論說世疑，爲王充所宗；法家若崔寔政論、王符潛夫論，爲昌言先導。其時汝潁之間，品第人物，褒貶得情。魏有九品中正之言，衡量人士；於是魏文帝作士操，劉劭作人物志，盧毓作九州人士論，姚信作士緯新書，皆列於名家。爰俞辯於論議，采公孫龍之辭，以談微理，魏志鄧艾傳注引荀綽冀州記名家之學復興，諸子之書又盛，而老莊之學，最爲稱首。董遇、王肅、何晏、張揖、孟康、荀融、王弼、虞翻之徒，各爲訓注，復作講疏；任嘏、鍾會，皆有道論，而四本之論，深究才性，各含名理，玄言妙論，播於時矣。法家踵起，深擅刑名，陳羣定魏律，諸葛亮造蜀科，參訂者既極一時之選；而劉廙政論、劉劭法論、阮武正論、陳融要言，莫不原本黃老，追跡申商，遺文佚句，可得而按焉。儒家之書，雖不能遠攀孟荀，陵駕揚桓，然若譙周、徐幹、杜恕、王昶、周生烈之書，縱未能務去陳言，亦能時出新意，而陰陽禨祥之言，固已盪滌淨盡矣。

此則名家之成效大驗也。

縱橫家之概略

縱橫家長於辭令，長於諷諭，能移人之情，奪人之意，其原本出於詩。春秋之時，列國卿大夫，聘問往來，賦詩言志，此其徵也。其時若鄭之辭命，裨諶草創，世叔討論，子羽修飾，子產潤色，是以應對諸侯，鮮有敗事；而燭之武、王孫滿、子家、呂相之徒，齊其筆舌，折衝強敵，轉害爲利，垂譽無窮。迨至戰國，人持弄丸之辨，家挾飛鉗之術，劇談者以譎誑爲宗，利口者以寓言爲主。是以蘇秦合縱，張儀連衡，著書立說，蔚爲家言。而當時文學之士，滑稽之流，亦染縱橫之習。是故秦漢一統，辨士雖已弭筆，（文心雕龍論說篇云至漢定秦楚辨士弭節酈君既斃於齊鑊蒯子幾入乎漢鼎雖復陸賈籍甚張釋傅會杜欽文辨錢護脣舌頡頏萬乘之階低嚦公卿之席並順風以託勢莫能逆波而泝洄矣）辭人尚祖其風；蓋自屈宋淳于以來，發言措詞，聯藻交彩，既有瑋曄之奇意，即出游談之詭俗，故鄒陽主父偃徐樂莊安之徒，雖稱縱橫，特長文學。（漢書藝文志縱橫家鄒陽七篇主父偃二十八篇徐樂一篇莊安一篇）而司馬相如爲文學之宗，東方朔爲滑稽之雄，祖述屈宋，憲章淳于，流風餘韻，施及建安；七子辭章，邯鄲笑林，非其流邪？

自周至魏文體之變遷

藝文志云：古者諸侯卿大夫，交接鄰國，以微言相感，當揖讓之時，必稱詩以諭其志。春秋之後，聘問歌詠，不行於列國，而賢人失志之賦作。大儒孫卿及楚臣屈原，皆作賦以風諭者，謂有古詩之意。是時雖有賦體，未有賦名。（屈原賦乃後人題名）厥後宋玉、唐勒、景差之徒，相競造賦，至秦復有雜賦，於是詩賦始畫境。漢志詩賦，唯有賦與歌，詩賦有四家：屈原賦言情，孫卿賦效物，陸賈賦有朱建、嚴助、朱買臣之屬，爲縱橫之變。雜賦有隱書，亦與縱橫相出入，其中高者：相如上林，揚雄甘泉，班固兩都，張衡二京，馬融廣成，王生靈光，（皇甫謐三都賦序）此雖博觀而約取，亦賦衰而詩興之所由也。是故兩漢之時，辭賦方張，而述志之詩鮮。成帝品錄三百餘篇，皆屬歌詩，若韋孟李陵蘇武班婕妤之作，寥寥無幾，古詩佳麗，篇僅十餘。至建安而後，詩乃勃興，文帝陳思，縱轡以騁節；王徐應劉，望路而爭驅，慷慨任氣，磊落使才，所謂公幹升堂，思王入室，與賦家之賈誼相如媲美矣。（法言吾子篇：如孔氏之門用賦也，則賈誼升堂，相如入室矣。鍾嶸詩品：故孔氏之門如用詩，則公幹升堂，思王入室。）雖正始而後，詩雜仙心，何晏之徒，率多浮淺，而嵇志清峻，阮旨遙深，亦能雄視百代。然則魏詩漢賦，其盛悉敵。漢之古詩，如兵所誅滅歌詩、出行巡狩及游歌詩、高祖歌詩、臨江王及愁思節士歌詩、宗廟歌詩及送迎靈頌歌詩、孝武立樂府歌詩之類，亦猶戰國之楚辭，各爲先導，其美亦未能軒輊焉。

若夫詔策章表、檄移書記之流，亦有揚厲以馳旨，煒曄以騰說，飄辭植義，頗近乎詩。與夫奏疏議駁之屬，綜覈事情，協於名理者，殊科異撰矣。蓋奏疏議駁，近論頗取於形名；詔表策檄，近詩頗取於縱橫。秦始立奏，辭無膏潤，王綰之奏勳德，辭質而義近，李斯之奏驪山，事略而意逕。自漢以來奏事，或稱上疏，儒雅繼踵，始可觀采。若漢之賈誼、鼂錯、匡衡、王吉，後漢之楊秉、陳蕃、張衡、蔡邕，魏之高堂隆、王觀、王朗、甄毅，博雅通達，見稱於劉勰。然漢之善作奏者，莫如趙充國，探籌而數，辭無枝葉；而王充於漢，獨取谷永，永質不及文，獨爲後世宗；若充國者，王劉皆不之及也。駁議之制，亦始於漢，吾邱駁挾弓，安國辨匈奴，張敏斷輕侮，郭躬議擅誅，程曉駁校事，司馬芝議貨錢，可謂明於事實，達於議體。而漢世善於駁者，首推應劭，捷於議者，唯有賈誼；此皆采故實於前代，觀通變於當今，理不繆搖其枝，字不妄舒其藻者也。若夫詔書之作，文景以前，辭尙近質，武帝以後，時稱詩書，潤色鴻業，始爲詩之流矣。武帝策三王，潘勗策魏公，皆上擬尙書，比於崧高韓奕，徒無韻耳。漢世表以陳情，與奏議異用，孔融之薦禰衡，曹植之求自試，皆煒曄可觀；蓋秦漢間上書，如李斯諫逐客，鄒陽上梁王，已啓其端，其後別名爲表，至今尙辭，亦無韻之風也。（自詔書以下，略采國故論衡）後世論文之士，率取近乎詩者，明其源流，指其變遷。是以沈約云：屈平宋玉導清源於前，賈誼相如振芳塵於後。自漢至魏，四百餘年，辭人才子，文體三變。相如巧爲形似之言，班固長於情理之說，子建仲宣以氣質爲體，並標能擅美，獨映當時。是以一世之士，各相慕習，原其飆流所始，莫不同祖風騷。（宋書謝靈運傳論）劉勰云：屈平聯藻於日月，宋玉交彩於風雲，觀其豔說，則籠罩雅頌，故知煒曄之奇意，出乎縱橫之詭俗。爰自漢室，迄至成哀，雖世漸百齡，辭人九變，而大抵所歸，祖術楚辭，靈均餘響，於是乎在。（文心雕龍時序篇）二家之論，皆探原詩騷，可謂知本之言；唯劉氏論漢魏才略，謂卿淵以前，多俊才而不課學，雄向以後，頗引書以之助文，可謂明其分際，涵蓋一切者矣。

第三章　晉至陳文學總論

自魏正始中，何晏王弼祖述老莊，晉王衍樂廣慕之，崇虛玄之學，開談講之風，迄於江左，學術文章，頗能綜於名理，稱爲華妙。迨梁天監，始崇儒術，玄風將泯，而文弊漸滋，後世史臣，莫不崇儒道，斥玄學，弘講經之業，賤清談之儒。五胡分裂之禍，論者叢罪於玄學，斯蓋非弘通平恕之論乎？自晉以來，學者所趨，略分四科，所謂儒、玄、文、史是也。宋元嘉時，立國子學，遂四學並建，豫章雷次宗、會稽朱膺之、潁川庾蔚之，並以儒學總監諸生，丹陽何尙之立玄學，太子率更令何承天立史學，司徒參軍謝元立文學。（南史雷次宗傳）雖勸課未博，建制亦暫，而圖籍文章，亦自此遂分爲四部矣。（魏祕書郎鄭默始制中經，祕書監荀勗用之，更著新簿，分爲四部。宋元嘉八年祕書監謝靈運造四部目錄，齊永明中祕書丞王亮、監謝朏又造四部書目，梁祕書監任昉、殷鈞亦有四部書目，雖齊王儉有七志，梁阮孝緒有七錄，而隋唐以後均以四部爲定制。或謂當時玄學有所謂三玄者，指易與老莊而言，四部之子，不能謂玄，實則老子謂有無同出而異名，同謂之玄，故玄者彙賅有無，凡成家言，皆可稱玄，稱子本不能名詞，說無亦玄中之一義耳。故古之子學，今之哲學，皆當稱爲玄學。）試分爲述之。

儒學

當時說經之士，南北異尙。李延壽云：江左周易則王輔嗣，尙書則孔安國，左傳則杜元凱；河洛左傳則服子愼，尙書、周易則鄭康成，詩則竝主於毛公，禮則同遵於鄭氏。南人簡約，得其英華；北人深蕪，窮其枝葉。（北史儒林傳）蓋江左之儒，崇尙玄學，略迹言理，自歸簡約，是故說經之作，大抵雜以玄言。自伏曼容、嚴植之、太史叔明、皇侃、張譏、顧越諸儒，莫不竝善儒玄，雜糅其旨。今諸家之書云亡，而皇侃論語義疏尙存，儒書道說，詞旨華妙，以此例彼，諸書可知。唯范甯集解穀梁，深嫉玄談，斥何晏王弼，謂其罪深於桀紂，此與孟子詆楊墨爲禽獸，同其疾惡，祇深門戶之見，難挽習尙之心，雖大儒如范宣，口絕老莊，而心尙默識。（晉書范宣傳：宣言談未嘗及老莊，客有問人生與憂俱生，不知此語何出，宣云出莊子至樂篇。客曰：君言不讀老莊，何由識此？宣笑曰：小時嘗一覽。宣著禮易論難皆行於世。）其後陸德明著經典釋文，亦附老莊音義，儒玄竝尊，其流遠矣。應詹謂元康以來，賤經尙道，永嘉之弊由此，不亦過乎？且六朝諸儒，玄談雖衆，而禮學尤盛，南史儒林，多明三禮；（南史儒林傳何佟之、司馬筠、司馬褧、崔靈恩、孔僉、孔元素、沈峻、皇侃、沈洙、鄭灼、張崖、劉文紹皆通三禮，其餘明禮者尙多。晉宋之際，若范隆、雷次宗等亦通三禮。）五代經籍，喪服獨多；（隋書經籍志晉袁準、孔倫、陳銓，宋裴松之、雷次宗、蔡超宗、劉道拔，齊田僧紹、司馬瓛、樓幼瑜、劉瓛、沈麟士，梁賀瑒、何佟之、夔子野、皇侃，陳謝嶠皆注疏喪服；又晉杜預、劉逵、衛瓘、賀循、劉德明、環濟，宋庾蔚之、張耀、崔凱、孔智皆有喪服要記等作，而喪服圖譜略例雜議尙有數十家。）禮論之作，既富且美。（宋何承天撰集禮論三百卷，梁孔子祛續何承天集禮論一百五十卷，而何佟之亦撰禮論三百餘篇，略皆上口。）蓋老莊之學，深於形名，持論精微，不索章句，故當時議禮之文，優於漢世。陳壽、賀循、孫毓、范宣、蔡謨、徐野人、雷次宗者，蓋二戴聞人所不能上下。壹斥玄學之徒，悖禮傷教，中朝傾覆，實由於此，蓋亦見彼而不見此耳。兩漢之時，詔諸生講五經異同，石渠白虎，各有奏議，講辨之端，已啓於此。宋齊以後，談玄講經，莫不有講疏義疏之作；（隋書經籍志義疏之書亦爲講而作，如周易義疏十九卷，宋明帝集羣臣講；齊永明國學講周易講疏二十六卷，是講疏義疏名異而實則同。）開唐代注疏之體，爲後世講義之宗。區段次第，有條不紊，文貴清析，言必探源；雖微傷繁瑣，而頗絕妄虛。且當時疏體，義尙玄虛，言必徵實，南得英華，北窮枝葉，蓋已兼而有之矣。自漢武三王之册，潘勗九錫之文，揚雄之法言太玄，摹經而作，遂開尙書僞古之風。東晉豫章內史梅賾始獻孔安國之傳，齊建武中，吳姚方興又奏舜典二十八字，齊梁之際，又有造尙書逸篇者，於是北周蘇綽亦仿尙書作大誥；自是之後，文筆皆依此體，（周書蘇綽傳）斯則六朝浮華之體所由革，隋唐復古之文所由興焉。（王通文中子摹論語，元經摹春秋；韓愈作碑，所謂點竄堯典舜典字，塗改清廟生民詩，亦多摹經之語。）

玄學

晉代學者，承魏之餘烈，形名之學未替，成家之言亦衆。魯勝注墨辯，引說就經，各附其章，又采諸家雜集，爲形名二篇，略解指歸，以爲名者所以別同異，明是非，道義之門，政化之準繩，當時頗多宗之。是故爲文者善於析理，談玄者皆能入微，杜夷幽求、張機遊玄、梁澡玄言、簡文談疏，其最著者；唐滂孫綽符朗蘇彥，亦有家言，莫不祖述老莊爲其羽翼，不特疏其文句已也。漢魏以降，佛學漸興，孟福張蓮嚴佛調支謙之徒，已開漢人譯經之端。六朝之際，譯學更盛，帝王公卿，躬筆受校讎之任。（帝王如姚興梁武魏宣武帝公卿如苻秦趙政前涼趙瀟北魏崔光皆躬自筆受或校讎）文人學士，弘修飾潤色之風。（如宋謝靈運梁劉孝標並亦嘗重譯筆受諸經）而姚秦之際，鳩摩羅什西來，重譯舊經，一洗天竺滯文格義之病，於是僧肇肇論，僧佑弘明集，慧皎高僧傳，文理密察，咸推作者之宗。蓋天竺之學，與玄言相契，玄家隆禮而釋教重律，故玄學既興，釋典乃更昌明焉。當玄釋二學交盛之時，諸子百家之學漸衰，名法縱橫，不絕如縷。儒家有正論（晉袁準撰十九卷）新論（晉夏侯湛撰十卷）要覽（晉呂竦撰十卷）正覽（梁周捨撰六卷）采於隋志；成敗志（晉孫毓撰三卷）化清經（晉蔡洪撰十卷）物理論太玄經（晉楊泉撰物理論十六卷太玄經十四卷）引於意林；亡佚既屬八九，存者亦甚寥雜。唯雜家之抱朴金樓顏氏家訓，其書尚存，文質竝茂，傑出於當時。傅子之書，雖十不存一，視彼三家，未皇多讓。張華博物志，崔豹古今注，則相形見絀矣。蓋葛洪梁元帝顏之推，或尚玄，或崇釋，有秉要執本之言，綜名核實之語，故能冠冕雜家，煇映百世。而隋志雜家，有對林、文府、典言、論集、類苑、書鈔諸書，因屬文儲材而作，爲類書叢鈔之宗；廁於家言，實屬不倫。唯子鈔一書，上規呂覽，而下啓意林，雖無裁成之功，尚通衆家之意，與夫雜錯漫羨，而無所指歸者殊矣。小說家唯劉義慶之世說新語，清談玄論，典而可味，流風餘韻，播於後世。加以劉孝標之注世說，與裴松之之注三國志，同其義法，一代風儀，薈萃於此。小說一家，本出於史，此爲近古，與夫干寶搜神記之志怪，魯褒錢神論之憤世，異其撰矣。然則六代家言，總之不離乎玄言者近是。

史學

自晉以後，六家之史，唯紀傳編年最盛。陳壽之書，雖迹同國語，而體實紀傳；馬彪范曄，集成乎後漢；王隱法盛，各記於二晉。至臧榮緒括二晉十餘家之史，合成一書，已爲唐修晉書之先導。沈約踵何裴孫蘇而撰宋書，蕭子顯繼江淹沈約而成齊史，雖皆奄集衆長，而鑑齊故事，質而有文，亦足劭也。姚察撰勒梁陳二書，粗有條貫，而未奏厥庸，至唐其子思廉續成之，談彪之業，豈可沒哉！魏收之書，雖稱穢史，亦有獨長，官氏釋老諸志，爲史家之刱例，得世本之遺意。是故魏澹楊素縱奉敕別撰，未能奪其席焉。夫斷代之史，紀傳之體，後世號爲正史，然紀表志傳，周覽既難，貫穿匪易，自荀悅撰漢紀，仿左傳，自是每代國史，皆有編年之作。起自後漢，訖於高齊，如袁宏張璠孫盛干寶徐廣裴子野吳均何之元王劭之徒，其所著書，或謂之春秋，或謂之紀，或謂之略，或謂之典，或謂之志，名雖歧異，實同左傳。然則六代史書，唯左班二體，差能並駕齊驅。若夫孔衍之漢魏尚書，司馬彪之九州春秋，梁武帝之通史，雖倣尚書國語史記而作，而多寡已迥不相侔；春秋一經，則更絕比擬焉。唐撰五代史志，史部類分十三，正史而外，尚有古史、雜史、霸史、起居注、舊事、職官、儀注、刑法、雜傳、地理、譜系、簿錄等類。攷古史所錄，皆屬編年，雜史之類，各有所歸；霸史之書，散之則屬紀傳編年之體，總之則成國語國策之流；起居注、舊事、雜傳，爲紀傳之材；職官、儀注、刑法、地理、譜系、簿錄，爲書志之藪，凡此諸書，譬猶未修之春秋，百國之寶書，實紀傳編年之附庸，不能與成家之史相提並論明矣。

自錄略讎校之學衰，文章部署之法亂，史之附庸，蔚爲大國，成家之史尟，識小之書盛，疏於成名，而甘於小就，敷文華以緯國典，守賤薄而無悶容者，鮮矣！然若益部耆舊，爲國志之緒餘；（附志益部耆舊傳十四卷，陳壽撰）聖賢高士，爲素志之所託；（附志聖賢高士傳贊三卷，嵇康撰，皇甫謐虞槃佐孫綽周弘讓亦各有高士傳）高僧紀法教之盛；（附志高僧傳六卷，虞孝敬撰，釋僧祐亦有高僧傳十四卷）文士述文學之統，（附志文士傳五十卷，張隱撰）與正史而別行，頗有關乎風化，而譜牒之學，所以明族類，辨華夷，文章之志，所以識源流，明正變，此亦有足多者。觀夫陳壽作史，辭多勸戒，明乎得失，雖文豔不及相如，而質有過之。馬范二史，亦能文質相扶。自是厥後，非失之華，即失之野，宏識孤懷，不相逮矣。其時作史文體，若孫盛習鑿齒輩，規撫左氏，爲司馬通鑑之宗，姚察梁書，序事立論，頗多散體，洗齊梁駢儷之習，開昌黎古文之風。酈道元水經注，羊衒之洛陽伽藍記，善言景物，啓遊記之體；柳州之作，化駢爲散，其淵源蓋本乎此焉。

文學

自晉以來，文尙擊鍊；齊梁而後，屬對彌工，析句彌密，浮濫靡麗，華而不實。於是陳周諸彥，漸有見端，撫古而作，偏爲單奇，固不待隋唐之復古、文體爲之一變也。然當時南北文學，好尙不同。隋書文學傳云：江左宮商發越，貴乎清綺；河朔詞義貞剛，重乎氣質。氣質則理勝其詞，清綺則文過其意。理深者便於時用，文華者宜於詠歌。是以江左詞賦，盛於河朔，雖晉中朝之時，南北未分，文學亦無偏尙。若張華左思潘岳劉琨二陸三張，應傳孫摯成公之徒，並結藻清英，流韻綺靡，朔南固猶相敵也。迨元帝中興，江左河洛，爲五胡宰割，衣冠文物，萃於南服，北方非無遺彥，而戎馬流離，已未能盡其才矣。是以後世論文，獨推江左，劉彥和云：『自中朝貴玄，江左稱盛，因談餘氣，流成文體，是以世極迍邅，而辭意夷泰，詩必柱下之旨歸，賦乃漆園之義疏。』（文心雕龍時序篇）

宋初文詠，體有因革，莊老告退，而山水方滋。（文心雕龍明詩篇）蕭子顯云：江左風味，盛道家之言，郭璞舉其靈變，許詢極其名理，仲文玄氣，猶不盡除，謝混清新，得名未盛。顏謝並起，乃各擅奇；（宋書謝靈運傳論亦云：仲文始革孫許之風，叔源大變太玄之氣。宋氏顏謝騰聲，靈運之興會標舉，延年之體裁明密，並方軌前秀，垂範後昆。）休鮑後出，咸亦標世。朱藍共妍，不相祖述，作文者衆。綜而論之，略有三體：一、啓心閑繹，託辭華曠，雖存巧綺，終致迂回，宜登公宴，未爲準的。而疏慢闡緩，膏肓之病，典正可采，酷不入情，此體之源，出靈運而成也。一、緝事比類，非對不發，博物可嘉，職成拘制，或全借古語，用申今情，崎嶇牽引，直爲偶說，唯覩事例，頓失精采，此則傅咸五經，應璩指事，雖不全似，可以類從。一、發唱驚挺，操調險急，雕藻淫豔，傾炫心魂，亦猶五色之有紅紫，八音之有鄭衛，斯則鮑照之遺烈也。（南齊書文苑傳論）魏徵云：梁自大同之後，雅道淪缺，漸乖典則，爭馳新巧；簡文湘東，啓其淫放，徐陵庾信，分路揚鑣。其意淺而繁，其文匿而采，詞尚輕險，情多哀思，格以延陵之聽，蓋亦亡國之音。（隋書文學傳序）此則自晉迄陳，文變略具，孫許扇以玄言，陶潛革以田園，靈運暢以山水，簡文變以宮體；雖雅鄭不同，而清綺則一，然則江左文華，宜於詠歌，信矣！

令狐德棻云：中州板蕩，戎狄交侵，僭僞相屬，士民塗炭，故文章黜焉。其潛思於戰爭之間，揮翰於鋒鏑之下，亦往往而間出。若魯徽杜廣，徐光尹弼之儔，知名於二趙；宋諺封弈，朱彤梁讜之屬，見重於燕秦；然皆迫於倉卒，牽於戰爭，競奏符檄，則粲然可觀，體物緣情，則寂寥於世。唯胡義周之頌國都，劉延明之銘酒泉，頗有宏麗清典之風焉。逮乎有魏，定鼎沙朔，南包河淮，西吞關隴，當時之士，有許謙崔宏崔浩高允高閭游雅等，聲實俱茂，詞義典正。及太和之辰，雖復崇尚文雅，方驂並路，多乖往轍，涉海登山，罕值良寶。其後袁翻才稱澹雅，常景思標沈鬱，彬彬焉蓋一時之俊秀也。周氏剏業，運屬陵夷，纂遺文於旣喪，聘奇士如弗及。是以蘇亮、蘇綽、盧柔、唐瑾、元偉、李昶之徒，咸奮鱗翼，自致青紫。然綽建言務存質朴，遂糠粃魏、晉，憲章虞、夏，雖屬詞有師古之美，矯枉非適時之用，故莫能常行焉。（周書王褒庾信傳論）李百藥亦云：天保中，李愔、陸卬、崔瞻、陸元規，並在中書，參掌綸誥；李廣、樊遜、李德林、盧詢祖、盧思道，始以文章著名。皇建之朝，常侍王晞獨擅其美；河清、天統之辰，杜臺卿、劉逖、魏騫，亦參知詔敕；自愔以下，在省唯撰述除官詔旨，其關涉軍國文翰，多是魏收作之。及在武平，李若、荀士遜、李德林、薛道衡為中書侍郎，諸軍國文書及大詔誥，俱是李德林之筆。後主館客，有蕭慤、顏之推，待詔文林，有徐之才、陽休之等，皆令入館撰書，當時操筆之徒，搜求略盡。（北齊書文苑傳序）然則河朔文人，理勝其詞，便於時用，亦信而有徵矣。

自梁簡文以後，宮體旣興，徐庾承其流化，遂為一代文宗，輕豔之體，徧於南北。徐陵之文，輯裁巧密，每一文出，好事者已傳寫成誦，遂被之華夷，家藏其本；（陳書徐陵傳）庾信入周，牢籠一代，是時世宗雅詞雲委，滕、趙二王，雕章間發，咸築宮虛館，有如布衣之交。由是朝廷之文，閭閻之士，莫不忘味於遺韻，眩精於末光，猶丘陵之仰嵩岳，川流之宗溟渤也。其體以浮放為本，其詞以輕險為宗，故能誇目侈於紅紫，蕩心逾於鄭衞。（周書王褒庾信傳論）自此徐庾之體，浸淫漸漬，訖陳隋而為俗矣。

第四章　隋唐五代文學總論

隋唐之時，文史之學盛，而經史之學微。蓋自隋平陳以後，玄學已熄，關陝樸僿，本無此風，魏周以來，初未習受，魏李業興對梁武帝云少爲書生止習五典素不玄學何敢仰酬則玄學不行於北可知陳人之入長安者，又已衰苶不振，故老莊之學衰，形名之術息。於是意必之言、唐肆之辭、怪亂之說，接踵於世矣！試分爲述之。

意必之言

梁陳之世，義疏雖煩猥，然皆篤守舊常，不背師法。唐初五經正義，本諸六代，六代經學南北不同北史言之已詳隋唐一統五經正義亦遂統集南北匯爲一家蓋當時義疏之學南如崔靈恩三禮義宗左氏經傳義沈文阿春秋禮記孝經論語義疏皇侃論語義禮記義戚袞禮記義張譏周易尙書毛詩孝經論語義左氏經傳義顧越喪服毛詩孝經論語義王元規春秋孝經義記北如劉獻之三禮大義徐遵明春秋義章李鉉撰定孝經論語毛詩三禮義疏沈重周禮儀禮禮記毛詩喪服經義熊安生周禮禮記義疏孝經義皆唐人五經正義之先河而采集其說亦多雖言煩碎，未嘗專恣。其後說經，務爲穿鑿，啖助、趙匡於春秋，施士匄於詩，仲子陵、韋彤、韋茝於禮，蔡廣成於易，強蒙於論語，皆自名其學。苟異先儒，棄古義而取新奇，喜通學而惡顓門，蔑佐證而逞胸臆，意必之言興，而空疏之學起矣。

唐肆之辭

魏晉以來，老莊形名之學，發爲言辭，多覃思自得，且多沐浴禮化，進退不移；故政事墮於上，而民德厚於下。唐自王勃僞造中說，唐志王通中說五卷章先生檢論云中說時有善言其長夸詐則甚矣案其言長安見李德林援琴鼓蕩及杜淹所爲世家稱逕問禮關朗其年齒皆不逮而房玄齡杜淹陳叔達年皆長通不得爲其弟子新唐書稱通仕至蜀郡司戶書佐擬其言獻策亦妄也諸此詐欺之文世或以爲福郊福畤增之案通弟績既以通比仲尼子姓襲其唐虞宜然然其年世尙近不可顚倒而勃去通稍遠矣生既不識李房杜陳之儕比長故老漸凋得以妄述其事唐書稱通嘗起漢魏盡晉作書百二十篇續古尙書有錄無書者十篇勃補完缺遺定著二十五篇由今驗之中說與文中子世家皆勃所譏誣也逞爲文辭，過自高賢，而文沒於勢利，妄援隋書羣貴，以自光寵，浮譯盛而慮意衰，矜夸行而廉讓廢，終唐之世，文士如韓愈呂溫柳宗元劉禹錫李翺皇甫湜之徒，皆勃之倫也。其辭音觭耦不與焉，猶言魏晉浮華，古道湮替，唐世振而復之，不亦反乎？且中說所稱，記注興而史道誣，其言鑿鑿也。而勃更僭其言，矯稱誣辭，增其先德，唐世學士慕之，以爲後世可給公取寵賂，盛爲碑銘，窮極虛譽，以誣來史，此又勃之罪也。魏晉雖衰，中間如裴松之之禁斷立碑，法制所延，江表莫敢私違其式，此何可得於唐世邪？（此節本師說。）是故唐肆之辭興而諸子之學替，雖儒家有劉禹錫之因論，林慎思之續孟子伸蒙子，雜家有趙蕤之長短經，羅隱之兩同書，譚峭之化書，比之戰國六朝，實卑卑不足道矣。

怪亂之說

魏晉之際，言談雖屬玄虛，而猶近名理，世說之所甄錄，大都紀實之言，足覘其時之風尚。至於唐代，若杜寶劉肅封演李肇蘇鶚鄭處誨段成式李匡乂李綽趙璘，五代之際，若邱光庭孫光憲，雖善於識小，已多遠於名理。而裴鉶傳奇，蘇鶚演義，漸爲後世小說之宗。且當時神怪之志，婚媾之言，列於唐代叢書，采於太平廣記者，不可勝數。扇神誕以釀迷妄，布淫哇以蕩風紀，怪亂之說興，而小說之律破矣。

隋唐譯經之盛

夫名理之愜人心意，不能一日無也。玄學既微，而佛典代興。自隋設翻經館，置翻經學士，訖於唐代，譯學大昌。漢世儒先，明於經術，而短於名理，故其筆受諸經，名學尚疏，何有持論？其文往往近於論語孝經。及乎魏晉，士大夫喜老莊，言談頗利，而術語尙未能密切，故僧肇道安，往往傳以淸言；至流支眞諦，術語稍密。逮唐玄奘義淨所述，始嚴栗合其本書。蓋五明之學昌，而譯語始少皮傅，加以潤色鴻業，有于志寧許敬宗張說蘇頲諸儒，而證義大德，又極一時之選。是以唐世譯經，獨號圓通，超軼八代，非偶然也。

隋唐史學之盛

自魏收撰書，有穢史之目。至隋開皇，特敕魏澹顏之推辛德源更撰魏書，矯正收失。十三年，又發令禁絕人間撰集國史臧否人物；於是設官修史之局啓，私家著述之風微。自昔文人，若陸機謝靈運江淹沈約之徒，皆以作史爲業，而以其緒餘爲文，故文士無空疏之病，史家鮮拙鈍之譏，成一家之言，備一代之典。自隋唐而後，文人乏作史之才，史官少成家之選，文史之業，交相弊矣。然當隋之中葉，唐之始年，雖多奉敕修史，而私家之緒餘尙未絕也。開皇之時，若牛弘王劭，尙各勒成一書；至於唐初修五代紀傳，則令狐德棻岑文本承牛弘之業而成周書，顏師古孔穎達纘王劭之緒而成隋書，姚思廉之梁陳二書，李百藥之北齊書，則各秉其父之遺業，告厥成功。（姚察在陳撰勒梁陳二書粗有條貫入隋以後又續奏所成至唐貞觀初其子思廉奉詔續成二書李德林在齊預奏國史撰紀傳書二十七卷至隋奉詔續撰增多齊史三十八篇唐貞觀初敕其子百藥續成北齊書）其後又有于志寧令狐德棻李淳風韋安仁李延壽敬播續撰五代史志，紀傳各有淵源，書志出於專家，故五史之作，粲然可觀。貞觀中，又詔房玄齡等重撰晉書，本臧榮緒之所修，而參以十八家書，佐以十六國史，取精多而用物宏，故新撰行而舊本廢。而李延壽刪補宋齊梁陳及魏齊周隋八代史，成南北史，則亦繼述父志，託體史記，踵德馬遷，（李延壽父大師嘗謂宋齊逮周隋分隔南北南謂北爲索虜北謂南爲島夷欲改正爲編年未就而卒延壽究悉舊事更依馬遷體總序八代北二百四十年南百七十年為南北史此皆撰述有以啓之。故唐代官修之史，後世亦未能幾及也。至於唐代史書，已無私家之作，若許敬宗之曲希時旨，猥飾私憾，牛鳳及之發言怪誕，敍事倒錯，濫廁史職，其弊遂多。是以劉子玄三為史臣，再入東觀，（史通自敍）懷獨到之見，忤同作之臣，遂撰史通，寄恨辨職，以為邱明修傳，以避時難；子長立記，藏諸名山；班固成書，出自家庭；陳壽草志，擬於私室；遂欲成其一家，以任獨斷。嘗擬自班馬以降，訖於姚李令狐顏孔諸書，因其舊義，普加釐革，以私史不行，恐致驚末俗，取咎時人，千秋絕業，格於時制。史學之衰，其自此始乎！

雖曰徐堅吳兢，頗各撰書，（唐書藝文志徐堅晉書一百卷，吳兢齊史十卷，梁史十卷，陳史五卷，周史十卷，隋史二十卷，唐書一百卷）豐猶揚爝火於朝陽，挽頹波於已逝，人莫之重，其書遂亡，宜矣。當梁之時，周興嗣謝昊始撰梁皇帝實錄。至於唐代，每帝各成一書，有監修之職，有撰述之人，自是實錄與起居注，並為世所沿襲。隋唐之際，沿江左隆禮之風，典禮之書，頗稱宏富。隋有江都集禮，唐有永徽五禮，咸欲納民軌物，垂為一代之經。當斯時也，摹經之風大啓，六典以仿周官，（開元十年詔陸堅等脩六典，玄宗手寫六條，曰理典、教典、禮典、政典、刑典、事典，以象周禮六官。）五禮以仿儀禮，（貞觀時長孫無忌等撰大唐儀禮一百卷，實為永徽五禮之所本。）開元禮以仿禮記，（開元中王嵒請改禮記附唐制度，張說以漢代舊文不可更，乃請脩貞觀永徽五禮為開元禮一百卷。）斯固王氏六經之所不能掩也。蓋唐代政典，尚稱美備，制作之隆，亦莫之與京。若吳兢之貞觀政要，林寶之元和姓纂，李吉甫之元和郡縣志，長孫無忌之律疏，留什一於千百，已足為後代之典謨。至於杜佑通典，網羅宏博，評議精簡，為典章之通史，實與編年一體，足以方軌並駕，自成一家。此則六家之史所未備，為司馬通鑑之先導者也。（案通史之體，唯三家足以當之，司馬遷之史記為正史之通史，五代史通志其嗣也；若南北史有紀傳而無書志，已非其類矣。杜佑通典，典制之通史也，實即為志書之合體，馬貴與之文獻通考屬此類，而已為變體。司馬光之通鑑，編年之通史也。今舉通考與通典通志並稱三通，似屬不倫，易以通鑑，差堪並稱。）

隋文有齊梁遺音

隋開皇時，既禁私撰國史，又詔天下公私文翰，並宜實錄。其時司馬幼文表華豔，至付有司治罪，自是公卿大夫咸鑽仰墳集，屏絕華綺。然外州遠縣，仍踵敝風，體尚輕薄，遞相師效，於是李諤上書曰：『自魏三祖更尚文辭，忽人君之大道，好雕蟲之小藝，下之從上，有同影響，競逐文華，遂成風俗。江左齊梁，其弊彌甚，貴賤賢愚，唯務吟詠，遂復遺理存異，尋虛逐微，競一韻之奇，爭一字之巧，連篇累牘，不出月露之形，積案盈箱，唯是風雲之狀。世俗以此相高，朝廷標茲取士，利祿之路既開，愛尚之情愈篤。於是閭里童昏，貴游總丱，未窺六甲，先製五言。至如羲皇舜禹之典，伊傅周孔之說，不復關心，何嘗入耳。以傲誕爲清虛，以緣情爲勳績，指儒素爲古拙，用詞賦爲君子，故文章日繁，其政日亂。及大隋受命，屏出輕薄，遏止華僞，自非懷經抱質，志道依仁，不得引領搢紳，參厠纓冕。唯聞選吏舉人，尚有不遵典則，作輕薄之篇章，結朋黨而沽譽，則選充吏職，舉送天朝，請勅諸司，普加搜訪，有如此者，具狀送臺。』（隋書李諤傳）蓋高祖初統萬機，每念斲雕爲樸，發號施令，咸去浮華。然時俗詞藻，猶多淫麗，故憲臺執法，屢飛霜簡。煬帝初習藝文，猶未軌法，暨乎即位，一變其風，其詔書詩賦，並存雅體，歸於典制，雖意在驕淫，而詞無浮蕩。當時綴文之士，遂得依而取正焉。若盧思道、李德林、薛道衡、李元操、魏澹、虞世基、柳䛒、許善心、潘徽、萬壽之徒，咸馳譽藝林，見稱當世。雖尠淫麗輕側之辭，而駢儷藻飾，猶存齊梁遺音焉。

唐及五代文學之盛衰

唐興，仍陳隋靡習，徐庾流化，彌遍南北，逮四傑出，稍振以淸麗之風，至於燕許，始以雄駿之氣，鴻麗之詞，丕變習俗。於是元結獨孤及蕭穎士李華輩，復以三代之文律度當世；韓愈繼之，更超卓流俗，首唱古文，（唐實錄稱韓愈學獨孤及之文）柳宗元皇甫湜張籍李翺之徒，又從而和之，唐之古文，遂蔚然稱盛。蓋當時世俗之文，多偶對儷句，屬綴風雲，羈束聲韻，漸致文弊，其以雄詞遠致矯之，亦有所不得已也。然過於磔裂章句，隳廢聲韻，遂來倒置眉目，反易冠帶之譏，此裴度所以箴李翺也。（見裴度與李翺書）且當時所謂古文者，如元結之五規，韓愈之五原，李翺之復性，平賦書，皮日休之鹿門隱書，體仿諸子，文尙理致，與應制酬酢之文迥異，若夫用之於廊廟，施之於弔祭，則終唐之世，多爲駢儷偶對之文，遠自王楊盧駱，以至張說蘇頲陸贄李德裕令狐楚諸公，未嘗變也。李商隱初爲古文，不喜偶對，其後從事令狐楚幕，楚能章奏，遂以其道授商隱，自是始爲今體章奏，自以四六題署其集，（宋謝伋四六談麈謂四六施於制誥表奏文檄，本以便於宣讀，多以四字六字爲句，案自齊梁以來，四六之句頗多，唯李商隱始以四六名文）與溫庭筠段成式齊名，時號三十六體。至於唐末，漸趨工巧，組織紛碎，文格日卑，降及五季，韓柳之道日微，溫李之風亦替，雖有劉煦鑄史之文，徐鍇鎔經之作，亦不能稍振其衰陋也。

詩自簡文以後，頹靡已極，唐太宗始以淸麗振之，而名作尙尟。至陳子昂始追建安之風骨，變齊梁之綺靡，張九齡李白繼之，自攄懷抱，風裁各異，而皆原本嗣宗，上追曹劉，唐詩之能復古者，自以三家爲最。自蘇李以後，五言所貴，大率優柔善入，婉而多風，自杜甫出，材力標舉，篇幅恢張，縱橫揮霍，詩品爲之一變。是故李白結古風之局，杜甫開新體之端，唐之五言，氣勢盡矣。唯歌行律體，爲當時所獨擅，蓋自大風柏梁，權輿七言，魏宋之間，時多傑作，初唐諸家，出於齊梁，多雕繪之習，至有點鬼簿、算博士之誚。王李高岑，漸能跌宕生姿，安詳合度；至於李杜，乃闢絕塵習，放筆騁氣。杜甫歌行，自稱庾鮑，加以時事大作，波濤有咫尺萬里之目。其五言若北征諸作，抒寫悲憤，沈痛蒼勁，有李陵劉琨之風焉。韓愈並推李杜，而專於杜，以佶倔聱牙爲勝。他如盧仝劉叉之奇恣，白居易之平易，亦一體也。五律自陰鏗何遜徐陵庾信，已開其體，至沈宋則約句準篇，其體遂定。開寶以來，李白之穠麗，王維孟浩然之自得，分道揚鑣，並稱極勝。至杜甫則寓縱橫顛倒於整密中，故能超然拔類。七律則王維李頎，雍容大雅，時崔顥高適岑參諸公，實爲同調，下及大曆十子，亦嗣其音，唯杜甫則闊闢開闔，盡掩諸家。然則李杜爲唐音之宗，固其宜也。雖少陵絕句，少唱歎之音，固不礙其爲大家矣。若夫王孟韋柳，祖陶宗謝，善得田園山水之趣；劉希夷上官儀，皆學簡文；其後李商隱溫庭筠，實遠挹其潤，宋詞元曲，盡其支流，此則宮體之巨瀾也。五季文弊，韋縠才調一集，遂以晚唐穠麗宏敞之氣，救粗疏淺弱之習，西崑之體，基於此矣。然則唐代詩文，其流變若出一轍焉。

至於詞者，則爲詩之變體，古者聲詩皆屬可歌，詩三百篇，皆古樂章，西京歌詩，皆入樂府，此其徵也。自十九首出而詩始不歌，然樂府詩則尚可歌焉。自唐新樂府出，而樂府詩亦不歌，唯詞則尚可歌焉。蓋唐之詩人，采樂府之音，以製新律，因繫其詞，故名曰詞。案唐人樂府用律絕諸詩雜和聲歌之其并和聲作實字長短其句以就曲拍者爲塡詞開元天寶肇其端元和衍其流大中咸通以後迄於南唐二蜀尤家工戶習以盡其變凡有五音二十八調各有分屬詳淩廷堪燕樂考原其時詞人，以李白爲首，厥後韋應物王建韓翃白居易劉禹錫皇甫松司空圖韓偓，並有述造，而溫庭筠爲最高，其言深美閎約。五代之際，孟氏李氏，君臣爲謔，競作新詞，詞之雜流，自此起矣。然其工者，往往絕倫，亦如齊梁五言，依託魏晉近古，故其體貌相似，初創則其氣勢未盡，時使然也。至於兩宋，則詞又不可歌，於是元曲遂起而代之矣。

第五章 宋至明文學總論

魏晉之際，知玄理者甚衆，而文亦華妙。及唐，則務好文辭，而微言幾絕。至於宋明，理學盛而文學漸衰，文質遞尙，彬彬之風日微，此可以觀世變矣。

宋明說經多空衍義理

宋世儒者，多善儒言，原本五經，而長於義理，然往往以己意變亂舊事。蓋自邢昺、孫奭之流，所習不出五經正義，上既不足理羣經，下猶不入穎達、公彥之室，學愈拙陋，致人不信注疏，其變固其宜也。王應麟云：「自漢儒至慶曆間，談經者守訓故而不鑿。七經小傳出，稍稍尙新奇矣。至三經義行，視漢儒之學若土梗。」（困學紀聞）洎元祐諸賢，排斥王學，而伊川易傳，專明義理，東坡書傳，橫生議論，雖皆傳世，亦各標新。其甚者，則排繫辭，毀周孔，疑孟子，譏書之胤征顧命，黜詩之序。他若大學既移其文，又補其傳，孝經既分經傳，又删經文，程胡作僞於先，朱汪加厲於後。王柏書疑增删尙書，詩疑删削鄭衛，改易雅頌；俞廷椿復古編，刓割五官，以補冬官；吳澄禮記纂言，顚倒篇第，割裂章句。自宋迄明，如此類者，不勝枚舉。疑注疏不已，則至疑經；疑經不已，遂至改經、删經，移易經文，以就己說，尙空衍而忘實徵，逞胸臆而背事實。蓋自宋神宗變帖經爲墨義以來，荒經蔑古，未有如是之甚者也。降及明代，雖書坊所造諸書，世且莫能辨其僞，每況愈下，固其宜也！明永樂十二年敕胡廣等修五經大全頒行天下此等一代盛事自唐修五經正義後越八百餘年而再見者也乃所修之書全襲元人舊作顧炎武等盡發其毀夫官修之書多剿舊說唐修正義已不免此唯唐因六朝舊籍賅洽可觀明因元人遺書謭陋彌甚故正義不廢而大全毀也元以宋儒之書取士禮記猶存鄭注明則并此而去之而代以陳澔集說空疏固陋經學至此而極衰文章亦因之而多浮夸矣宋學以朱子爲集大成，風行數百年，與漢學之鄭君竝爲齊驅。蓋朱子說經，雖詳於義理，而不棄注疏，朱子論語要義序云其文義名物之詳當求之注疏朱子語類一百二十九云祖宗以來學者但守注疏其後便論道如二蘇直是要論道但注疏如何棄得意在匡補前哲，相輔而行，非欲攘奪學官之席也。且輯漢注、疑僞孔，皆清代治經之巨業，而朱子之緒餘，實有以啓之。王應麟三家詩攷，詩攷序云文公語門人文選注多韓詩章句嘗欲寫出應麟竊觀傳記所述三家緒言尚多有之網羅遺佚亦文公之意云梅鷟尚書攷異，尚書參異辨古文之僞開閻若璩惠棟之先而朱子實先疑之嘗謂某嘗疑孔安國書是僞書凡讀易者皆古文伏生傳皆難讀如何偏記其所難而易者全不能記雖至宋明之世，亦有不爲風氣所囿者，則其流澤長矣。

宋明文學多俚俗語言

宋明說經者既昧於事實，於是文少淹雅之才，學有空疏之誚，一二大儒，復倡文以載道之言，標玩物喪志之戒。後之君子，往往於下學之初，即談性道，乃以文章爲小技。自二程以下，至於考亭、象山、陽明，弟子十百，莫不各有語錄，明白如話，不避俚俗，以視濂溪、橫渠以文言談理者，實乎不同。當唐之世，僧徒不通於文，乃書其師語以俚俗，謂之語錄；宋世儒者弟子，羣起效之，以至明世，相習成風。迨嘉靖以後，此風稍殺，如王元美之箚記，范介儒之膚語，上規子雲法言、文中，然其間詩詞小說，莫不競用白話。樂府用諺語詩餘亦多俳體至宋則更漫無限制詩用白話如擊壤集詞至山谷始有竟體用白話者南宋蔣竹山石次仲亦有之小說若宣和遺事已開施耐菴水滸傳羅定三國演義之體而平話陶眞又即今之彈詞明永樂大典所收評話多至二十目即平話也至於記事之史，詔告之文，亦習用其體，元代以兔兒虎兒紀年而元祕史即用白話體其時朝廷文告亦多俚鄙之言則其漸染已廣矣。至其上者，乃有紀言、如宋葉適習學紀言紀聞、如宋王楙野客紀聞王應麟困學紀聞之書、筆記、如宋祁景文筆記陸游老學庵筆記筆談、如宋沈括夢溪筆談之作，叢話、如宋姚寬西溪叢話隨筆如宋洪邁容齋隨筆雜錄、如明楊順丹鉛雜錄瑣言、如明鄭瑗井觀瑣言筆叢、如明胡應麟少室山房筆叢漫錄、如宋吳曾能改齋漫錄雜記、如宋黃朝英靖康緗素雜記學林、如宋王觀國學林出入乎子史，依違乎傳注。然散無友紀，不爲本末條貫之談，僅等識小之書，雖入九流之目，與夫茆亭客話宋黃休復撰萍洲可談、宋朱或撰山居新語、元楊瑀撰水東日記、明葉盛撰以及清異宋陶穀撰清異錄歸田宋歐陽修撰歸田錄侯鯖宋趙令時撰侯鯖錄輟耕元陶宗儀撰輟耕錄諸錄，語林、宋王讜撰唐語林明何良俊撰何氏語林世說宋孔平仲撰續世說默記宋王銍撰桯史宋岳珂撰諸書，同類並觀，斯亦可矣。蓋文章雖勝於語錄，體裁不越乎小說，風氣使然，無足深責。若夫潛虛中經等作，繼元苞溯太玄，上擬周易，陳陳相因，文雖奧緻，亦數見而不鮮。易曰：形上謂道，形下謂器。宋儒倡文以載道之言，反致文弊而不任載，其至者乃在器數之末。若宋之楊輝秦九韶，元之李治朱世傑，明之徐光啓李之藻，於九章四元之數，弧矢渾蓋之形，言明且清，文質具舉，賢於空談義理者矣。

宋代史學勝元明

自晉開運中，劉昫上唐書，宋開寶間，薛居正成梁唐晉漢周書，皆出於官修，成於衆手，唐書乃趙瑩趙熙鄭受益李爲光所成劉昫僅爲監修表上而已五代史乃盧多遜扈蒙張澹李昉劉兼李穆李九齡所成薛居正爲監修而已搜輯雖勤，未臻精覈。於是詔歐陽修宋祁重修唐書，修撰紀志表，祁撰列傳，事增文省，頗有良史之目。修以工於文詞，復私撰五代史記。薛書體例，遠規宋齊梁陳諸書，歐史則仿史記；薛史重敘事，歐史重書法，各有所長，不可偏廢。舊唐書雖有繁蕪缺略之疵，然其佳處，亦有爲新書所不及者。及王偁爲東都事略，義法簡實，直可下視歐宋。洎元修三史，明修元史，程期忽遽，率爾操觚，是以宋史繁蕪，遼金二史多闕略，元史則複傳錯見，舛漏尤多。官修之史斯爲最下矣。其間唯北宋與金事較詳覈，則以有王偁之劉祁元好問私家之史爲之先導也。三史既不饜人意，於是周以立嚴嵩修之於前，柯維騏錢士升編之於後，唯元史亦有朱右之拾遺，解縉之正誤。然董理非人，傳者亦尠，斯則宋代作者，較之元明，差有一日之長也。卽馬令陸游之書，契丹大金之志，雖爲記載別史，瑕瑜互見，亦足以步趨華陽，追隨東觀者矣。

至若司馬通鑑，爲編年之大宗，體仿邱明，論宗孫習，當時通儒碩學，如劉攽劉恕范祖禹輩，實爲分纂。（修資治通鑑時，史記兩漢書屬之劉攽，三國南北朝屬之劉恕，唐五代屬之范祖禹）外紀唐鑑，爲其支流，網羅宏富，體大思精，非李燾輩所能續也。而鄭樵通志又爲通史之鉅作，遠紹史遷，近規梁武，其二十略，尤能窺見學術之大，政理之精；唯采摭既富，攷核不免疏誤，然能綜括千古，成一家言，斯亦未可苛責也。此二通者，實可與通典鼎立，貴與通考，雖云詳博，了無精意，與夫策案類書實無差別，比於杜鄭，非其倫矣。劉子玄言史有六家，自唐杜佑宋袁樞出，實可廣之爲八。蓋紀傳之弊，一事複見數篇，主賓莫辨；編年之弊，一事隔越數卷，首尾難稽。自袁樞紀事本末出，遂使紀傳編年貫而爲一。典制之史，仿於周官，八書十志等作，廁於紀傳，未爲專書，且多斷代爲之。（漢書十志始撮典制，通史之法惟不爲專書）杜佑始創通典，至宋徐天麟王溥李攸，又創會要之體，體似杜典，而別以斷代，成爲專書，條綴字繫，鉅細畢賅。斯二體者，又皆宋代之所創，非徒因襲舊貫已也。若錢文子之補漢兵志，熊方之補後漢年表，王應麟之漢藝文志攷證，吳仁傑之兩漢刊誤，開淸儒補志、補表、補注、校勘之風，斯則淸代諸儒攷訂經史之法，皆宋人有以啓之也。

宋文以歐曾王蘇爲首

自五代文弊，至宋興且百年，而文章體裁，猶仍其餘習，鏤刻駢偶，淟涊弗振，士人因陋守舊，論卑氣弱。柳開穆修蘇舜元舜欽尹洙輩，咸有意作而張之，而力不足；至於宋祁歐陽修，同學韓文，規模始大，然各得其性之所近，而所造不同。宋祁作唐書，好以新字更改舊文，（如以師老爲師耄，不可忍爲叵可忍，不敢動爲不敢搖之類）遠效法言蠢迪檢押之辭，近師關史虬戶銑溪之句，雖無宗師之怪，已懍剽賊之箴；歐陽修則特創搖曳之句，散韓柳奧博謹嚴之氣，開曾蘇連綿狂肆之風，冗語盈詞，於時始盛。是故宋祁尙不失舊法，而歐陽已開新體之宗，斯皆秉昌黎詞必己出之戒，而一嚴用字，一矜造句，體貌不同，而標新立異者，遂開風氣之先。自歐陽出而南豐曾鞏、眉山蘇洵及其子軾轍、臨川王安石，皆聞風興起。五子者，皆布衣屏處，未爲人知，修爲游其聲譽，汲引之，俾顯於世。其爲文也，雖造詣有殊，而體貌略似，大都動盪排奡，才氣發揚，自是而後，文章宗匠，悉推歐曾，而蘇氏縱橫之習，論策之鋒，便於科擧，亦往往家尸戶祝。歐宋並宗昌黎，各得其一體，而後世法韓者，以歐曾王蘇與韓柳並學，稱爲八家，則其所謂學韓者，實法歐陽。（昌黎之門有樊紹述李翺，其文特異，宋祁近樊，歐陽近李，人謂北宋文章皆學李翺，指歐陽一派言之耳。歐陽讀李翺文曰：恨翺不生於今，不得與之交；又恨予不得生翺時，與翺上下其議論也。此又歐宋不同之所由。學韓而舍宋取歐，故不能至韓而僅歸於歐矣。）唐宋文章分驅之樞紐，實在於是。文學日衰，固其宜也。南宋唯朱熹之文祖韓宗曾，頗不囿於時習，末流效之，冗沓萎薾，其失彌甚。餘皆誦法蘇氏，陳亮葉適樓鑰闊必大呂祖謙陳傅良之徒，或失之粗豪平實，或失之空廓猥俗，縱橫之風，科舉之習，幷於此矣。金之文以蔡珪馬定國趙秉文元好問爲最著，亦宗法蘇氏，蓋其時風氣使然也。陸游老學庵筆記：建炎以來尚蘇氏文章，學者翕然從之，當時爲之語曰：蘇文熟，喫羊肉；蘇文生，喫菜羹。

元明之文多宗歐曾

元明之際，自姚燧崇歐，元史姚燧傳曰：使復有班孟堅者出，表古今人物，九品中必以一等置歐陽子。而元之四傑，若虞集揭傒斯黃溍柳貫輩，皆靡然從風。降及明初，宋濂學於黃柳，胡翰蘇伯衡繼之，以纘金華之緒。方孝孺揚潛溪之風，浸夷至於李東陽，欲救三楊臺閣之體，而出入宋元，無以矯其膚廓冗沓之弊。於是李夢陽何景明昌言復古，規摹秦漢，使學者毋讀唐以後諸書，非是則詆爲宋學。宏治七子，震於時矣。然王守仁繼軌潛溪，王愼中唐荊川力主歐曾，其勢復足以相抗。李攀龍王世貞出，復宗何李，抨擊王唐。嘉靖七子，復又風靡一世。歸有光近承王唐，遠法歐曾，澤以經語，世復以大家目之。八家之後，隱然以文統屬歸。其後張溥倡復社，夏允彝陳子龍倡幾社，以衍王李之緒，而艾南英倡豫章社，以宗震川。三袁又刱公安體，以宗眉山，皆以詆排王李爲主。是故自宋以來，上則學歐曾，下則學蘇氏，雖有一二豪傑之士，倡言復古，而不得其術，卒不能以勝之。蓋不揣其本，空疏無實，祖述歐曾，憲章秦漢，其弊一也。

宋元明之駢文

自唐李商隱以四六名文，宋初楊億劉筠輩宗之，號爲西崑體，詞尚密緻，學者競宗之。至天聖中，操觚之士多病對偶，穆修蘇舜欽輩革以平文，其風稍歇；然制誥表奏文檄諸體，便於宣讀，仍以四六爲主。二宋（郊祁）以雄才奧學，一變五代衰陋之氣，公序館閣之作，追蹤燕許，沈博極麗，子京深於訓詁，其文更多奇字；唐之矩矱，其時尚未失也。歐陽修行以排奡之氣，王安石喜用經史之語，蘇軾繼之，遂以成俗。散六朝渾厚之氣，壞三唐蘊藉之風，摛詞以刻露爲工，隸事以切合爲密，屬對以精巧爲能。宣和以後，多用全文長句爲對，此又宋四六之自成一格者也。南宋古文衰而駢文盛，然多出於科舉，若孫覿滕庚洪适洪邁洪遵周必大呂祖謙眞德秀之倫，在博學宏辭科最爲傑出，而有文名。王應麟作辭學指南，體崇四六，宗法歐陽王蘇。詳宏辭之科，始於紹聖，繼經義而起，（熙寧四年始以經義取士紹聖元年始立宏辭科試文遞增至十二體即制誥詔書表露布札啓箴銘記贊頌序是也其文多用四六）四六以三家爲法，固與古文同，皆近於科舉，便於則效；然則宋代駢散文格，皆自此三家變而成之也。自周必大以下，以細密爲能，組織繁碎，文格日卑；元代姚燧虞集袁桷揭傒斯之徒，揚其餘波，亦未有以大過。明初宋濂劉基，猶有連珠等作，而制誥易以散文，斯體遂絕百數十年。迨七子倡言復古，而駢儷之文亦漸振起，何景明徐禎卿謝榛輩，遠法六朝，而王志堅四六法海，遂上溯魏晉，不拘對偶，近啓明季幾復兩社之文，遠開清代駢散不分之兆，其範圍實非四六所能囿已。（魏晉以來駢文實與四六大異後世以魏晉駢文與唐宋四六同類並觀實未辨涇渭之言此則自王志堅始作俑矣故定名不可不愼）

宋元明之詩學

宋初之詩，尙沿襲唐人，魏野潘閬學晚唐，王禹偁學白居易；而楊億劉筠等十七人學李商隱，爲西崑體，其流最盛，詞取妍華，不乏興象，末流效之，唯工組織。祥符下詔改禁浮豔，於是蘇舜欽以雄放易浮靡，梅堯臣以古淡易穠艷。論者謂有宋一代豪健淺露之詩格始啓於此。歐陽修學韓，唯七古略似。王安石學杜，僅得其瘦勁。至蘇軾黃庭堅，始自出己意以爲詩，唐人之風變矣。蘇詩用事繁多，失之豐縟；庭堅本於禪學，未脫蘇門之習。然世之學宋詩者，視蘇黃猶唐之李杜焉。元祐以後，詩人迭起，不出蘇黃二體，而尤以江西詩派爲盛。南渡之初，陳與義號稱學杜，以簡嚴掃繁縟，以雄渾代尖巧，其詩較勝於黃陳(師道)，然亦未能盡脫蘇黃之習也。尤袤范成大陸游楊萬里繼之，亦稱作者，而游之詩每飯不忘君國，尤見崇於當世。此數子者，皆於山谷爲近。自永嘉四靈出，宗法賈島姚合，以野逸淸苦之風，矯江西末派之粗獷，約性斂情，以求合於唐風，江湖詩人，多效其體。是故南宋之詩，以江西江湖二派爲最盛。金詩多伉厲之音，如劉迎李汾黨懷英趙秉文諸人，未染宋季鄙倍之習，能衍山谷生硬之風。元好問輯河北諸人詩爲中州集，其詞浮厲，亦異乎詩人之旨。好問所自爲，頗欲學古，然其論詩，下拜涪翁，(遺山論詩絕句有論詩寧下涪翁拜之句)許歐梅復古之功，喜蘇詩百態之新，則亦未能超出北宋諸公之上也。元初方回宗江西，郝經法遺山，戴表元趙孟頫獨以淸新密麗，洗宋金粗獷之習；虞揚范揭承之，翩翩著作之材，蓋元代文士，以宋詩不文，頗欲祖唐，然尚不循其本。(宋金元初詩人，大抵祖杜甫而宗蘇黃，元遺山所謂只知詩到蘇黃盡，滄海橫流却是誰，可見當時之風尚已)唯仇遠又倡近體主唐，古體主選之說，張翥薩都刺繼之，其流益暢。楊維禎晚出，更知求比興風諭之旨，於樂府古詩，雖繁麗弔詭，其言不盡軌於正，而其意固甚美。由是郭茂倩左克明之書，盛行於代。明弘正間，詩教中興，維禎實啓之也。明初承元季之遺，大雅漸復，而弔詭繁麗，未能盡忘。劉基以蒼莽古直著，高啓以沈鬱幽遠稱，始一掃纖靡之習。四方文士，標舉詩派，不無利鈍，而淸典可味。維時吳下，遂爲冠冕。故一代文教，東南爲盛。（明初吳下多詩人高啓與楊基張羽徐賁稱四傑啓又與王行徐賁高遜志唐肅宋克余堯臣張羽呂敏陳則卜居相近皆能詩文號稱十子流風餘韻至明末猶盛焉）永樂而後，一變爲臺閣體，詩道復衰。前後七子，希風建安，折衷杜甫，接武旁派，差無慚讓。薛高皇甫同工異曲。李王之詩雖剿至僞體，亦視乎別裁。其後四十子之倫，未盡厭乎衆志。公安三袁，非通變之才；竟陵鍾譚，爲亡國之訞。盛極而衰，亦足知政。其後殉國之賢，遺民之作，若東夏屈顧諸公，攄澤畔之吟，詠黍離之什，氣薄曹劉，義繼風騷，斯足以上媲元（好問）趙（孟頫）下駢錢（謙益）吳（偉業）者矣。

宋元明之詞曲

詞莫盛於宋，曲莫盛於元。詞者詩之餘，曲者詞之餘，故詩人之詞麗以則，詞人之詞麗以淫。唐人樂府，多采五七言絕句；自李白掇詞調，至宋初慢詞尚少；至大成之署，應天長瑞鶴仙之屬，上薦郊廟，拓大厥宇，正變日備。上之言志永言，次之志潔行芳，而後洋洋乎會於風雅。故自其高者言之，北宋多北風雨雪之感，南宋多黍離麥秀之悲，斯足劭也。至於琱琢曼辭，蕩而不反，文而無物者，過矣靡矣。宋之於詞，猶唐之於詩，帝王如昇元靖康，將相大臣如范仲淹辛棄疾，文學侍從如蘇軾周邦彥，志士遺民如王沂孫唐珏，推而至於道學、武夫、婦人女子以及方外之士，類多精究音律，度曲塡詞，風氣所扇，遂多作者。天聖明道間，晏殊歐陽修輩皆工小令，柳永始作慢詞，多至百餘字，音律諧婉，聲情激越，蓋擒旋近情，故使人易入，而好爲市語，亦一病也。至蘇軾出，乃一洗綺羅薌澤之態，綢繆宛轉之度，浩氣逸懷，超乎塵埃之外，遂爲詞之別派。論者謂詞自晚唐五季以來，大抵以淸切婉轉爲宗，至柳永而一變，如詩家之有白居易；至蘇軾而又一變，如詩家之有韓愈。豈其然乎？

繼蘇而起，有秦七黃九之稱。然山谷粗鄙，未足相儷；少游與蘇亦異撰，清妍婉約，辭情兼勝，直堪上繼溫韋，下啟美成。崇寧之際，周邦彥提舉大晟時，万俟雅言充大晟府製撰，同精音律。雅言之詞，發妙音於律呂之中，運巧思於斧鑿之外，平而工，和而雅，人稱為詞中之聖；惜大聲集五卷不傳於世，遂不得不推邦彥為巨擘。邦彥既精音律，下字用韻，皆有法度，故千里和詞，不敢稍失尺寸，而思力沈厚，富艷精工，金聲玉振，實集諸家之大成，此與詩家杜甫，並為百世正宗，後有作者，莫能出其範圍者也。南宋之初，辛棄疾學蘇詞，於悲壯激越之中，寓溫柔敦厚之意，為倚聲之變調。劉過蔣捷張安國劉克莊繼之，往往襲貌遺神。蓋南渡之後，慢詞大盛，學柳則俗，學蘇則粗，（柳永雖多惡濫可笑之語，然其鋪敘委婉，言近意遠，森秀幽淡之趣在骨，實為北宋大家，近人比之詩中李白，亦或有相似之處。蘇軾雖有粗豪之病，然亦甚有韶秀處，舍短取長，自在學者。）唯陸游出入二家，能通其鄣；顧世以詩人之詞，反不見重，而姜張一派，遂為南宋詞宗。張炎著詞源，以作詞者多效邦彥，體製失之軟媚，而以秦觀高觀國姜夔史達祖吳文英，格調不侔，句法挺異，俱能特立清新之意，刪削靡曼之詞，自成一家，各名於世，唯此數家可歌可誦。（詞源下）然秦觀之詞，平易近人，用力者終不能到，玉田導源於秦，故山中白雲之作，專事脩飾字句，或失之甜，或失之滑，則知其趨向歧也。姜夔清勁知音，亦有生硬之句，而玉田過尊白石，但主清空，故其清絕處，人亦未易臻也。吳文英深得清眞之妙，唯下語太晦，人不可曉，世以詩家李商隱比之，實與玉田異派，（尹惟曉云，求詞於吾宋，前有清眞，後有夢窗。案夢窗實超姜張之上。）繼起者有周密，世有二窗之目。（吳文英號夢窗，周密號草窗。）王沂孫碧山樂府，每多眷念君國之音，不事二朝，情見乎辭，與周密頗同調，斯足以冠冕晚宋，下啟鳳林者矣。（鳳林書院詩餘三卷，無名氏選，皆元初人作宋代遺民也。）

金元以來，詞學漸衰。金初唯吳激蔡松年最著，號吳蔡體。元好問繼之，宏獎蘇辛，出入秦晁賀晏，（見遺山自題樂府引）然較之宋詞，每嫌其盡。元初王惲朱自全仇遠趙孟頫來自宋，而元始有詞。及張翥出，婉麗風流，頗有南宋舊格。蓋元代作者，往往詞曲相混，唯蛻巖之詞，無一曲語，故稱大宗。虞集薩都剌次之；若陶宗儀則曲手而已。明代詞人，類以花間草堂爲本，若商輅瞿祐顧璘小詞，亦尚可歌，而慢詞多不知而作，未諧音律。（金元工於小令套數而詞亡論詞於明已不逮金元遑言兩宋蓋明詞無專門名家一二才人又等詞於傳奇宜乎詞之不振也故萬紅友詞律於明人自度腔概置弗錄如王世貞之怨朱絃等調楊慎之落燈風等調徐渭之鵲踏花翻陳子龍之闌干拍皆所不采若湯顯祖添字昭君怨與乾荷葉小桃紅等調皆出傳奇尤爲不取）自張綖著詩餘圖譜，辨詞體之舛錯，定倚聲之矩矱，其自爲詞，亦足振起一時。於是陳鐸樂府，以協律聞；馬洪詞句，馳譽東南；而元好問卓發之徒，詞尚駿逸，頗有宋人風味。至陳子龍夏完淳，據綿邈悽惻之情，寫慷慨淋漓之致，追碧山之逸韻，攀易水之悲歌，亦稍足以盡詞之用矣。

自宋人爲詞，間雜俚鄙之語；金元入據中夏，不諳文理，詞人乃曲意遷就，間用彼語，雅俗雜陳，而曲乃作。故曲之爲文，託體最卑；然播之聲律，感人尤深，雅俗兼賞，所被尤廣。自漢人樂府之詩，如孔雀東南飛數篇，非唯敍衆人之事，亦且敍衆人之言，此爲曲劇描摹口吻之遠源。隋時始有康衢戲，唐曰梨園樂，宋曰華林戲，至元乃曰昇平樂。陶宗儀謂宋有戲曲，金有院本雜劇。（按宋人多用大曲編數既多其次序字句皆有定法金院本則同一宮調中皆可遍用然大率二三曲而止至元而南北曲分流北曲必四折每折易一宮調曰雜劇體南十六齣至四十齣曰傳奇體故以北曲作傳奇非以南曲作雜劇亦非南北曲雜糅尤非）降及元代，曲分南北：北多雜劇，南多傳奇，而尤以北曲爲盛。其後北曲不諧於南，而始有南曲，南曲則大備於明。北曲之存者，以金末董氏西廂記爲最古。元初，關漢卿馬致遠鄭德輝白樸爲四大家。關之切鱠旦，馬之黃粱夢，鄭之倩女離魂，白之梧桐雨，皆名震一時。關漢卿王實甫又足成西廂記，流傳尤遠焉。中葉以後作者，若范康楊梓蕭德祥王曄等，皆爲浙人。鄭光祖宮天挺秦簡夫鍾嗣成等，雖爲北人，而皆居於浙；其所製曲宗派雖存，而風骨差薄，元初北方剛勁之氣，已漸消失矣。元末，永嘉高明作琵琶記，以北曲改南曲，數人合唱，專以和婉爲工，於是南曲漸盛，而北曲漸衰。言南曲者，以明王敬夫徐渭湯顯祖李日華等爲最著。王有杜陵春，徐有四聲猿，湯有臨川四夢，李有南曲西廂。其後阮大鋮有春燈謎燕子箋諸作，衆亦翕然稱之。識者謂阮氏以尖刻爲能，自謂學臨川，實未窺見毫髮也。大抵北曲以勁切雄麗勝，南曲以清峭柔遠勝，風氣所因，自不同科，合而舉之，良可哂也。南北曲之歌，其初皆用絃索；自楊梓傳海鹽腔，（清王士禛香祖筆記云：海鹽少年多善歌，蓋出于澉川楊氏，其先人康惠公梓與貫雲石交善，得其樂府之傳，今雜劇中豫讓吞炭霍光鬼諫敬德不伏老皆康惠自製，家僮千指皆善南北歌調，海鹽遂以善歌名浙西。）至明嘉靖隆慶間，崑山魏良輔出，一變而爲崑腔，始備衆樂器，而劇場大成。（李調元曲話引絃索辨訛云：明雖有南曲，祇用絃索官腔，至嘉隆間，崑山有魏良輔者，乃漸改舊習，始備衆樂器，而劇場大成，至今遵之，所謂南曲，即崑曲也。）王世貞謂北曲多辭情，而南曲多聲情，蓋謂此也。夫詞曲爲樂府之變調，其原皆出於詩，自後世以小道目之，於是言北曲者多殺伐之聲，言南曲者多柔靡之音，其去風雅之道遠矣。

第六章　清代文學總論

清代學術，其初尚承宋明舊軌，自理學之儒暨歌詩文史之士，雖無超軼之才，而典型猶未墜焉。唯經學自萌芽時已不類宋明，至雍乾之間而學術大變。近儒章氏言：歌詩文史楛理學之言竭而無餘華，舉世智慧大湊於說經，而其術工眇踔善矣。

清儒之治經

自明顧炎武作唐韻正易詩本音，古韻始明，肇開江戴之風。閻若璩撰古文尙書疏證，定東晉晚書爲僞作，遂啓惠江之業。張爾岐明儀禮，胡渭闢易圖，疏禹貢，並爲鉅儒。然草創未精博，且雜糅宋明讕言，其成學著系統者，自乾隆朝始。一自吳，一自皖南，一自常州。吳始惠棟，其學好博而尊聞，校輯之風，自此而盛。皖南始江永戴震，綜形名，任裁斷，復先漢之小學，以六書九數爲本，而推及水地度數名物聲律，以窮極乎義理，故戴學之徒，分析條理，皆縝密嚴肅，上溯古誼而斷以己之律令，頗近名家，與蘇州諸學異矣。常州始莊存與，喜治公羊，尤稱說周官，其徒承之，乃耑治今文；頗雜讖緯神祕之辭；其義瑰瑋，而其文特華妙，與治樸學者異術，文士便之，其學遂昌。夫六藝爲史之流，足以觀世，不盡足效當世之用。傅會師說，以制法決爭，茲益爲害。故博其別記，稽其法度，核其名實，論其羣衆，以之觀世，差有一日之長焉。吳自惠士奇始明周官，其子棟博綜古義，言不滯俗，剬志經術，撰九經古義周易述古文尙書攷左傳補注。然棟承何焯陳景雲之風，亦嘗泛濫百家，故校輯筆語之書尤衆。其弟子有江聲余蕭客。聲爲尙書集注音疏。陽湖孫星衍與聲同爲畢沅客，亦爲尙書古今文注疏。蕭客爲古經解鉤沈，大抵尊信古義，尟下己見。王鳴盛錢大昕，世稱嘉定二君，亦被惠氏之風，稍益發舒。王著尙書後案，專宗馬鄭，篤守家法，錢則兼綜吳皖二派；博通經史羣書，心得尤多。棟晚年教於揚州，則汪中劉台拱賈田祖，以次興起。蕭客弟子甘泉江藩，復纘續周易述，李林松又繼之。斯皆陳義爾雅，古訓是式者也。

皖自休寧戴震受學婺源江永，所著小學、禮經、算術、輿地、性道之書，條理緻密，綜覈形名，不苟信古人，不虛言性命。其鄉里同學有金榜程瑤田，後有淩廷堪三胡，匡衷承珙培翬皆善治禮。而胡培翬有儀禮正義，其名尤著。瑤田亦兼通輿地聲律工藝穀食之學。震之教於京師也，任大椿盧文弨孔廣森，皆從問業。弟子最知名者，金壇段玉裁，高郵王念孫及其子引之，皆深通小學，超軼漢魏諸儒。其後寶應劉寶楠，儀徵劉文淇，德清俞樾，瑞安孫詒讓，皆承念孫之學。寶楠著論語正義，文淇著春秋左氏傳正義，詒讓著周禮正義。樾之經學，獨誦法引之，引之有經義述聞、經傳釋詞，而樾乃著羣經平議、古書疑義舉例，以爲步趨。平議雖不逮，而古書疑義舉例條列精確，實有以過之，斯則漢儒之所不能理，魏晉以來所未有也。而甘泉焦循，棲霞郝懿行，承阮元宏獎漢學，篤信皖派之風，亦各著新疏。循有孟子正義，懿行有爾雅義疏。玉裁弟子長洲陳奐，亦著毛詩傳疏，詩疏稍膠固，其他皆過唐人舊疏，取精多而用物宏，時使然也。初明末有浙東之學，萬斯大斯同兄弟，師事餘姚黃宗羲，稱說禮經，雜陳漢宋，而斯同獨尊史法。餘姚邵晉涵繼之，與戴震同官四庫館，始與皖南交通，著爾雅正義、穀梁正義。穀梁正義見錢大昕邵君墓志銘，未行於世其後定海黃式三承其風，著論語後案，其子以周作禮書通故，三代制度大定，浙東之學，自此始完集云。

自桐城姚鼐詆樸學殘碎，方東樹著漢學商兌，始與經儒交惡。後曾國藩出始稍調和而文人又恥不習經典，於是常州今文之學，務爲瑰意眇辭，以便文士。始武進莊存與與戴震同時，治公羊，作春秋正辭，又著周官說，其徒陽湖劉逢祿，始專主董仲舒李育爲公羊釋例，其後句容陳立疏證白虎通義，以作公羊義疏，德清戴望述公羊以注論語；善化皮錫瑞著五經通論以張今文，而著孝經鄭注疏，此皆尙爲有師法者。自長洲宋翔鳳采虁奉諸家，雜以讖緯，牽引飾說，於是始多傅會之論，華妙之辭，文士尤利之。仁和龔自珍、邵懿辰，邵陽魏源，皆好爲姚易卓犖之詞，欲以前漢經術助其文采，而論者謂其攻擊古文，往往支離自陷。王闓運之徒竝注五經，時出新義，特說多不根耳。當惠戴學衰，今文家又守章句，不調洽於他書，於是番禺陳澧始匊集漢宋，調合鄭朱，著通論及讀書記，其聲律切韻之學，頗成一家之言。而其弟子不能傳，諸顯貴好名者，獨張其經學。及翁同龢、潘祖蔭，當國專重談聞之儒，學者務得宋元雕槧，上者喜校輯以沽名，下者通目錄以貿利，而清學始大衰。夫清學所以超越前代者，在能綜核形名以發明義理，與理學文士空談肊說者異撰，故其單篇通論，亦多醇美確固。諸家新疏，雖多憑藉舊釋，然如朱右曾周書校釋，孔廣森大戴禮補注，董曾齡國語正義，亦能輔弱扶微，足以垂世。而故訓既明，又多移以說古史諸子，度制事狀，亦用其律令以相徵驗，此皆實事求是之學，與空疎無術、瑣碎無紀者，固大殊也。

清儒之治史

自明末黃宗羲著明史案二百四十四卷，復欲輯宋史而未就，僅存叢目補遺三卷；於是鄞萬斯同，烏程溫睿臨，餘姚邵廷采、邵晉涵，會稽章學誠，接踵而起，浙江史學，稱極盛焉。學誠爲文史校讎諸通義，卓約近乎史通，言史例者宗之。方清興三十餘載，南服初平，士夫有節操者，往往眷懷故國，高尙不仕，清廷乃特開博學宏詞科以招之。斯同承宗義學，同膺薦辟，不受，遂取彭孫遹等五十八人俾纂修明史，總裁徐元文特延斯同於家，主編纂。斯同不署銜，不受祿，孫遹等所修稾皆請其覆審，襃貶之權操之非其人也。張玉書、陳廷敬、王鴻緒繼之，皆延之如初，成明史稾三百十卷。其後張廷玉刊定明史，本其稾而增省之，而削其三五傳，已失斯同本志矣。初宗羲既爲明史案，又作三王紀年及記魯監國、鄭成功事。溫睿臨故諳史法，斯同乃以明南渡後三朝事跡，屬其別爲一書，成南疆佚史四十卷。乾隆時銷燬明季史書，其書湮沒不彰。道光中，李瑤獲其缺本二十卷，因忌諱，改竄過半，失其恉已。（清季溫氏原本復出，校勘後始知之。）而餘姚邵廷采、鄞全祖望承宗羲志，搜采遺事，著書垂後。其後六合徐鼒作小腆紀傳，元和錢綺作南明書，亦能彌縫其闕，溫氏遺緒，賴以不墜。邵晉涵承其從祖廷采之學，嫻於明季史事，復繼宗羲之志，欲重修宋史，惜其志不逮，事略書成亦未見傳本，唯所輯薛居正五代史行於世焉。厥後吳陳黃中、海寧陳鱣、荊溪周濟、邵陽魏源，並承邵氏法，重修舊史。黃中成宋史稾；鱣改修新舊五代史，以後唐南唐爲正統，補撰志表爲續唐書；濟撰晉略，而郭倫之晉記微；源撰元史新編，而邵遠平之類編廢。斯皆黃氏發其緒，萬溫邵三家恢其業，浙江史學遂被於吳楚矣。

先是仁和吳任臣仿崔鴻之例，撰十國春秋，於是南康謝啓昆作西魏書，順德梁廷枏作南漢書，雖偏方記載，亦具紀傳。秀水朱彝尊仿裴松之之例注五代史記，自是南昌彭元瑞、萍鄉劉鳳誥踵其成例，成新五代史補注，吳惠棟輯東漢諸書以補注范曄後漢書，青浦楊運泰采五代諸史以補注陸游南唐書。此皆博聞強識，力能改造正史，而前史既善，遂爲補苴之作。錢唐厲鶚爲遼史拾遺，錢大昕繼之，遂有三史拾遺、諸史拾遺之作，與其所謂攷異者有別，則此三事亦自浙人啓其端也。自宋錢文子補漢兵志，熊方補後漢書年表，清儒承其遺法，而補志補表之作大盛。昔劉知幾謂史之有表，煩費無用，而萬斯同則謂表立而紀傳之文可省，遂爲歷代史表，錢唐周嘉猷繼之作南北史補表。其專爲一朝而作者，如錢大昭後漢書補表；專爲一事而作者，如洪飴孫三國職官表；此皆意在補紀傳諸史而作。若夫歷代職官地理諸表，志存沿革，非其倫比矣。志則有汪士鐸南北史補志，頗有唐修五代史志之遺意。其專爲一朝一事而作者，若郝懿行之補宋書刑法食貨二志，錢儀吉之補晉兵志，其最著者也。而地理補志則有洪亮吉、洪飴孫、畢沅，藝文補志則有錢大昭、侯康、丁國鈞、湯洽、顧懷三、盧文弨、金門詔、錢大昕。至章宗源隋經籍志攷證，繼宋王應麟漢志而作，旁搜遠紹，遂集輯逸之大成。（章宗源隋經籍志攷證今僅存史部一類當其成書時先輯成玉函山房輯逸叢書後馬國翰校讐之清代輯逸之書自邵晉涵從永樂大典輯出舊五代史後四庫館臣遂於大典中輯出書數百種以成聚珍板叢書而宗源以一人之力復爲輯逸叢書經史子集俱收並蓄可謂集大成矣）汪文臺七家後漢書，湯球十家晉書，實爲其支流耳。凡斯諸作，貫穿羣書，有徵實之功，無虛妄之作，賢於空言無補者多矣。

繼通志而作者，有徐乾學、畢沅，然皆成自他人。徐書詳南略北，畢書詳宋略元，詳略之間，不無訾議，而畢書晚出，較勝於徐。或謂畢書成於邵晉涵手，南都事略之緒餘僅可見於此書，此肊論耳，邵之稾本實已亡矣。他若陳鶴明紀，語過簡略，事端不備，徐鼒小腆紀年，失於斷限，偏於識小，是故編年諸書未有以過於司馬者也。豐潤谷應泰明史紀事本末先明史而成，頗多異同，各篇論議文仿晉書，多儷偶之辭，遣詞隸事，曲折詳盡。或謂史實成於張岱，論實成於陸圻，二人皆浙產，谷爲浙學使，多以金購，事雖等於徐畢，而文史之業頗能勝之。其後青浦楊陸榮記三藩，烏程張鑑春紀西夏，雖步趨應泰，而文釆已不能及。唯馬驌繹史貫穿三代，雖爲紀事本末之體，而政典、學案、世表、輿圖，靡有所遺，斯能自成一家者也。雖其間僞書讖緯，不能有純而無疵，然其大體固已宏且遠矣。會要之書，清代不昌，唯嘉興錢儀吉嘗有志作三國晉南北朝諸會要，而三國先成，未傳於世，紀事稾中僅存敍例一篇。祥符周星詒踵其成例，亦頗有撰述，（見譚獻復堂日記）然皆未見成書，不無遺憾。自漢劉向作別錄，晉張隱傳文士，始爲學術專家成書立傳。明黃宗羲乃剏爲學案之體，成宋儒、明儒學案。全祖望、王梓材迭有增補，吳鼎、唐鑑亦各有述作，學術之史，粲然可觀。其後江藩作漢學師承記，阮元作疇人傳，周亮工作印人傳，張庚作畫徵錄，各就專家之學，敍其淵源，識其流別，而年表年譜之作，亦實繁有徒，或爲專書，或傳別集，此皆爲論世知人之助也。

清儒之治諸子

大抵清代學術，善於綜核名實，而不屑空言名理，雖在諸子之書，亦多以治經史之法治之。始明顧炎武承王應麟紀聞之法而爲日知錄，雖多攷證之語，亦富經世之言，其博大過於紀聞，頗能成爲一家。至若閻若璩、盧文弨、王鳴盛、錢大昕、孫志祖、桂馥、李賡芸、洪頤煊、臧庸、姚範之徒，各有札記叢錄隨筆諸作，偏於攷證，雜治羣書，文無篇章，頗等識小，唯俞正燮類稾存稾，近於雜家。迨王念孫讀書雜志，俞樾諸子平議，始專以經學律令遂治子書，而洪頤煊爲管子義證，郝懿行爲荀子補注，汪繼培爲潛夫論箋，孫詒讓爲墨子閒詁，耑治一家，傳其故訓故事。於是管荀莊韓，咸有集解集釋之作，而尹文、商君、淮南、法言，亦有爲之校錄疏證，稽其異同者。若夫弟子職之有集解，天文訓之有補注，墨經之解，地員之疏，雖屬單篇，亦必有專家之學爲之疏通證明。

下及顏氏家訓，馬總意林，且衆其術以爲之校注，雖精粗不同，短長異數，要其綜核形名，不苟空言義理，其揆一也。至於天算之學，雖憑數理，頗亦出乎形名。自九章五曹以來，至元而中法極盛，至明而西法大啓。清代諸家，頗能兼貫，言中法者，有釋例細草之作，六經諸史，咸有天文律曆諸算草。戴震觀象授時，董祐誠五十三家曆術，汪曰楨歷代長術輯要，其最著者也。震之句股割圜記，吐言成典，尤爲近古之所無。言西法者，大都出於譯述，以李善蘭爲最。及其季世，譯算之書，言之不文，人頗視爲畏途，較之理學家之語錄，其難解且過之，製器之不能紹述西法，此亦其一障也。是以古代小學以六書九數爲始，二者並重，其文章乃有實際。清代唯焦循能以算術說易理，其餘說理者，大抵祖述程朱陸王，空言抵拒，互相攻訐，而無所發明。顏元雖能矯其弊，獨以保氏六藝，策勵躬行，勉爲有用之學。第清初言理學者，亦自有喜談經濟一流，如顧炎武、黃宗羲、陸世儀，並以理學名家，各抒經世宏議。其後胡承諾著繹志，唐甄作潛書，檟萃成法書，自是策士奮起，如包世臣、龔自珍、馮桂芬、薛福成之徒，咸抵掌論天下事。迄於季葉，治平有議，籌邊有記，富國有策，魏源、賀長齡輯經世文編，然嚴衡厥誼，綜核之言少，郛廓之言多，仍不免與理學同弊；而羅有高、汪縉、彭紹升，以釋典治理學，方苞、姚鼐以文章潤理學，是故終清之世，言理學者多變端，唯戴震著原善及孟子字義疏證，思矯宋儒之失，以視紛爭於程朱陸王者勝矣。

清代之散文

自明末錢謙益艾南英出，昌北宋之體格，張溥陳子龍起，擷東漢之英華，而文體又一變矣。清初，如侯方城、魏禧、汪琬、施閏章輩，文名藉甚，並不以角立宗派，自炫所長，而追跡源流，實亦開一代之風氣者。其後方苞、劉大櫆繼之，專以古文一道開示後進，義法益嚴，而師承不易之二子者，籍隸桐城，當世之持論者因有天下文章盡在桐城之語，由是海內學者多歸嚮桐城。故其徒遂以韓歐曾歸而後直接方姚，而屏錢侯等於宗派外，號曰桐城派。其最稱高弟者，上元之管同、梅曾亮，桐城之方東樹、姚瑩，而東樹之徒戴鈞衡為姚氏再傳弟子，尤以開通後起自任，於是桐城派流傳漸廣，而同時服膺者，新城有魯仕驥，自此遂流衍於江西矣；永福有呂璜，自此遂流衍於廣西矣。外此若巴陵吳敏樹、武陵楊彝珍、善化孫鼎臣、湘陰郭嵩燾，自此并流衍於湖南矣。逮陽湖惲敬、武進張惠言，始以江戴經術，用方姚之律令以為文章。（世稱惲張陸繼輅為陽湖派實皆桐城派也）湘鄉曾國藩和之，每欲以戴段錢王之訓詁，發為班張左郭之文章，雖不能至，心嚮往之，比之桐城規模益為宏遠矣。其弟子張裕釗、吳汝綸差能繼起，桐城派之未墜於地，賴以此耳。清初顧炎武著救文格論，黃宗羲、萬斯同、邵晉涵、全祖望頗善於記事，實皆有以啓之。而錢大昕猶以此二事詬詈望溪，以為不諳義法；要其清眞雅正，其功亦未可盡沒，但忽略名實，亦非文之至者耳。

清代之駢文

為駢文者，吳兆騫承復社之流，吳綺摹義山之作，陳維崧章藻，功雖云導源徐庾，而體格實近於唐宋，此皆氣疎詞繁，其體未純者也。胡天游追蹤燕許，頗稱壯美，而俗調偽體，汰除未盡。袁枚承之，亦自詄麗，而神茶氣散，音響凡猥。吳錫麒正味齋集圓美可誦，意主近人而未協古義。唯昭文邵齊燾氣獨遒古，有正宗雅器之目焉。嘗言淸新雅麗必澤於目，非苟且牽率以娛一世之耳目者，駢體之尊自此始。武進劉星煒，曲阜孔廣森、南城曾燠、陽湖孫星衍洪亮吉相繼而起，其旨益閎。廣森以達意明事爲主，開闔縱橫，一與散文同法。燠亦以爲古文喪具反遜駢體，駢體旣俗，卽是古文。三家之論，漸開合駢於散之機。吳鼒則以袁邵劉吳孔孫洪曾爲駢文八大家，袁吳實非其倫也。厥後陽湖董祐誠湘潭王闓運會稽李慈銘，皆氣體淸潔，詞旨雅潤，頗能无愆於允軌。而張惠言爲賦，獨宗兩漢，足以超軼齊梁，下視唐宋。夫學六代者下視唐宋，學唐宋者亦菲薄六代，駢散之分，其來久矣。至淸而桐城儀徵兩派，皆奮其一偏之見，以相水火，不務反觀三代兩漢魏晉之文，以綜合體要，各欲以其私見槩括一切文體，其弊甚矣。自武進李兆洛，江都汪中出，始上法魏晉，以復古代駢散不分之體。周濟始學桐城，其作晉略，持論亦同李汪。其後譚獻以此體倡浙中，其風始盛。（見日記中）而論者每以別體目之，味者又欲以四六混駢文，斯皆所謂囿於習俗者也。然駢文自孔曾以來，以達意明事爲極則，汪李周譚諸公，雖文體有異，而用意亦未變。文章之用固又有要於此者。淸代文士每短於持論，拙於說理，駢散諸家，概乎其未有聞，斯則綜核名理，扶文以質，有待乎後起之英矣。

淸代之詩學

淸初詩人有錢謙益、吳偉業、龔鼎孳，稱江左三大家。謙益稱揚白居易、蘇軾、陸游，而明代何李王李則排斥不遺餘力；二袁鍾譚更在不足齒數之列，一時學者靡然從之。然薄之者謂爲澌滅唐風。偉業七古仿元白，而五七言近體，聲華格律，不減唐人，五古長篇亦足自成一家。鼎孳雖與錢吳齊名，而讌飲酬酢之作多於登臨憑弔，實已少遜。三子皆名列貳臣，苟不以人廢言，則吳之可取爲較多也。其後萊陽宋琬，宣城施閏章，亦頗以詩名，有南施北宋之目。而新城王士禎，宗尙王孟，以神韻爲主；秀水朱彝尊兼學唐宋，以博雅稱；屹然分立南北，主盟詩壇者數十年，而士禎之名尤盛，至有推爲清代第一流者。趙執信著談龍錄，與之齟齬，亦不能撼焉。當是時，屈大均、陳恭尹、梁佩蘭有嶺南三家之稱。大均神似李白，恭尹師法曹植杜甫，唯佩蘭醇樸而意盡句中，大似龔鼎孳。士禎謂嶺海多才，以未染中原江左積習，故尙存古風，理或然歟？蕭山毛奇齡以時尙宋體，故專法唐音，而自出新意。常熟馮班獨宗晚唐，嘗欲以李商隱詩醫江西粗俗楂枒之病。趙執信亦頗服習其意，以貶士禎。然士禎而後，獨稱査愼行。愼行學蘇陸，少蘊藉，與宋犖、陳維崧、邵長蘅諸錦，頗有同調，而魄力風韻差或過於諸家。其後厲鶚學陶謝王孟韋柳，以淡遠勝，頗稱後起之英。袁枚主性靈，翁方綱尙肌理，二子得名雖盛，皆非正軌。唯長洲沈德潛差能爲一代宗。先是康熙之際，有吳江葉燮者，作原詩內外篇，以杜爲歸，以情境理爲宗旨，語頗實際。德潛受其法，故古體宗漢魏，近體宗盛唐，而尤服膺於杜。德潛弟子極盛，吳中七子，唯王昶著湖海詩傳以續別裁集。（德潛著古詩源及五朝詩別裁集其國朝詩別裁集三十六卷昶湖海詩傳四十八卷實續此集而作）然其宦成之後，皮傅韓蘇，已與師說背馳，再傳爲黃景仁，有青出於藍之目。其詩希蹤李白，風格矜重，生氣遠出，而澤於古，清詩至此，頗有極盛難繼之歎矣。自乾隆時，興文字之獄，詩人皆不敢詠時事，於是考證之學起焉。往往踏一器論一事，則紀之五言，陳數首尾，頗似馬醫歌括。逮曾國藩出，詬法江西諸家，矜其奇詭，學者騖逐之，其詩多詰詘不可誦。時山陽潘德輿論詩獨宗曹陶李杜，探源風騷，可謂知本，然觀其所爲，亦不能稱其所論。其後李慈銘、譚獻皆推本性情，頗有以詩爲史之意。王闓運宗緣情綺靡之旨，不貴質說，論者所以謂潘能宏其用，王能明其法者也。一代之盛衰，庶皎然若覽焉。

清代之詞曲

詞爲詩餘，自南宋之季，幾成絕響。元之張翥，稍存比興，明則陳子龍直接唐人，號爲天才。清初宋徵輿、李雯、錢芳標，並籍華亭，頗能嗣其音。世以三子與顧貞觀、王士禎、納蘭性德、彭孫遹、沈豐垣、沈謙、陳維崧爲前十家，張惠言、張琦、周濟、龔自珍、項鴻祚、許宗衡、蔣春霖、姚燮、蔣敦復、王錫振爲後十家，皆樂府中高境，爲三百年所未有。芳標源出義山，豐垣推本淮海方回，猶有黍離之感；徵輿詞近馮韋；貞觀出入北宋諸家；士禎小令頗近南唐二主；性德亦然，其品格在晏賀間；彭孫遹多唐調，李雯亦近溫韋；沈謙、陳維崧步武蘇辛，大抵以五代北宋爲歸。與維崧齊名者，又有朱彝尊，以南宋姜張爲宗。論者謂自維崧彝尊出，清之詞派始成，而朱傷於碎，陳傷於率，流弊亦百年而漸變。然維崧筆重，彝尊情深，固後人所難到，故嘉慶以前，爲二家所牢籠者十居八九。繼彝尊而起者，有厲鶚，而浙派始盛。其後效之者，往往以姜張爲止境，遂多巧構形似之言，而漸忘古意。自張惠言與弟琦撰宛鄰詞選，推源騷雅，而詞之道始尊。其所自爲，亦大雅遒逸，能振北宋名家之緒。至周濟撰定詞辨，持論益精，其所作亦精密純正，與惠言相伯仲，世稱爲常州派。潘德輿作書非之，亦不能掩也。其後龔自珍、楊傳第、莊棫、譚獻諸家，皆誦法張周。而周之琦、戈載獨謹於擇律，和之者謂惠言爲不知音，要之不失爲聲律諍友。惠言之獨尊詞體，使得與於著作之林，其功亦不可沒也。項許二蔣姚王諸家，雖爲常州派，而聲息相通，鴻祚幽豔哀斷，與性德同；而春霖尤爲杰出，有南唐之骨，北宋之神。洪楊之役，天挺此才，爲一代詞史，足與詩家杜甫媲美已。譚獻有言：王士禎、錢芳標爲才人之詞，張惠言、周濟爲學人之詞，唯性德、項鴻祚、蔣春霖爲詞人之詞，與朱厲同工而異曲。有清二百數十年中，前有性德，後有鴻祚、春霖，差堪鼎足。及其季也，寶應成肇麐、南寧鍾德祥、臨桂王鵬運、歸安朱祖謀，亦詞壇之錚錚者，大抵皆瓣香石帚，又出入草窗、玉田間，蓋亦非偶然也。

南北各曲，清代已衰。李漁、憐香伴、風箏誤等十種曲，多優伶俳語，不足齒數；唯孔尙任、洪昇、蔣士銓、黃燮清堪稱作者，多以傳奇鳴。洪昇爲漁洋弟子，詩詞皆有淵源，其爲長生殿、天涯淚諸劇，盛傳於世。蔣士銓爲銅絃詞，頗似其年；藏園九種曲，一洗淫哇之習。黃燮清爲詞綜續編，而浙派曼衍闡緩之病，頗能湔滌；其帝女花、桃谿雪等七種曲，亦能繼軌藏園。三子者雖不能並駕臨川，而阮李之尖刻，亦庶幾歇矣。獨孔尙任桃花扇傳奇，頗能抒寫南渡亡國之恨，可爲後明曲史；曲雖小道，亦著春秋之筆。蓋自有曲以來，未有過於此者也。夫詩詞歌曲，通於國政，神於史鑑，其用甚鉅，其效甚遠，音律詞藻，不可偏廢。自文人作曲，不諧音律，崑曲既衰，而秦腔、京調、粵謳乘之而起，其曲文等於蛙吟蟬唱，有聲無詞，而淫靡之俗調，中於人心，風俗亦由此而敝矣。樂記曰：鄭衞之音，亂世之音也。風雅之士，當有以挽救之矣！

中國通史卷十

學說編

敍言

人羣進化之原，與社會變遷之跡，自古迄今，雖頭緒紛繁，而自有必循之階級，此西儒言社會學者，必以心理爲主體，而以物理爲證明，所以導人心於趨事赴功也。蓋人智之鑰，發於思想，思想之發蔚爲實驗，故思想爲學術之母，而實驗開政教之原焉。予觀開闢之初，所謂聖哲，不過制器利用，而古人以其開物成務，輒尊之爲盛德大業。故老子曰：形而上者謂之道，形而下者謂之器。制作既盛，則民生之業日以進，生業日進，則爭端日開，於是所謂教育學、政治學興焉。厥後師儒既分，道與藝猶並言，故孔子以絜矩之道悟均平，孟子以規矩之理喻法守，雖託空言，猶重實用。迨諸子並興，而於數化電氣諸學，或片語僅存，或粹言湮沒，亦各趨尙實科矣。班氏之言曰：時君世主，好惡無方，是以九家之說蠭起。由班氏之言觀之，則諸家學術，悉隨時勢爲轉移。學也者，指事物之原理而言，術也者，指事物之作用而言。學爲術之體，術爲學之用，咸自各尊所聞，各欲措之當代之君民，是皆學術而非宗教。儒家祖述孔子，雖有改制之文，亦革政而非革教；雖道家侈言玄虛，墨家侈言鬼神，陰陽家侈言術數，則猶沿守古代相傳之教也。自無知愚民，咸崇釋老，有事禱祈，於是宗教之勢力日趨於澎漲而莫能遏。夫以挾持之勢力，而潛使社會移轉於不自覺者，莫宗教若也。故論羣治之道，學術而外，宗教亦一大原因焉。是編首論政教之分合，次論學術之同異，次論宗教之盛衰，末論學派變遷之概略，亦讀史者所當詳究也。輯學說編。

第一章　上古製作開政教之原

人類始生，狉狉獉獉，羣相安於不識不知之天，與禽獸無甚別也；其所以特殊於禽獸者，天特賦以特殊之性質；而此性質之所生，即具有天然之學力，以漸闢乎草昧，而漸入乎文明。自伏羲氏畫八卦衍重爻，已開數學之先聲；繇是神農作耒耜，黃帝作弓矢舟車諸器用，而製造學興焉。神農教樹藝，西陵氏教育蠶，而動植學興焉。而且倉頡制六書，而發明文字學；伶倫造律呂，而發明音樂學；神農嘗百草，作方書，黃帝本此以作內經，察明堂而究息脈，而發明醫藥學。神農時，夙沙煮海爲鹽，至黃帝則範金爲貨，採銅鑄鼎，而發明食貨學。至唐虞之世，製作日昌，觀其命羲仲、和仲、羲叔、和叔，則皆測量天文之人也；又以仲春仲夏仲秋仲冬之夕，定中星之所在；而虞舜攝政，復創設璿璣玉衡，以爲觀察天象之用，此天文學之可考者也。堯時以三百六十日爲一年，置閏月以定四時，而舜時復協時月正日，此曆數學之可考者也。舜典復言同律度量衡，亦唐虞時代不廢數學之確證。凡此者，不必借詩書以通智慧，自足洩苞符未洩之藏；不必假名象以啓心知，實能宣古今未宣之蘊，其留遺以饟後人者，實開政教之先河也。

周以上學定於一尊

迨及夏商，文明日盛，民智日開，導之以利而無所止，則必有梗其化而干其法者，於是政教尚焉。契敷五教，而倫理學以明；皐陶典五刑，而法律學以明；夔典樂而教育學以明。（許慎說文育字下引虞書曰教育子。鄭玄周禮大司樂注：若舜命夔典樂教育子。馬融注亦以教育連文，而孔傳曰教長國子，是明明以長訓胄，考胄無長義，唯育乃得訓長，其或作胄者，形近譌耳。）考之殷誥周書，其所論敍，亦務納民於軌物，而歸重於人倫道德之學，此爲由物理而入心理，亦進化之過程然也。爰逮成周，周公創制，政典爲一王法，周官一書，於敷政立教諸端，言之綦備。蓋官師合一，在朝之政令，期於化民成俗，在野之聞見，習於讀法懸書，載之文字，謂之法，謂之書，其事謂之史職；以其法載之文字而宣之士民者，謂之太史，謂之卿大夫。有官斯有法，故法具於官；有法斯有書，故官守其書；是則史也者，掌一代之學者也；一代之學，即一國政教之本之所繇啓也。故三代之時，有學之人，即從政之人；從政之地，即治學之地；都畿外無學術，職官外無師儒；官學既興，私學禁立，致所學定於一尊。會稽章氏曰：『天下以同文爲治，故私門無著述。』然哉然哉！

宗教之起原本於孝

今天下士相聚而談，曰：羣治之進化。夫進化必有其始焉者也；始焉者何？即此宗教是也。宗教之於社會，其感化力至速，則其挾持力至鉅。西儒斯賓塞有言：各教起原，皆出於祖先教。斯言也，證之吾國古代，益信而有徵。吾國古初，以宗法立國，即以人鬼立教。伏羲制嫁娶，實爲宗法社會之始，以其所重在血統也。人之初生，無不報本而返始，故等而上之，必致敬於其祖先。孝經有言：『夫孝，德之本也，教之所由生也。』禮記有言：

『教之本在孝。』而倉頡造字，孝文爲教。此吾人最古之宗教也，始由血統而推之人鬼，繼由人鬼而推之神祇，故古帝王以始祖配天，用行禘禮，是爲祀天之典；由同族之神，而祀同社之神，（同率一神，即同居一地，二十五家爲社，故同祀社神。）是爲祭地之儀；是天神地祇，其始皆基於人鬼。特皇古之初，天鬼並祀，唐虞以降，特重祀天，以天爲萬有之本原。（禮曰：萬物本於天。）故人君作事，輒稱天而治，即其所出之條教號令，亦必託之天而後行，曰天命，曰天討，曰天序，曰天秩，抑若君主始可與天相接，是則古代之政治，即神權之政治也。既借天以比附人事，則天事人事，相爲表裏，因此而遂生三派學術，一曰祀學，一曰讖緯學，一曰占驗學。天人之事，史實司之，是古代之學術，即天人表裏之學術也。既以監視之權歸之天，則因監視而生賞罰，因賞罰而降災祥；死生禍福之說有所託，持此以馭民，則其從之亦如水之趨下。因以知政教起原，非藉宗教不爲功，而宗教之所由立，實本家族之主義，此吾國綱常倫紀，所以特重於西方諸國也歟？

第二章　六藝之原始

孔子以前之六經

六藝者何？六經之謂也，即易、書、詩、禮、樂、春秋也。章氏實齋，推六藝之起原，以爲周公之舊典，近人劉氏則謂六藝實始於唐虞。其實六藝之學，皆出於古史官之職守也。蓋一代之興，必以史官司典籍。韓宣適魯，觀書太史，首見易象，則易掌於史矣。五帝三皇之書，掌於外史，傳曰：史籀書，則書掌於史矣。風詩采於輶軒，魯頌作於史克，（見小序）祁招聞於倚相，則詩掌於史矣。韓宣觀書魯史，乘見春秋；而孟子之解春秋也，亦曰：『其文則史，』則春秋掌於史矣。老聃爲周史而明禮，萇弘爲周史而明樂，則禮樂掌於史矣。故曰：六藝出於史也。而或謂西周之時，太卜司易，宗伯掌禮，司樂典樂，太師陳詩，不知此就職守言，非指書籍言也。六藝之學，掌於史官，孔子刪訂六經，實周史儒保存之力也。龔氏自珍曰，『史無孔，雖美何待？孔無史，雖聖曷庸？』然則孔子者，實周史學術之正傳者歟？

孔子刪定六經

自官司失守，而孔子栖栖皇皇，道大莫容，不得已退而刪訂六經：刪書斷自唐虞，下至秦穆，編次其事；言三代之禮，而曰吾從周，故禮記以傳自孔氏；語魯太師以樂，自衞反魯而樂正，雅頌各得其所。古者詩三千篇，孔子去其重，取其可施於禮義，上采契后稷，中述殷周之盛，至幽厲之缺，始於衽席。故曰：關雎之亂，以爲風始，鹿鳴爲小雅始，文王爲大雅始，清廟爲頌始；三百五篇，孔子皆弦歌之，以求合韶武雅頌之音，禮樂自此可得而述。晚而喜易，序彖繫象，說卦文言，（孔子作十翼，謂上彖下彖上象下象上繫下繫說卦序卦文言雜卦也；史記不及雜卦）讀易，韋編三絕，曰：『假我數年，若是我於易則彬彬矣。』魯哀公十四年春，狩大野，叔孫氏之車子（微者也）鉏商（名也）獲獸，以爲不祥。孔子視之曰：『麟也！孰爲來哉？吾道窮矣！』乃因魯史作春秋，上起隱公至獲麟止，凡十二公，二百四十二年，約其文辭，以繩當世，筆則筆，削則削，游夏不能贊一詞，自其後天子王侯中國言六藝者，皆折衷於夫子矣。

孔子之道

孔子者，集六藝之大成者也。司馬子長謂孔子以詩書禮樂教弟子，身通六藝者，七十二人。蓋聖人道廣知深，無行不與，其所示及門者亦無非經旨而已。近人劉氏亦謂六藝之學，即孔門所編訂教科書也。孔子之前，已有六經，然皆未修之本。自孔子刪詩書，定禮樂，贊周易，修春秋，而未修之六經，易以孔門編訂之六經。孔子曰：『潔靜精微，易教也，』是即哲理之課本；『疏通知遠，書教也，』是即政治學之課本；『屬辭比事，春秋教也，』是即本國史及近事史之課本；『恭儉莊敬，禮教也，』是即倫理心理之課本；『溫柔敦厚，詩教也；廣博易良，樂教也，』是即音樂之課本。蓋自孔子刪訂之本行，而六經之眞籍亡，而孔子之道著。

孔學兼備師儒之長

孔子之道，在於六藝，堯舜禹湯文武周公之道，即孔子之道也。三代而上，道在君相，故其道行；三代而下道在師儒，故其說長。周禮太宰職云：『師以賢得名，儒以道得名，』是爲師儒分歧之始。儀徵阮氏云：『孔子以王法作述，道與藝合，兼備師儒，』（見清史儒林傳）知言哉！孔子徵三代之禮，訂六經之書，徵文考獻，多識前言往行，凡詩書六藝之文，皆儒之業也。孔子衍心性之傳，明道藝之蘊，成一家之言，集學術之大成，凡論語孝經諸書，皆師之業也。蓋述而不作者，爲儒之業；自成一書者，爲師之業。學術操諸師儒之手，學之大幸，政之大不幸也。夫使孔子獲假斧柯，能行道於斯世，則以政爲教，六經可以不述，論語諸書可以無錄，大道之行，志焉未逮，既不能見之行事，不得不載之空言矣，此即以學爲教者也。至以學爲教，故孔學乃兼具師儒之長。

孔子重天道

古代神權宗教之盛也，基於尊祖而敬天，而衍其流，則爲陰陽占驗禱禳野祭，觀左氏所記，亦旣窮形盡態矣。至孔子則一反其說曰：『非其鬼而祭之諂也。』子路問事鬼神，曰：『未能事人，焉能事鬼？』又曰：『祭如在，祭神如神在。』而禮記四十九篇載孔子所論祭禮甚多。至其生平學術以敬天畏天爲最要，又信天能保護己身，故其言曰：『天生德於予，桓魋其如予何？』又以天爲道德之主宰，曰：『獲罪於天，無所禱也。』又以天操人世賞罰，曰：『故大德者必受命。』其立說大旨，仍歸本於祖天也，此實孔子探古教之眞源，藉以警世之愚惑者耳。夫孔子旣歸重人事，故罕言命性與天道，不可得而聞；其修己也以忠，其治人也以恕，而其教育之旨，尊崇德育，第智育體育二端，亦所不廢。其教授之法，貴時習而重分科，其言布帛菽粟，其事日用倫常，其爲道易明，而其爲教易行也。故曰：『夫婦之愚，可以與知也，及其至也，雖聖人亦有所不能。』蓋旣以人心風俗引爲己責，乃舉其所學倡導以示之準的，返駁者而使之純，虛者而使之實，怪詭陰賊者使之中正而光明，於是天下知所歸而專所嚮。

孟子得孔門學派之正傳

孔子之道，大而能傳，故承學之士，各得其性之所近，執一術以自鳴；而得一貫之傳者，曾子子貢而已。孟子受業於子思門人，而子思之學，出自曾子。自孔子卒後，七十子之徒，莫不有書，獨孟軻氏得其正傳。孟子生當戰國之世，運會詭變，狙詐萌起，士之飾巧馳辯，要能釣利，不期而景從者比比。獨孟子稱仁道義，尊王黜霸，故所如者不合，退而與萬章之徒，序詩書，述仲尼之意，作孟子七篇。然則守先王之道，以待後學，坐言起行，其得於經者蓋非無自矣。向微孟子，則所謂堯舜傳之禹湯，禹湯傳之文武周公，文武周公傳之孔子者，幾何不露墜塵輕，掃地俱盡哉？論者必以受業子思，斷斷致辨，（趙邠卿氏孟子題辭以爲長師孔子之孫子思毛西河氏四書賸言焦理堂氏孟子正義皆主其說者）不知孟子之生，距孔子百有餘歲，斯道之傳，夙重聞知，（本陸氏說）亦何必以親炙子思，始爲無憾。孔子無常師，又何疑於孟子？且七篇之旨，至爲閎深，而揭其要，則曰『孟子道性善，言必稱堯舜者，』何也？蓋其時異端並作，人心陷溺，幾不知返。孟子洞究乎變化消息之原，非是不足以振靡而祛惑，曰性善者，所以著生人之本也；曰堯舜者，所以立人類之極也。唯其見性也明，斯其論世也切，禹湯文武之所以紹往聞來者，不過是也。

荀子有功於經

戰國之世，學說競作，挾其所長，無不欲以之治天下，干世主；迺不爲苟合，矯然以道義爲己任者，孟子而外，荀子一人而已。孔門後學，孟荀並軌。孟多言仁，（孟子言仁心仁政仁術皆發揮仁字）荀多言禮；（勸學篇夫學始乎誦經終乎讀禮又學至乎禮止矣又有禮論全部荀子多發揮禮學）孟主良知，（主良知故言性善所謂非由外鑠我也我固有之也）荀重實行；（修身篇皆注重實行）孟言養氣，荀言師法；孟言擴充，荀言積僞；（注僞爲也矯其本性也僞即人爲會意字非詐僞之僞）孟言平治天下，荀言度量分界。（禮論求而無度量分界則不能不爭）兩派分流，其說不無同異，其非子思孟子，尤有顯然者。不知荀子之旨，意在勸學，其意以爲人性本惡，修爲斯善，意似耑主習而不主性，殆類中庸之所謂矯。（本黃氏說）故曰：必將有師法之化，禮義之導，然後出於辭讓，合於文理，而歸於治，此塗之人可以爲禹；以視孟子之言稱堯舜，豈大相逕庭乎？至欲觀聖王之跡，則於其粲然者，雖指而別之曰後王，然曰：古今一度，五帝之外，非無傳人，傳政久故也。其意在濟時極世，以爲俗儒反古者警且曰：凡言不合先王，雖辯弗聽。

又曰勞知而不律先王，謂之姦心。固非徒爲是蔑古以徇今者也。仲尼之門，羞稱五伯；其黜霸之心，與孟子同；其宗王之旨，豈迴與孟子判？然則所以非子思孟子者，意不過學說相競，蓋欲以道自任，而上接孔子之傳耳。且儒之義，久不著於天下，而荀子以經正之，故其學尤有功於六經。（汪氏荀卿通論）蓋自子夏傳曾申，申傳魏人李克，克傳魯人孟仲子，孟仲子傳根牟子，根牟子傳荀卿子。孟與荀同本於孔氏而皆爲儒學正宗，此太史公著書，所以孟荀合傳云。

第三章　老墨之道

老學爲九流百家初祖

自周官失職，而諸說並興，此亦一是非，彼亦一是非，惑衆干時，積漸成習；要其博大精深，具左右一世之勢力者，孔子而外，實唯老墨。而其言深微奧古，沖遠靜專，求之彌幽而挹之靡竭，博哉開衆妙之門者，又首推老子也。老子者，（姓李名耳諡聃楚苦縣人）周柱下史，史所稱爲孔子問禮者也。班志所傳，風后、力牧、伊尹、太公、鬻熊，並有述作，類皆後人依託，子書之始，其道德經乎。溯夫周秦學術，孔老角立，墨亦大國，後學繁衍，三家爲多，老子巍然道宗。太史公之論道家曰：『其術以虛無爲宗，以因循爲用。無成勢，無常形，故能究萬物之情；不爲物先，不爲物後，故能爲萬物主。』莊周之論道家曰：『建之以常無有，主之以太一，以濡弱謙下爲表，以空虛不毀萬物爲實。』其論老聃曰：『人皆取先，己獨取後。』曰：『受天下之垢，人皆取實，己獨取虛，無藏也故有餘，巋然而有餘。其行身也，徐而不費，無爲也而笑巧，人皆求福，己獨曲全。』曰：『苟免於咎，以深爲根，以約爲紀。』曰：『堅則毀矣，銳則挫矣。常寬容於物，不削於人，可謂至極。』老子學派，數言握其樞矣。夫老子後學，派別滋繁，莊列衍夫清虛，實爲眞裔；楊朱專尚縱欲，已毗一偏；關尹、尹文能繼玄風；田駢、愼到流爲權術；至於天地不仁，以萬物爲芻狗，聖人不仁，以百姓爲芻狗，實開申韓慘刻之風。綿綿若存，用之不勤，亦爲參同契所祖；谷神不死，是爲玄牝，精微之至，洞見眞源。後世道流，相矜奧訣，支流遞衍，得其一端，遂有放達、權謀、神仙三大派。孫曾祁實，迷厥祖，其不足自擴，固其所也。

墨學兼諸子雜說之長

楊墨之學，僉與儒敵。楊說雖間見於他書，已不甚著。列子引楊說最多 而墨之說，乃至今延於天下。墨子名翟宋大夫 生孔子後，其教貴儉、兼愛、尊賢、右鬼、非命、尙同，其旨在於因時施設。蓋覩周衰文勝之弊，相競以奢靡，相尙以詐妄，相爭陵以兵，而爲强本節用之計，堅忍植其體，親愛神其用，雖枯槁不舍也。且其立論，顯然與儒爲敵，孔言愼終，而墨言薄葬；孔言從周，而墨言法夏；墨子公孟篇墨子謂孟子曰子法周而未法夏也 儒家敬鬼神而遠之，而墨子明鬼，雜陳怪異；墨言見鬼神之物閒鬼神之聲引杜伯死後見形射周宣王死爲證 儒家尊樂，列於六經，而墨子非樂，以爲病民；見非樂篇 儒家稱天功之以造化，而墨家言天柄之以禍福。天志三篇言禍福皆司之於天 且墨子非儒，厚誣孔子；蓋本爲孔氏之徒，既畔道而倡說，見淮南子要略 則不得不別樹幟而與角其鯁。況其傳道，必以鉅子，呂氏春秋謂墨者鉅子孟勝以楚陽城君之難將死之弟子徐弱曰死無益也而絕墨者於世不可孟勝曰我將屬鉅子於宋之田襄子云 遂使儒墨之間，永爲讎國。儒術統一，百氏並熸，西漢而還，墨學漸熄，莫敢抗儒矣。夫以墨當戰國，疆宇至恢，門徒甚盛，猶釋氏之沙門，耶氏之教士，堅苦卓絕，心乎救世，寧肯稍自毀邪？若夫大取小取，開名家之派；大取篇非白馬與公孫龍白馬非馬之說同小取篇白馬馬也乘白馬乘馬也驪馬馬也乘驪馬乘馬也亦堅白異同之類　公輸備城門，挈兵家之長；見公輸篇備城門諸篇　經上經下，析物理之巧。經說下鑒者近中則所鑒大景亦大遠中則所鑒小景亦小而必正取於中又均髮均縣輕重而髮絕不均也均其絕也莫絕按此文與列子湯問篇同　發端引緒，吐納衆流，宜其屹然獨峙，嚮應當時矣。孟子言天下之言，不歸楊則歸墨；可見當時墨學之盛行。厥後有相里勤之弟子五侯之徒，南方之墨者，苦獲、已齒、鄧陵子之屬，俱誦墨經。韓非顯學，儒墨並軌。又謂孔墨之後，儒分爲八，墨離爲三云。相里氏之墨相夫氏之墨鄧陵氏之墨

第四章　孔老墨學說之比較

三家宗旨之異趣

周之衰也，孔老墨三家，各行其道，持之有故，言之成理，皆與時爲興，因地爲異。而其弟子承流枝附，又復各伸己說，各排異教，如冰炭之不相容。韓子有云：夫沿河而下，苟不止，雖有邅疾，必至於海。如不得其道，雖疾不止，終莫幸而至焉，故學者必愼其所道。雖然，狂夫之言，聖人擇焉，學者窮理，可以正天下之是非，非必深閉固拒，遂以爲捍衞之功也。范史序方術列傳云：意者多迷其統，取遺頗偏，甚有雖流宕過誕，亦失也。注取遺謂信與不信也或信或不信各有所執故偏頗也以爲甚有者雖流宕失中過稱虛誕者亦爲失也　舍短取長，是在學者。茲將孔老墨三家宗旨不同之點，列舉如左。

孔子宗旨

老學宗旨

墨學宗旨

崇實	貴虛	刻苦
貴強	尚柔	輕死
修己	爲我	爲人
擇可（無適無莫義之與比）	守靜	務時
差等	齊物	兼愛
導民	愚民	苦民
繁禮	蔑禮（禮忠信之薄亂之首）	節用
畏天	任天	尊天
遠鬼	無鬼	明鬼
哀死	蛻化（歸根則靜是爲復命）	薄葬

三家宗旨之大較

綜觀三家之學說，孔學宗旨，切近人情；墨學過於人情；老學則不近人情，此其大較也。老氏遠宗黃帝，游心物外，持論太高；學之者本其厭世主義，遯而入於虛無之鄉，寥廓之域，則爲放達爲神仙；甚至求其說而不得，但以其利用愚民也，束縛馳驟，一變而爲申韓之學，所謂道德之窮，流於刑名。墨氏稱道夏禹，形勞天下，從墨氏者，必自苦以腓無胈，脛無毛，其爲人多，爲己少，非人所能堪也，故秦漢之際，墨學久亡。第推二家之精意，老雖退藏於密，外似無爲，內有蘊蓄，此爲政治家所利用也。墨則堅忍敢死，明公義以尙合羣，其造就民質，有獨高者焉。唯老氏以詭，而孔氏以誠；墨氏以俠，而孔氏以義，此中庸之爲德，所以獨稱其至矣乎。

第五章　周秦諸子之學派

莊荀與太史公所論學派

班固曰：『今異家者，各推所長，窮知究慮，以明其指，雖有蔽短，合其要歸，亦六經之支與流裔。使其人遭明王聖主，得所折中，皆股肱之才矣。』夫諸子覃思多出獨創，概目以六經流裔，豈得謂之允辟。論周秦諸學派者，荀子非十二子，肆爲觝讐，凡分六家：一、它囂、魏牟，（它囂不詳何代，魏牟魏公子）二、陳仲、史鰌，（陳仲即於陵子，史鰌即史魚）三、墨翟、宋鈃，（宋鈃即宋牼）四、慎到、田駢，（皆齊人）五、惠施、鄧析，六、子思、孟軻。由今觀之，其一則道也，二爲墨家之一派，三墨，四道，五名法，六儒也。莊子天下篇挈其短長，亦分爲六：一、墨翟、禽滑釐，（墨翟弟子）二、宋鈃、尹文，（齊宣王時人，與宋鈃俱游稷下）三、彭蒙、（不詳）田駢、慎到，四、關尹、老聃，五、莊周，六、惠施。（魏人）由今觀之，其一二皆墨也，三道而近於法者也，四五皆道也，六名也。生當並世，恃相勝爲盛衰，荀子詞稍近激，莊則猶爲平情之論。至司馬談所論六家：一陰陽，二儒，三墨，四法，五名，六道。綜而論之，荀莊論諸家之學，第舉其人而未嘗標其家數；太史公明指家數，而又不專屬人，然則所當詳究者，此六家之原委也。

諸家學派至七略而始備

西漢之季，劉歆敍次七略，其三爲諸子略，區分品目，乃有儒家、道家、陰陽家、法家、名家、墨家、縱橫家、雜家、農家、小說家，綜此十家，亦號九流。（所謂諸子十家其可觀者九家而已故號爲九流）又推求其源之所自出，著其流失，以爲儒家者流，出於司徒之官；道家者流，出於史官；陰陽者流，出於羲和之官；法家者流，出於理官；名家出於禮官；墨家出於清廟之官；縱橫家出於行人之官；雜家出於議官；農家出於農稷之官；小說家出於稗官；其流則爲某氏之學，其失則爲某氏之弊，陳說長短，可謂盡矣。老墨二派，抗衡儒家，已具前篇；其餘諸家在當時亦自有一種至深之學說，使非漢武罷黜，獨崇儒者，則儒廁九流，烏覩其混一區宇也。

諸家學說以劉勰爲定評

劉勰曰：伯陽（老子字）識禮而仲尼訪問，爰序道德以冠百氏。又曰：孟荀所述，理懿而辭雅；管晏屬篇，事覈而言練；（藝文志管子八十六篇晏子八篇）列禦寇之書，氣偉而采奇；鄒子之說，心奢而辭壯；（史記騶衍深觀陰陽消息而作怪迂之變終始大聖之篇十餘萬言騶衍齊人爲燕昭王師居稷下號談天衍藝文志鄒子四十九篇）墨翟隨巢，意顯而語質；（藝文志墨子七十篇）尸佼尉繚，術通而文鈍；（尸子名佼魯人秦相商鞅師之鞅死逃入蜀案穀梁傳引尸子卽其人藝文志尸子二十篇尉繚戰國時人藝文志尉繚子二十九篇）鶡冠綿綿，亟發深言；（楚人居深山以鶡爲冠藝文志鶡冠子十一篇）鬼谷眇眇，每環奧義；（史記蘇秦傳東事師於齊而習之於鬼谷先生注因所居以爲號也）情辨以澤，文子擅其能；（藝文志文子九篇注老子弟子師古云似僞託之書也）辭約而精，尹文得其要；（劉向別錄尹文子學於莊老其書自道以至名自名以至法以名爲根以法爲柄凡二卷僅五千言又與宋銒同游稷下）慎到析密理之巧；（史記慎到學黃老之術因發明序其指意著十二篇）韓非著博喻之富。（史記韓非者韓之諸公子也喜刑名法術之學爲人口吃而善著書作孤憤五蠹內外儲說林說難十餘萬言）又謂呂氏春秋鑒遠體周，（藝文志呂氏春秋二十六篇注秦相呂不韋輯）公孫龍之白馬孤犢，辭巧理拙。（列子公孫龍誑魏王曰白馬非馬孤犢未嘗有母莊子天下篇稱公孫龍孤駒未嘗有母蓋白馬之白則重在白而不重在馬也孤駒本

（有毋但既謂之孤則無毋可知故曰未嘗有毋）洽聞之士，宜撮綱要，覽華而食實，弃邪而取正，極睇參差，亦學家之壯觀也。（以上皆文心雕龍語）夫以九流遂起，七略雲萃，騁詞則雲烟萬態，飛辯則黑白易色，拾其片羽，猶振奇采。若夫綜覈衆流，淄澠別味，約旨以定其宗，片言而提其要，則彥和（劉勰字）之論，精約可師已。假使各持一端，互相攻擊，未有不成其害者。韓詩外傳曰：「別殊類使不相害，序異端使不相悖。唯執不通則悖，悖則害，相觀而善謂之摩。人異於己，亦必己異於人，互有是非，則相觀而各歸於善。」（本焦氏說）執兩用中，其斯爲聖人之道歟。

第六章　嬴秦焚書坑儒之禍

秦利用愚民政術

始皇既幷天下，遂以專制爲政。二十八年東行郡縣，祠鄒嶧山，頌秦功業；召魯儒生至泰山下，議封禪，諸儒議各乖異。始皇以其難施用，遂絀儒生，焚坑之機，已萌於此矣。李斯窺帝旨，遂上書言曰：『異時諸侯並爭，厚招游學；今天下已定，法令出一，百姓力農工，士則學習法令。今諸生不師今而師古，以非當世，惑亂黔首。聞令下，則各以其學議之，入則心非，出則巷議，誇主以爲名，異趣以爲高，率羣臣以造謗。如此勿禁，則主勢降乎上，黨與成乎下矣。臣請史官非秦記者燒之；非博士所職，天下有藏詩書百家語者，皆詣守，尉雜燒之；有敢偶語詩書棄市；以古非今者族；吏見知不擧者，與同罪；令下三十日不燒，黥爲城旦。所不去者，醫藥卜筮種樹之書；欲學法令者，以吏爲師。』制曰：『可。』魏人陳餘謂孔鮒曰：『秦將滅先王之籍，而子爲書籍之主，其危哉！』

子魚曰「知吾學者惟友，秦非吾友，吾何危哉？吾將藏之以待其求，求至無患矣。」

秦火後之遺經

先自鄒衍論始終五德之運，爲秦皇所採用，於是益侈心神仙。盧生，燕人儒生也，始皇使入海求仙，歸奏亡秦之兆，又勸始皇微行以辟惡鬼，此神術雜入仙術之證；亦讖緯出於仙術之證也。未幾，侯生韓客盧生相與譏議始皇，因亡去。始皇大怒曰諸生或爲妖言亂黔首，使御史按問之。諸生傳音轉相告引，乃自除犯禁者四百六十餘人，皆阬之咸陽。夫盧生旣習儒，而又欲因仙而致用，則亦不得不竄儒書於仙術。始皇卽因其亡而阬諸生，復使博士爲仙眞人詩，史記是秦皇崇仙而黜儒也。然其所阬者，不過數百怪誕之士；卽其所焚者，亦不過私家收藏之書，且易與春秋二經首末俱存；詩亡其六篇，或以爲笙詩元無其辭，是詩亦未嘗亡也；禮本無成書，戴記雜出漢儒所編，儀禮十七篇及六典最晚出，然其書純駁相半，其存亡未足爲經之玼也；獨書亡其四十六篇耳。然則所燔者，除書之外，其餘未嘗亡也。

第七章　漢初儒道勢力之消長

曹參定治於蓋公

秦火以後，至於漢初，高、惠、文、景、武五朝之間，此儒道兩家競爭之時代，而儒終以得勝，且以後相沿爲歷代之國教，則武帝之力也。自老氏高言無爲，漢初果以淸靜致治。曹參爲齊相，時天下初定，參至齊，盡召長老諸先生問所以安集百姓，而齊諸儒故以百數，言人人殊。參未知所定，聞膠西有蓋公，善治黃老言，使人請之。蓋公爲言治道貴清靜而民自定。參用其言，故相齊九年而齊國安集，稱賢相。及蕭何卒，惠帝以仁柔之資年幼嗣統，以清靜爲治，故召參爲相。參至，壹遵何之約束，日夜飲酒不事事，見人有細過，掩匿覆蓋之，府中無事。及其卒也，民歌之曰：『蕭何爲法，斠或作較若畫一；曹參代之，守而勿失。載其清靜，民以寧壹。』蓋當秦政暴虐，楚漢兵爭以後，民厭囂思靜，所以能順流而治也。

竇太后絀儒術

文景二帝，又皆深於黃老刑名之言，致治太平。齊人轅固以治詩，孝景時爲博士。竇太后好老子書，召問固，固曰：此家人言耳。太后怒曰：安得司空城旦書乎？及武帝立，雅嚮儒術，竇嬰田蚡好儒，推轂趙綰王臧，並以儒見用。綰請立明堂以朝諸侯，且薦其師申公。魯人天子使使束帛加璧安車駟馬迎之，既至，問治亂之事。申公年八十餘，對曰：爲治不在多言，顧力行何如耳。帝默然。是時太皇太后竇氏不悅儒術，綰請毋奏事東宮。竇太后聞之怒，因求得綰臧姦利事，以讓上，由是諸人皆得罪。竇太后以儒者文多質少，萬石君石奮無文學而恭謹無與比，子孫遵教，乃以其長子建爲郎君，令少子慶爲內史。自初至此，始僅以黃老之道，推行於治術，未嘗據以求仙。唯劉安治道家言，慕游仙之術，作淮南子一書，多祖述莊老，而枕中鴻寶祕書，則言重道延年之術。劉向以爲奇，故其所作列仙傳，亦言重道延年，是蓋祖道家之養生也。故漢興至武帝初凡七十餘年，其政論學說，純然爲道家之勢力而已。

董仲舒倡儒術統一之議

武帝卽位之初，首策賢良方正於大廷，而得一代大儒董仲舒爲之首。其所對之策，推明仁義禮樂教化之具，請諸不在六藝之科，孔子之術者，皆絕其道，勿使並進。丞相衞綰因奏所舉賢良，或治申韓蘇張之言，亂國政，請皆罷之，奏可。於時折衷羣言，儒學已占優勢。且前者劉安求仙，近丹鼎派，已偏於道家；迺者漢武求仙，近符籙派，故兼用儒書。顧猶格於竇太后，其勢仰而復絀。迨竇太后崩，田蚡爲相，黜黃老刑名百家之言，延文學儒者以百數，而儒術漸伸。至公孫弘以治春秋，起布衣爲丞相，封平津侯，天下學士靡然響風，而儒術大伸。自茲以還，儒學統一，則又幾經廢絕而始恢廓者，不可謂非兩教之大競爭也。

第八章　秦漢方士之言神仙

神仙基於上古之宗教

自孔老二家，未嘗侈言鬼神，而神權迷信之說以破。然自上古以來，陰陽五行，分爲二派，而陰陽術數之學，皆掌於史官，其所以浸潰於社會人心者，歲月綿衍，降及東周，天人並稱，故百家諸子，咸雜宗教家言。誕欺迂怪之文，博采旁徵，則又依於鬼神之事，而遂有神仙一派。後世言神仙者多祖述老子。老子言谷神不死；又言天地所以能長且久者，以其不自生，故曰長生。於是傅會其說者，往往託言仙術以自寄其思，且擬爲升仙化胡之言，以自神其術。夫儒家不言仙術，老子不信鬼神，則神仙之說，固未嘗合之爲一也。然自秦皇漢武，甘心溺於方士之言，則此派之在中國，愈衍而愈多，亦愈變而愈幻，流風所扇，遂乃與儒佛鼎立爲三。溯其所自，亦古代宗教之濫觴也。

徐市之入海求仙

初，燕人宋毋忌羨門子高之徒，稱有仙道形解銷化之術；燕齊迂怪之士爭相傳習之。自齊威王、宣王、燕昭王皆信其言，使人入海求蓬萊、方丈、瀛洲云。此三神山在渤海中，去人不遠；患且至則風引船去，嘗有至者，諸仙人及不死之藥皆在焉。及始皇幷天下，東巡海上，諸方士徐市等（齊人）爭上書言之。於是遣徐市發童男女數千人入海求之。船交海中，皆以風爲解，（解說也）曰：未能至，望見之焉。自是始皇數游海上，嘗禪梁父，封泰山，幷采太祝祀雍之禮，則以求仙必本於祀神，而祀神即所以求仙；而古代祀神之典，咸見於儒書，由是儒生之明祀禮者，遂得因求仙而進用。此儒術雜入仙術之證，亦神術雜入仙術之證也。

新垣平之言神氣

漢文帝時，趙人新垣平以望氣見帝曰：長安東北有神氣，成五采，東北神明之舍，天瑞下，宜立祠以合符應。於是作渭陽五帝（白青黃赤黑）廟，貴平上大夫，累賜千金。未幾，平使人持玉杯，詣闕下，而入言於上曰：闕下有寶氣。已視之，果有獻玉杯者，刻曰人主延壽。平又言臣候日再中。居頃之，日卻復中。於是始更以十七年爲元年。平復言曰，周鼎亡在泗水中，今河決通於泗，而汾陰（山西榮河縣）有金寶氣，意鼎出乎。乃治廟汾陰，欲祠鼎出。人有上書告新垣平言神氣事，皆詐也。帝下吏治，誅夷新垣平。夫自古儒書多言受命之符，（孔子言有大德者必受命，推之者，太誓言赤烏之瑞（詩言文王受命之符及稷契感生之說，春秋家言孔子受命及赤血之書皆其明證）其說與鄒衍之書相近，爲符籙派之始。故儒生之言禮儀者，一變而爲言符瑞。第言符瑞者，必出於祀神。而平之言符瑞，不過藉以逢迎人主之求仙耳。乃始焉希其指而貴，終焉忤其意而誅，蓋文帝但惑於平之談言微中，未嘗如始皇欲以冀幸長生也。文帝固深於老氏學，外視死生者也。故其遺詔云：天下萬物之萌生，靡不有死。死者，天地之理，萬物之自然，奚可甚哀。

李少君之祠竈卻老

武帝雄心大欲，並駕秦皇，自其先李少君以祠竈卻老方來見，帝尊之。少君者，故深澤侯（趙將高祖功臣）舍人，匿其年，及所生長，善爲巧發奇中。（嘗從田蚡飲，坐中有九十餘老人，少君乃言與其大父遊射處，老人爲兒時從其大父，識其處，一座盡驚。及見上，上有故銅器，問少君，少君曰：此器齊桓公十年陳於柏寢。已而案其刻，果然。於是上大驚，以爲少君數百歲人也。）言於帝曰：祠竈則致物，（謂鬼物）而丹砂可化爲黃金，蓬萊仙者可見，見之以封禪，則不死。臣嘗游海上，見安期生，（琅琊人，秦時賣藥海邊，人言其千歲）安期生食臣巨棗，大如瓜。於是天子親祠竈，遣方士入海求神仙，而事化丹砂諸藥齊（同劑）爲黃金。久之，少君病死，天子以爲化去不死。夫自齊侯言古者不死，其樂若何，（左傳昭公二十年）皆屬秦漢君主求仙之權輿。少君言祠竈致物，則以神符參仙術矣，是爲符籙派竄入道家之始。言丹砂化金，則以丹藥參仙術矣，是爲丹鼎派竄入道家之始。明明言病死也，而帝猶以爲不死；又曷怪海上燕齊之士更多求仙事乎。

少翁欒大公孫卿之誕說

少翁，齊人。帝所幸王夫人卒，少翁以方夜致鬼，如王夫人貌，帝自帷中望見焉，拜爲文成將軍，以客禮之。

少翁又勸帝爲臺室，置祭具，以致天神。居歲餘，其方益衰，乃爲帛書以飯牛，陽不知，言曰：此牛腹中有奇，殺視得書，書言甚怪，天子識其手書，於是誅之。已復悔，惜其方不盡。欒大者，故與文成同師，爲膠東王家人。欒成侯丁義薦之，見帝曰：臣嘗往來海上，見安期羨門之屬，曰黃金可成，而河決可塞，不死之藥可得，仙人可致也。時帝方憂河決，而黃金不就，乃拜大五利將軍，封侯，食邑，賜甲第，妻以公主。其後東入海求其師，帝使人隨驗，無所見，而大妄言見其師，方又多不售，遂誅之。是時漢方得大鼎於汾陰，（元鼎四年，即武帝之二十八年）齊人公孫卿以漢得寶鼎，與黃帝時等，爲札書因嬖人奏之。帝召問卿，卿曰：寶鼎出而與神通，當封禪，封禪則能仙登天矣。又言黃帝採首山銅，鑄鼎荊山下，既成，有龍垂胡髯下迎黃帝，上騎，與羣臣後宮七十餘人俱登天。於是帝曰：嗟乎！誠得如黃帝，吾視去妻子如脫屣耳。乃拜卿爲郎。後卿候神河南，言見仙人跡緱氏（河南偃師縣）城上。帝親往視，謂卿得無效文成五利乎？卿曰：仙者非有求於人主，人主自求之。其道非寬假，神不來，積以歲，乃可致。帝信之。武帝三十二年，東巡，行封禪之典，齊人言神怪奇方者萬數，益發船令入海求神山。公孫卿等言蓬萊諸神若將可得，帝欲自浮海求之，東方朔切諫乃止。夫少翁初以神術進，不售；欒大繼以仙術進，又不售；會漢得寶鼎，於是公孫卿遂託言黃帝以諂其通靈，以爲黃帝接萬靈，合符釜山，此即黃帝之神術；又能乘龍上天，此即黃帝之仙術；而復言當封禪以示其隆重。帝果爲其所動，而遂行其典。自是倪寬草封禪禮儀，司馬相如作封禪文，致儒者亦皆歆其術矣。

武帝求仙之徵驗

大抵文成五利所以不久見誅者，其爲術誠不如公孫卿之巧，既如上所述矣。但其間又自有一大原因在：方卿見用之時，而適値寶鼎出，甘泉房生芝；（在三十二年）帝禮祭中嶽，（河南登封縣北）從官在山下，有若聞呼萬歲者三；東封泰山，則公孫卿言夜見大人長數丈，羣臣又言有老父牽狗，言吾欲見巨公，然皆已忽不見，帝見大人跡，聞羣臣言，大以爲仙人也，故於卿言無所不顚倒。又越人勇之（越人名）者，言越俗祠皆見鬼有效，東甌王敬鬼，得壽百六十歲。乃命立越祠，亦祀天神上帝百鬼而用雞卜。（越俗執雞以禱所占，殺之拔其骨，視骨上之孔以占吉凶）當時求仙之術，蓋雜而多端矣。雖然，大略雄材之主，其所設施，既自謂勳業震乎寰宇，則唯恐歲月之不長，而欲以永享其利，上之如黃帝游山與神會，且戰且學仙，百餘年後，乃與神通，其大願也；即不能然，降而思其次，則東甌王之壽百六十歲，或亦庶幾；此武帝所以顚倒於其中而不自已也。然而其效亦可以覩矣。

第九章　兩漢諸儒說經之旨

秦悖人道，書灰士坑，學者猶獲覩三代之遺，卓哉兩漢經師之力也！論者不察，以爲漢儒說經，專訓詁而遺義理，不足與於吾道之微，而尊之者復不揣其本，穿崖求穴，徒斷斷於一字一句，即間能物識條流，又往往繫空肊說，藉以遂其出入之私。夫聖文埃滅，本得漢儒而章，而展轉破壞，乃因言漢學而晦，抑何弗思之甚邪？今世相距二千餘載，齊魯大師，其書之具存者十不及一，欲舉異同離合之故，一一疏通，不紊其實，夫誰敢信？然塗分流別，義歸有宗，沈潛參伍，蘄於不背，則雖經有數家，家有數說，亦何難綜貫紬合，折羣言以衷一是？大義徵言，百世莫殫，引伸觸類，存乎其人。至於稽古曼衍之辭，姦玆巧慧之辯，狗曲呈憤，馬肝嗜毒，豈唯經學之蠹，抑妒漢儒之眞，逐影希風，竊所不取。

漢儒說經重家法

諸經師說，此卽家法所由來。不明家法，不足言漢儒之學也。班氏范氏傳儒林，述之審矣。夫以時當秦燄之餘，學者不見全經，多由口授，一二老師，寧固而不肯少變者，非不能旁通曲證，正以戰國橫議，甫召奇禍，欲定六經之眞，不敢不愼。故伏生獨以書二十九篇教於齊魯之間；申公以詩經爲訓故以教，疑者則闕弗傳。至於王式謝諸弟子，且曰：聞之於師具是矣，自潤色之，不肯復授。雖孟喜好自稱譽，然得易家候陰陽災變書，必詐言師田生死時所傳，其守師法之專可知也。然丁寬從田何受易，學成，歸至洛陽，復從周王孫受古義。蓋寬饒本受易於孟喜，見涿韓生說易而好之，卽更從受。夏侯勝爲學精熟，所問非一師。嚴彭祖顏安樂俱事眭孟，質問疑誼，各持所見，孟死，各顓門教授。是知通經名家，師資所承，又豈必一一楷模，同於刻舟膠柱哉。且韓嬰推詩人之意，作內外傳數萬言，其語頗與齊魯間殊，然其歸一也。由是觀之，卽家法亦無不可相通者。夫以意說經，妄生穿鑿，誠不免如徐防所譏；然去聖久遠，學不厭博，扶進微學，尊廣道藝，前賢之望於後生，庸有涯乎？

漢學聚訟在今古

自漢武尊崇六經，學士大夫悉奉六經爲圭臬，學者恃以進身，（前漢書儒林傳贊云：自武帝立五經博士，開弟子員，設科射策，勸以官祿，訖於元始，傳業者寖盛。）賢者用之以講學，（如鄭興、鄭玄、劉歆之徒。）繇是有今文古文之分。其初立於學官博士所習，大都稱爲今文者也。

藝文志云：武帝末，魯共王壞孔子宅，得古文尚書及禮記、論語、孝經，凡數十篇。河間獻王傳言求得書，皆古文先秦舊書，周官、尚書、禮記、孟子、老子之篇，皆經傳說記。七十子之徒所論古學，於是顯著於世。自劉歆移書太常，乃搆衅端，而陳元范升之徒，復相黨伐，遂使古今兩家，幾如冰炭之不相入。然如志云：易有施、孟、梁邱、京氏，列於學官，而民間有費高二家之說。是古學雖未獲立，亦流布於時，而聽其自習。劉子政氏校諸經，率本中古文。師古注：中者，天子之書也。其夙重於上可知。且叔孫通制禮，以爲天子無親迎，宗廟有日祭之禮，皆用古義。（見許氏五經異義）即在漢初，古學固有可徵者。至孔氏古文尚書，安國以今文讀之，因起其家，則古文今文，何嘗不賴以相成乎？（陳樸園氏云：孔安國得壁中古文，多逸書十六篇，既無今文可考，遂莫能盡通其義。凡古文易書詩禮論語孝經所以傳，悉由今文爲之先驅。古春秋左氏傳賴張蒼先修其業，故傳。禮古經五十六卷，傳士禮十七篇，與后蒼同，而三十九篇逸禮竟亡，書亦猶是也。）當日者，石渠彙會於前，白虎踵議於後，剖析同異，具有眇旨。劉氏輯爲五經通義，惜就散佚，而班氏通德論，千腋一裘，猶可尋覽。許叔重氏別纂異義，雖有畸重，不免鄭君之駁，然其敍說解，亦以易孟氏與書孔氏、詩毛氏並稱，且全書中，未嘗不用魯詩公羊傳今文禮。（段若膺曰：共稱易孟氏、書孔氏、詩毛氏、禮周官、春秋左氏、論語、孝經，謂全書中明證厥誼，往往取證於諸經，非皆壁中古文本也。古書之言古文者有二：一謂壁中經籍，一謂倉頡所製文字。）謝曼卿、杜林、衛宏、鄭興之徒，方以古學後先倡鳴，至賈逵而尤著。許氏本從逵受學，乃能博采通人，信而有證，又豈區區守文之徒哉？至於洼丹作易通論，曹褒傳慶氏禮，纂通義，沛獻王輔有五經通論，程曾著書百餘篇，其書雖不概見，而顧名則義有可思已。

漢世經學至鄭玄而始備

漢代經學，大凡三變。宣元以前，尚重家法；哀平而降，彌興古學。至鄭氏而大無不該，小無不備，鈎聯灌會，遂以集諸儒之大成。夫時勢所趨，學亦隨之，使非砥柱中流，誠不免逐波而靡，然支裔益分，學說益盛，更新濟舊，又未可執一以爲道，先入以爲主也。故鄭氏注經，先作六藝論以明其旨，而戒子一書，尤以見賢思終業之意。其言有曰：天下之事，以前驗後，其不合者，何可悉信？是故信亦非不信亦非。又曰：注諸詩宗毛爲主，毛義若隱略，則更表明，如有不同，即下己意。此可以概鄭氏著述之略矣。俗儒不審此義，乃疑其牽合一轍，不能條分流別，扶微學而存道眞。抑知異端紛紜，互相詭激，微鄭氏網羅刊改，則疑而莫正，勞而少功，綴學之士，亦安知所指歸哉？念述先聖之元意，思整百家之不齊，鄭氏其漢代通人之尤乎！

第十章　讖緯之說

讖緯託言於孔子

讖緯者，圖讖緯候之書，蓋出於卜筮之流裔，而惑於鬼神者之所說也。說者曰：孔子既敍六經，以明天人之道，知後世不能稽同其意，故別立緯與讖以詒後嗣。考其書出前漢，有河圖九篇，洛書六篇，云自黃帝至周文王所受本文。又別有三十篇，云自初起至於孔子，九聖之所增演，以廣其意。又有七經緯三十六篇，並云孔子所作，合前通爲八十一篇。而又有尙書中候、洛書緯、五行傳、詩推度災、汜歷樞、含神務、禮含文嘉、稽命徵、斗威儀、樂動聲儀、稽耀嘉、叶圖徵、孝經援神契、鉤命訣、雜讖等書。漢代有郗氏、袁氏說。漢末郎中郗萌，集圖緯讖雜占爲五十篇，謂之春秋災異。宋均、鄭玄並爲讖緯之注。然其文辭淺俗，顛倒舛謬，不類聖人之旨，相傳疑世人造僞之，或者又加竄點，非其實錄。

讖與緯之別

唯讖與緯，自非一類。讖者詭爲隱語，預決吉凶，自周室東遷，巵言日出，貍首射侯於洛邑，雉鳴啓瑞於陳倉，趙襄獲符於常山，盧生奏圖於秦闕，是皆開讖學之先聲，出自方士家言，實與儒書異軌也。至於緯者，經之支流，衍及旁義，史記自序引易：失之毫釐，差以千里；漢書蓋寬饒傳引易五帝官天下，三王家天下；注者均以爲易緯之文是也。蓋秦漢以來，去聖益遠，儒者推闡論說，各自成書，與經本不相比附，如伏生尚書大傳，董子春秋陰陽，覈其文體，卽是緯書，特以顯有主名，故不能託之於孔子。其它私相撰述，漸雜以術數之言，既不知作者爲誰，因傳會以神其說，逮彌傳彌失，復益以妖妄之辭，遂與讖合而爲一，而經學之淆亦於是乎始。

王莽班符命

兩漢之際，讖書盛行，王莽則託言符命，光武則信重圖讖。符命者，始自謝囂奏言：浚井得白石，有丹書文曰：『告安漢公莽爲皇帝。』時莽方弒平帝，因以是居攝。亡何，劉京扈雲（官名）臧鴻之徒，爭有所言之。而梓潼人哀章，學問長安，素無行，作兩銅匱，署其一曰：『天帝行璽金匱圖，』其一署曰：『赤帝璽邦（漢高帝名）傳予（同與）皇帝金策書。』（書言王莽爲眞天子，并書莽大臣八人，又取令名王興王盛，章亦自竄姓名，凡十一人，皆署官爵，爲輔佐。）日昏時，衣黃衣持匱至高廟。莽聞，遂卽眞，改號稱帝。按金匱，封拜其黨與，（王舜平晏劉秀哀章爲四輔，甄邯王尋王邑爲三公，甄豐王興孫建王盛爲四將，凡十一公。王興故城門令史，王盛賣餅兒，莽按符命登用，以示神焉。）班符命四十二篇於天下。於時爭爲符命封侯；其不爲者，相戲曰：獨無天帝除書乎？已而莽亦厭之，乃使尚書檢治，非五威將帥（每一將各置左右前後中五帥，衣冠車服駕馬各如其方面色數）所班，皆下獄，而甄豐劉棻等得罪死者，凡數百人。

光武信圖讖

光武之信讖，其有由也。初，光武微時，過穰（河南鄧縣）蔡少公，少公頗學圖讖，言劉秀當爲天子。或曰，是國師公劉秀（劉歆改名）乎？光武曰，何由知非僕邪？坐者大笑。及更始兵起，有道士西門君亦謂莽將軍王涉曰：讖文劉氏當興，國師公姓名是也。涉與秀謀刼莽降漢，事泄被殺，而光武名應圖讖。其後儒生彊華（光武微時嘗與同舍，風俗通作彊華）自關中奉赤伏符來，（讖書曰，符漢尚火德，赤火也，伏藏也。其文曰，劉秀發兵捕不道，四夷雲集龍鬥野，四七之際火爲王。）羣臣因復奏請，遂即帝位。然王莽既以愚衆，而光武又效之。公孫述帝蜀，亦屢移書中國，自陳符命。光武與述書，謂圖讖言公孫，即宣帝也。代漢者當塗高，君豈高之身邪？其斷斷相辨，以此爲天命之爭，亦可見當時好尚之重矣。而光武即位以後，封拜三公，以鄧禹爲大司徒，按赤伏符之言，用王梁爲大司空，（符曰王梁主衛作玄武，時梁爲野王令，帝以野王衛地，玄武水神，司空水土官，特拔梁爲之）又欲以讖文用孫臧行大司馬，衆不悅，始以吳漢爲之。建武三十年，羣臣上言請封禪，帝不許。明年，感河洛會昌符之文，（文曰赤劉之九，會命岱宗）遂行焉。乃建三雍，宣布圖讖於天下，尊爲祕經。故曰以經淆緯，始於西京；以緯僞經，基於東漢。夫光武英達主也，顧以赤伏自累，異哉！

桓譚張衡力排讖說

自此以後，言五經者，亦憑讖爲說。東平王蒼受詔正五經章句，皆命從讖。至於賈逵以此論左氏，（逵欲尊左傳，乃奏曰，五經無證圖讖以劉氏爲堯後者，唯左傳有明文，遂得選高才習之）曹褒以此定漢禮，（章帝初褒受命制禮，依準舊典，雜以五經讖記之文）雖何休鄭玄之倫，且沉溺其中而莫返。（何休注公羊以獲麟爲漢受命符康成於緯或稱爲傳或稱爲說且爲之作注）夫讖緯之書，雖間有資於經術，（如律曆之積分典禮之遺文六書之訓詁火之後或賴緯書以傳）然支離怪誕，雖愚者亦察其非，而漢廷深信不疑者，不過藉以驗受命之眞耳。二百年間，卓然力排其說，如桓譚張衡，不數數覯也。光武信讖，多以決定嫌疑，譚上疏論之，謂其事雖有時合，譬猶卜數隻偶之類，（[illegible]偶中也）宜屏羣小之曲說，述五經之正義。帝省奏不悅。會議靈臺所處，帝曰：吾欲以讖決之。譚復極言其非經。帝大怒曰：桓譚非聖無法，將斬之。譚叩頭流血，久得解。至明章二朝，儒者爭學圖緯，且復附以妖言。張衡在順帝時，獨以圖緯虛妄，非聖人法。疏言自漢取秦，莫或稱讖。夏侯勝眭孟，以道術立名，其所著述，無讖一言。劉向父子領校祕書閣，定九派，亦無讖錄。成哀以後，乃始聞之。此皆欺世罔俗之言，宜收藏禁絕。然雖力非之，而亦無以回也。上以僞學誣其民，民以僞學誣其上，又何怪賄改漆書者接踵而起乎？（儒林傳云黨人既誅其高名善士多坐流廢後遂至忿爭亦有私行金貨定蘭臺漆書以合其私文者）

隋代焚毀讖緯書籍

魏晉以革命受終，莫不傅會符命，故代漢者當塗高，言魏也。魏明帝九年，張掖（甘肅張掖縣）張涌石負圖，有石馬七，又有文曰：大討曹。時帝方以爲瑞，而後人則以此爲晉繼魏之徵。孫皓在吳，臨平湖（浙江杭縣臨平山東南五里）開，其占爲青蓋入洛，卒兆銜璧之羞，是皆導源於漢世之讖言也。晉武嘗禁星氣讖緯之學，宋孝武帝亦禁圖讖。梁武以後，復重其制。隋祖受禪，禁之逾切。煬帝纘業，發使四出，搜天下圖籍，與讖緯相涉者皆焚之，爲吏所糾者至死。自是遂無其學。歐陽永叔欲取九經正義，刪去讖緯，不果行。後諸緯並亡，所存者唯易緯有乾鑿度、稽覽圖、坤靈圖、通卦驗、是類謀、辨終備等六種，而易緯幾全，然與圖讖之熒惑民志者，又自不同。此則讖與緯未可連類而譏者也。

論讖緯之得失

劉勰曰：『按經驗緯，其繆有四。蓋緯之成經，其猶織綜，絲麻不雜，布帛乃成；今經正緯奇，倍擿千里，其僞一。經顯聖訓也，緯隱神教也，聖訓宜廣，神教宜約；今緯多於經，神理更繁，其僞二。有命自天，乃稱符讖；而八十一篇，皆託於孔子，則是堯造綠圖，昌制丹書，其僞三。商周以前，圖籙頻見，春秋之末，羣經方備；先緯後經，體乖織綜，其僞四。』辨駁極爲分明矣。而近人劉氏則謂敬大明鬼，實爲古學之濫觴；以元統君，足儆後王之失德。是則漢崇讖學，雖近誣民，而隋禁緯書，亦爲蔑古。學術皆興，不可不察。前人駁之如彼，而後人論之如此，究孰得而孰失邪？然竊衡厥誼，後人所論，仍拾彥和之餘也。不觀其事豐奇偉，辭富膏腴，無益經典，而有助文章之言乎？近人所謂校理祕文，掇拾墜簡，殆亦稽古者所樂聞，而博物家所不廢。其有異乎其無以異也。

第十一章　魏晉南北朝說經諸儒

魏晉經學開南朝先聲

東漢末年治經學者，皆奉鄭氏爲大師。蓋鄭氏博稽六藝，所治各經，不名一師，又以著述宏富，注易、書，箋毛詩，注左傳、三禮、論語。弟子最著者有數十人。故漢魏之間，盛行鄭氏一家之學。袁翻（稱鄭玄不附，朋公當法）徐爰（謂聖人復起不易斯言至頌鄭氏爲周孔，而辯論時事，無不撮引其遺言。（見孝經正義序）及王粲斥其尚書注，而王肅徧治羣經，復集聖證論以譏之，力與鄭異，而鄭說驟衰。於是魏有蔣濟，（駁鄭氏禘說）吳有虞翻，（奏鄭君解尚書違失者四事）蜀有李譔，（著古文易尚書毛詩三禮左氏傳皆與鄭氏立異）晉有束皙，（斥鄭君注緯）羣起而排斥鄭學。雖典午之際，兩漢師說傳之者不乏其人，然兩漢師法之亡，亦亡於是時矣。王肅之徒，既與鄭爲敵，王弼注易，雖舍數言理，然雜莊老之旨，而施、孟、梁邱、京氏之家法亡。皇甫謐之徒，僞造古文尚書二十五篇，梅賾奏之，以僞亂眞，而歐陽、夏侯之家法亡。杜預作左氏傳，乾沒賈服之書，復作左氏釋例，亦訐謑迭呈，而賈、服、鄭、潁之家法亡。何晏諸人采摭論語經師之說，成論語集解，去取多乖，間雜己說，而孔、包、馬、鄭之旨微矣。郭璞注爾雅，隱襲李孫之說，音義圖讚，亦遜漢人，而李巡、樊、劉之注淪矣。況西晉經生，尤多異議。春秋一經，三家殊塗；乃思其異而通之，則自劉兆之春秋調人始。左傳爲春秋古文學，而王接則謂左氏爲一家言，不主說經。新說橫生，舊說寖廢，此永嘉之亂，漢家所由淪亡也。（如易經梁邱學京氏學尚書歐陽學夏侯學以及齊詩逸禮皆亡於永嘉時）大約魏晉經學，尚排擊而鮮引伸，（如王排鄭孫馬排王之類）演空理而遺實詁，（如王弼之易杜預之左傳是）尚摭拾而寡折衷，（如杜預乾沒賈服之言郭璞隱襲李孫之說是也）遂開南朝經學之先，此經學一大變也。

南北經學之不同

南北所爲章句，好尚互有不同。江左周易則王輔嗣，尚書則孔安國，（即僞古文尚書）左傳則杜元凱；河洛左傳則服子愼，尚書周易則鄭康成，詩則並主毛公，禮則同遵鄭氏。據隋書儒林傳數語觀之，則魏晉經學行於南朝，漢世鄭玄並爲衆經注解；服虔何休，各有所述。玄易書詩禮論語孝經，虔左氏春秋，休公羊傳，盛行於河北。王弼易亦間行焉。晉世杜預注左氏，預玄孫坦，坦弟驥，於宋文帝時並為青州刺史，傳其家業，故齊地多習之。據魏書儒林傳數語觀之，則兩漢經學，行於北朝。論者謂北朝之儒，恪守師承，南朝之儒，侈言新理，此其分派之大概也。

北學重師法

北朝經學之盛，咸有師承，在魏則劉獻之、張吾貴、徐遵明三人，聚徒教授，並稱儒宗。遵明尤為之冠。周隋間，劉炫、劉焯，博學精貫，是稱二劉。其時五經傳業，惟詩出自劉獻之，易書三禮春秋，並出遵明門下。故其於易，講鄭康成之注，以傳盧景裕、崔瑾。景裕傳權會，權會傳郭茂，而言易者咸出郭茂之門。於尚書，通鄭注之今文，以授李周仁，而言尚書咸宗鄭氏。於三禮亦傳鄭氏學。同時治禮者有劉獻之，（三禮大義）沈重。（三禮義三禮音）從遵明受業者，有李炫、祖儁、熊安生。李炫又從劉子猛受禮記，從房虬（虬作禮義疏）受周禮儀禮，作三禮義疏。安生作周禮儀禮疏，尤為北朝所崇。楊汪問禮於沈重，劉炫、劉焯並受禮熊安生，咸治鄭氏。於左氏春秋，則館陶趙世業家有服氏書，為晉永嘉舊本，遵明讀之，手撰春秋章義，傳三十卷。傳其業者，有張買奴、馬敬德、邢峙、張思伯、張雕、劉晝、鮑長暄，並得服氏之精微。而李炫受左傳於鮮于靈馥，（作三傳異同）劉焯亦受左傳於郭茂，咸宗服注。衛冀隆、李獻之、樂遜，（作左氏序義）亦申服難杜。劉炫（作春秋述異春秋攻昧春秋規過諸書）張仲（作春秋義例略）諸儒，亦與杜注立異者也。而李周仁亦從劉獻之受詩，以傳程歸則，歸則傳劉敬和、劉軌仁，故言詩者，又多出二劉之門。周仁並傳李炫，炫作毛詩義疏。劉焯、劉炫咸從敬和、軌仁受詩，炫作毛詩述議。而河北治毛詩者，復有沈重、（毛詩義毛詩音）樂遜、（毛詩序論）魯世達。（毛詩章句義疏）大抵兼崇毛鄭，焯於賈馬王鄭章句，多所是非，名儒後進，質疑受業，至者不遠千里。論者謂數百年來，博學通儒，無出其右云。推之，治孝經者，有李炫、（作孝經義疏書）樂遜、（作孝經敍論）樊深；（作孝經喪服集解）治論語者，有張仲、（作論語義）樂遜、（作論語序論）李炫，（作論語義）咸以鄭注爲宗，故北朝諸儒，有漢儒之遺風也。

南學精三禮

南朝經學，本不如北，重以晉尚玄風，宋尚文學，故專業者少。自齊高帝以王儉爲輔，儉長於經禮，言論造次，必於儒者，而儒學大振。繼以梁武雅好儒術，開館置學，於是懷經負笈，雲會。大抵江左學者講經，其異於北方之故者，於易從王注，尚玄言也；於書從孔傳，梅賾姚察之流傳也；於左氏春秋從杜注，則杜氏之後，仕宋傳其家業也。然而南學之所以見重於世者，精三禮故也，故五經義注，以禮爲多。當晉之世，爲其學者，以董景道范宣爲最。宣撰三禮吉凶宗紀，甚有條義，而景道通論，尤專宗鄭以廣其旨。至徐邈上南北宗郊禮，皆有證據，是其亞也。宋之何承天禮論；刪減併合，可謂至精。齊何佟之略皆上口，著禮義百餘篇。梁孔子袪續之，著一百五十卷。夫以南學稱者，莫如齊之劉瓛，凡嚴植之、司馬筠皆出門下，並以習禮名。梁沈峻之學，與舅太史叔明並著，本於其宗人驎士。陸倕謂周官一書，實爲羣經原本，唯峻特精；劉嵒、沈宏、沈熊之徒，皆受業焉。其子文阿又博采先儒異同，自爲義疏。皇侃（撰禮記講疏五十卷）師事賀瑒，（著賓禮儀注一百四十九卷其子革亦通三禮）瑒世傳禮儀，授之侃者彌精；然病涉繁廣，又違鄭時乖鄭義。（本孔氏禮記正義序）而沈洙之論變禮，戚袞（著禮記義四十卷）之說朝聘，庶幾通而不詭於正者也。昔人論六朝之學，慨乎其言。然朱子稱其多精於禮，朝廷有事，用此議之，則固不無所取矣。旨哉言乎！

南北學派之相通

是時北學師承，以兩漢爲宗；南學師說，以魏晉爲宗；雖分道揚鑣，然亦相爲灌注。南方巨儒，亦有鑽堅北學者，嚴植之治周易，力崇鄭注，其證一；范寧篤志今文尚書，其證二；王基治詩，駁王申鄭，陳統亦申鄭難孫，（孫毓）周續之作詩序義，最得毛鄭之旨，其證三；植之治三禮，篤好鄭學，戚袞從北人劉懷方受儀禮禮記疏，作三禮義記，其證四；崔靈恩作左氏條義，申服難杜，其證五；荀昶作孝經集解，以鄭注爲優，范蔚宗王儉亦信之，其證六；此皆北學之通於南者也。夫南方之儒，既治北學，則北方之儒，亦治南學。河南青齊之間，儒生多講王輔嗣易，（齊書儒林傳）此北方易學行於南方之始。劉焯劉炫得費甝（梁國子助教）僞古文書疏，並崇信姚方興之書，（復增舜典十六字）北方之士始治古文，此北方書學行於南方之始。姚文安治左氏傳，排斥服注，此北方左傳學行於南方之始。他如王逸託言得孝經孔傳，劉炫信爲眞本，復率意芟改，定以二十二章，亦北儒不守家法之一端。北人之學，既同化於南人，則南學日昌，北學日絀。北學絀，則兩漢經師之說淪；南學昌，則魏晉經師之說熾。此唐修義疏，所由易崇王弼，書用僞孔，而左傳並崇杜注也。蓋至是經學又一變矣。

南北學派

南學（東晉宋齊梁陳）
- 詩　毛公
- 易　王弼
- 書　孔安國（僞古文）
- 左氏春秋（杜預）

同異盛衰表

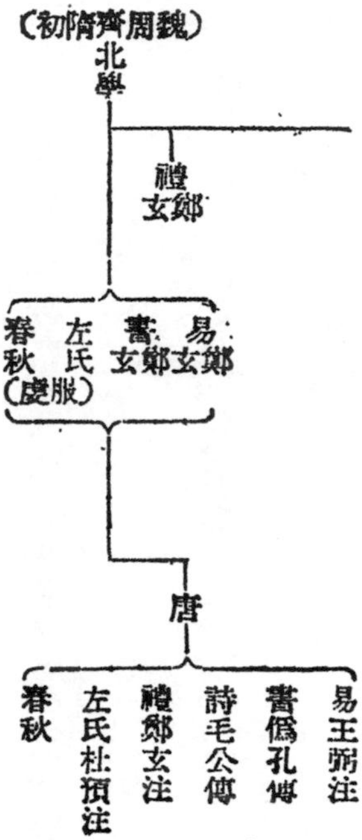

（魏周齊隋初）北學
- 禮 鄭玄
- 易 鄭玄
- 書 鄭玄
- 春秋左氏（服虔）

唐
- 易 王弼注
- 書 僞孔傳
- 詩 毛公傳
- 禮 鄭玄注
- 春秋左氏杜預注

第十二章　六朝之玄學

王何祖述老莊

漢初之言道學者，咸以黃老並稱，至魏晉則不曰黃老，而變其名曰老莊，此政論與玄談之所以異旨也。合黃帝以言老子者，欲以清靜爲治本；而附莊周以言老子者，則以放誕爲風流，故漢初猶見其利，而晉則竟以亡國。考玄字之名出於老子，其言『故常無欲以觀其妙，常有欲以觀其徼。此兩者同出而異名，同謂之玄。玄之又玄，衆妙之門。』而揚雄著書，亦曰太玄，則玄字之義，與易所言極深研幾相符，是玄學者亦一高尙之哲理也。玄學之原，基於正始時何晏王弼，祖述老莊，謂天地萬物以無爲本。（晉書王衍傳）而王弼之答裴徽也，亦曰聖人體無。（世說載裴徽問王弼曰聖人不言無而老子申之何也弼曰聖人體無是也）無也者，開物成務，無往而不存者也。其時曹爽專政，晏嘗依附用事，當爲名士品目曰：唯深也，故能通天下之志，夏侯太初是也；唯幾也，故能成天下之務，司馬子元（即司馬昭）是也；唯深故也，不疾而速，不行而至，吾聞其語，未見其人，蓋以自況也。然自晏等祖玄虛，尙淸談，謂六經爲聖人之糟粕，繇是天下士夫爭慕效之，遂成風流，不可復制云。

治玄學者之風流

自此而往，曠達之士，皆優遊竹林，棄禮法如土梗，視仁義如桎梏。如阮籍譏禮法君子如蝨處褌，阮咸縱酒昏酣，而畢卓山濤向秀之流，俱崇尙虛無，矜浮誕而賤名檢，以與儒學相詆排。餘如劉伶上無爲之書，（見晉書劉伶傳）司馬彪申無物之旨，（見莊子注）宅心事外，皆揭無字以爲標，是卽學老莊者之樂天派也。而儒林之士，復有反對此派者，則又揭有字以爲標，此裴頠崇有論之所由著也。復有反對此派者，則又標禮教以爲宗，此江惇崇檢論劉寔崇讓論之所由著也。其時兩派雖相競爭，而天下言風流者，輒以王戎樂廣爲首，故其時學者，皆黜六經而崇莊老，談者以虛蕩爲辨，行者以放濁爲通，當官者以望空爲高，進仕者以苟得爲貴，是以劉頌屢言治道，傅咸每糾邪正，世反謂之俗吏，其倚杖虛曠，依阿無心者，皆名重海內云。

東晉風敎之頹敝

晉室方東，王澄謝鯤，値喪亂之餘，不自懲艾，尙扇餘風。衞玠善玄言，每出一語，聞者無不咨歎，以爲入微。王澄有高名，每聞玠言，輒歎息絕倒。後過江與鯤相見，欣然言論終日。王敦謂鯤曰：昔王輔嗣吐金聲於中朝，此子（謂玠）復玉振於江表，微言之緒，絕而復續，不意永嘉之末，復聞正始之音。又言沙門支遁，以淸談著名於時，莫不崇敬，以爲造微之功，足參諸正始。時貴遊子弟，多慕澄鯤，爲放達，卞壼厲色於朝曰：悖禮傷教，罪莫大焉。中朝傾覆，實由於此。成帝之世，庾亮鎮武昌，辟殷浩爲記室參軍。浩與褚裒、杜乂皆以識度清遠，善談老易，擅名江東，而浩尤爲風流所宗。謝尙、王濛至伺其出處以卜江左興亡，嘗曰：深源不出，如蒼生何？其時之所謂名士，大率類是。晉書儒林傳亦云：擯闕里之典經，習正始之餘論，蓋謂此也。

蕭梁盛談玄理

學者既專推究老莊，以爲談資，五經中唯崇易理，餘則盡束之高閣也。故自王弼著老子通論，其注易亦多玄義；向秀則注解莊子，讀者超然心悟；郭象又復述而廣之，於是儒墨之迹見鄙，而道家之風益熾。至梁武崇尙經學，置五經博士，且幸國子學，親臨講肄，儒術稍振。然武帝嘗於重雲殿自講老子，而邵陵王綸（武帝子）爲南徐州刺史，令馬樞講維摩、老子、周易，同日發題，道俗聽者至二千人。殆杜弼所謂躁競盈胸，謬治清淨者非邪？及元帝繹保有江陵，時魏師南伐，猶親講老子於龍光殿，百官戎服以聽。論者謂其甘蹈覆車之轍，風氣所趨，抑又甚矣。推魏晉以來，玄風所由張，亦以深厭漢季經師之拘陋，遂乃脫笠而出，衍爲清談，其虛僞無實之弊，終六朝三百年，至隋平陳後，始爲剗除。此又老學一派勢力充盛之時期也。

學術與世運相倚伏

當日儒門，參差互出，經學崇宗，誠難其選。然其間學術之爭辨，思想之發達，論理學之日昌，固未可概行泯滅焉。蕭梁時代，心宗之說，播入中邦，故玄學益精。（如梁武問魏使李業興儒玄之中何所通，業興謂少爲諸生，止習五經，至於深義，何敢通釋，蓋以玄學爲深義也。）

故太極無極之論，非始於濂溪，實基於梁武；（魏書李業興傳謂梁武以太極有無問業興，此亦梁代哲學之一端也）克欲斷私之意，非始於朱子，實基於蕭子良；（淨住子一書大旨在求放心，而欲求放心必先克抑私情以遏嗜欲）本來面目之說，非始於陽明，實基於傅翕。（傅翕著心王銘，謂觀心空王不染一物，而王陽明良知亦謂聖人之道吾性自足）匪直此也，觀於陸澄任昉之述圖經，（隋志晉世摯虞依禹貢周官作畿服經，今亡，齊時陸澄具一百六十家之說編為地理書，任昉又增八十四家，謂之地記）崔靈恩（南史儒林傳先是儒者論天，互執渾蓋二儀，靈恩立義以為一焉）信都芳（北史藝術傳安豐王延明欲抄集五經算事，為五經宗，令芳算之，會南奔，芳乃自撰注）之言算術，因經起義，取則匪遙。乃論其世者，匪詆之以玄虛，即譏之為浮藻。不知劉勰雕龍，首重宗經，顏氏家訓，極陳勉學，黜華崇質，豈可蟲誣？雖皇侃以外教疏魯論，韓伯康以老氏注繫辭，流俗移人，賢者不免。然如雷次宗之習禮，周續之之善詩，時以毛鄭相譽，皆出自慧遠門下。而慧琳之論語說，智匠之古今樂錄，說經者在所不棄，又烏得以彼教而概屏之？夫舍短取長，在於鑒別，使中無所主，則鄭門之都慮，蜀漢之譙周，固吾道之羞也。嗟乎！學術世運，互為倚伏，魏晉迄隋，其間擾攘，不可勝計，而河汾一席，功業基焉。司馬德操言儒生不識時務，豈其然哉？

第十三章　道教之發達

道家丹鼎符籙玄理三派之始

道家之說，雜而多端，而考其起原，不外神術仙術兩種。以天地神祇，咸有主持人世之權，是為神術，占驗蓍龜各派所由生也。以人可長生不死，變形登天，是為仙術，醫藥房中各派所由生也。秦伯祠陳倉而獲石，趙襄祠常山而獲符，皆屬神術，後世符籙派本之。蕭史弄玉之上升，齊侯言古者不死，其樂若何，皆屬仙術，後世丹鼎派本之。自鄒衍論始終五德之運，爲秦採用，而宋毋忌、正伯僑、充尚、羨門子高，最後皆燕人，爲方仙道，咸依於鬼神之事，是爲神仙合一之始。然神仙家言，皆欲冒以老氏，爲之宗主，而行其敎。（文獻通考經籍考神仙類）其間唯魏晉談玄，爲老氏正派。若秦漢方士，侈言不死之藥，則唯知有服食；赤松子魏伯陽之徒，吐納導引，則唯知有煉養，是卽丹鼎派也。漢末北方異人，爲神仙辟穀長生之術，時人多有學者。至符籙派，實起於漢順帝朝，琅琊人宮崇，上其師于吉所得神書，號太平清領書，其言以陰陽五行爲宗，而多巫覡雜語。時以其書妖妄，乃收藏之。後張角有其書，以能呪符水療病，遣弟子遊四方，轉相誑誘，十餘年間，徒衆數十萬，而黃巾亂作。先是張道陵亦託此術，從受道者，出五斗米，號米賊；傳子衡及孫魯。魯據漢中，以鬼道爲敎，自號師君。初來學者稱鬼卒；受本道已信，稱祭酒，各領部衆，多者曰治頭大祭酒，大都與黃巾相似，魯以是雄據巴漢者垂三十年。

元魏時之道教

至太武之世，嵩山道士寇謙之，修張道陵之術，自言嘗遇老子，命繼道陵爲師，授以辟穀輕身之術，使之清整道敎。又遇神人李譜文，云老子之元孫也，授以圖籙眞經，使之輔佐北方太平眞君。謙之奉其書獻於魏主，時朝野多未之信，光祿大夫崔浩不好老莊書，尤不信佛法，以是罷歸；及見謙之之書，獨師受之，且言於太武帝。帝乃遣使禮祭嵩嶽，迎致謙之，起天師道場於平城東南，重壇五層，月設廚會數千人，太武親受符籙焉。自是道教大行，每帝卽位，必受符籙，以爲故事，刻天尊及諸仙之象而供養焉。迄於齊周，相承不絕，此符籙派之盛行也。

蕭梁時之道教

自寇謙之之術盛於北，而南方有陶宏景者，隱於句容，好陰陽五行風角星算，修辟穀導引之術，受道經符籙。梁武素與之游，及禪代之際，宏景取圖讖文合成「梁」字以獻之，由是恩遇甚厚。宏景自言神丹可成，服之則能長生，與天地永畢。帝令試合，意不能就，乃言中原隔絕，藥物不精故也。帝以爲然。武帝弱年好事，先受道法，及卽位，猶自上章，朝士受道者衆，三吳邊海之士信之愈篤。陳武世居吳興，故亦信奉焉。此符籙派與丹鼎派雜糅之始也。

道家三派之糅合

北方唯周武信道士衞元嵩，欲廢釋教，僧徒爭之，帝幷罷二教。隋初復興，然文帝雅信佛法，於道士蔑如也。大業中，道士以術進者甚衆，其所講之經，以老子爲本，次講莊子，次講靈寶昇元之屬。然自符籙大盛，其旨與清談玄理既渺不相涉，卽服食煉養之說，亦本與符籙異趣。然自寇謙之陶宏景起，遂合符籙派丹鼎派玄理派三者而一之。至隋世道士，以老莊强相附合，其教亦更無宗旨。逮其末流，則唯以經典科教爲重。蓋道經所云有玄始天尊者，生於太元之先，姓樂名靜信，常存不滅。每天地開闢，則以祕道授諸仙，謂之開劫度人。得其道者漸已長生，或白日昇天。其學有授籙之法，厥名曰齋；有拜章之儀，厥名曰醮。而後世黃冠羽衣，僅傳其經典科教，幷前三者之術而皆忘之矣。故後世之道家，止留經典科教一派而已矣。

第十四章　佛學之發達上

佛教之創立

佛教祖師，名喬答摩悉達，或號釋迦牟尼，中印度迦毘羅國（今孟加拉屬西北部哥魯克波爾附近）主之子也。生周靈王十五年，殆與孔子老聃同時。彼見世間生老病死，人不能離，頗抱厭世主義，遂棄家修道，求解脫之法，新創一宗教，與婆羅門相反，而倡平等之旨。謂萬物皆本於理，而精神不滅，人因覺悟，可以得佛果。以周敬王四十三年圓寂。其高弟摩訶迦葉，會佛弟子五百人於王舍城（今孟加拉部巴哈爾之西南），為第一次結集。後百年，邪舍陀以佛徒七百人會毘舍離（孟加拉部摩蘇佛普爾西迤南七十里），諸種姓為婆羅門所屈辱者，皆樂從之，然猶限於恆河流域也。周赧王四五十年時，其孫阿輸迦王繼世，以僧侶千人會國都華子城（今孟加拉之巴德拿一曰波吒釐子或謂香花宮城），為第三次結集，遂定佛教為國教。至漢明帝永平間，迦膩色迦王君臨月氏，尤皈依佛法，會五百僧侶於罽賓（北印度克什米爾），為第四次結集。其時北印度為佛教中樞，迤中亞細亞及葱嶺以東，包于闐疏勒，凡月氏屬境皆徧，故天山南路之地，佛法不久遂興。至後漢銳意通西域，東西交通，支婁迦讖自月氏，安世高自安息，竺佛朔自印度，康孟祥自康居，先後入中國，從事譯經。以是東漢季葉，佛教得流行而東，自南北朝隋唐間，更稱極盛焉。

漢代佛教之東漸

武帝獲休屠王金人，列於甘泉宮，不祭祀，但焚香禮拜，是為佛道流通之始。王莽之臣景顯，從月氏使者受佛經，是爲中國知佛經之始。明帝夜夢金神，項有白光，飛行殿庭，乃訪羣臣，傅毅以佛對。帝遣蔡愔等往天竺，（即五印度）寫浮屠遺範，與番僧攝摩騰竺法蘭以白馬負經歸就洛陽，雍關西立白馬寺以處之。攝譯四十二章經，竺又譯十住經，是爲中國譯佛經之始。然所傳猶未廣，王公貴人中，唯楚王英最先嗜。逮至桓帝信之尤篤，宮中乃立黃老浮屠，（浮屠即佛字之緩音華言譯之爲淨覺）祠以佛典與老子並衡，是爲中國老釋並稱之始。故漢末之道教，多緣飾佛典之言，如張角之言劫運，（如言黃天已死是）即緣飾佛典浩劫之說者也。張角之時，青徐八州之人，莫不畢應，或棄賣財產而張魯亦令從教之民，納米五斗，即緣飾佛典布施之說者也。推之道教言長生，而佛教亦言不滅；道家言符咒，而佛家亦有咒詞。故漢魏以來，愚民老釋並尊，復以崇奉多神拜物者，參入老釋二家之說，此中國愚民所奉宗教之大略也，而已開後來儒道佛三教鼎立之局。

佛圖澄及鳩摩羅什之譯經

三國之世，西域沙門康僧會齎佛經至吳，譯之，此爲佛教布入南方之始。又有印度人曇科迦羅來洛陽，譯戒律，此爲佛教布入北方之始。魏黃初中，民間乃有依佛戒剃度爲僧者。及晉世而吳人朱仕行，月氏僧竺法護之屬，西游諸國，大講佛經，壹意傳釋迦遺響，佛教東流，自此而盛。其後天竺僧佛圖澄，龜茲僧鳩摩羅什，以方術顯五胡之季。佛圖澄誦神咒，能役使鬼神，又能聽鈴音占吉凶。石勒石虎奉之如神明，軍國大事，必前諮焉，號曰大和尚。勒有惡意，輒先知之，國人相語：莫起惡心，和尚知汝。澄之所在，莫敢向其方涕唾者。鳩摩羅什初生時，慧解異常，年七歲，隨母出家，日誦千偈，偈有三十二字，凡三萬二千言，義亦自通。苻堅聞其名，遣呂光伐龜茲，（新疆庫車）欲以致之。及破龜茲，與東還。會苻堅敗死，什遂依呂氏。呂氏爲姚興所滅，興乃迎什，待以國師禮。什覽中土舊經多有紕繆，興因使沙門僧叡等翻譯傳寫。先是梵僧入中國者，所譯經多及小乘。什雖於北方譯經典，然河北人民，鮮知大乘。每嘆大乘深識者寡，唯爲興著實相論二卷。以後中土佛學獨得大乘者，什之功也。

衞道安之傳教

佛教之初盛也，諸沙門有譯經而無傳教，傳教則自衞道安始。道安者，石勒時常山沙門也。性聰敏，誦經日至萬餘言，以胡僧所譯維摩法華，未盡深旨，精思十年，心了神悟，乃正其乖舛，宣揚解釋。其時中原鼎沸，四方隔絕，道安乃率門徒，南游新野，欲令元宗所在流布，分遣弟子，各趨諸方：法性詣揚州，法和入蜀，道安與慧遠之襄陽。後至長安，苻堅甚敬之。鳩摩羅什在西域，與道安皆聞聲相思。苻堅之迎什，道安教之也。迨什以姚興宏始三年至長安，時道安卒後已二十餘載矣，什深慨恨，而什所譯經，與道安所正，其義如一，於是佛旨乃大著。

後魏佛教之廢興

盧水胡蓋吳反亂，太武西征長安，從官入佛寺，見其室內大有兵器，帝命有司按誅闔寺沙門，閱其財產，得釀具及窟室婦女。時太武方信寇謙之，崔浩又不喜佛，浩因說帝悉誅境內沙門，焚燬經像，太武從之。而太子晃夙好佛，屢諫不聽，乃緩宣詔書，使遠近豫聞之，沙門亡匿獲免者十一二；或收藏書像，唯塔廟無復孑遺。

此佛入中國以來第一大劫也。然計其時，亦止七八年耳。其守道專至者，猶竊法服誦習。文成之世，又使修復，而大盛於宣武孝明兩朝。宣武親講佛書，沙門自西域來者三千餘人，立永明寺於洛陽以居之。處士馮亮有巧思，使擇嵩山形勝地，立閒居寺，極巖壑土木之美。由是遠近承風，比及末年，共有萬三千餘寺。胡后稱制，（孝明帝母）作永寧寺，浮圖九層，高可百丈，每夜靜，鈴鐸聲聞十里。佛殿僧房，珠玉錦繡，駭人心目。自佛法入中國，塔廟之盛，未有甚於此時者也。

江左佞佛之風

南朝自東晉以還，雖盛扇玄風，而佛學亦重。宋文帝迎求那跋摩於罽賓，築戒壇以聽法，中國之有戒壇自此始。而齊竟陵王子良篤好釋氏，於邸閣營齋，造經唄新聲；或親爲賦食行水。時范縝盛稱無佛；子良曰：子不信因果，何得有富貴貧賤？縝曰：人生如樹花同發，隨風而散，或拂簾幌墜茵席之上；或關籬牆落糞溷之中。墜茵席者，殿下是也；落糞溷者，下官是也。貴賤雖殊，因果何在？縝復著神滅論以乖剌釋氏。及梁武大崇佛法，三次捨身同泰寺，羣臣以錢奉贖，始還。至於宗廟罷牲牢，薦蔬果，自奉所及，長齋一食，菜飯布衣而已。而塔廟繁興，公私費損，蓋與元魏武明兩朝，正極南北佞佛之盛。且自梁武作俑，陳高祖又捨身大莊嚴寺，以君主而下儕苦行僧，亦何其不憚煩也。

周隋間佛教之廢興

高齊遷鄴，佛法不改。至周武帝意頗重儒，嘗會集羣官及沙門道士，帝陞高座，辨釋三教先後，以儒爲先，道次之，佛爲後。尋斷道佛二教，經像悉毁，罷沙門道士，並令還俗，此又佛入中國以來第二次大劫也。隋初文帝普詔天下，任聽出家，仍令計口出錢，營造金像，並官寫一切經，置藏各大寺，又別寫藏於秘閣，天下風靡，競相景慕。大業中以佛所說經爲三部，一曰大乘，二曰小乘，三曰雜經，其餘自後人假託爲之者曰疑經。又有菩薩及諸深解奧義，贊明佛理者曰論，曰律，並有大小及中三部之別。凡諸學者，錄其當時行事，是名曰記，都十一種，而一經二論三律，又總謂之三藏焉。其民間佛經，蓋多於六經十百倍。

第十五章　佛學之發達下

釋家之宗派

基於以上原因，佛教東流，遂光大於中土，然其宗派區分，亦因之而起。佛教之始入中國也，番僧專譯經典，本無所謂派別；其後歲綿月衍，蔓延勢盛，諸家所見多異，乃漸分數派，各樹標幟。自六朝而三唐，四百年間，大師踵出，前後有十三宗。十三宗者，謂涅槃、地論、攝論、成實、俱舍、律、三論、淨土、禪、天台、華嚴、法相、眞言是也。其間涅槃、地論、攝論、成實、俱舍五宗，勢力不大，或多合於他宗。歸併者三，涅槃歸天台，地論歸華嚴，攝論歸法相。附屬者二，俱舍屬法相，成實屬三論，可從省略。實按之祇有八宗，今皆述其略焉。

(一)律宗　佛家以經、論、律三藏並重，而尤嚴戒律。其派以印度曇無德爲始祖。曹魏嘉平二年，曇科迦羅來洛陽，譯戒律。其後姚秦僧覺明，通戒律，後魏僧法聰，講四分律，皆爲律宗入中國之始。至唐僧智首作五部區分鈔，然後分律宗為三派，法礪、道宣、陳素之徒，各守師承，而以道宣一派稱最盛焉。

（二）三論宗以印度龍樹之中論、十二門論，提婆之百論為始祖。此派兼講大乘，自鳩摩羅什譯三論，弟子道濟講演之，此為三論宗入中國之始。初行於姚秦，秦亡，其徒多遷江南，六傳至隋僧集藏，創為新三論，得惠遠、智拔之傳布，而南方三論遂與北地三論殊宗焉。

（三）淨土宗慧遠者，衞道安之弟子，自廬山結白蓮社，日夜開壇說法，為此宗嚆矢。北魏時，流支譯淨土論，曇鸞為之注。隋大業間道綽、唐貞觀間善導，皆此宗大師。然以勸諭淨業，廣被緇素，諸宗高僧參而修之，號為寓宗，無師傳之系也。而善導且別創終南一派，以大宏此宗，於是淨土論流行於世。

（四）禪宗始於印度高僧達摩，其教不說法，不著書，以直指本心，見性成佛為教義，故亦號心宗。至唐僧弘忍始分為二派，南派以慧能為導師，北派以神秀為導師。而南宗復分為青原、南嶽二派。唐末南嶽復分為二，曰溈仰，曰臨濟。青原復分為三，曰曹洞，曰法眼，曰雲門，而此宗大盛。

（五）天台宗北齊時慧文所倡。陳隋間智顗廣其義，居天台山，陳宣帝割始豐縣（今浙江天台縣）以供其費，後煬帝又重之，賜號智者大師，為建國清寺。其學觀心為經，諸法為緯，自成宗派。六傳至湛然，詳製疏釋以授道邃，道邃且廣其傳於日本也。又以依法華經立宗，亦曰法華宗。

（六）華嚴宗東晉義熙中，沙門支法領從于闐國（新疆和闐縣）得華嚴經三萬六千偈，至金陵宣譯。隋時法順始提義綱，標立宗名，再傳而至賢首。賢首作華嚴疏，由是中國有華嚴一宗，論者謂至賢首，宗義益明云。

(七)法相宗。明諸法之體相，故名，又名唯識宗。唐釋玄奘受唯識論於印度，其弟子窺基（慈恩大師）復作百本疏，以唯識述記爲本典，大開相宗之蘊奧。復有惠詔（窺基弟子）圓側（與窺基立異者）二派之互爭，由是中國有法相一宗。蓋唐人佛學多由競爭而眞理日顯也。

(八)眞言宗，亦名密教。開元中印度善無畏金剛智至唐，傳譯大日經。不空和尙繼之，譯眞言經。其弟子惠果等八人，從事布教，由是中國有眞言一宗。然中國此派不盛，德宗末年，日本遣空海來唐，學於惠果，還傳彼國，故日本至今此宗特盛云。

以上八大宗皆佛教之光被於吾國者。其中淨土、禪、律、三宗，自唐以後，勢力鼎盛。而十宗之中唯俱舍成實爲小乘，餘則皆大乘也。

佛教隆盛之原因

佛教自漢已入中國，厥後諸教東漸，而佛教勢力，不但不爲減殺，且經魏晉南北朝而至唐代，反臻隆盛，其原因蓋有數端：

(一)東晉以來，印度及中亞佛徒或遵陸而經天山南路，或航海而逾南洋諸國，遠游中國者頗多。其中佛圖澄鳩摩羅什等尤有盛名。二人雖於北方譯經，然河北人民，鮮知大乘。北魏北齊雖崇佛教，然舍立僧寺、（魏國寺院共三萬餘）設戒壇（魏國僧尼共二百萬）外，不過行禱祀之禮而已。蓋昔時最重祀神之典，苟有可以祈福者，皆日事祈禱，此佛教所由見崇信也。

（二）魏晉以來，老莊之學盛行於世，其宗派旨趣，多與佛似。晉室方東，玄學益邃。王羲之、王珉、許詢、習鑿齒，各與緇流相接，而謝安亦降心支遁。大抵名言雋永，自標遠致。而孫綽作喻道論，謝慶緒作安般守意經序，亦深洞釋經之理。慧遠結蓮社，雖標名淨土，然劉程之、宗少文、雷仲倫之流，咸翱翔物外，息心清淨，而齊蕭子良、梁蕭統，則又默契心宗。蓋其時崇尚玄言，故清談之流，皆由老莊而參佛學，此佛教所由益盛行也。

（三）魏晉六朝君主，皆崇敬佛法，如宋文帝、梁武帝、後趙石勒、前秦苻堅、後秦姚興、魏獻文帝、宣武帝，尤獎佛教。孝文雖好儒，然亦不敢斥佛。孝明時，胡太后建永寧寺，像塔僧房，營建尤盛，佛教得其保護，乃益傳播民間。

（四）因佛教之流行，而中國僧侶，亦多往西域印度，謀齎還經典，以斷佛教之日盛，其中法顯、宋雲、玄奘、義淨等尤有名於後世。法顯以東晉安帝隆安三年，渡流沙，踰葱嶺，路至險惡，伴侶多斃，入印度，歷三十餘國，遂渡錫蘭，經南洋，還中土，其間旅行者凡十二年，著有佛國記以紀其行。後百餘年，至梁武帝大通元年，宋雲與惠生偕行北印度，索梵經，歷三年始歸，其西行具見於洛陽伽藍記。其後百餘年，有名僧玄奘出，以唐太宗貞觀三年，發中國，取道天山南路、中亞細亞，以入印度，周歷百餘國，徧探聖跡，訪名師，遂齎經典六百五十餘部，以歸長安。太宗嘗留居禁中，命就院翻譯，親爲作三藏聖教序，高宗爲撰述聖記，創大慈恩寺，命奘居之。奘譯經論凡千三百餘卷，又撰西域記，述其地理風俗，最爲翔實。高宗咸亨二年，義淨亦發中國，航南海，入印度，二十五年後，始歸國，其間游歷三十餘國，攜歸佛典至有四百部之多云。蓋自漢代張騫、甘英而後，中國旅行探險之記，佛氏弟子，稱極盛已。

第十六章　唐代儒道佛三教之爭

孔顏諸儒之經說

漢儒窮經則經明，唐儒疏注則注明。後之學者，讀經籍，知古義，以賴有正義存也。貞觀時，孔穎達與顏師古等奉詔同撰，史稱其包貫詳博，然其中不能無謬冗，博士馬嘉運駁正其失，更定未就。逮及永徽，中書門下于志寧等就加損益，書始頒下。既經積年累月之勞，且非一手一足之烈，公之於世，宜無間然。說者乃謂師異道，人異論，漢儒之說，猶得以折同異，考是非；自萃章句為正義，舉天下宗一說，而無深造自得之功。今讀其書，如以皇侃既遵鄭氏，乃時乖鄭義，此是木落不歸其本，狐死不首其邱。又云：劉炫性好矜伐，習杜義而攻杜氏，猶蠹生於木，而還食其木，非其理也。由是推之，大抵墨守之旨居多，故往往依注詮釋，不惜委曲迴護以申其說。且其所謂正義者，卽以所用之注為正，而所舍之注為邪，是其定名伊始，已具委棄舊注之心。故近人謂漢崇經學而諸子百家之學亡；唐撰正義而漢魏晉南北朝之學亡，非苛論也。學術專制，則信有之，而詆之者必謂其妄出己見，去取失當，棄尊彝而寶康瓠，亦殊乖於公理。師古所正五經文字，今不槪見，然匡繆正俗中尚存經說四卷，雖非全豹，亦窺一斑。唯陸德明經典釋文，則博極羣書，多存古音古義，洵為經誼之淵海，學者之指南。它如李元植作三禮音義，王恭作三禮義證，亦詳於制度典章，此皆出於正義之範圍者。然自是以降，經學微而學術衰矣。

唐諸帝之崇信道教

道教之名，始於漢魏，傳其教者曰道士。南北朝時，其教與佛教並盛。唐興，以與老子同氏李，尊爲祖先，藉以明天命而收人望，其意未嘗無取。逮高宗幸亳州，謁老子廟，復尊號曰太上玄元皇帝，詔王公以下皆習道德經，令明經舉人策試，而以道士隸宗正寺，班次諸侯王。玄宗且親爲道德經注疏，發揮玄理。兩京諸州，各置玄元廟，依道法齋醮，并置玄學博士，每歲依明經舉，尋尊玄元爲大聖祖，莊、文、列、庚桑子、並爲眞人，其書爲眞經，以道德經列羣經首。諸郡祠觀，鑄天尊像，且以孔老二像並立，四眞人列侍左右。開元天寶間，天子嚮意道家之說，朝野上下，多以老子降臨。至其所以崇老之故，則仍不外求仙祈福，而金石服餌，尤長生之說有以誤之。其始太宗服那羅邇娑婆之藥而致疾；其繼高宗服盧伽阿逸多之藥而暴崩。憲宗自平淮西，侈心神仙，誤服金丹，重蹈覆轍。穆宗詔柳泌、大通杖死，敬宗詔僧惟賓、道士趙歸眞流嶺南，又皆明知之而故蹈之。下至武宗、宣宗，亦皆爲藥所誤。統計服丹藥者凡六君，穆、敬昏庸被惑，固無足怪；太、憲、武、宣皆英主，何爲以身殉之，則貪生之心太甚，而轉以趣其死也。

傅奕韓愈之闢佛

自漢末以來，三教各騁爭塗，而道佛嘗爲儒黜。唐初，高祖已釋奠，召博士徐文遠、浮屠慧乘、道士劉進喜，各講經，太學博士陸德明，隨方立義，徧析其要。帝大喜曰：三人者誠辯，然德明一舉輒蔽，可謂賢矣。其時三教大師，論難於廟堂之上，而溢美之詞，恆在儒士，蓋孔子之道固高莫與京者也。唯唐祖老氏，道家學特重，故佛教雖盛，獨爲二家所排。其儒士之反對佛也，一見之於高祖朝傅奕之請除佛法，謂今天下僧尼數盈十萬，請令匹配，卽成十萬餘戶，長養教訓，可以足兵。太僕卿張道源是奕言。蕭瑀曰：佛聖人也，非聖者無法，當治罪。奕曰：人之大倫莫如君父，佛以世嫡叛父，（釋迦以太子出家）以匹夫抗天子，（釋氏不拜君親）非孝者無親。瑀不能對，但合手曰：地獄之設，正爲此輩。高祖亦惡沙門道士苟避征徭，不守戒律，詔汰天下僧尼道士女冠，京師留三寺二觀，諸州各留一所，已復罷，是命則太宗爲之也。再見之於憲宗朝韓愈之闢佛時，帝遣使赴鳳翔迎佛骨，旣至，王公士民，瞻奉舍施，唯恐勿及。愈上諫表，乞付有司投諸水火。帝怒，將加極刑，以裴度等諫，乃貶潮州刺史。自晉迄隋，老佛顯行，聖道不斷如帶，愈獨喟然引聖，爭四海之惑，雖蒙訕笑，跆而復奮，昔孟子拒楊墨，去孔子才二百年；愈排二家，乃去千餘歲，撥衰反正，功與齊而力倍之。自愈沒，其言大行，學者仰之如泰山北斗云。

趙歸眞之以道排佛

其道家之反對佛也，自武氏稅天下，天下僧尼作大像，糜費巨億。中宗以還，貴戚爭營寺度僧，富戶強丁，削髮避役。玄宗雖嘗從姚崇言，汰僧尼萬二千餘人，日久浸盛。迄於武宗，好道惡佛，毀佛寺，歸僧尼，而築望仙觀於禁中，受法籙於道士，授劉元靜崇玄學士，稱趙歸眞教授先生。歸眞與其徒力譏釋氏，乃詔兩都（上都東都）各留二寺，寺留僧三十人，天下節鎭各留一寺，寺分三等，留僧有差，餘僧及尼並勒歸俗，田貨財產悉入官。凡天下所毀寺四千六百餘區，招提（有常住之寺）蘭若（釋氏靜室）四萬餘區，歸俗僧尼二十六萬五百人，收良田數千萬頃，奴婢十五萬人。自前世後魏太武之誅沙門，北周武帝之斷道佛二教，至是爲佛入中國以來第三大劫。佛家所謂「三武之禍」是也。越二年，宣宗卽位，君臣務反會昌之政，僧尼皆復其舊。

道佛二家論化胡經之是非

道流乘人主之喜怒以排佛，已具見於前篇矣。然佛氏弟子之對道家，初不稍假借，故道亦嘗見屈於佛。老子化胡經者，起於魏晉之際。經言老子歸崑崙化胡，次授罽賓，後及天竺，以爲西土亦老子教化所及也。佛徒怒之，歷世論爭。唐高祖集僧道，論其眞僞，僧法明折之，道流無能應者。武氏萬歲通天元年，僧惠澄又上言乞毀其書，秋官侍郎劉如璿等議狀，證其非僞。中宗復位，以僧道互謗，徒辱教祖，詔除是經。蓋黃冠方士，取一切丹鼎符籙經典科教之術，盡托於老氏，欲以附援儒者；彼其覩佛教之興也，復從而影射之，謂佛亦老氏所從出，見其教之勢力，殆無不包舉，此宜佛徒與之爭辨者。然綜以上所言，其彼此不相容之情勢，豈不較然哉？

第十七章　西教之東漸

東西交通既繁，中亞所行諸教，亦東入中土，諸教士俱聯翩而至，以圖教旨之廣播。通計唐代西教東漸者，前後四種：祆教、景教、摩尼教、大方教是也。茲分述之：

祆教

祆教自上古時，起於拔克德里亞，爲曾呂亞斯太所創，亦曰火祆教。祆字從天，胡神也。其教以爲有陰陽二神，陽神清淨，爲至善之本；陰神汚穢，爲至惡之本；勸人宜就陽神，避陰神，以火表陽神而崇拜之，故又曰拜火教。西域諸胡事火祆者，皆詣波斯受法，以是祆教爲波斯國教。瑣羅阿斯得者，波斯國人，有弟子元眞，以其教化行於中國。四裔編年表云：周靈王二十一年，瑣羅阿斯得著經書，爲波斯之聖，即拜火教之祖，是周末已入中國矣。南北朝時，乃稍傳而東，及大食國興，波斯中亞，皆爲所占，其地信祆教者，以數遇苛罰，多徙住東方，以是其教流行，遂踰葱嶺。唐初已盛行於中土，武德四年，置祆祠及官，常有羣胡奉事，取火呪詛。（通典職官門）又唐京城朱雀街有胡祆祠，祠有薩寶府官主祠祆神，亦以胡祝充其職。（見長安志）其祠部所掌，兩京及磧西諸州，火祆歲再祀，而禁民祈祭。（新唐書百官志）原事天拜火之義，本西方古代宗教，今西域之乾竺特，（印度北部）南印度之孟買，與夫波斯本國，尙有仍其俗者。（瀛寰志略）

景教

東漢初，耶穌教起於猶太，漸自西里亞而及歐洲。景教、耶教之別派也。宋文帝元嘉中，羅馬東都耶教徒聶斯托爾以倡道新義，爲衆教官所不容，謫居阿美尼亞。（土耳其東境）其地之耶教徒，從之者多，號曰聶斯托爾派。後得波斯尊信，其王斐魯日斯，遂建爲國教，置教主於色流斯亞，（波斯名都，故址在古巴比倫城東北約一百三十餘里底格里斯河西岸）敷化東方，頗行於中亞細亞。魏宣武、梁武帝時，其教已流入中國。及唐興，太宗貞觀中，波斯人阿羅本，齎其經典至長安，帝尊信之，使房玄齡賓迎，留禁中翻經，並爲建波斯寺，度僧二十一人。其徒自號景教，取其教旨光輝發揚之義也。高宗時，更於諸州建波斯寺，尊阿羅本為鎮國大法主，其教大行。至玄宗天寶四年，改波斯寺為大秦寺。蓋大秦當羅馬耶穌創教之時，猶太已為羅馬屬地，故亦稱大秦。其曰波斯教者，謂此教由波斯傳入也。其後經三十六年，至德宗之世，長安大秦寺僧景淨者，建大秦景教流行中國碑，其文云：『室女誕生於大秦，判十字以定四方。』此為景教出於耶教之證。後人因其與拜火教同為波斯所傳入，遂認而為一，殆未考景教之源流也。

摩尼教

摩尼教，始於魏晉間，為波斯人摩尼所創，以人名名其教者也。其源本於拜火教，參酌佛氏耶氏二教之道，欲自成一派。始與尼士會吉士加監督爭論，繼乃毅然立教，自稱聖神，時謂之摩尼教。唐初由波斯傳入中土，回紇人夙崇其教。中葉以後，唐常借援兵於回紇，回紇人多徙居中國內地，乃請於朝，各地建摩尼寺。其徒白衣白冠，代宗賜額「大雲光明」，其教遂稍流行焉。故時以大秦祆神摩尼為三寺。武宗之斥佛也，三教僧寺並以廢罷，敕京城女摩尼七十二人皆死。（錢氏景教考）其後天方教行，而摩尼之教竟亡。

天方教

即回回教也，亦名謨罕默德教。陳宣帝太建三年，（公元五七一年）阿剌伯人謨罕默德者，生於麥加，（阿剌伯西境）初業商，往來西國，娶富商之寡，遂致富。性頗聰穎，睹佛教徒拜偶象，心焉非之。時泰西諸邦，耶教已盛行，思別創一新教以自高異，著書曰可蘭。入其教者，焚香禮拜，誦經，禁食豕肉。自謨氏新教出，衆譁然，謨氏不得已，避居麥地拿，在麥加之北 時唐高祖武德五年公元六二二年也。麥地拿人靡然從之，即以是年爲回教紀元。瀛寰志略 謨氏之徒，皆剛强勇敢，視死如歸。謨氏遂率以攻陷麥加，以爲根據地，嗣漸統一阿剌伯諸部落，於是阿剌伯半島盡信奉其教，及大食國建立，其教傳播四方，漸入天山南路。方謨氏臨沒，遺言願以可蘭經傳之中國，其後遂有阿剌伯人賽爾底蘇哈八以可蘭經傳入中國之事，景教碑文紀事考 正謨罕默德考 唐書所謂大食國是也。唐末，天山以南佛教漸衰，回教乘之，遂布其地。及大食人航海至江南，乃請於唐廷，建會堂於廣東，盛傳其教。厥後回教之清眞寺，漸布滿中土焉。

第十八章　理學之流派上

理學之緣起

漢承秦後，六籍埃滅，學子莘莘，綴緝於殘灰遺燼之中，正不能不殫精訓詁，蘄於完復。自魏晉以暨隋唐，垂數百載，其間朝廟之議論，韋布之撰述，淺深純駁，不能一轍，要之制度文物，燦然可觀。承其後者，使猶是字櫛句梳，黨枯護朽，而不能紬繹理道，攄其所見，豈非拾藥之滓，而重浣以薦者乎？宋儒之學，我不敢知曰美善無憾；第其覃心闡發，粹然有見於天人訢合之故，即或有間出己意，持議各別，究於古聖賢之微言奧旨，不少僢馳。漢儒之不逮，正賴宋儒有以濟之，非必諧有高下，適以見學術變遷之由，因時而出耳。夫不經漢儒之訓詁，宋儒義理無由而悟，此誠探本之論；必存門戶之見，代漢儒以仇視宋儒，獨何心哉？況今學術昌明，故見胥破，格致治平，豁然一貫，藉西哲之測驗，充宋儒之理想，以之發明吾學，當必有囊括萬端，同條共貫，愈辨正而愈親切者。爲虖世以理學爲迂疏，吾無責耳矣，其或稱之，又唯是尺短寸長，規規於跬步之間，寧知宋儒者哉？

安定泰山爲宋學導師

宋世學術之盛，安定泰山爲之先。安定沈潛，泰山高明；安定篤實，泰山剛健；各得其性之所近，要其力肩斯道之傳則一也。胡瑗（字翼之江蘇如皋人世稱安定先生）少時，即以聖賢自期許，往泰山與孫復（字明復山西平陽人世稱富春先生）石介（字守道山東泰安人世稱徂徠先生）同學十年。仁宗時，范仲淹薦於朝，除湖州教授，訓人有法，科條纖悉備具，以身作則，雖盛暑，必公服坐堂上，嚴師弟之禮。從之遊者，常數百人。時方尚詞賦，湖學獨立經義、治事二齋，以敎實學。尋入爲國子監直講，學者爭歸之，至不能容。禮部所得士，瑗弟子十常居四五。孫復居泰山，以治經爲敎，其高弟石介，以振頑懦，則巖巖氣象，倍有力焉。瑗教養諸生過復，學較爲更純，要其治經不如復也。石介入官太學，學者從之甚衆，太學繇此益盛。世以胡瑗爲安定學派，孫復石介爲泰山學派云。

濂溪橫渠之學

自安定泰山，以師道倡，同時周敦頤（字茂叔湖南道縣人）崛起於南，受學陳摶（字圖南河南鹿邑縣人太宗賜號希夷先生），著太極圖說，並著通書四十篇，以易簡爲宗，（第六篇曰天地豈不易簡）以自然爲主，（第十篇言順化三十五篇言擬議及二十三篇稱顏子是）以無言垂教，（見聖蘊精蘊兩篇）以主靜爲歸。（見聖學愼動兩篇）張載（字子厚關中長安人）崛起於西，由二程而私淑濂溪，著正蒙，其施教以禮樂爲本；（如三十篇王禘篇之肎禮樂是）又作西銘，極言理一分殊之情，然後道之大原出於天者，灼然而無疑焉。敦頤博學力行，爲政精密嚴恕，歷州佐有績，據南安時，程珦（河南洛陽人）使顥（字伯淳稱大程子）頤（字正叔稱小程子）往從受學，敦頤每令尋孔顏樂處，以是樂天知命，知化窮神，與濂溪學術相合。載少喜談兵，旁徹象緯曆律之術，（如參兩篇天道篇是）於名數質力之學，咸契其微。（正蒙一書多言幾何之理，且知地球之說）初究釋老之說，知無所得，反而求之六經，與二程論道學之要，渙然自信，曰：吾道自足，何事旁求，盡棄異學，湻如也。嘗爲雲巖令，以教本善俗爲先，學古力行，爲關中人士宗師。敦頤爲濂學之祖，是曰濂溪（湖南道縣城西）學派，載爲關學之祖，是曰橫渠（鎮名陝西郿縣東）學派。

明道伊川之學

程氏兄弟上接孔孟，獨得正傳。顥資性過人，充養有道，和藹之氣，溢於面背。居官教教化，神宗數咨治道，進說甚多，大要以正心窒欲求賢育才爲先。其爲學泛濫諸家，出入老釋者幾十年，反求諸六經，而後得之。自秦漢以來，未有臻斯理者。其弟頤師事胡瑗，於書無所不讀，其學本於誠，以大學語孟中庸爲標準，而達於六經，動止語默，一以聖人爲師。神宗召入經筵，每進講色甚莊，繼以諷諫。顥以和，頤以嚴，秋霜春和，造詣自不同也。顥稱明道學派，頤稱伊川學派，是爲洛學。二程之高弟有謝良佐，（字顯道河南上蔡人稱上蔡學派）游酢，（字定夫福建建陽人稱廌山學派）楊時，（字中立福建將樂人稱龜山學派）呂大臨，（字和叔陝西藍田人大防之弟）號程門四先生。明道喜龜山，伊川喜上蔡。龜山之歸也，明道目送之，曰：吾道南矣。是爲閩學。及明道卒，楊時事伊川愈恭，一傳爲羅從彥（字仲素江西南昌人稱豫章學派）之潛思力行，再傳爲李侗（字愿中福建延平人同上學派）之充養完粹，又再傳而朱子出，遂集諸儒之大成焉。

百源數理之學

義理之學，盛於周張二程。時則有言理而兼言數者，河南邵雍也。（字堯夫諡康節）始雍自雄其才，慷慨欲樹功名，苦學數年，乃踰河汾涉淮漢，周流齊魯宋鄭，久之，幡然歸曰：道在是矣。遂不復出。北海李之才（字挺之）受易先天圖於河南穆脩，脩之學出自种放，（字名逸河南洛陽人）放受之陳摶。故其言曰：天依形，地附氣；（或問堯夫曰天何依曰天以氣而依於地地何附曰地以形而附於天是也）又曰：象起於形，數起於質，名起於言，意起於用。（觀物內篇）象數之學，獨闢其精。又以水火土石爲地體，（其言曰太柔爲水太剛爲火少柔爲土少剛爲石水火土石交而地之體盡）以代洪範之五行。地質之學，已啓其萌。秦漢以來，尠有知者。而復觀夫天地之運化，陰陽之消長，遠而古今世變，微而草木飛走之性情，深造曲暢，著皇極經世觀物內外篇及易先天之旨十餘萬言，於宋學爲別派，是曰百源（雍初居蘇門山百源之上）學派。初穆脩以先天圖授李之才，亦以太極圖授周子，故周邵之學，其始皆本於道家。即明道橫渠亦從釋老入手。第諸子因釋老之理論，進而求之儒者之性道，而康節則尤邃深於易，精而不惑。故明道謂堯夫內聖外王之學，其道純一不雜。伊川亦曰：其心虛明，自能前知。蓋二程重其理，而不貴其術也。

朱陸之異同

南渡洛學之傳，首推朱子。朱子少年，氾濫於佛老之學。（見朱子答汪尚書書答孫近甫書答江元適書）第進士，爲泉州同安主簿。罷歸，聞延平李侗師事羅從彥，得伊洛之正，從其問道，講明性情之德，皆從發端處施功，乃漸悟佛老之非，（見朱子年譜及延平行狀）由中和舊說，一變而悟未發之眞，（皆以涵養爲宗旨）及往湘南，從南軒，而治學之方始易，以察識爲先，而以涵養爲後，（見與程允夫書答林擇之書答何叔京書與石子重書）而益之以徵實功夫。迨及晚年，力守二程之說，以爲涵養莫如敬，進學在致知。(非南軒之說。見答張欽夫、張敬夫、林擇之、胡廣仲諸書。至答游誠之書及陳淳所錄擇善固執一節，皆力主程子此二語。)故施教之方，必立志以定其本，知性以明其要，(如答陳超宗、林德久書及與陳器之論太極是性書。)主敬以持其志，窮理以致其知，力行以踐其實。(持敬窮理力行之說甚多。)教人也周，用力也漸。(朱子教人最惡躐等，而以逐次漸進為宗。)於涵養主靜之說，亦有微詞。(疑涵養之說見答陳容仲、方賓王書；斥主靜之說見答張元德、熊夢北書。)而講學之餘，不廢作述，(如四書集注、詩易傳、綱目、家禮、小學之類。)於典章、(如辭給議、郊壇說、明堂說諸篇是。)聲律、(見答與士元、廖子晦書。)音韻(見答楊元範書。)之學，咸能會其通，是曰晦翁(晚年自號。)學派。論者謂道統之傳，由孔子而後，曾子子思繼其微，至孟子而始著；由孟子而後，周程張子繼其絕，至朱熹而始著。當此之時，與朱子並行而異派者，厥唯金谿陸氏，則陸九淵(字子靜，諡文安)與其兄九韶(字子美)、九齡(字子壽)也。九淵為象山學派，九韶為梭山學派，九齡為復齋學派。三陸子之學，梭山啟之，復齋昌之，而象山成之。究陸學擅長之處，亦有三端：一曰立志高超，(如象山教人以擴充四端為先，以人人皆可為堯舜；又言先立乎其大者；又言人不可沈埋卑陋凡下處。)二曰學求自得，(如象山言語之學，問只是在我；又言聽人議論，必求其實乃已。)三曰不立成心。(如言此道與溺於意見之人言；又言確難；又言荊公變法不可非。)綜斯三美，感發齊民，頑廉懦立，洵不愧為百世之師。第其講學論道，與考亭之言迥異，如以先後天非作易之旨，以無極主靜為老子之學，以程子主靜知行合一，非孔孟之言。朱子屢作書辨之。且重涵養而輕省察，(象山謂涵養是主翁，省察是奴僕。)樂徑省(象山之學惡支離而好直捷，厭煩碎而樂徑省。)而極高明，廢講學而崇踐履；(朱學為道問學，陸學為尊德性。)穎悟超卓，(李光地曰：陸子窮理必深思力索以造於昭然而不可昧，確然而不可移。)甚至以六經為注腳，章句為俗學，稍及讀書格物，即謂之破碎支離。(見與孫季和、胥必先、傅克明諸書。)論者謂考亭之學，近於曾子子思，荊溪之學，近於曾晳琴張，豈其然乎！然自朱陸並行，兩家之學，遂分門戶。朱氏弟子甚盛，蔡氏父子，(蔡元定，字季通，建陽人，有西山蔡氏學派；仲子沈，字仲默，有九峯學派。)黃榦、(字道卿，閩縣人，有勉齋學派。)輔廣、(字漢卿，河北趙縣人，有潛庵學派。)陳淳(字安卿，福建龍溪人，有北溪學派。)並知名。眞德秀（字希元浦城人有西山眞氏學派）從游朱門，詹體仁、（字元善浦城人）魏了翁（字華父四川蒲江人有鶴山學派）私淑朱張，並著於理宗朝。陸氏之門，楊簡、（字敬仲慈谿人有慈湖學派）袁燮、（字和叔四明人有絜齋學派）舒璘、（字元質奉化人有廣平學派）沈煥（字叔晦定海人有定川學派）爲貴，稱甬上四先生云。

南軒東萊及永嘉諸子之學

與考亭並得程氏之正傳者，曰南軒張栻，（字敬夫漢州綿竹人浚之子有南軒學派）穎悟夙成，長師胡宏。（字仁仲福建崇安人有五峯學派）宏父安國，（字康侯諡文定有武夷學派）嘗從程門謝楊游三先生，（謝良佐楊時游酢）以求學統，故其學獨光大。南軒見胡宏，宏即稱爲聖門有人，南軒益自奮勵，以古聖賢自期，作希顏錄。嘗曰爲學莫先於辨義利，義也者，非有所爲而爲之也，凡有所爲而爲者，皆利也。學者稱爲南軒先生。當此之時，兩浙之間，有金華學派，有永嘉學派，淵源悉出於程門。

呂榮公從二程遊而子孫世傳其學以至於東萊永嘉之學出於周恭叔恭叔爲程門弟子再傳則爲陳葉

金華學派以呂祖謙（字伯恭金華人有東萊學派）爲大師，永嘉學派以薛季宣（字士龍浙江永嘉人有艮齋學派）陳傅良（字君舉浙江瑞安人有止齋學派）葉適（字正則永嘉人有水心學派）爲巨擘。呂氏世爲閥閱，自其四世祖希哲（字原明有滎陽學派）從程頤游，以儒行名於世，故其家有中原文獻之傳。祖謙從胡憲（字原仲崇安人稱籍溪先生）諸人游，而友朱熹張栻，故學以關洛爲宗。永嘉之學，主禮樂制度，以求見之事功，皆推原以爲得統於程氏。而永康學派，亦與相近。永康者，龍川陳亮（字同甫浙江永康人）全祖望謂其專言事功，而無所承，其學更粗莽。自夫朱陸異同，學術之會，綜爲二派，永嘉崛起其間，遂稱鼎足。論南渡以還之學術，雖支分派別，其大端不出三者之範圍而已。

第十九章　理學之流派下

元代北方之學傳於趙復

南宋末葉，陸學漸衰，而得朱子之正傳者，厥唯勉齋。（黃幹字直卿，閩縣人，有勉齋學派）勉齋之傳，尤賴金華而益昌。說者謂北山（何基字子恭，浙江金華人）絕似和靖，魯齋（許衡字會之，金華人，少慕諸葛亮之為人，自號長嘯，後知非聖門持敬之道，更以魯齋）絕似上蔡，而金文安（金履祥，蘭谿人，世稱仁山先生，諡文安）尤為明體達用之儒，浙學之中興也。餘或崇典制，（如真西山）或解遺經，（如蔡沈）或尚躬行，（如黃勉齋）皆以儒行名於世。然是時朱學尚未北行也。河北之學，自江漢先生，（趙復）曰姚樞，（字公茂，柳城人）曰竇默，（字子聲，肥鄉人，諡文正）曰許衡，（字仲平，河內人，卽魯齋）曰劉因，（字夢吉，容城人，諡文靖）而魯齋其大宗也。方蒙古屠德安，得趙復，既被獲，不欲北行，力求死所。時姚樞以行臺郎從軍力勸之，挾與俱北。至燕，名益著，學子從者百餘人。樞南伐，亦得朱氏遺書，（見孫夏峯元儒江漢先生太極書院記）與元將楊惟中（字彥誠，宏州人）建太極書院及周子祠，（以二程張楊游朱配食）請復講授其中。復乃原羲農堯舜所為繼天立極，孔子孟軻所由垂世立教，與周程張朱所發明演繹者，標其宗旨，揭其條緒。繇是河朔始知理學，則樞得復之力也。自復為程朱續傳，其所傳者，曰許衡，是為魯齋學派。劉因亦出江漢之傳，又別為一派，是為靜修學派。蕺山先生嘗曰：靜修頗近乎康節。劉因許衡極尊信朱子，其學行皆平正篤實。大成曰：自宋室諸儒既沒，斯道幾於絕響，得吳草廬許魯齋起而衛正祛邪，金（履祥）姚（樞）諸人，又為之羽翼，而聖脈於茲不墜，惡可以其出處而概議之哉？草廬（吳澄字幼清，崇仁人，諡曰文正）出於雙峯，（饒魯字伯輿，餘干人，有雙峯學派）固朱學也，其後亦兼主陸學。草廬又師程氏紹開，（名若庸，字逢原，休寧人，雙峯弟子）程氏嘗築道一書院，思和會兩家。（是時學者於朱陸兩家頗思和會）然草廬之著書，則終近乎朱。蓋元世陸學之勢力，已遠不如朱矣。

陳白沙王陽明自立心傳

明初得宋儒之傳，南有方孝孺，字希直一字希古甯海人世稱正學先生首倡浙東；北有薛瑄，字敬軒河津人有河東學派奮起山右。一則接踵於金華宋濂，字景濂諡文憲一則接響於濉池月川，名曹端字正夫其學皆原本程朱者也。獨天台即方孝孺靖難之變，淵源幾絕。自吳與弼號康齋崇仁人有崇仁學派振起於崇仁，王陽明字伯安餘姚人學者稱陽明先生諡文成築壇於舜水，其斯道絕而復續之機乎！與弼冠見伊洛淵源錄，心慕之，故其爲學，以克己安貧爲實地。其高弟陳獻章，字公甫新會人近諡文恭有白沙學派流風尤遠，其學以自然爲宗，以忘己爲大，以無欲爲至，章楓山名懋蘭谿人諡文懿恆稱其誠能動人；弟子徧兩粵，唯甘泉湛氏名若水字元明增城人稱甘泉先生排斥主靜，見答余督學書及語錄不廢誦讀之功，見答仲鶡書學較近實，與陽明樹幟東南，各立宗旨。陽明年十七，即毅然有希聖志，日繹舊聞，默坐研索，提良知二字爲聖學宗旨；勳業節義，卓絕古今；吳越楚蜀間，講壇林立，餘姚學派，風靡半天下焉。其纘緒者，龍溪、王畿字汝中山陰人稱龍溪先生心齋，王艮字汝止泰州人稱心齋先生宅太虛而宗超曠；唯鄒守益、字謙之安福人諡文莊稱東郭先生有江右學派羅洪先別號念菴同上學派能得其眞。故論者謂甘泉之隨處體認天理，足以救新會之偏；鄒從戒懼覓性，羅從無私識仁，足以糾二王之失。就二家而論，白沙之靜養端倪，蓋遠希曾點，近慕濂溪者也。陽明之致其良知，是即孟子良知之說也；第立義至單，未克自圓其說，未免啓後來異學之漸耳。故白沙之學，在於收斂近裏，一時宗其教者，能淡聲華而薄榮利。若陽明之士，道廣而才高，其流不能無弊。如二王之外，更有趙貞吉、字孟靜號大洲蜀之內江人諡文肅楊起元、字貞復號復所廣東歸善人周汝登、字繼元別號海門嵊縣人陶望齡字周望號石簣會稽人諡文簡諸儒，說妙談玄，自謂爲說愈精，其實去道愈遠。後此高攀龍、字存之別號景逸無錫人諡忠憲顧憲成字叔時別號涇陽先生無錫人諡端文講學東林，力矯王學末流之失，（以王學近禪故以無善無惡心之體爲非）弘毅篤實，取法程朱，然立說著書，雖緣飾洛閩之言，猶隱襲餘姚之旨。（如梁溪先生言心無一事之謂敬與管登之書復曰以覺包理而理乃在外而靜坐說一篇亦指心爲性體陸稼書言梁溪一派看得性儘明白却不認得性中條目又忠憲傳格物以反求諸身爲主又言卽明心人是天理王與氏之旨無異）劉宗周（字起東浙之山陰人稱念臺先生有蕺山學派）之學，出自東林，以誠意爲宗，以愼獨爲主，而良知之說益臻乎實，不雜玄虛。溯明中葉以訖末造，王學風被垂百餘年，而末流雜於禪宗，而東林蕺山，誠足以矯當時之弊，有功於王學者也。

兩宋學術之禁黜

道學之傳，自宋以來，莫不交口推程朱；而當時巨憝權奸，羣出死力以相排斥，以致諸儒惕息其間，莫或甯處，殆君子道消、小人道長之時乎？究其始終，黜於北宋者一，黜於南宋者二。其始元祐（哲宗初立年號）學術之禁，二蔡、（蔡京及其弟卞）二惇（章惇安惇時天下怨疾有二蔡二惇之謠）主之。自王安石以三經（詩書周禮）新義及字說，頒行學宮，天下但知有王氏學。哲宗初年，所用者皆正人，（程頤范純仁等）所黜者皆奸黨，（章惇蔡卞等）所革者皆蠹政，所惜者衆賢相抳，有洛黨、（程頤等）蜀黨、（蘇軾等）朔黨（劉摯等）之名，而小人得以伺其隙，倡言紹述，盡反初政。及徽宗崇寧二年，蔡京又請立黨人碑，追毀程頤出身文字，復從范致虛言，謂頤邪說詖行，惑亂衆聽，於是盡逐其學徒，是禁也，歷二十有四年，至金人闖汴乃止。（二）爲紹興（高宗年號）專門學之禁，秦檜主之，而發端於陳公輔。紹興六年，疏論王氏學之害，既又請禁程氏學。越八年，檜專政，復指程頤張載遺書爲專門曲學，請力加禁絕，自是又設專門之禁十二年，逮檜死乃已。（三）爲慶元（寧宗年號）僞學之禁，韓侂胄京鏜主之，而發端於鄭丙陳賈。孝宗時，王淮與朱熹有怨，二人希淮意，遂上言道學之徒，假名濟僞，不可信用，蓋指熹也，於是世有道學之目，賴劉光祖言定國是，論議道學之非，議者稍沮。未幾寧宗立，韓侂胄用事，遂以內批罷朱熹官，又從而禁僞學籍，自是主僞學之禁者凡六年。及鏜死，侂胄意稍稍悔，禁遂弛。夫春秋之時，百家爭是之時也，孔子爲之定一是，而羣喙息；戰國之時，楊墨爭是之時也，孟子爲之定一是，而邪說屏；自漢晉以迄隋唐，老佛爭是之時也，韓子爲之定一是，而異端闢。今宋之時，匪但小人與君子爭，且君子亦與君子爭。論者謂光祖定國是之言，誦者至爲泣下，而卒未能杜羣小而息其燄，此宋祚之所以不永也。然而至於今，又閱數百年，濂洛師承，遙遙可接，則又以見天下之自有公是，而吾道之顯晦，固不可以力强歟。

第二十章　宋世天書天神之誕說

眞宗天書之作僞

自來神仙之說，往往由於侈心所萌。是以秦皇求仙，恆重禮儀；漢武求仙，兼言封禪，一時臣下之逢迎者，亦莫不競謅通靈，以希君上之風指。特宋世之作僞，尤其甚焉。茲析而述之：其一爲眞宗時天書之發現。自宋與契丹澶州行成，寇準恆自矜功，王欽若思有以中之，遂謂帝曰：城下之盟，春秋所恥，而準以陛下爲孤注，斯亦危矣。帝聞之，念澶淵盟事，常怏怏。欽若曰：唯封禪可以鎭四海，誇外國，然封禪當得天瑞，天瑞不可得，而可以人力爲之者。帝信之，而慮王旦以爲不可，欽若爲之乘間一言，帝復賜以樽酒美珠，遂略無異議。帝於是託言神降於寢，告以建黃籙道場，當得天書。而皇城司果奏有黃帛曳左承天門上，祠之，果然，其書黃字三幅，詞類洪範、道德經，始言帝能以至孝至道紹世，次諭以淸淨簡儉，終述世祚延永之意。帝跪而受之，王旦及羣臣皆拜賀，大赦改元，時大中祥符元年也。欽若之計既行，羣臣益以經義附和，於是中外多上雲霧芝草之瑞，有司爭奏野雉山鹿之祥，舉國蓋若狂矣。獨龍圖閣待制孫奭曰：『以臣愚所聞，天何言哉？豈有書也？』帝默然。

神鬼之夢囈

自是眞宗則東封泰山，西祀汾陰，南幸亳州，謁老子廟，尊老子爲混元上德皇帝，自以爲效明皇崇祀老聃故事。且復陞改軍州，賜酺肆赦，效顰抑何可笑。又於京師作玉淸昭應宮，奉安天書，以王旦、王欽若、丁謂領昭應宮使。其間稱得天書者又二：一得之於泰山，欽若之所獻也；一得之於乾祐山，（陝西鎮安縣）寇準之所獻也。（天禧三年永興軍巡檢朱能挾內侍都知周懷政詐爲之，時寇準方判永興，遂上其書）準且以是獲召用。言神降者又二：一以泰山天書之獻，帝自言夢中先有神告，今果與夢協，爲上天眷佑之祥；一以汀州人王捷，（賜名中正）上言遇道士姓趙氏，授以丹術及小鐶神劍，蓋司命眞君也，是爲聖祖。既而帝語輔臣，謂聖祖趙元朗降臨，語朕曰：吾人皇中九人之一也，是趙之始祖，再降，乃軒轅皇帝；後唐時復降生趙氏之族，今已百年。皇帝善撫育蒼生，無怠前志。已忽乘雲去。於是羣臣皆拜賀，復肆赦加恩。自此道教大尊信。張道陵後嗣有名正隨者，（字寶神，道陵二十四世孫）居信州龍虎山，世以鬼道惑衆，至是召至闕，賜號眞靜先生，爲立授籙院及上淸觀，蠲其田租。自是凡嗣世者皆賜號，而龍虎山之天師，遂永爲歷代崇奉。眞宗崩，仁宗以天書殉葬山陵，其妖始絕。

徽宗天眞之降靈

其一爲徽宗時道教之崇仰。徽宗好道術，王寘薦方士王老志，（濮州人賜號洞微先生）蔡京又薦王仔昔，（洪州人賜號通妙先生）皆爲符籙之術，言人休咎事多驗。帝信之，而眞宗天神臨降之僞，作法於前，帝得紹述焉。在位之十二年，祀圜邱，帝執大圭，道士百人爲前導，蔡攸執綏，玉輅出南薰門，帝忽曰：玉津園東若有樓臺重複，是何處也？攸即奏見雲間樓臺殿閣。帝又曰：見人物否？攸即奏有道流童子，持幡幢節蓋，相往來。遂以天神降，詔告在位，即其地建道宮，名曰迎眞，作天眞降靈示現記。蓋眞宗謀封禪，則天書見；徽宗祀圜邱，則天神降；皆緣飾古典大禮，震駭而夸耀之，不如是則無所憑藉也。然眞宗天書之妄，尙造作一物，以欺世誣民；至徽宗直於靑天白日之下，君若臣忽作囈語，誕更甚矣。

道士之信用

時王老志死，王仔昔寵衰，道士中最被眄遇者，曰林靈素。（溫州人賜號通眞達靈元妙先生）靈素大言天有九霄，神霄最高，其治曰府。神霄玉淸王者，上帝長子，號長生大帝君，即陛下也。諸臣自蔡京以下，皆列名仙籍，己即仙卿褚慧下降，佐帝君之治。時劉貴妃有寵，靈素以爲九華玉眞安妃，帝尤心喜焉。已而道籙院册帝爲敎主道君皇帝，靈素據高坐而甘受册。又自言天神降坤寧殿，詔示百官，所造帝誥、天書、雲象，誕妄不可究質。凡宦者道士，有所不快，必託爲帝誥，則莫不如志。復有張虛白者，（賜號通玄冲妙先生）視中大夫，出入呵引，至與諸王爭道，都人稱曰道家兩府。其徒美衣玉食者幾二萬人。靈素又請令天下僧尼，盡依道士法，道家勢力，披猖甚矣。緣是而土木之役遂起，既作上清寶籙宮，又聽道士劉混康言，作萬歲山（故址在今開封城東北）豐殿華楹，奇構磊落。東南花石綱之擾，盜賊蝟起，金師南下，遂以瓦解。夫眞宗知澶淵之可恥，而雪恥之方，乃在傅會神說，王旦、寇準之賢，卒且無以救正。宋之不振，豈獨南渡然哉？迨汴京圍急，欽宗猶信用六甲兵、六丁力士、北斗神兵、天闕大將，（郭京能施六甲法）以效兒戲，則猶天書祆神荒誕之餘毒也夫。

第二十一章　元明清西藏之佛教

元尊帕克巴爲國師

西藏人種，名曰唐古特族，亦曰圖伯特。中國南北朝時，其人始知牧畜，有酋長，以累代戰死者爲貴族，弃北者懸狐尾於首以辱之，以故兵力驟强。隋唐間，遂征服近隣，始聞於中國，所謂吐蕃是也。吐蕃故無文字，無宗教，唐貞觀中，其第七世贊普（吐蕃稱王曰贊普）噶木布遣使來朝，太宗以宗室女文成公主妻之。公主信佛教，自齎釋迦牟尼像奉之入藏，又自印度迎僧侶入國都拉薩布教，用印度字爲國文，全藏遂化爲佛教國。其僧侶稱剌麻；剌麻者，唐古特無上之義也。既有特權，階級漸高，其實力乃出國王上。元初吐蕃帕克巴爲世祖所信仰，入爲帝師，封大寶法王，使領藏地，予以統治政教之大權。帕克巴者，吐蕃人，生七歲，誦經典數十萬言，能通大義，稱神童。年十五，謁世祖潛邸。世祖即位，尊爲國師，製蒙古新字。（僅千餘，凡四十一母）今後藏薩迦有剌麻，即世祖國師後人，是爲紅教之宗。其服本印度袈裟審式，衣冠皆赤。其來中國，先期中書大臣馳驛累百騎往迓，比至京，則勅法駕半仗為前導，雖帝后妃主，皆受戒膜拜；正衙朝會，百官班列，帝師或專席隅坐，其禮敬如此。文宗天歷二年，帝師年托克喇錫至，朝臣自一品以下咸郊迎，大臣俯伏進觴，帝師不為動；惟祭酒富珠哩翀舉觴立進曰：帝師釋迦之徒，天下僧人師也；予孔子之徒，天下儒人師也。請各不為禮。帝師笑而起，舉觴立飲，衆為之栗然。

西僧之恣横

自元得吐蕃，其地險遠，俗獷好鬬，撫馭之職，皆任剌麻，西僧勢力日盛；立宣政院以領天下寺院，其徒侶遂以侵暴百姓，陵轢公卿，其干憲典者，所在皆是。當世祖朝，則有若嘉木揚喇智勒為江南釋教總統，利宋殯宮金玉，發掘諸陵之在紹興者，其貪酷若此。當武宗朝，則有上都（今熱河境）開元寺西僧強市民薪，民訴諸留守李璧，璧方詢其由，僧已率黨至，輒敢梃擊，拘囚釋僧，不治。其徒龔柯等復與王妃爭道，拉妃墮車毆之，語侵上，事聞，亦貸勿問。而宣政院方奉旨：言毆西僧者斷手，詈者截舌。時仁宗居東宮，聞之，亟奏寢其令焉。其驕横若此。泰定二年，御史李昌上言：嘗經平涼，奉元之間，見番僧佩金字圓符，絡繹道路，馳騎累百，傳舍至不能容，則假館民舍，肆為淫掠，驛戶無所控訴，臺察莫得誰何，乞加限禁，不報；踰歲始禁之。其驕擾又若此。至於每歲功德司奏請布施設齋，費以千萬，又因佛事愈繁，至釋輕重囚徒以為福利，姦惡之徒，僥緣幸免者多，賞罰之道廢。又寺觀田畝，皆免租稅，平民入寺籍為佃戶者，亦不輸公賦。其縱濫又若此。雖西土獷悍，假是以為懷柔，然有元政教不綱，其亡國之故，非無因矣。

明時宗喀巴創行黃教

明初太祖亦以西藏强悍，欲殺其勢而分其力，凡元代法王國師後人，來朝貢者，輒因其故俗，許其世襲。成祖則兼崇其教，聞西藏僧哈里瑪有道術，遣使迎至京師，爲高帝高后薦福於靈國寺，封大寶法王西天大善自在佛，領天下釋教，其徒三人，皆封國師。以後番僧受封者益衆，死則相承襲，歲一朝貢，略與土司等。嗜茶貪貢市，冀保世職，故終明世無西藏患。然此皆紅教，非黃教也。其黃教宗祖，創於宗喀巴，亦稱羅卜藏札克巴。永樂十五年，生於西甯衞，入大雪山，修苦行。道既成，爲番衆所敬信，因別立一宗。其徒皆自黃其衣冠，謂之黃教，而名舊剌麻曰紅教。黃教其徒皆通大乘，倘苦修學行卓然，出紅教徒上。未幾，黃教遂盛行前藏，勢與法王相埒。以成化十五年圓寂，遺囑二大弟子，世世以呼畢勒罕（譯言轉世或言化身）轉生，演大乘教。二弟子：一曰達賴剌麻，一曰班禪剌麻，皆死而不失其道，自知所往生，其弟子輒迎而立之，故達賴班禪易世，互相爲師。其教重見性度生，斥聲聞小乘及幻術下乘。當明中葉，未嘗受封於中國，中國亦莫之知也。

達賴班禪二大弟子之相承

達賴第一世曰敦根珠巴，唐世吐蕃贊普之裔，世爲藏王，至是舍位出家，因名羅倫嘉穆錯，嗣宗喀巴法傳衣鉢，黃教徒始兼有西藏政治權。達賴班禪，唯綜理宗教之事而已。二世曰根敦嘉穆錯者，自置第巴等官，以攝理政事，其弟子曰呼圖克圖，則分掌教化。當明武宗朝，始以活佛聞於中國，帝遣中使率兵迎之，達賴不願行，將士威以兵，爲番人所敗。武宗崩，世宗立，果盡斥遣番僧，已復崇道排佛，人始以達賴有前知焉。三世曰鎖南嘉穆錯，（明史稱鎖南堅錯）有高德，順義王諳達，率其從孫黃台吉等入藏，迎至青海，建仰華寺奉之。鎖南堅戒其好殺，勸令東還，諳達亦勸其通中國，乃自甘州遺大學士張居正書，自稱釋迦牟尼比邱。其時紅教中大寶大乘諸法王，皆俯首稱弟子，改從黃教，化行諸部，東西數萬里，熬茶膜拜，視若天神，諸番王不復能施其號令，徒擁虛位已耳。傳至第四世曰雲丹嘉穆錯，凡河套青海蒙古，皆守其戒，不敢鈔掠，西邊安枕者垂五十餘年。第五世曰羅卜藏嘉穆錯，與滿清興東土，遣人至盛京，奉書及方物，清亦遣使報之，是爲清與西藏通聘之始。順治朝，達賴至京，禮遇有加。自第五世達賴卒，（卒於康熙二十一年）藏中第巴桑結擅權，與準噶（準噶爾部舊時新疆部族）相結，三十餘年，西陲俶擾，嘗兩立假達賴。而第六世噶爾藏嘉穆錯者，實生於裏塘，（西康打箭爐東）康熙五十七年，以兵送達賴入藏，準噶敗走，藏始寧謐。其班禪一支，事蹟不甚著，第六世曰羅卜藏巴丹伊什者，始於乾隆中來朝，以痘終京師云。

蒙古黃教之分支

達賴班禪而外，其分支蒙古，並著於時者又二：曰哲卜尊丹巴（名）呼圖克圖（位號）者，宗喀巴第三弟子之後身也，託生喀爾喀（外蒙古）地方，漠北之人奉之，號位與班禪埒。雍正初元，其第二世呼畢勒罕來朝，卒於京師，年九十矣。越五年，喀爾喀奏呼圖克圖轉生於庫倫，（外蒙古土謝圖汗部）詔賜金十萬，以綏喀爾喀之衆焉。曰章嘉（名）呼圖克圖者，達賴第五世之大弟子也。康熙中來朝，命住持多倫諾爾（口北三廳之一）之彙宗寺，章嘉通宗乘，爲世祖藩邸時所敬。逮其第二世呼畢勒罕轉生於多倫諾爾，詔造善因寺居之。高宗時，奉詔來京，審定大藏經咒，又佐莊親王修同文韻統，乾隆四十一年趺逝。此皆黃教之衍於西北諸部者也。

金奔巴瓶之制

前藏爲達賴所居，後藏爲班禪所居，哲卜尊丹巴則居庫倫，章嘉則居多倫諾爾。其自西藏青海漠南北之境，所稱呼圖克圖之能出呼畢勒罕者，多至百數，後皆不盡可信。蓋宗喀巴經言達賴班禪六世後，不復再來，故後此登座者，無復眞觀密諦，祇憑垂仲降神指示。所謂垂仲者，猶內地之師巫也，厥弊滋甚。會乾隆末，廓爾喀（西藏西南小國）擾藏，清師討平之，高宗乘用兵之後，獨出心裁，特創金奔巴瓶，一供於中藏之大招寺，遇有呼畢勒罕出世互報差異者，納籤瓶中，誦經降神，駐藏大臣會同達賴班禪掣籤取決焉。其蒙古所奉之呼圖克圖轉生，亦報名理藩院，與住京之章嘉呼圖克圖掣之，瓶供雍和宮。蓋制馭邊方，所以順俗而懷柔之，以視元代尊奉帝師，干紀妨政者，迴不侔矣。顧世變則道易，爲今日西北邊防計，又不能不亟爲更張，而以智其民人爲先務也。

第二十二章　清代漢宋學之派別

綜論學術變遷之大概

三代以上之學術，匪特道與藝合，亦且道與文合，故論語『則以學文。』鄭注以爲道藝，蓋古代文章，莫不範以德義，此有德者所以必有言也。自周秦諸子，學派紛立，至兩漢而一變。故蔚宗作史，即別文苑於儒林。

魏晉以迄隋唐，經學昌明，至宋而又一變，故宋史遂特立道學傳。元明二代，理學孤行，至今日而又一變，爲哲理科學所萌芽。縱觀元會之推遷，靜察學術之升降，其中盛衰沿革之端，隱似有樞紐以運之者。論者謂漢學之變，則秦皇焚書漢武尊經實爲關紐；宋學之變，則六朝三唐佛老競爭爲其關紐；今日之變，則自清初以訖道咸，漢宋兩派實爲關紐。寧其然乎！前代紛變之故具詳前篇，則清代漢宋學之分派，亦研究歷史者所當詳知也。

清初遺老之傳學

順康之世，勝國遺老，越在草莽，其時南方則黃宗羲、（字太冲浙江餘姚人稱梨洲先生）顧炎武、（字甯人江南崑山人稱亭林先生）王夫之，（字而農湖南衡陽人稱船山先生）北方則孫奇逢、（字啓泰號鍾元河北容城人稱夏峯先生）李中孚、（名顒陝西盩厔人稱二曲先生）顏元，（字渾然號習齋河北博野人）皆韜伏明姿，以其經世之學啓迪後進。梨洲爲劉宗周高弟，順治初師下江南，宗周殉節，梨洲則從魯王（名以海明宗室）崎嶇海上數年，嘗乞師日本抵長崎，不獲請。及海上傾覆，意無復望，乃歸餘姚，殫心著述，四方請業者日至。其爲學綜會諸家，兼舉所長，而歸本王學。船山當桂王（名由榔明宗室）稱號嶺表，以瞿式耜（字起田常熟人明大學士）薦官行人。迨式耜死節桂林，船山知事不可爲，行遯以老。生平排斥王學，以程朱爲指歸。亭林博涉經史，亦守橫渠（張載）藍田（呂大臨）之教，學以禮爲先。明亡後，隻身載書，往來南北，足跡半天下。其所究心，皆經世有用之學。夏峯於諸遺老中年齒最高，明天啓朝，魏閹擅權，左（光斗）魏（大中）諸賢被逮，奮身營救，事雖不成，誦義聲如沸焉。清廷十一徵不就。晚歲講學蘇門，弟子甚盛。爲學持朱陸之平，不廢陽明之說，（故理學宗傳於宋儒兼崇朱陸於明儒兼崇薛王羅顧而歲寒集有曰朱陸不同豈可相非又伸陽明無善無惡之旨蓋

（亦唯心學派也）與二曲同旨。二曲講學關中，指心立教，不涉見聞，（二曲語錄言道理從聞見入者足障靈源又作消極說以靜坐遏欲為宗又有答門人論學書亦盛稱知覺）與夏峯、梨洲，海內稱三大儒焉。顏習齋後起，於北學中獨上宗周孔，別於程朱，自樹一幟。此六先生者，承易代之餘，守道不變，洵鐵中之錚錚者歟。

二　陸恪守程朱之學

北方自孫李以實學為倡，名儒輩出，從夏峯游者有湯斌、（字孔伯號潛庵河南睢縣人謚文正）耿介、（字介石號逸庵河南登封人）張沐、（字仲誠河南上蔡人稱上蔡夫子）魏一鼇。（字蓮陸河北新安人）湯耿學宗程朱，張魏仍主陸王。其關中一派，有李因篤、（號天生陝西富平人）李柏，（號念慈陝西郿縣人）與二曲並著，而王心敬（字爾緝號灃川陝西鄠縣人）實傳二曲之學者也。南方諸儒，自梨洲紹述蕺山，（劉宗周）鼓動天下。桐鄉張履祥（字考夫稱楊園先生）雖出劉氏門下，獨肆力於程朱遺書，謂梨洲為名士，非純儒。於時江浙之間，恪守洛閩家法者，又稱二陸，一陸世儀，（字道威號桴亭江蘇太倉人）一陸隴其，（字稼書浙江平湖人謚清獻）推理學正宗焉。楊園、桴亭以布衣終，清獻官康熙朝，（知江蘇嘉定及安徽靈壽縣入官御史）著治蹟，與湯文正斌（官江寧巡撫）並以名儒而兼名臣。大江南北，口碑傳誦，至今弗衰云。

三　惠戴方姚為漢宋學之宗

清代漢學成系統者，自乾隆朝始，一自吳，一自皖南。吳始惠棟，（字定宇號松崖江蘇元和人祖周惕字元龍父士奇字天牧學者稱紅豆先生）其學好博而尊聞。皖南始戴震，（字東原安徽休寧人）綜形名，任裁斷。此其所異也。惠氏三世傳經，至定宇所得尤深，其學實事求是。弟子有江聲，（字叔澐號艮庭吳縣人）為尚書集注音疏；余蕭客，（字仲林別字古農江蘇吳縣人）為古經解鉤沈，能大其傳。而王鳴盛、（字鳳階號西莊江蘇嘉定人）錢大昕、（字曉徵號辛楣又號竹汀嘉定人）孫星衍、（字淵如江蘇陽湖人）洪亮吉（字稚存陽湖人）之流，甄綜古今，釋見洽聞，皆羽翼吳學而興者也。震受學婺源江永，（字慎修）永於禮經、小學、輿地、算術，咸會其通，東原淹貫如江氏，而義理必衷訓故，則功在正名，講學不蹈空虛，則學趨實用。自其後若洪榜、（字汝登安徽歙縣人）汪萊、（字孝嬰歙縣人）程瑤田、（字易疇歙縣人）淩廷堪（字次仲歙縣人）之流，皆羽翼皖學而興者也。震又教於京師，弟子之最著者，金壇段玉裁、（字懋堂）高郵王念孫，（字懷祖）傳其訓詁之學；興化任大椿（字幼植又字子田）傳其典章之學；於是揚州爲經學者特盛。而儀徵阮元（字伯元號芸臺謚文達）從王氏任氏問故，爲海內宗師。德清俞樾、（字蔭甫號曲園）瑞安孫詒讓，（字仲容號籀廎）承念孫之學，爲近世經儒，皆近名家者流矣。然自惠戴二派盛言漢學，而同時與之對壘而峙者，桐城也。桐城以古文辭名家，方苞、（字靈皋號望溪）姚鼐，（字姬傳一字夢穀）並以效法曾鞏歸有光相高，亦願尸程朱爲後世，蓋宋學也。姚氏與東原論學宗旨既異，漢宋兩家，始相水火。於是甘泉江藩（字鄭堂余蕭客弟子）著國朝漢學師承記，獨尊漢儒，矜其家法，而桐城方東樹（字植之）亦著漢學商兌以反譏之，此又當日漢宋兩派之見所由分也。

常州今文學之盛

自漢學既盛，說經之書汗牛充棟，治其業者瑣屑卑狹，文采黯然，承學之士，漸以鄙夷。由是有常州今文之學，務爲瑰意眇辭，以便文士。今古文之分，說始於范升陳元李育賈逵等之爭論，厥後馬融答北地太守劉瓌，鄭玄答何休，義據通深，古學遂明。（後漢書鄭玄傳）古文者，易自費氏，書自孔傳，詩自毛氏，禮自周官經，春秋自左傳是也。而光武所立西京十四博士之業，則今文也。道咸之際，學者自鬬蹊逕，改尊今文，以與惠戴競長，易宗施、孟、梁邱、京氏，書宗歐陽、大小夏侯，詩宗魯、齊、韓，春秋宗公羊，而排斥周官、毛詩、費易、左氏春秋、馬鄭尚書，其大體以公羊為主。始自武進莊存與，字方耕與戴震同時，獨憙治公羊氏作春秋正辭，猶稱說周官。其兄子述祖，亦徧治羣經，論六書雜引古籀遺文，分別部居，以蔓衍炫俗。故常州學者說經必宗西漢，解字必宗籀文，摧拉舊說，以微言大義相矜。莊氏之甥武進劉逢祿，字申受長洲宋翔鳳，字于庭咸傳其學。劉氏主張公羊，難鄭玄何休宋氏作漢學今古文攷，謂毛詩、周官、左氏傳皆非西漢博士所傳。而武進李兆洛字申耆侈言經世之術，亦雜治今文家言，由是今文之學益昌。別有仁和龔自珍，字璱人號定庵邵陽魏源，字默深皆私淑莊氏，從劉逢祿問故。自珍治公羊，篤信張三世據亂世昇平世太平世之例。源亦作兩漢經師今古文家法攷，又著書古微、詩古微、春秋董子發微，並主今文。時繼龔魏而起者，仁和則邵懿辰，字位西為尚書通義、禮經通論，指逸書十六篇、逸禮三十九篇為偽作，信士禮十七篇為完書。湘潭則王闓運，字壬秋以公羊並治五經，其弟子資州廖平傳其學，時有新義，今文之學愈以光大，常州學派遂進而敓吳皖之席矣。

漢宋二派之歸於實用

要之宗漢學者，有今文古文之別，宗宋學者，有程朱陸王之分，其為學雖不同，而所以得之於實用則一也。以漢學言之，梅定九、江愼修為皖派先驅，其算術精深，不讓西哲。而今文一派，若李申耆、魏默深之流，好言經世，亦不失為通儒。以宋學言之，梨洲、夏峯之宗仰陸王，而自船山、楊園視之，必不喜也，而同歸於高義。桐城一派，自以為得程朱要領，與漢幟並樹。夫經說尚樸實，文辭貴優衍，其分涂自然也。而咸同之間，海宇紛擾，其手夷大難，湘中諸賢，自曾文正（名國藩字滌笙）以下，如羅澤南（字仲嶽號羅山諡忠節）劉蓉（字孟容）輩，並以理學名臣，著中興之績。學術所致，斯亦盛矣。及其季也，外患躡迹，士夫羣知墨守故轍之不足以矯弊而起衰也，相與從事於實驗之學，上海製造局翻譯西書，實爲嚆矢。今世變益棘，綴學之士，進而不已，覬以闢文士之膚浮，振國民之痿弱，於吾國前涂，其或有以進化也夫。

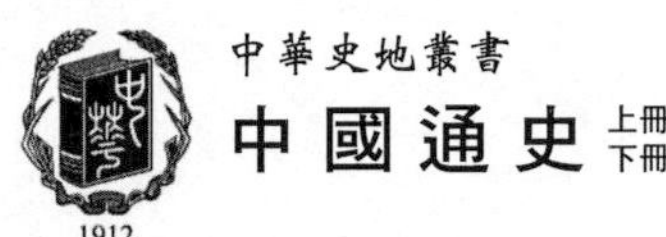

作　　者／金兆豐　著
主　　編／劉郁君
美術編輯／中華書局編輯部

出 版 者／中華書局
發 行 人／張敏君
行銷經理／王新君
地　　址／11494 臺北市內湖區舊宗路二段181巷8號5樓
客服專線／02-8797-8396　　　傳　真／02-8797-8909
網　　址／www.chunghwabook.com.tw
匯款帳號／兆豐國際商業銀行　東內湖分行
　　　　　067-09-036932　中華書局股份有限公司

法律顧問／安侯法律事務所
印刷公司／維中科技有限公司　海瑞印刷品有限公司
出版日期／2015年3月臺十一版
版本備註／據1983年9月臺十版復刻重製
定　　價／NTD 1,322

國家圖書館出版品預行編目（CIP）資料

中國通史 / 金兆豐著.-- 臺十一版.-- 臺北市
: 中華書局, 2015.03
冊 ; 公分. --（中華史地叢書）
ISBN 978-957-43-2366-1(全套 : 平裝)

1.中國史

610　　　104005832

NO.G0005-1 G0005-2
ISBN 978-957-43-2366-1（平裝）